단계별 자기주도 학습용 필수기본서

언어논리

노병석

(공직 적성평가, 언어 논리 영역 중심)

도서출판
진영사

언어 논리

노병석

2021년 08월 18일 초판 인쇄
2021년 08월 23일 초판 발행
발행인 박 진 영
발행처 도서출판 진영사
인천광역시 부평구 갈산동 185번지 풍진빌딩 303호
전화 : 032)505-4207
팩스 : 032)505-4206
E-mail : 0183734207@hanmail.net
등록 : 122-91-77317

ISBN 978-89-6541-547-3 93700
값 20,000원

머 리 말

본 교재는 성장을 위한 '지식 도서'라 정의하고 싶다. 삶이란 "어떻게 살아갈 것인가"의 물음에 대한 해답을 찾고 실행해 가는 여정이며, 그 여정의 중심에는 '성장'이 자리하고 있다. 성장은 지속적인 노력을 통해 가능하며, 그 노력의 일환으로 보편적이고 효율적인 활동은 '독서'라 할 것이다. 왜냐하면 독서는 '읽고 이해하기'와 '논리적인 언어 활동하기'를 가능하게 하는 수단이자 인간으로서 '바람직한 삶을 살아가기 위한 틀'을 만드는 공장이기 때문이다. 이를 통해 향상되는 언어 능력은 자신 · 타자 · 환경과의 소통을 통해 보다 나은 삶을 위한 관계성을 강화하는 참다운 지적체계의 형성을 가능하게 한다. 따라서 본 교재는 독자들에게 언어 능력의 향상과 더불어 각자의 삶을 변화시키는 도구적 관점의 '망치'로서 성장을 도모하는 인문학적 지식 도서라 하겠다.

톨스토이는 그의 대표작인 「안나 카레니나」를 통해 인간이 "어떻게 살아갈 것인가?"라는 물음에 '성장(成長)'을 제시하고 있다. 그 성장은 "끊임없이 더 나은 사람이 되어가는 것"이며, "노력에 의해서만 가능하다"라는 것이다. 인간은 '과거 삶-현재 삶-미래 삶'의 과정에서 추구하는 본질적인 가치는 '더 나음'이라는 '성장'이다. 그리고 성장을 멈추는 순간 진정한 의미의 삶은 사라진다. 성장은 과거보다 나은 삶을 위한 것이며, 어제보다 나은 나를 만들어 갈 때 가능한 일이다.

성장을 위한 보편적인 활동이 바로 '독서'이며, 독서는 인간으로서 '바람직한 삶을 살아가기 위한 틀'을 만드는 작업이자 '인간의 삶과 세상을 보는 틀'을 형성하고 확립해 가는 활동이다. 즉 '어떻게 살아갈 것인가?'라는 물음에 대한 실천적 해답이다. 독서는 참다운 지적체계를 형성해 가는 자기 주도 학습활동이다. 우리는 소설책을 통해 타인의 삶을 간접경험 하며 그 과정에서 인간과 나에 대한 이해도를 증진하고 나를 발견해 간다. 다른 한편으로 지식 도서를 통해 내가 살아가고 있는 세상이 어떤 곳이며, 각종의 현상과 결과를 어떻게 바라볼 것인가 등 세상을 이해하게 된다. 독서를 통해 나를 발견하게 되며 세상을 이해하게 되는 것이다.

독서활동의 주체인 언어는 자신과의 소통, 타자(他者)와의 소통, 환경과의 소통을 통해 바람직한 사회적 자아를 형성하고 유지하도록 한다. 인간은 사회적 동물로서 자신과 소통을 통해 자신 스스로가 누구인가를 정의한다. 또한 타자나 환경과의 소통을 통해서 인간과 환경 사이에서 존재하는 관계성에 대한 기본 의미를 찾으며, 사회적 자아로서 인간다움에 대한 가치를 규정하고 발현하게 한다. 이러한 언어의 유용성에 관해 이탈리아의 순수 인문학자인 라우렌티

우스 발라(Laurentius Valla)는 "언어를 올바로 사용하는 것이 소통과 문화 변용을 위한 유일한 해결책이다.", "언어는 자기 자신을 표현하는 올바른 방법이 모든 표현의 기초가 되고, 그것이 참다운 지적 체계를 형성한다."라고 언급하고 있다. 다시 말해서 언어는 소통을 위한'사고의 틀'이자, 상대에 대한 존중과 배려라는 '태도의 근간'인 것이다.

이러한 관점에서 본 교재는 각자 언어 능력의 취약점을 분석 및 도출하고 그 문제점에 대한 보완이 가능하도록 어휘력, 문장·문단 독해, 독해력·표현력·추론능력·논리적 사고력 등 수준별·단계별 학습 내용을 기술하였다. 언어가 자신과의 소통뿐만 아니라 역사의 출발점이자 사람들 간의 연결망을 형성하고 소통을 유지 및 촉진한다는 측면에서 "읽고 이해하기"를 숙달하고 일상에서 "논리적인 언어 활동하기"가 가능하도록 구성하였다. 특히 본 교재에서 학습을 위해 제시된 예문에는 인간 간의 지속적인 상호 소통의 결과인 시간과 공간, 삶과 죽음, 선과 악, 평등과 불평등, 자유와 억압과 같은 인문학적인 깊이 있는 가치와 내용을 포함하여 지식 도서로서의 요건을 강화하였다. 따라서 본 「언어논리」 교재는 공직적성평가에서 좋은 점수를 획득하기 위한 단순한 참고서가 아니라 넓은 의미에서 언중(言衆) 사회에서 인간답게 살아가기 위한 인문학적 지식 도서라 할 것이다.

모든 저자에게 마찬가지겠지만 이 책은 저에게 특별한 의미가 있다. 3번째 직업으로서 2014년 「언어 논리」 강의를 시작한 이후 그 매듭을 짓는 결과물이기 때문이다. 2014년 이전에는 35년간의 공직생활을 했다. 그 과정에서 "어려운 근무 환경을 이겨내고 나를 온전히 지탱해 준 원동력이 무엇인가?"라고 묻는다면 그것은 '보고서 작성 능력'으로 지칭되는 언어 논리였음을 부인할 수 없다. 그로부터 8년이 지난 지금 당시의 나를 뒤돌아본다면 나를 지탱해 주었던 언어 능력은 매우 부끄러운 수준이었음을 고백하지 않을 수 없다. 이러한 성찰이 가능하게 했던 것이 바로 언어 논리였으며, 또 하나의 '성장'과 더불어 성숙한 삶의 방식을 안겨주었다. 언어 논리를 통해 성장을 거듭한 지난 시간에 감사할 뿐이다.

저의 경험이 이 책과 인연을 맺는 분들에게 어떤 의미로 전해질지, 어떤 의미로 남을지 예단할 수는 없다. 또한 본 교재가 부족함이 많고, 보완해야 할 점이 많지만 이를 활용하는 분들의 언어 능력의 향상은 물론 성장하는 삶에 조금이라도 도움이 되었으면 하는 바람입니다.

2021. 노병석

차 례

제2부 어휘력

제3부 독해력 기초(문장과 문단 독해)

제4부 글 독해(독해력, 표현력, 추론능력, 논리적 사고력)

활용 안내

1. 개 요

언어논리는 단편적인 학문적 교과의 범위를 넘어서 일상에서 습득되고 적용되어야 하는 인문학의 범주라 할 것이다. 한편 교육과정이라는 관점에서는 전공, 교양, 직업기초 영역 등 어느 영역으로든 포함될 수 있다. 그것은 언어 능력이 "말과 글을 바르게 이해하고 정보나 자신의 의사를 정확하게 표현할 수 있음."을 전제로 하고 있기 때문이다.

따라서 본 교재는 지식(知識)은 암기가 아니라 깨닫는 것이며, '무엇을 아느냐'가 중요한 것이 아니라 '알고 있는 지식을 이용하여 주어진 문제를 해결할 수 있는가'라는 대학교육의 목적을 구현할 수 있도록 '언어 능력 향상'에 목적을 두었다. 그리고 학습자에게는 학생 스스로 학습 목표를 설정하고 시행 및 평가를 통해 '논리적인 언어 활동하기'의 선순환이 가능하도록 설계되고 제작되었다. 부가적으로 공직자(공무원, 군의 초급 간부)의 선발 과정에서 시행하는 '공직 적성평가'의 핵심 영역인 언어논리의 평가를 대비하는 것이다.

2. 구 성

본 교재는 크게 활용 안내, 총4부의 학습 내용, 평가 및 해설, 부록으로 구성하였다. 먼저 활용 안내는 교재의 전체적인 개요와 구성을 설명하고, 학습자에게 수준별 단계별 자기주도 학습 방법을 안내하는 역할을 한다.

학습 내용은 난이도를 적용하여 제1부 언어논리 개관, 제2부 어휘력, 제3부 문장·문단 독해, 제4부 글 독해 부분으로 편성하였다. 먼저, 제1부 언어논리 개관에서는 언어능력의 본질과 학습자의 기초언어 능력에 대한 진단평가, 언어논리 개념 및 평가영역 이해, 언어논리 학습법을 제시하였다.

제2부 어휘력은 단어의 의미 및 쓰임을 정확히 이해하도록 일반어휘, 관용적 표현, 사자성어, 속담, 상식어휘, 의미구조·중의적 표현·내포와 상징, 기타 어휘, 그리고 우리말 어법 등을 포함하였다.

제3부는 글 독해의 선행학습으로 문장·문단의 독해 학습 내용을 구성하였다. 문장 독해 부

분은 문장의 요소 및 구조, 문장의 연결 구조 및 끊어 읽기 등을 제시하였으며, 문단 독해 부분은 비판적 독해하기와 문단의 전개 방식 등을 구성하였다.

제4부 글 독해 부분은 독해력, 표현력, 추론능력, 논리적 사고력 등 4개 영역으로 편성하였다.

3. 활용 방법

본 교재는 언어논리 프로그램을 집단으로 수강하거나 개별 학습자 스스로 자기 주도적으로 '논리적으로 언어활동 수행하기'를 학습하거나 향상하고자 할 때 모두 활용될 수 있도록 제작되었다. 또한 언어논리를 향상을 위한 집단적인 교수 상황은 물론 개별 학습 상황에서도 활용될 수 있도록 설계되었다.

학습자 스스로 자기 주도적으로 활용하는 방법은 다음과 같다. 이 교재는 처음부터 순차적으로 학습해도 좋으나 우선 기초언어 능력 진단평가를 통해서 부족한 부분을 먼저 확인하고, 그에 따라 중점적으로 학습하는 것이 효과적일 수 있다. 예를 들면 진단평가 결과 어휘력, 문장·문단 독해 부분에 대한 이해도가 있다면 제4부 중심의 학습을 해도 무방하다.

각 학습 내용 및 활동은 필요지식, 활동, 평가로 구성하였다. 필요지식에는 해당 학습활동에 필요한 이론 등 관련 지식이 언급되어 있다. 활동에는 기초문제 해결을 통해 관련 필요지식의 이해를 강화하도록 하였다. 평가에는 이미 출제된 공직 적성평가를 중심으로 필요지식을 응용해 봄으로써 관련 수행 준거에 대한 '지식의 구조화'가 이행되도록 하였다. 이러한 학습 과정은 학습자 스스로 수준 평가 및 환류를 통해 점진적인 자기주도 학습을 강화할 수 있음을 유의할 필요가 있다.

제1부

언어논리 개관

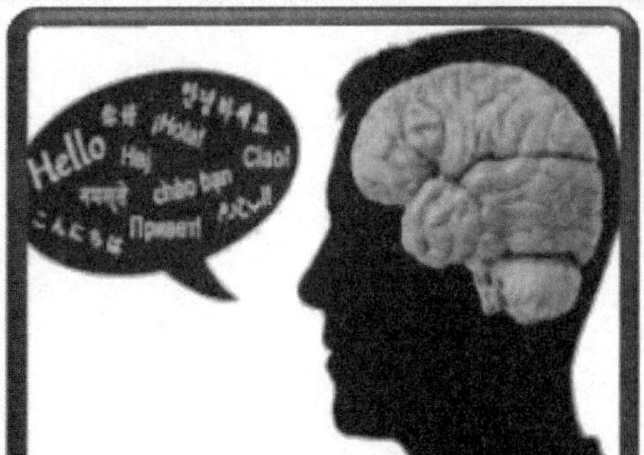

제1장

언어능력 본질과 기초언어 능력 진단평가

본 내용은 언어논리에 대한 학습을 시작하기 전에 언어의 개념과 언어능력에 대한 본질적 물음에 대한 이해력을 높이는 데 있으며, 한편 일반적인 언어능력의 진단을 통해 제기된 문제점에 대한 해결책을 모색하는 선수학습 과제이다.
이러한 활동은 학습자 스스로 현재의 기초언어 능력 수준을 파악하고, 언어능력의 핵심인 '읽고 이해하기'를 숙달하기 위한 실체적 방법을 선택하여 실천하도록 하며, 효율적인 언어논리 학습의 기반을 형성하는 것이다.
본 장에서는 언어능력의 본질적 의미와 각자 기초언어 능력에 대한 진단평가를 필요지식, 활동, 평가 등을 통해 학습해보자.

Ⅰ. 필요지식

1. 언어란?

지구상의 피조물 중에서 유일하게 인간만이 언어를 사용한다. 그것은 집단으로서 주어진 환경에서 생존에 유리하게 대처하고자 하는 창조적 선택의 결과이다. 언어는 이야기를 구성하고, 그 이야기는 인간 집단을 결속하는 역할을 수행하며, 더 나은 창조적인 인간의 삶을 추구하게 한다.

언어는 역사의 출발점이었으며, 사람들 간의 연결망을 형성하고, 소통[1]을 유지하며 촉진했다. 그리고 인간 간의 지속적인 상호 소통을 통해 시간과 공간, 삶과 죽음, 선과 악, 평등과 불평등, 자유와 억압과 같은 깊이 있는 가치를 창출하고 합리적 가치와 공통의 가치를 도출해 왔다.

언어는 자신과의 소통, 타자(他者)와의 소통, 환경과의 소통을 통해 바람직한 사회적 자아를 형성하고 유지한다. 인간은 사회적 동물로서 자신과 소통을 통해 자신 스스로가 누구인가를 정의한다. 또한 타자나 환경과의 소통을 통해서 인간과 환경 사이에서 존재하는 관계성에 대한 기본 의미를 찾으며, 사회적 자아로서 인간다움에 대한 가치를 규정하고 발현하게 한다.

1) 소통이 필요한 이유는 신체적 욕구, 정체성의 욕구, 사회적 만족, 현실적 욕구를 충족시키기 위해서이다. 즉, 사회적 관계 속에서 건강과 행복을 추구하고자 하는 신체적 욕구, 자신 또는 타인과의 상호작용 속에서 나는 누구인가라는 정체성의 욕구, 사회적 자아로서 만족을 추구하며, 다른 한편으로 타인이 내가 원하는 방식으로 행동하도록 유도하고자 하는 현실적 욕구이다.

소통의 도구로서 '언어의 유용성'에 관해 언급한 이탈리아의 순수 인문학자인 라우렌티우스 발라(Laurentius Valla)[2] 표현은 매우 함축적이면서 탁월하다. 예컨대 그는 "언어를 올바로 사용하는 것이 소통과 문화 변용을 위한 유일한 해결책이다.", "언어는 자기 자신을 표현하는 올바른 방법이 모든 표현의 기초가 되고, 그것이 참다운 지적 체계를 형성한다."라며 언어의 효용성을 강조했다.

언어는 소통을 위한 '사고의 틀'이자, 상대에 대한 존중과 배려라는 '태도의 근간'이다. 따라서 언어논리는 학문을 배우는 지식이라기보다는 언중(言衆) 사회에서 인간답게 살아가기 위한 필수적인 인문학으로서 접근이 요구된다.

2. 언어능력

일반적으로 언어능력은 말하기, 듣기, 읽기, 쓰기 능력을 의미하며, 이들 능력을 키우는 것이 언어능력을 향상하는 종합적인 활동이다. 사전적 의미에서 언어능력은 '말과 글을 바르게 이해하고 정보나 자신의 의사를 말과 글을 이용하여 정확하게 표현할 수 있는 능력'을 말한다. 이를 정리해 보면 언어능력은 글을 읽고 이해하는 '읽기 능력'과 읽고 이해하기를 통해 이치에 맞게 생각할 수 있는 '사고력' 그리고 학문을 수행하는 '수학(修學)능력'을 아우르는 개념이다.

읽기 능력(문해력)	사고능력
• '공부 머리'의 핵심으로서 글을 읽고 그 의미를 이해하는 능력	• 인간은 언어를 통해 생각한다. 언어 수준이 복잡하고 예리할수록 사고력이 높고, 단순하고 둔할수록 사고력이 낮다.
• 읽기 능력이 높을수록 공부 머리가 좋고 읽기 능력이 낮을수록 공부 머리가 나쁘다	• 언어능력이 높으면 더욱 정확하고 논리적인 사고가 가능하다.
수학능력(learning ability)[3]	

언어능력이 높다는 것은 스스로가 직면한 현실의 문제를 이치에 맞게 꼼꼼하게 따져 합리적인 해결책을 모색해 갈 수 있다는 것을 의미한다. 그러므로 글을 읽고 이해하는 능력으로서 언어능력은 학습하는 학습자뿐만 아니라 모든 직장인에게 요구되는 필수적인 능력이라고 할 수 있다.

4차 산업혁명 또는 디지털 세상(meta verse)[4]으로 이행이 본격화되고 있는 시대적 상황에

2) 라우렌티우스 발라(Laurentius Valla, 1407~1457)는 15세기 이탈리아의 순수 인문학자, 수사학자, 교육가로서 『라틴어 고상함에 대하여』 저자이다.

3) 수학능력은 복잡한 논리의 글을 이해할 수 있는 읽기 능력과 지식을 이용해 입체적으로 생각할 수 있는 사고력을 아우르는 개념을 의미한다.

서의 언어능력은 무엇일까? 지식산업 시대에는 개인의 머릿속에 들어 있는 지식이 중요했다. 그러나 지금의 시대에는 과거와는 달리 스스로 지식을 습득하는 능력이 더 중요하다는 것은 상식이다. 그런데도 SNS 시대가 일상화되면서 사람들은 점점 긴 글보다 요약본을 선호하는 경향이 강해지고, 문자보다는 음성, 영상 등 다양한 형태의 정보가 혼합된 디지털 모니터를 "읽지 않고 본다."라는 행태가 일상화되고 있다. 이로 인해 많은 사람이 '문해력'(글을 읽고 이해하는 능력)이 떨어져 글을 읽어도 맥락을 이해하지 못하는 현상이 심화하고 있다.[5] 한편 이러한 시대적 상황을 해결하기 위해 "읽기와 쓰기"와 관련된 사회적 요구는 점차 커지고 있다. 결과적으로 오늘날과 시대적 환경에서의 언어능력'이란 글을 읽고 이해하는 능력'이자 '정보처리 능력'이라 할 수 있다.

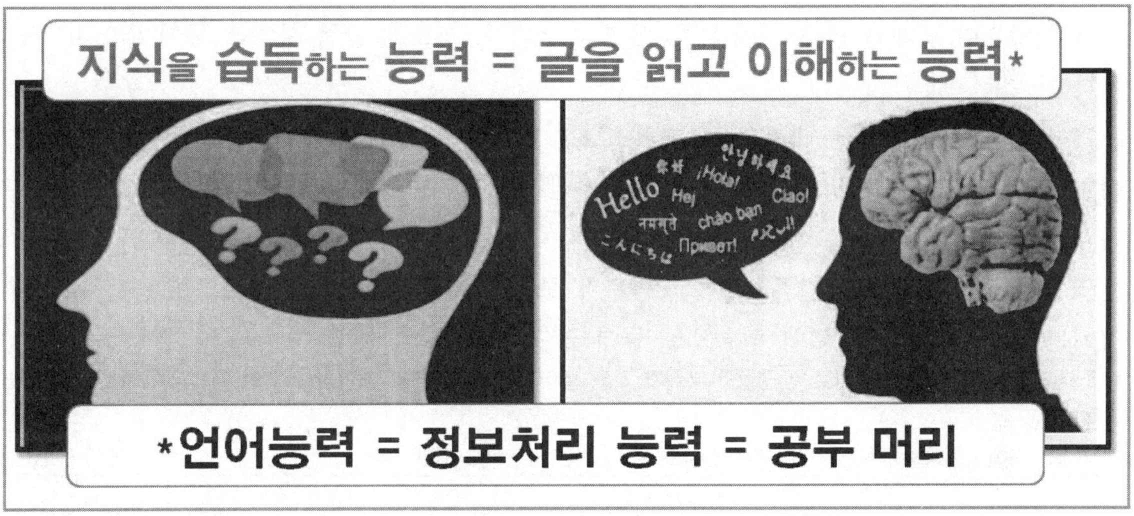

3. '읽고 이해하기 능력' 진단

글을 읽고 이해하는 능력은 바로 문해력을 말한다. 유네스코는 1956년부터 문해력을 두 가지로 구분하고 있는데 하나는 글을 읽고 쓰는 기초적인 능력을 말하는 '최소 문해력'을 말하며, 다른 하나는 사회적 맥락 안에서 글을 읽고 쓸 수 있는 능력인 '기능적 문해력'(Functional Literacy)이다.

본 교재에서의 읽고 이해하기 능력은 '최소 문해력'을 의미한다. 모든 학습(공부)의 기초는 무엇일까요? 일반적인 통계에 의하면 "읽기 능력이 높을수록 공부를 잘한다." 그리고 "독서는

4) 메타버스(metaverse) 또는 확장 가상 세계는 가상 · 초월(meta)과 세계 · 우주(universe)의 합성어로, 3차원 가상 세계를 뜻한다. 보다 구체적으로는, 정치 · 경제 · 사회 · 문화의 전반적 측면에서 현실과 비현실 모두 공존할 수 있는 생활형 · 게임형 가상 세계라는 의미로 폭넓게 사용되고 있다.
5) 왜 다시 '책읽기'일까?, http://dailyfeed.co.kr/archives/99135.(검색일: 2019. 7. 21)

읽기 능력을 끌어 올린다."라는 말이 통용되고 있다. 각자 지난 학교 교육과정을 되돌아보면 일반적으로 국어 공부를 잘했던 학생들의 성적은 타 영역에서도 성적이 우수했음을 알 수 있다.

이러한 관점에서 '나의 읽기 능력'을 분석해 보고 문제점이 무엇인지를 파악하는 것은 매우 중요한 의미 있다. 그것은 나의 읽기 능력을 파악하고 그 문제점을 분석하여 해결책을 강구함으로써 학습능력을 향상하는 핵심적인 활동이 되기 때문이다. 다음의 글을 소리 내서 읽는 방식으로 정독해 보자.

국가의 영역은 그 나라의 주권이 미치는 지리적 범위, 즉 국민이 그 나라의 주인으로서의 권리를 행사할 수 있는 범위를 뜻한다. 국가의 영역에는 영토, 영해, 영공이 있다.

먼저, 영토는 그 나라가 다스리고 있는 땅으로, 국가의 영역 중에서 가장 중요한 부분이다. 영토가 없으면 영해와 영공도 있을 수 없기 때문이다. 영토는 간척 사업을 통해 넓어지기도 한다.

영해는 영토에 인접한 해역으로, 최저조위선*으로부터 12해리**까지가 그 나라의 영해에 속한다. 최근 영해는 해양 진출의 통로이자 수산자원과 지하자원의 보고로서 그 중요성이 더욱 커지고 있다.

영공은 영토와 영해의 상공으로, 그 범위가 보통 대기권 내로 한정 된다. 다른 나라의 항공기는 그 국가의 허가 없이 영공으로 들어올 수 없다.

* 최저조위선: 조수 간만의 차로 바닷물의 수위가 가장 낮아지는 썰물 때의 해안선을 뜻하며, 최저간조선이라고도 한다.

** 해리: 항해 · 항공용 거리를 나타내는 단위로, 1해리는 약1,852m이다.

이제까지 정독해서 읽었던 글을 보지 말고 다음의 질문에 답을 해 보자.

질문	답
주권이란 무엇인가?	
국가 영역의 개념은 무엇인가?	
국가 영역의 범위는 구체적으로 무엇인가?	
국가의 영역중에서 가장 중요한 영역은 그리고 그 이유는 무엇인가?	
최저조위선의 개념은 무엇인가?	

위의 글을 '소리 내서 읽는 방식'으로 읽은 뒤에 제시된 질문에 개략적인 답을 할 수 없다면 그것은 '읽기 방식'에 문제가 있음을 의미한다. 만약 이러한 상태를 방치한다면 효율적인 학습의 결과를 기대할 수 없을 뿐만 아니라 공부에 대한 흥미 또는 동기를 약화하는 결과를 초래하게 된다. 질문에 대한 답을 확인해 보자.

첫 번째, 주권이란 무엇인가? 위의 글에서 적시되어 있듯이 주권은'그 나라의 주인으로서의 행사할 수 있는 권리' 즉, 내 집에 나의 허락 없이 들어 올 수 없다는 것을 의미한다.

두 번째, 국가의 영역의 개념은 무엇인가? 그것은 '그 나라의 주권이 미치는 지리적 범위'로 명시되어 있듯이 '주권이 미치는 범위'이다. 이것은 내가 주인으로서 타인을 대상으로 주인의 권리를 행사할 수 있는 범위를 의미한다.

세 번째, 국가 영역의 범위는 구체적으로 무엇인가? '영토, 영해, 영공'이다. 그리고 영토, 영해, 영공의 개념은 좀 더 구체적으로 언급되어 있다.

네 번째, 국가의 영역 중에서 가장 중요한 영역은 그리고 그 이유는 무엇인가? 영토이다. 그 이유는 영토가 없으면 영해와 영공도 있을 수 없기 때문이다.

다섯 번째, 최저 조위선의 개념은 무엇인가? 그것은 '썰물 때의 해안선'이다.

4. 읽은 내용을 기억하지 못하는 이유

여러 가지 요인이 있겠지만 가장 일반적인 원인은 "중등교육 과정에서 습득된 지식 습득에 대한 고정관념"이라고 할 수 있다. 대부분 학생이 습관화된 공부 방식은 "선생님이나 강사로부터 설명을 듣고 이해한 다음 암기해서 머릿속에 넣는 것"이다. 다시 말해서 "듣고 이해하는 공부 방식"에 습관이 되어 있는 것이다. 이러한 방식에는 두 가지 근본적인 결함이 있다. 하나는 시간이 너무 많이 소요된다는 것이다. 글은 어떤 주제에 대해 여러 가지 전개 방식 등 논리적 체계를 갖추고 있기에 이에 대해 선생님이나 강사로부터 설명을 듣고 이해하기에는 너무 많은 시간이 소요된다. 교육량이 적은 초·중등 교육과정에서는 이러한 방법으로 해결할 수 있다. 하지만 고등 교육의 내용과 양은 학습해야 할 지식의 양이 너무 많아서 "듣고 이해하는 공부방식"으로는 해결하기가 어렵다. 따라서 대학교육 과정에서는 학습자 스스로가 자기 주도 학습으로 "읽고 이해하는 공부방식"으로 필요한 지식을 습득해야 한다.

다른 하나는 듣고 이해하는 방식의 습관은 "읽고 이해하는 학습 경험"을 극단적으로 차단한다는 것이다. 이것은 학습자에게 자기 주도 학습을 방해할 뿐 아니라 스스로 문제를 해결할 수 있는 능력을 근본적으로 차단하는 결정적 결함을 내포하고 있다. 그러므로 이제부터는 "듣고 이해하는 공부방식"에서 탈피하고 "읽고 이해하는 공부방식"으로 전환해야 한다.

또 다른 이유는 읽기 방식의 문제이다. 글을 읽고 이해하기 위해서는 읽고자 하는 내용에 대한 '궁금증'과 '재미'가 있어야 하는데 아무런 생각 없이 무작정 읽기 때문이다.

5. 해결 방법은 무엇인가?

"읽고 이해하는 능력(언어능력)"을 키우는 방법은 무엇일까? 그 해답은 읽기 전담영역이 없는 인간의 뇌 구조에 있다. 뇌는 후두엽, 측두엽, 전두엽, 변연계 등으로 구성되어 있다. 후두엽은 시각적 정보로서 글자를 받아들인 다음 그 결과를 측두엽에 패스 한다. 측두엽은 그 글자를 소리로 해독하여 전두엽으로 패스한다. 패스를 받은 전두엽은 그 단어나 문장의 의미를 추론하고 연결을 한다. 그리고 변연계에서는 전두엽에서 해석한 추론이나 의미에 따라 감정을 느끼게 된다. 이처럼 글 읽는 능력은 뇌의 영역별로 각각의 기능과 역할이 다르게 부여되어 있다.

글 읽는 전담 영역이 없다면 글을 읽고 이해하는 능력(공부 머리)을 키우기 위해서는 어떻게 해야 하는가? 그것은 '후두엽 - 측두엽 - 전두엽 - 변연계'가 팀플레이를 해야 한다. 팀플레이를 잘하기 위해서는 어떻게 해야 하는가? 그것은 축구의 경우처럼 지속적인 팀플레이 연습을 해야만 한다. 결과적으로 지속적인 팀플레이를 통해 '공부 머리'를 구조화해야 한다는 것이다.

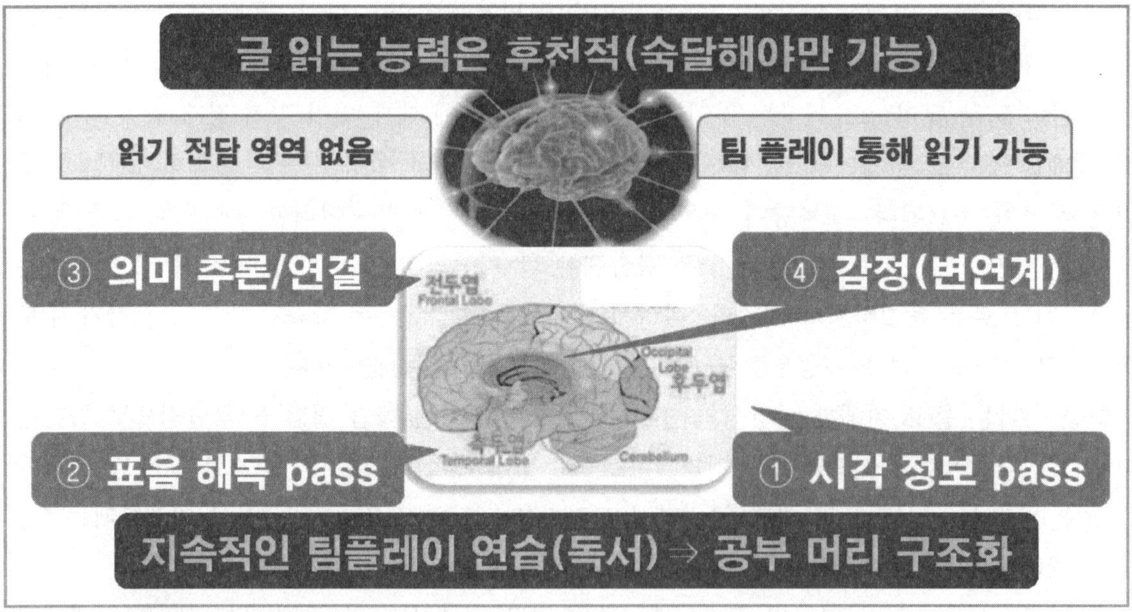

6. 어떻게 할 것인가?

앞에서 '공부 머리'는 글을 읽고 이해하는 능력이며, 읽고 이해하는 능력을 향상하기 위한 해결방법으로 "지속적인 팀플레이를 통한 공부 머리의 구조화"가 제시되었다. 그렇다면 공부 머리를 구조화하기 위한 실천적 측면에서 가장 중요한 것은 "공부 머리를 구조화하기 위해 어떻게 할 것인가?"이다.

일반적으로 지식(知識)은 외우는 것이 아니라 깨닫는 것이다. 이것을 입증하고 있는 것이 바로 대학 수학능력평가이다. 대학 수학능력 평가에서는 '무엇을 아느냐?'를 묻는 것이 아니라 '알고 있는 지식을 이용해서 주어진 문제를 해결할 수 있는가?'를 평가하고 있다. 이것은 아래와 같은 '지식의 구조화'[6]를 의미한다.

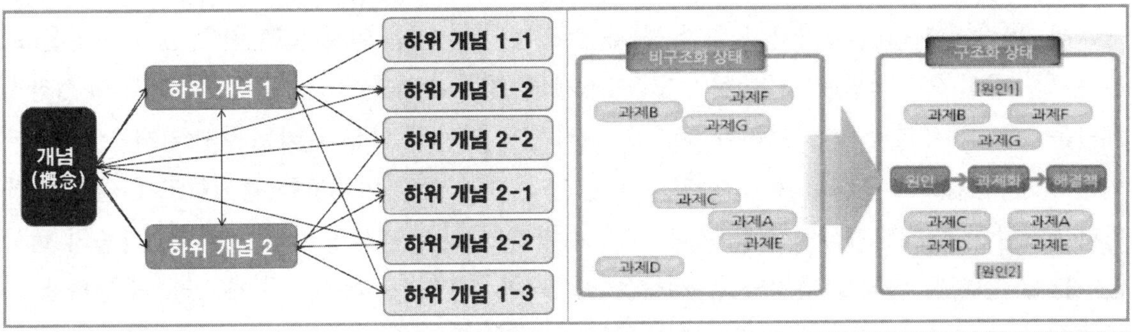

〈지식 구조화(예)〉

에너지 자원은 에너지를 얻을 수 있는 자원이다.**(정의 또는 개념)**

이러한 에너지 자원에는 석유, 석탄, 천연가스, 원자력, 신·재생에너지 등이 있는데 각각의 특성은 ………**(분류 및 특성)**

이 중에서 석유, 석탄 등은 화석연료로서 고갈될 위험이 있고 환경을 파괴한다는 문제점이 있다.**(문제점)**

이 문제를 해결하기 위해서는 화석연료 사용을 줄이는 한편, 에너지 절약 기술을 발전시키면서 신·재생에너지를 개발해야 한다.**(해결책)**

지식은 외우는 것이 아니라 깨닫는 것이다.[7] 이러한 깨달음을 통해 '지식의 구조화'가 이루어지고 이것들이 모여 '지식의 숲'이 만들어지며, 그 결과 어떤 새로운 지식을 접했을 때 빠르게 그 지식에 대한 처리 및 정리를 할 수 있다. 또한 새로운 문제나 상황에 직면했을 때 합리적인 해결책 모색이 가능해진다. 이러한 지식의 구조화는 '왜'라는 물음으로부터 시작된다.

---

6) 지식의 구조란 '각 학문의 기저를 이루고 있는 핵심적인 개념과 원리', 즉 단순한 사실들이나 잡다한 현상에 대한 정보가 아니라 이러한 사실이나 현상을 서로 관련짓고 체계화하는 주요 개념이나 원리를 의미한다.

7) 진정한 학습은 있는 그대로 박제화된 지식을 '기억하는 앎'이 아니라 스스로 구성하는 살아있는 지식을 '깨우치는 앎'이라고 했다. 이러한 깨달음의 앎이 되기 위해서는 내 머릿속의 뇌에서 나만의 '남다른 생각의 틀'이 있어야 한다. http://www.eduinnews.co.kr(검색일, 2021. 7. 3)

'왜'라는 물음을 통해 그다음 단계의 지식으로 나아가는 다리의 역할을 하게 된다. 지적 호기심이 왕성하고 배움의 즐거움을 크게 느끼는 이들의 이면에는 독서가 있다. 다시 말해서 지식의 구조화를 숙달할 방법이 바로 '독서(讀書)'이며, 독서 이력에 의해 언어능력이자 학습능력이 결정된다.

독서의 의미는 학교교육의 목적으로서 문해 능력을 키워 나를 발견하고 세상을 이해하도록 하는 것이며, 궁극적으로 스스로 직면한 문제에 대한 합리적 해결책을 모색하는 능력으로 이어지는 것이다. 대학에서 학문한다는 것은 단순히 지식을 양적으로 늘리는 것이 아니라 인간으로서 "바람직한 삶을 살아가기 위한 틀"을 만드는 작업이다. 이것은 "인간의 삶과 세상을 보는 틀"을 형성하고 정립해 가는 것이자 "어떻게 살아갈 것인가?"의 물음에 대해 자기 성찰적 해답을 모색하는 과정이다. 이러한 참다운 지적체계 형성을 위해 우리는 이야기책을 통해 타인의 삶을 간접으로 경험하며 그 과정에서 인간과 나에 대한 이해도를 증진하고 나를 발견해 간다. 다른 한편으로 지식 도서를 통해 내가 살아가고 있는 세상이 어떤 곳이며, 각종의 현상과 결과를 어떻게 바라볼 것인가 등 세상을 이해하게 된다. 즉, 독서를 통해 나를 발견하게 되며 세상을 이해하게 되는 것이다.

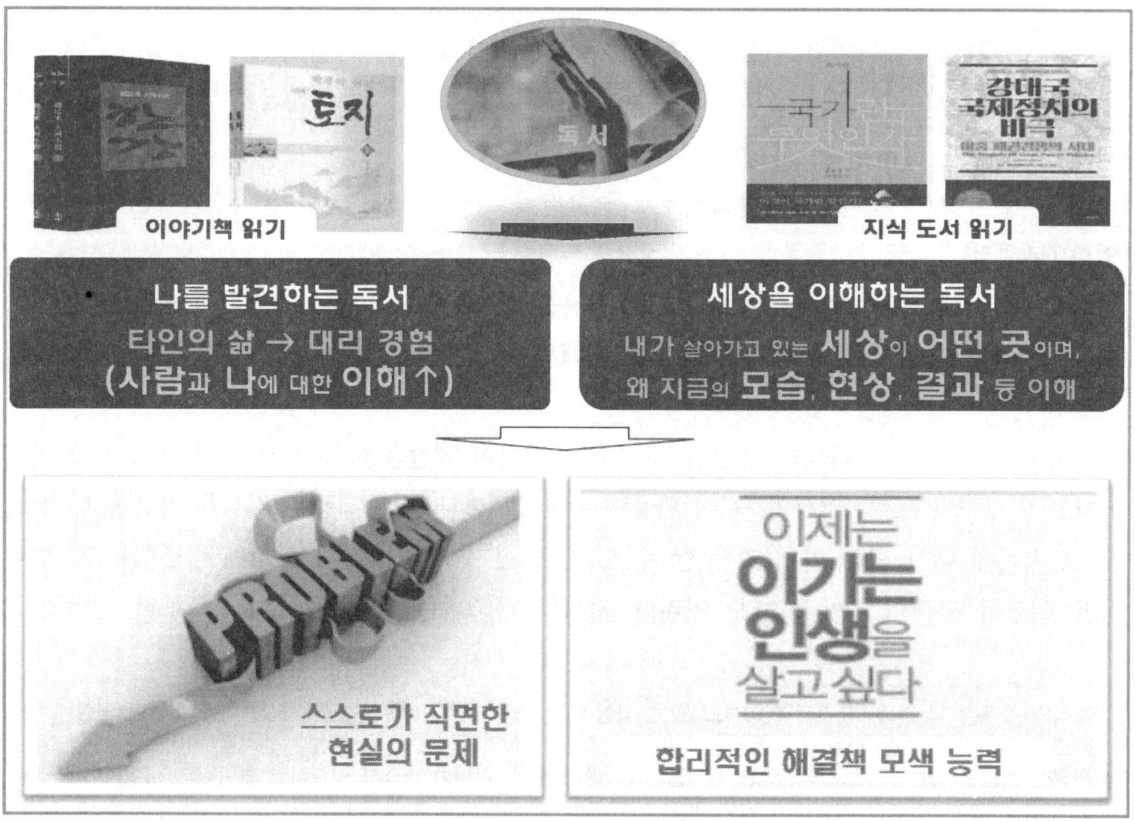

"어떻게 독서를 할 것인가?"에 대해 공부 머리 독서법의 저자인 최승필의 의견을 정리해 보면 다음과 같다.[8] 독서의 핵심은 '재미'라는 것이다. 그 재미는 '왜'라는 물음인 생각과 그 생각으로부터 생겨나는 '감정(感情)'이다. 생각과 감정 덩어리가 크면 클수록 재미와 몰입은 높아진다.

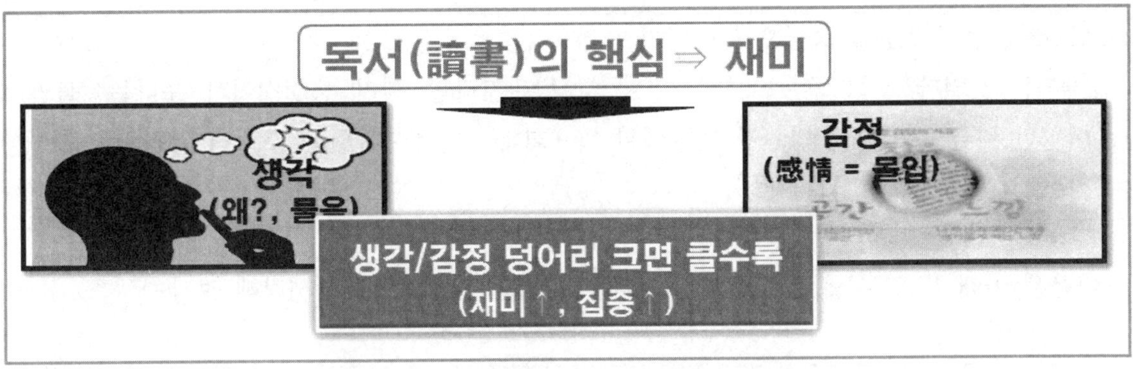

이야기의 구조는 주인공 중심의 이야기가 전개되는데 일반적으로 '상황제시-위기(곤경) 시작-위기(곤경) 강화-위기(곤경) 해소'라는 네 개의 덩어리로 구성되어 있다. 라는 맨 처음에는 주인공과 관련된 상황이 전개된다. 다음은 주인공의 위기가 발생되며 이어서 그 위기가 강화된다. 그리고 그 위기가 해소되면 해피 엔딩(happy ending)으로 그 위기가 해소되지 못하면 슬픈 결말(sad ending)로 끝나게 된다.

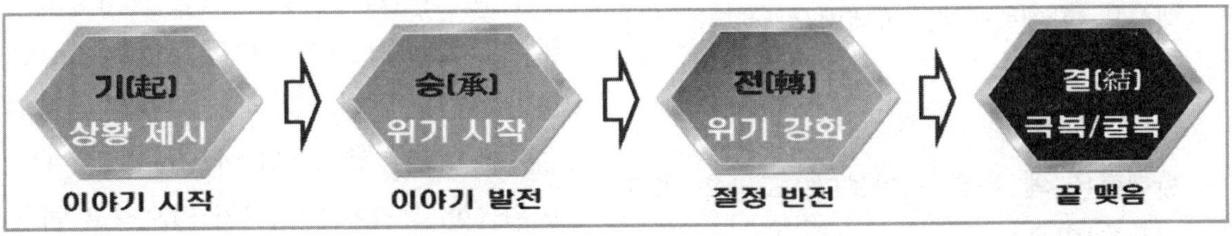

이와 같은 이야기의 구조를 이해하는 것은 독자에게 재미와 몰입을 강화한다. 이야기의 구조를 아는 독자는 책을 펼치기도 전에 '주인공이 어떤 위기에 처할 것인가'에 대한 관심과 궁금증을 가진다. 책을 읽는 과정에서는 위기의 종류와 유형을 파악하고 나면 "그 위기가 어떻게 강화될 것인가"에 대해 관심을 가지되 된다. 위기가 강화되면 '그 위기를 어떻게 해소해 갈 것인가'에 대해 궁금해진다. 따라서 아무 생각 없이 이야기책을 보는 것이 아니라 '왜'라는 궁금증을 해소해 가면서 책을 읽는다면 훨씬 효율적인 독서가 되는 것이다.

8) 최승필, 『공부 머리 독서법』, (남양주시: 책구르, 2018)

공부 머리를 만들기 위한 재미와 몰입을 강화시키는 독서는 어떤 것인지에 대해 예를 들어 설명할 수 있다. 아래 내용은 제임스 페럴러 『방관자』 도입부이다. 책의 제목과 도입부를 통해 '생각'과 '감정'을 정리해 보자.

먼저 제목 '방관자'를 통해서 나타나는 생각과 감정을 정리해 보면 다음과 같다.

생각	감정
• 방관자라는 주인공을 중심으로 이야기가 전개되는 것일까? • 아니면 다른 주인공을 방관자 입장에서 바라보는 것일까?	방관자라면 왠지 긍정적이기 보다는 '불안', '회피', '긴장'과 같은 부정적 감정의 느낌

다음은 아래 '도입부'를 읽으면서 나타나는 생각과 감정에 대해 생각해 보자

> 헤이스가 처음 그를 봤을 때, 데이비드 할렌백은 뛰고 있었다. 뛴다고 했지만, 제대로 뛰는 건 아니고 짧은 다리로 비틀거리며 뒤뚱거리고 있었다고 해야 맞을 것 같다. 그렇게 뒤뚱거리며 달려오다 두려운 듯 뒤를 돌아보는 순간 발이 겹질려 앞으로 넘어질 뻔했다. 할렌백은 잠시 숨을 고르다가 비틀거리며 다시 달리기 시작했다. 할렌백은 어떤 곳을 향해 달려가는 것이 아니라, 어떤 곳에서 벗어나려는 중이었다. 정확히 말하자면 도망치고 있었다.

생각	감정
• 헤이스는 방관자이며, 그가 바라보는 주된 대상은 할렌백이며, 할렌백은 스토리에서 약자일 것이다. • 할렌백은 왜 뒤를 돌아보며, 도망을 치고 있는 것일까?	• 할렌백은 두려운…벗어나려는…도망, 무슨 일이 곧 벌어질 것 같은 다급한 상황으로 매우 두렵고 공포감이 터질 것 같은 상황 (불안, 공포) • 이를 바라보는 헤이스의 마음 상태는? 그 위급한 상황에 개입하지 않으려고 하겠구나... 왜냐하면 방관자이니까

이처럼 도입부는 필자가 이야기하고자 하는 내용을 압축적으로 표현하고 있다. 따라서 도입부를 읽고 다음과 같은 추론이 가능하다

> • 헤이스는 방관자이며, 그가 바라보는 주된 대상은 할렌백이며, 할렌백은 스토리에서 약자일 것이다.
> • 두려운…벗어나려는…도망, 무슨 일이 곧 벌어질 것 같은 다급한 상황

이상의 논의를 통해 학습자가 '공부 머리'를 구조화하기 위해 스스로가 할 수 있는 실천적 방법은 무엇인가? 그것은 자기 수준에 맞는 책을 선택해서 소리 내서 읽는 방식으로 '왜'라는 생각과 감정 덩어리를 가미시켜 가면서 책 읽는 것을 습관화하는 것이다. 그 독서의 방법에는 아래와 같은 '슬로우 리딩', '다독', '초록 독서법' 등이 있다.

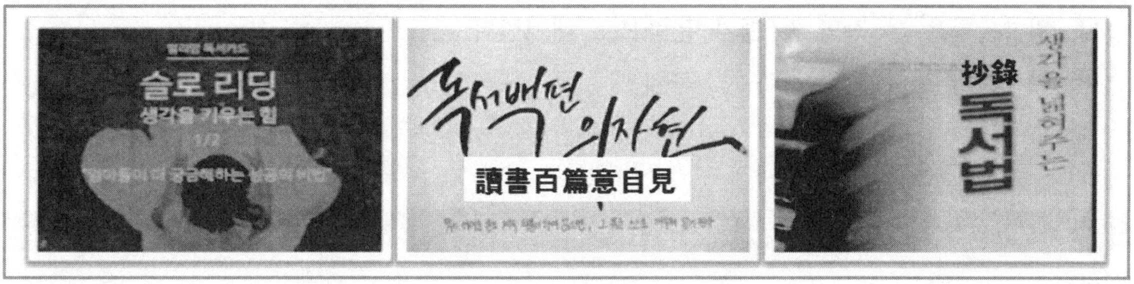

슬로우 리딩의 원조는 조선 시대의 서당 교육이다. 서당교육의 핵심은'천천히 깊게 읽다 보면 문리(文理)[9]가 터진다.'를 실현하는 것이다. 이것은'천천히 깊게 읽으며 생각하는 힘 기른다.'라는 의미로서 주체적으로 생각하는 힘을 기르기 위함이다. 따라서 책을 소리 내서 읽는 속도로 읽고 깊이 생각하고, 다음 문장을 곱씹으려 읽는 독서법이다. 이 독서법은 매일 적은 분량을 아주 자세히 읽음으로써 독서의 효과를 극대화하는 방법으로 생각할 거리가 많은 고전 명작 소설이나 언어논리의 지문들을 독해하는 방법으로 적합하다.

다독(多讀)은 한마디로 '독서백편의자현(讀書白篇意自見)[10]'이다. 반복 독서는 같은 책을 여러 번 반복해서 읽음으로써 독서 효과를 극대화하는 방법이다. 주의할 점은 첫 번째, 두 번째, 세 번째… 계속해서 같은 속도로 읽어야 한다는 것이다. 다독의 횟수는 개인에게 주는 중요도에 따라 차이가 있겠지만 지식 서적이나 논문의 경우 최소 5회 이상 읽는 것이 바람직하다.

초록(抄錄) 독서법은 지식 도서 읽기에 최상의 독서법이다. 연필을 들고 밑줄을 긋고, 주제를 메모하거나, 자신의 생각 또는 의문점이나 반론 등을 메모하면서 읽는 방법이다. 이를 교과서에 적용한다면 '코넬식 노트 기법'과 유사한 개념이다.

9) 문리란 글에서의 이치(理致)에 맞고 체계(體系)가 있는 뜻, 글의 뜻을 깨달아 아는 힘, 사물(事物)의 이치(理致)를 깨달아 아는 힘 등을 의미한다.

10) 책이나 글을 백 번 읽으면 그 뜻이 저절로 이해된다는 뜻으로, 학문을 열심히 탐구하면 뜻한 바를 이룰 수 있음을 가리키는 말이다.

7. 기초언어 능력 진단 평가[11]

가. 평가 문항 및 시간

문항 수는 30문항으로 문제지는 평가 직전에 별도로 배부된다. 평가시간은 60분이다. 유의사항은 급하게 풀수록 점수가 낮게 나옴을 유의하여 차분하게 풀어야 한다.

나. 평가문항은 본 장의 3. 평가 문항으로 대처한다.

다. 평가결과 등급 판정 및 수준 분석

(1) 등급 판정은 아래와 같다.

점수	85점 이상	84~75점	74~ 65점	64~55점	54~45점
판정	A	B	C	D	E
	문장과 문장의 의미 연결 가능		단어 의미 연결/문장해석 可		단어 의미 해석/표음

(2) (가)항의 등급 판정 결과를 기초로 스스로의 수준은 아래 '읽기의 4단계'를 적용하여 분석한다.

〈읽기의 4단계〉			
1단계	2단계	3단계	4단계
표음(表音) 단계	의미 해석 단계 (단어 중심)	의미 연결 단계 (문장 중심)	2차 의미 연결 단계 (단락)

- 1단계: 글자를 소리로 바꾸는 단계, 글을 읽은 후 아무 생각(기억)이 없다.
- 2단계: 글을 읽은 후 제한적인 단어만 생각이 난다.
- 3단계: 글을 읽은 후 전반적인 내용을 제대로 이해할 수 없는 상황으로 문장을 이해하는 수준을 의미한다.
- 4단계: 글을 읽은 후 요약정리가 가능하다(단락 해석)

11) https://cafe.naver.com/gongdock

II. 활동

다음에 제시된 글을 읽고 "언어능력"의 본질을 이해해 보자

【활동 1. 다음 지문을 정독하고 아래 토의사항에 대해 작성해 보자】

구분	내용
지문	자유 민주주의 사회의 이상은 개인들이 각각 윤리 규범을 자율적으로 지킴으로써 타인의 권익과 자유를 침범하지 않는 도덕적 수준에 도달하는 일이다. 그러나 모든 사람들이 그와 같은 도덕적 수준에 도달한다는 것은 기대하기 어려우므로, 필요한 경우에는 공권력을 발동하여 방종한 사람의 반사회적 행위를 방지해야 한다. 그 공권력에 의한 질서 유지의 장치가 바로 법제(法制)에 해당한다. 그러나 비록 법치 국가의 외형을 갖추었다 하드라도 법규의 내용이 불공정하거나 법을 지키지 않는 사람이 많을 경우에는, 개인들이 안심하고 삶을 설계하고 실천함에 어려움을 겪는다. 따라서 공정한 입법과 일반적 준수는 자유 민주주의 국가의 성패를 좌우하는 중요한 조건의 하나이다. 법규가 공정하지 못하고 일부 계층에게만 유리하도록 제정된다면 그 법은 일반적으로 지켜지기 어려울 것이며, 비록 법의 제정은 공정하다 하더라고 그 법을 어기는 특권층이 있거나 일반 국민의 의식 수준이 낮을 경우에는 그것을 위반하는 사례가 빈번하게 일어날 것이다.
토의사항	가. 글의 제목으로 적절한 내용을 작성해보시오. 나. 자유 민주주의 사회의 이상을 어떤 상태로 설명하고 있는가? 다. 민주주의 사회 이상 실현을 위해 필자가 제시한 방법을 기술하시오

【활동 2. 지문은 글쓰기 능력의 중요성이다. 토의사항을 해결하시오】

구분	내용
지문	글을 잘 쓸 수 있는 능력, 특히 주어진 문제에 대하여 논리적으로 사고를 전개하여 독자를 설득할 목적으로 텍스트를 생산하는 논술 능력은 교육을 받은 사람들이 갖추어야 할 가장 기본적인 능력 중의 하나이다. 주어진 문제에 대해 글쓰기는 의사소통으로서의 문제 해결 행위이다. 글 쓰는 사람은 글을 읽을 사람에게 어떤 영향을 미치기 위하여 글을 쓴다. 즉, 필자는 독자의 지적 상태를 변화시키기 위하여 주장을 하기도 하며, 정보를 제공하기 위하여 설명을 하기도 한다. 의사소통 행위로서의 글쓰기가 갖는 여러 가지 특성은 실제로 글을 써 가는 과정에서 중요한 기능을 담당한다. 만약, 정보사회 또는 고급 기술 문명사회의 특성을 지니게 될 미래 사회에 대비하여 젊은 세대들이 의사소통 능력으로서의 글쓰기 능력을 제대로 갖추지 못한다면, 각 개인이 직면할 다양한 문제 사태를 능동적으로 대처할 수 없을 것이며, 미래 사회의 주역으로서 인간다운 삶을 영위하기도 힘들 것이다. 자신의 생각을 체계적으로 조직하여 자신의 언어로 효과적으로 표현하지 못

구분	내용
	하는 사람, 정확하고 간결한 보고서를 제대로 못 쓰는 사람, 자신의 생각을 명료하고 정확하게 전달하지 못하는 사람, 다한 의사소통 상황에서 상대에게 자신의 의사를 효과적으로 전달하지 못하는 사람들이 겪게 될 고충을 생각해 보면, 의사 표현 행위로서의 논술의 중요성을 이해할 수 있다. 의사소통 행위로서의 논술이 지닌 실용적인 측면에서의 중요성 이외에도 논술은 교육 상황에서 학생들의 논리적 사고력과 창의적 사고력의 신장을 촉진시킨다는 측면에서 중요하다. 논술 활동을 함으로써 학생들은 논리적으로 생각하는 힘을 기를 수 있다. 논술 활동은 학생들로 하여금 사물들 사이의 관계를 바르게 인식하게 하고, 사물을 깊이 있게 이해하며, 자신의 다양한 경험에 질서를 부여할 수 있게 해 준다. 또한, 논술 활동을 함으로써 학생들은 사람, 사물, 주요 현상, 주요 문제들에 관하여 자신이 어떻게 생각하고 있는지, 혹은 자신이 어떻게 생각해야하는 지에 관한 통찰을 얻게 된다. 문화심리학자의 연구에 의하면 문식 사회의 사람들이 문맹 사회의 사람들에 비해 논리적 사고력과 창의적 사고력의 측면에서 앞선다고 한다. 다시 말하면, 글쓰기 능력을 습득함으로써 사람들은 생각을 보다 논리적으로 전개하고, 문제를 창의적으로 해결하며 현상을 비판적으로 이해랄 수 있게 된다는 것이다. 따라서 논술 능력을 제대로 갖춘다면 정보 지식 사회에서 직면하게 될 다양한 문제 사태에 대처할 수 있는 창의적인 문제해결 능력을 획득하게 될 것이다.
토의사항	가. 지문에서 주장하는 글쓰기의 중요성을 요약 제시하시오 나. 글쓰기의 중요성을 비추어 스스로가 보완하고 실천해야 할 사항에 관해 한 가지 이상 제시하시오

【활동 3. 다음 지문은 언어능력 학습기준이다. 토의사항을 해결하시오】

구분	내용
지문	언어능력을 어떻게 향상시킬 것인가? 이를 위해 필요한 것이 '학습기준'이다. 이와 관련하여 미국에서는 공립 초중고의 역사/사회 과목, 과학 및 기술 교과에서 사용하는 언어(English Language Arts)와 문해력(Literacy)에 대한 공동 학습 기준으로서 '비판적 사고력(CCSS: Common Core State Standards)'[12]을 제시하고 있으며, 그 세부내용으로서 대학 및 직업 준비(CCR: College and Career Readiness)가 된 학생들의 특성은 7가지로 정리하고 있다. **첫 번째, 독립성을 보여준다.** 여러 가지 형태와 교과영역에 걸쳐 복잡한 텍스트를 이해하고 평가할 수 있으며, 효과적인 주장은 물론 복잡하거나 다면적인 정보를 전달할 수 있다. 또한 화자의 주요 요점을 파악하고 비판한다. **두 번째, 강한 내용 지식을 구축한다. 쓰기(정리하기)**의 일상화를 통해 원인과 결과 중심의 지식을 구축하고 이를 기반으로 지식과 지식을 연결하여 지식의 베이스를 확장한다. 아울러 말하기를 통해 관련 지식을 공유한다.

12) CCSS는 미국의 각 주에서 비판적 사고력을 강조하고, 대학과 직장준비를 미리부터 시작하며, 글로벌 경쟁에 준비하기 위해 마련한, 엄격하고 어려운 학습기준이며, 대학과 직장준비(CCR) 기준은 학생이 대학과 노동 연수 프로그램에 참여할 준비를 하기 위하여 충족해야 하는, 전체교과영역에서 읽고 쓸 수 있는 능력에 대한 기대치로 정의된다. 장소원, "국어 능력 평가를 위한 기초연구", 「국립국어원」. (2012. 01, 20.), p. 12.

구분	내용
	세 번째, 독자, 과업, 목적, 교과영역의 다양한 요구에 반응한다. 학생들은 과업에 따라 읽기, 쓰기, 말하기, 듣기 및 언어 사용에 대한 목적을 설정하고 조절한다. 말할 때 청중의 구성이 어떻게 어조에 영향을 미치는지, 단어의 함축된 의미가 어떻게 영향을 미치는지와 같은 미묘한 차이를 인식한다. **네 번째, 이해할 뿐 아니라 비평한다**(비판적인 이해). 필자나 화자가 전달하고자 하는 내용을 정확하게 이해하려고 노력하고, 그 전제와 결론 등의 논리적 타당성 등에 대해 평가할 수 있다. **다섯 번째, 증거를 중시한다**. 텍스트의 구어적 혹은 문어적 해석을 제공할 때 특정한 증거를 인용한다. 쓰기와 말할 때 자신의 의견을 뒷받침하고, 자신의 추론을 독자나 청자에게 명백하게 전달하며, 적절한 증거를 사용한다. 그리고 다른 사람이 증거를 제대로 사용했는지 건설적으로 평가한다. **여섯 번째, 기술과 디지털 미디어를 전략적으로 그리고 능력 있게 활용한다**. 기술을 사용하여 읽기, 쓰기, 말하기, 듣기 및 언어 사용을 강화한다. 온라인에서 검색을 통해 유용한 정보를 효율적으로 얻고, 이 정보를 사용하여 배운 것을 오프라인에서 배운 것과 통합한다. 여러 가지 기술적 도구와 매체의 강점과 한계에 익숙해지고 커뮤니케이션 목적에 가장 잘 부합되는 것을 선택하여 사용할 수 있다. **일곱 번째, 다른 관점과 문화를 이해한다**. 읽기와 듣기를 통해 다른 관점과 문화를 이해하는 것을 적극적으로 모색하고, 다양한 배경을 가진 사람들과 효과적으로 커뮤니케이션할 수 있다. 다른 관점을 비판적으로 그리고 건설적으로 평가한다. 여러 시대, 다양한 문화, 관점을 대표하는 고전과 동시대 문학작품을 읽으면서 자신과는 다른 세계에서 간접적으로 살아 보고 그 세계를 경험하고자 한다.
토의 사항	가. 대학 및 직업 준비(CCR: College and Career Readiness)가 된 학생들의 특성은 7가지를 바탕으로 각자의 입장에서 취약항목을 도출하고 보완해야할 우선순위를 정리해 보자

【활동 answer】

토의 1.
가. 자유민주주의 이상과 실현 방법 나. 개인들이 각각 윤리 규범을 자율적으로 지킴으로써 타인의 권익과 자유를 침범하지 않는 도덕적 수준에 도달하는 일
다. 공정한 입법과 일반적 준수

토의 2.
가. (실용적 측면) 의사소통으로서의 문제 해결 행위, 창의적인 문제해결 능력(논리적 사고력과 창의적 사고력의 신장을 촉진)
나. 각자 습관의 관점에서 '글쓰기'에 대해 실천사항을 중심으로 보완해야할 사항 분석

토의 3.
가. 대학 및 직업 준비가 된 학생들의 7가지 특성을 근거로 각자 스스로 보완할 사항을 도출하고 실행의 관점에서 그 우선순위를 설정해 본다.

Ⅲ. 평가

1 다음의 '관용적 표현'에서 그 뜻이 잘못 풀이된 것을 고르시오.

① 도마에 오르다 : 집중적인 비판의 대상이 되다.
② 쓸개가 없다 : 하는 짓이 이치에 맞지 않고 줏대가 없다.
③ 말머리를 돌리다 : 이야기의 방향을 바꾸다.
④ 손끝(이) 맵다 : 하는 행동이 거칠고 못되다.
⑤ 개밥의 도토리 : 축에 끼지 못하고 따돌림을 당하는 외로운 처지.

2 다음 지문의 밑줄 친 단어와 유사한 의미를 가진 단어를 고르시오.

이번 여름에 우리 마을은 큰 비로 인해 홍수가 났다. 마을 이장은 홍수 이전의 상태로 복구를 위해 마을 사람들에게 피해복구에 모두가 동참해주길 호소했다. 그 결과 마을의 남녀노소 모두는 자발적으로 <u>단결</u>하여 수해를 극복하는데 구슬땀을 흘렸다.

① 합치 ② 단합 ③ 분열 ④ 일치 ⑤ 참여

3 밑줄 친 단어의 사전적 의미는 무엇인가

영어를 자유롭게 <u>구사(驅使)</u>하는 일은 새 시대를 살아가는 필수 조건이다. 하지만 우리 한글을 바로 세우는 일에도 소홀해서는 절대 안 된다.

① 의견을 말하다.
② 빌려서 사용하다.
③ 이리저리 잘 응용하다.
④ 자유자재로 다루어 쓰다.
⑤ 물건을 다루거나 사건 등을 처리하다.

4 다음 글을 읽고 (   )에 들어갈 사자성어로 적절한 것은?

이순신 장군은 임진왜란 당시 나라를 구한 불세출(不世出)의 영웅이었다. 왜냐하면 세계의 해전사상 절대적인 열세에도 불구하고 명량대첩처럼 승리를 달성한 전략 전술가는 찾아보기 힘들다.

① 누란지세(累卵之勢)
② 멸사봉공(滅私奉公)
③ 명실상부(名實相符)
④ 백골난망(白骨難忘)
⑤ 개세지재(蓋世之才)

5 다음 밑줄 친 관용적 표현 또는 속담과 한자성어의 짝이 잘못된 것은?

① 엎친 데 덮쳐 또다시 눈보라가 며칠씩 계속되었다. : 설상가상(雪上加霜)
② 이순신 장군은 일본의 침략으로 바람 앞의 등불처럼 위태로운 우리나라를 구해낸 민족의 영웅이다. : 풍전등화(風前燈火)
③ 수박 겉핥기 : 주마간산(走馬看山)
④ 그 아이는 하나를 알려주면 열 가지를 아는 총명한 아이란다 : 문일지십(聞一知十)
⑤ 나중 난 뿔이 우뚝하다 : 당랑거철(螳螂拒轍)

【문제 6~7】 다음은 친구 간의 대화의 일부이다. 물음에 답하시오.

재은 : 성아야, 같이 가. 어? 그거 수민이 가방 아니야?
성아 : 응, 수민이가 보건실에 있는데 조퇴하려고 하거든.
재은 : ㉠하긴, 점심 먹을 때부터 안색이 안 좋긴 했지. 그래서 가방 가져다주는 거구나. 저번에 내가 다쳤을 때도 꼼꼼하게 잘 챙겨 주더니, ㉡(엄지를 치켜들며) 역시 성아야.
성아 : (웃으며) 고마워. 언제나 네 말을 들으면 힘이 나.
재은 : 근데 너, 아까 점심시간에 할 말 있다고 하지 않았어?
성아 : 어? (잠시 말을 머뭇거리며) 그게 · · ·
재은 : 뭔데? 얘기해 봐. 우리 사이에 못할 얘기가 어디 있어?
성아 : 음, ㉢너니까하는 얘기인데, 내가 이번 전교 학생회장 선거에 출마해 보면 어떨까?
재은 : 정말? 훌륭한데! 그런데 갑자기 왜?
성아 : 내가 원하진 않았지만 잠깐 임시 반장을 했었잖아. 학기 초에 내가 만든 프로그램 덕분에 친구들이 친해지고 즐거워하는 걸 보니까 참 좋았어. 난 많은 친구들을 도와주고 싶은데, 전교 회장이 되면 그럴 수 있을 것 같아서. 재은 : 그렇구나. 그런데 너, ㉣예전에는 뒤에서

친구들을 많이 도와주기는 했어도 나서는 건 꺼리지 않았어?
성아 : 그랬지. 그런데 막상 임시 반장을 해 보니까 남들 앞에 선 다는 게 그렇게 많이 두려워 할 만한건 아니더라고. 또···
재은 : ⓜ그리고? 계속해 봐.
성아 : 그리고 생각해 보니까 내가 그동안 도전이라고 할 만한 것 들은 피하면서 살았다는 생각이 들었어. 그래서 이번 기회에 극복해 보려고.
재은 : 그랬구나. 큰 결심 했다. 나도 도와줄게.
성아 : 고마워. 그런데, 좀 고민되는 게 있어. 선거 운동 기간에 연설을 해야 하는데 어떤 내용으로 하면 좋을까?
재은 : 음, 대중 앞에서 설득적 말하기를 할 때는, 훌륭한 성품을 청중이 알 수 있도록 자신의 의미 있는 경험을 제시하면 설득력을 높일 수 있대. 그러니까 (ⓐ)

6 위 대화를 고려할 때, ㉠~ⓜ을 통해 알 수 있는 것으로 적절하지 않은 것은?

① ㉠ : 대화 참여자는 상대방의 말을 이해하는 데 자신이 알고 있는 정보를 활용할 수 있다.
② ㉡ : 비언어적 표현이 언어적 표현의 의미를 강화할 수 있다.
③ ㉢ : 대화 참여자 간의 관계가 자신에 대한 정보를 드러내는 정도에 영향을 미칠 수 있다.
④ ㉣ : 대화 참여자 간의 문화적 배경 차이가 화제 선택에 제약을 줄 수 있다.
⑤ ⓜ : 대화 참여자의 협력적 반응이 대화를 원활하게 진행하는데 도움이 될 수 있다.

7 대화의 흐름과 내용을 고려할 때, ⓐ에 들어갈 말로 가장 적절한 것은?

① 네가 학생회장으로서 학생들의 고민을 모두 해결해 줄 수 있는 적임자라는 것을 강조해 봐. 그러면 청중이 너의 자신감을 높이 살 거야.
② 네가 그동안 도움이 필요한 친구들을 많이 도와줬던 이야기를 해 봐. 그러면 청중은 네가 학생회장에게 어울리는 따뜻한 마음이 있다는 걸 알게 될 거야.
③ 네가 항상 앞에 나서서 적극적으로 학급 일을 주도해 왔다는 것을 강조해 봐. 그러면 청중은 네가 많은 학생들을 이끌 수 있는 학생회장이 될 거라고 생각할 거야.
④ 네가 임시 반장을 하며 만든 프로그램이 친구들의 호응을 얻지 못했던 이야기를 말하는 건 어때? 그 말에 청중은 네가 학생 회 장에게 필요한 경험이 있다고 판단할 거야.
⑤ 네가 학생회장이 되면 다양한 동아리 활동의 기회를 제공하겠다고 해 봐. 그러면 청중은 자신의 숨어 있는 재능을 발견할 수 있는 기회를 많이 갖게 될 거라고 기대할 거야.

8 다음 글의 내용에 부합하지 않는 것을 〈보기〉에서 고르시오.

불행이란 사물의 결핍 상태에서 오는 것이 아니라, 결핍감을 느끼게 하는 욕구에서 온다. 현실 세계에는 한계가 있지만 상상의 세계에는 한계가 없다. 현실 세계를 확대시킬 수는 없는 일이므로 상상의 세계를 제한할 수밖에 없다. 왜냐하면 우리를 진정으로 불행하게 하는 모든 고통은 오로지 이 두 세계의 차이에서만 생겨나는 것이기 때문이다. 체력과 건강과 스스로가 선한 사람이라는 확신을 제외한 그 밖의 인간 생활의 모든 행복은 모두 사람들의 억측에 불과한 것이다. 신체의 고통과 양심의 가책을 제외한 그 밖의 모든 불행은 공상적인 것이다.
불행이란 사물의 결핍 상태에서 오는 것이 아니라, 결핍감을 느끼게 하는 욕구에서 온다. 현실 세계에는 한계가 있지만 상상의 세계에는 한계가 없다. 현실 세계를 확대시킬 수는 없는 일이므로 상상의 세계를 제한할 수밖에 없다. 왜냐하면 우리를 진정으로 불행하게 하는 모든 고통은 오로지 이 두 세계의 차이에서만 생겨나는 것이기 때문이다. 체력과 건강과 스스로가 선한 사람이라는 확신을 제외한 그 밖의 인간 생활의 모든 행복은 모두 사람들의 억측에 불과한 것이다. 신체의 고통과 양심의 가책을 제외한 그 밖의 모든 불행은 공상적인 것이다.
인간은 약하다고 하는데 그것은 무엇을 뜻하는 것이겠는가? 이 약하다고 하는 말은 하나의 상대적 관계로서 그 말이 적용되는 자의 어떤 관계를 나타내는 것이다. 능력이 모든 욕구보다 넘치고 있는 경우에는 곤충이든 벌레든 간에 모두 강자임에 틀림이 없다. 욕망이 그것을 능가할 경우에는 그것이 코끼리든 사자이든, 또는 정복자든 영웅이든, 심지어 신이라 할지라도 모두 약자이다. 자신의 본분을 깨닫지 못하고 반항한 천사는 자신의 본분에 따라서 평화롭게 산 지상의 행복한 인간보다 더 약한 존재였다. 인간은 지금 있는 그대로 만족할 때는 대단히 강해지고 인간 이상이고자 할 때는 대단히 약해진다.
그러므로 마치 거미가 거미줄 한가운데 있듯이 그 범위의 중심에 머물러 있도록 하자. 그렇게 하면 우리는 항상 우리 자신에게 만족하고 자신의 약함을 한탄하는 일이 없게 될 것이다. 왜냐하면 허약하다는 것을 새삼스레 느끼게 되는 일이 없을 것이기 때문이다.
모든 동물들은 자기 보존에 필요한 만큼의 능력만을 지니고 있다. 인간만이 오직 그 이상의 능력을 가지고 있다. 그 여분의 능력이 인간의 불행을 만들어 내고 있으니 참으로 기이한 일이 아닌가? 어느 나라에서나 인간의 팔은 생활필수품 이상의 것을 만들어 낼 수 있다. 만약 인간이 상당히 현명하여 이 여분의 능력이란 것에 무관심해진다면 결코 지나치게 많은 것을 손에 넣지 않게 될 것이기 때문에 항상 필요한 것만을 갖고 있게 될 것이다.

〈보기〉

㈀ 현실 세계의 한계에 대한 인식이 불행의 시작이다.
㈁ 인간의 모든 행복과 불행이란 주관적인 것이다.
㈂ 상상력이 없는 곤충들은 항상 행복하다.
㈃ 인간만이 자기 보존에 필요한 능력 이상의 능력을 갖고 있기에 인간의 불행은 필연적이다.

① ㈀, ㈁, ㈂, ㈃ ② ㈃ ③ ㈂
④ ㈀, ㈁, ㈂ ⑤ ㈁, ㈂, ㈃

9 다음은 라디오 대담의 일부이다. 대담 참여자의 말하기 방식에 대한 설명으로 적절하지 않은 것은?

진행자 : '책 사랑' 시간입니다. 오늘은 우리의 전통 선박에 대해 재미있게 설명한 「우리나라 배」의 저자를 모셨습니다. 안녕하세요.

전문가 : 반갑습니다.

진행자 : 선생님, 우리나라 전통 선박에 담긴 선조들의 지혜를 설명한 책의 내용이 참 흥미롭던데요. 구체적인 사례 하나만 소개해 주시길 부탁드립니다.

전문가 : 많은 사례가 있지만 그중에서도 판옥선에 담긴 선조들의 지혜를 소개해 드릴까 합니다. 혹시 판옥선에 대해 들어보셨나요?

진행자 : 자세히는 모르지만 임진왜란 때 사용된 선박이라고 들었습니다.

전문가 : 맞습니다. 판옥선은 임진왜란 대 활약한 전투함인데, 우리나라 해양 환경에 적합한 평저구조로 만들어졌습니다.

진행자 : 선생님, 평저구조가 무엇인가요?

전문가 : 네, 그건 배의 밑 부분을 넓고 평평하게 만든 구조입니다. 덕분에 판옥선은 수심이 얕은 바다에서는 물론, 썰물 때에도 운항이 용이했죠. 또한 방향 전환도 쉽게 할 수 있었습니다.

진행자 : 그러니까 섬이 많고 수심이 얕으면서 조수 간만의 차가 비교적 큰 우리나라 남해안과 서해안에 적합한 구조라는 말씀이시죠?

전문가 : 네, 그렇습니다.

진행자 : 선조들의 지혜가 대단하다는 생각이 드네요. 이런 특징을 가진 판옥선이 전투 상황에서는 얼마나 위력적이었는지 궁금합니다. 설명해 주시겠습니까?

① 전문가는 진행자의 의견에 동조하며 자신의 견해를 수정하고 있다.
② 전문가는 진행자의 부탁에 따라 소개할 내용을 선정하여 제시 하고 있다.
③ 진행자는 전문가의 설명에 대한 자신의 이해가 맞는지를 확인 하고 있다.
④ 진행자는 전문가의 말에 나온 언어의 개념을 물음으로써 청취자의 이해를 돕고 있다.
⑤ 진행자는 전문가에게 중심 화제와 관련된 추가 정보를 요구하며 대담을 진전시키고 있다.

10 아래 문단에서 중심문장을 고르시오.

㉠ 지조를 지키기란 참으로 어려운 일이다. ㉡ 자기의 신념에 어긋날 때면 목숨을 걸고 항거하여 타협하지 않고, 부정과 불의한 권력 앞에는 최저의 생활, 최악의 곤욕을 무릅쓸 각오가 없으면 선불리 지조를 입에 담아서는 안 된다. ㉢ 정신의 자존자시(自尊自恃)를 위해서는 자학과도 같은 생활을 견디는 힘이 없이는 지조는 지켜 지지 않는다. ㉣ 그러므로 지조의 매운 향기를 지닌 분들은 심한 고집과 기벽(奇癖, 기이한 성벽)까지지도 지녔던 것이다. ㉤ 신채호 선생은 망명 생활 중 추운 겨울에 세수를 하는데 꼿꼿이 앉아서 두 손으로 물을 움켜다 얼굴을 씻기 때문에 찬물이 모두 소매 속으로 흘러 들어갔다고 한다.

① ㉠ ② ㉡ ③ ㉢ ④ ㉣ ⑤ ㉤

11 아래 문단의 제목(화제)로 적절한 것을 고르시오.

우아함이 지나치면 고독을 면치 못하고 소박함이 지나치면 생활에 활기가 떨어진다. 활기란 흥이 있는 곳에서 나오는데, 흥이란 없는 것도 있는 척할 때 더 난다. 겸손이 지나치면 비굴함이 되고, 긍지가 지나치면 교만이 된다. 겸손이란 여유 있는 것이어야 하고, 긍지는 남이 매겨 주는 가치라야 한다.
엄격한 예의는 방색(防塞) 같은 것이나 우정이 오가지 않고 소탈함이 지나치면 대면하는 사람의 심정을 예민하게 파악하지 못하여 폐가 되는 경우도 있다. 욕심이 많으면 만족하는 일이 없고, 욕심이 너무 없으면 이름이 적다. 만족의 덕을 익히지 않으면 계급이 아무리 높아도 불만이요, 그래서 권력자는 폭군이 되고 폭군은 이웃까지 지배하려 한다.

① 인생살이의 요령 ② 지나침에 대하여 ③ 편안한 생활을 위하여
④ 안빈낙도(安貧樂道)의 삶 ⑤ 추구해야 하는 삶

12 다음 글의 제목(화제)로 적절한 것을 고르시오.

유명 제약사 전 아시아 태평양 총괄 사장은 “아시아 태평양 지역 내에서 전체 직원을 우리 사람처럼 서로 활용하자”고 주장했다. 모든 사람, 모든 시스템, 모든 성공을 공유하자는 것이다. 글로벌 기준으로 보면 많이 처지는 후발국가나 못사는 나라일지라도 반드시 배울 지식이 있다는 그의 평소 지론에서 나온 말이었다.

① 선진국과 후진국의 지식 갈등 ② 글로벌 경영 ③ 애국심을 통한 민족주의
④ 경계를 없앤 지식경영 ⑤ 정보공유의 중요성

13 다음 글의 중심화제로 적절한 것을 고르시오.

인간은 본래 사회적 존재인 까닭에 개인적 욕구는 사회의 공동생활을 통하여 이루어지는 것이 보통이다. 다시 말하면 한 개인의 욕구가 만족스럽게 충족되느냐 안 되느냐 하는 문제도 그 한사람의 행동 여하에만 달려 있는 것이 아니라 그와 사회적 관계를 맺고 있는 다른 사람들의 행동에 크게 영향을 받는다. 따라서 사람들은 항상 남의 행동에 대해서도 서로 깊은 관심을 갖게 되며 이 깊은 관심은 곧 평가와 간섭으로 발전한다.
일반적으로 말해서 한 사회의 공동 목표의 달성 및 그 사회의 여러 구성원들의 욕구 충족을 위해서 적합하다고 판단되는 행위에 대해서는 찬양의 반응을 보이고 그 반대되는 행위에 대해서는 비난의 반응을 보이게 되는데, 이러한 찬양과 비난의 반응이 어떤 고정관념을 만들어 내기에 이르렀을 때 관습이 성립하게 된다.

① 개인적 욕구와 사회적 요구의 차이
② 관습의 필요성
③ 관습의 형성 과정
④ 관습, 법 도덕의 상호 관련성
⑤ 관습의 성립과 공동생활

14 다음 글의 서술상의 특징으로 적절한 것은?

법조문도 언어로 이루어진 것이기에, 원칙적으로 문구가 지닌 보편적인 의미에 맞춰 해석된다. 일상의 사례로 생각해 보자. "실내에 구두를 신고 들어가지 마시오."라는 팻말이 있는 집에서는 손님들이 당연히 글자 그대로 구두를 신고 실내에 들어가지 않는다. 그런데 팻말에 명시되지 않은 '실외'에서 구두를 신고 돌아다니는 것은 어떨까? 이에 대해서는 금지의 문구로 제한하지 않았기 때문에, 금지의 효력을 부여하지 않겠다는 의미로 당연하게 받아들인다. 이처럼 문구에서 명시하지 않은 상황에 대해서는 그 효력을 부여하지 않는다고 해석하는 방식을 '반대해석'이라 한다.
그런데 팻말에는 운동화나 슬리퍼에 대해서는 쓰여 있지 않다. 하지만 누군가 운동화를 신고 마루로 올라가려 하면, 집주인은 팻말을 가리키며 말릴 것이다. 이 경우에 '구두'라는 낱말은 본래 가진 뜻을 넘어 일반적인 신발이라는 의미로 확대된다. 이런 식으로 어떤 표현을 본래의 의미보다 넓혀 이해하는 것을 '확장 해석'이라 한다.

① 현실의 문제점을 분석하고 그 해결책을 제시하고 있다.
② 비유의 방식을 통해 상대방의 논리를 반박하고 있다.
③ 일상의 소재를 통해 개념을 비교하여 설명하고 있다.
④ 기존 견해를 비판하고 새로운 견해를 제시하고 있다.
⑤ 하나의 현상에 대한 관점을 대조하며 제시하고 있다.

15 다음 단락의 문장 간의 관계에 대한 설명으로 적절 하지 않은 것은?

㉠ 인간은 정치적 동물이다. ㉡ 일찍이 아리스토텔레스는 사람들이 국가라는 커다란 사회를 형성하고 그것을 유지하는 정치 행위에 최고의 인간성이 있다고 설파하였다. ㉢ 물론 인간은 관점에 따라 여러 다른 특성으로 파악될 수 있다. ㉣ 가령 마르크스는 경제성으로, 카시러는 상징성으로, 호이징가는 유희성으로 인간을 파악했다. ㉤ 인간은 또한 종교, 창조, 또는 노동으로 특징지어지기도 한다. ㉥ 그러나 어떤 특성으로 인간을 이해하든 인간은 결국 그들이 속한 사회를 떠나서는 생각하기 어렵고 따라서 정치성을 배제할 수 없다.

① ㉡은 ㉠을 인용의 방법으로 강조한 문장이다.
② ㉢은 ㉡을 일반화된 진술로 표현한 문장이다.
③ ㉣은 ㉢을 예를 통해 구체화한 문장이다.
④ ㉤은 ㉣과 대등한 내용을 첨가한 문장이다.
⑤ ㉥은 ㉢~㉤을 부정하는, 글 전체의 결론이다.

16 아래 글을 중심화제에 따라 나누었을 때, 가장 적절한 것은?

(가) 까마득한 옛날부터 우리 조상은 고유의 언어를 사용했는데, 이 고유 언어를 일반적으로 한국어라고 하며, 국민의 입장에서는 국어라고 한다. 한국어는 오랜 기간에 걸쳐 한민족이 사용하는 동안에 지역적으로 많은 차이를 나타내게 되었다. 이렇게 차이가 난 말을 방언(方言) 또는 사투리라고 한다. 방언에는 모든 지역이 공동으로 사용하는 말이 있는가 하면, 다른 지역 사람들은 전혀 알아들을 수 없는 것도 있다.

(나) 한 나라에 사는 사람들끼리 방언 때문에 서로 의사소통이 안 된다거나 오해가 생긴다면 큰 문제가 아닐 수 없다. 그래서 나라에서는 특정 시대, 특정 지역, 특정 계층에서 사용하는 말을 정하여 모든 국민이 배우고 쓸 수 있게 하는데, 이런 말을 표준어라고 한 다.

(다) 우리나라는 "표준어는 교양 있는 사람들이 두루 쓰는 현대 서울말로 정함을 원칙으로 한다."고 규정하였다. 여기에는 '교양 없는 사람들'의 말은 표준어가 될 수 없음을 의미한다. 예를 들어, 지나 친 비어나 속어, 유행어 같은 것은 표준어가 될 수 없다. '교양 있는 사람들'의 말이라도 일부만 사용하면 안 되고, '두루' 써야 한다는 조건이 들어 있다.

(라) '현대'라는 말은 시대적 조건을 나타낸다. 언어는 생명이 있어서 '생성, 발전, 소멸'의 단계를 거치는데, 이미 쓰이지 않게 된 말 은 표준어가 될 수 없으며, 우리가 살고 있는 시대에 쓰이고 있는 말이 표준어가 된다. 예를 들어, '머귀나무, 오동나무' 중에서 현대에는 '머귀나무'는 쓰이지 않으므로 '오동나무'가 표준어이다.

(마) '서울'은 지역적 조건을 나타내는데, 우리나라의 수도인 이곳은 문화, 경제, 정치, 교통의 중심지이기 때문에 여기에서 쓰이는 말이 전국 방언의 대표가 될 만하다고 인정한 것이

다. 그러나 서울말이 라도 표준어가 될 수 없는 것이 있고, 시골말이라도 표준어가 되는 것이 있다. 이와 같이 모든 규정에는 예외가 있으므로, "원칙으로 한다"고 하였다.

(바) 표준어는 맞춤법이나 표준 발음의 대상이 된다. 즉, '한글 맞춤법'은 "표준어를 소리대로 적되, 어법에 맞도록 함을 원칙으로 한다."고 하였으며, '표준 발음법'은 "표준어의 실제 발음을 따르되, 국어의 전통성과 합리성을 고려하여 정함을 원칙으로 한다."고 하였으니, 올바른 한글 표기와 표준 발음을 하기 위해서도 표준어를 꼭 알아야 함은 물론이다.

① (가)-(나)-(다), (라), (마)-(바)
② (가)-(나)-(다), (라)-(마), (바)
③ (가)-(나), (다)-(라), (마)-(바)
④ (가)-(나), (다)-(라)-(마), (바)
⑤ (가), (나)-(다)-(라), (마)-(바)

17 다음 두 글에서 '이것'에 대한 개념으로 가장 적절한 것은?

(가) 00대학교 심리 연구팀은 본교 여대생을 대상으로 식품 산업 전반에 대한 의견 조사를 실시했다. 'TV에 등장하는 음식 광고가 10년 전에 비해 줄었는지 아니면 늘었는지'를 중심으로 한 조사였다. 조사가 끝난 후 설문에 참가한 여대생들에게 다이어트 여부에 대한 추가 질문을 했다. 식사량에 신경을 쓰고 있는지, 지방이 많은 음식을 피하려고 노력하고 있는지 등에 대한 질문들이었다. 그 결과 다이어트에 신경을 쓰고 있는 여대생들은 그렇지 않은 여대생보다 TV의 식품 광고가 더 늘었다고 인식하는 것으로 나타났다. 이들은 서로 다른 TV 프로그램을 봤기 때문일까? 물론 그렇지 않다. 그 이유는 다이어트를 하는 여대생들은 음식에 대한 **'이것'**으로 TV프로그램을 보고 있었기 때문이다.

(나) 00대학교 심리 연구팀은 한 초등학교 교사와 교직원을 대상으로 아동들이 직면하고 있는 위험요소가 5년 전에 비하여 증가했는지 감소했는지 조사했다. 그 5년 사이에 부모가 된 교사와 교직원들은 그렇지 않은 사람들에 비해 아이들의 위험요소가 훨씬 증가했다고 답했다. 부모가 되는 순간 세상을 위험한 곳으로 인식하기 시작한 것이다. 이처럼 우리가 매일 보고 듣는 말이나 그 내용은 개개인의 **'이것'**에 의해 결정된다.

① 자기 자신에 의존하여 자신이 모든 것을 결정하려는 경향이나 욕구
② 특정한 부분에 순간적으로 집중하여 선택적으로 지각하는 능력이다.
③ 자기 자신의 경험과 인식을 정확하고 객관적으로 믿는 입장이다.
④ 어떤 일을 깊이 몰입해서 자기 자신을 분명하게 자각하려는 태도이다.
⑤ 자기 자신의 관심에 따라 세상을 규정하는 사고방식이다.

18 다음 (가), (나)의 연구결과와 〈보기〉의 분야와 적절하게 연결된 것은?

(가) 한국의 한 연구자는 심하게 말을 더듬고 그것을 매우 부끄럽고 수치스럽게 여기는 25명의 사람들을 대상으로 실험하였다. 연구자는 피실험자들에게 이어폰을 주고 자신이 말하는 목소리가 들리지 않을 정도로 시끄러운 음악을 들려주었다. 그리고 책을 큰 소리로 읽게 했다. 실험 결과 심하게 말을 더듬던 사람들이 눈에 띄게 읽기와 말하기 능력이 개선되었다. 연구자는 이러한 결과가 말하는 소리를 스스로 들을 수 없는 것뿐만 아니라 말을 더듬는 자신에 대한 낮은 평가와 관련이 있다고 발표했다.

(나) 미국의 한 연구자는 뇌졸중으로 한 쪽 팔이 마비된 환자 222명을 두 집단으로 나누었다. 이때 한 집단은 표준 물리치료를 실시하였고, 나머지 한 집단은 성한 팔을 부목으로 묶어 사용하지 못하게 한 채 마비된 팔만을 사용하게 하는 재활 훈련을 실시했다. 그 결과 성한 팔을 묶어 놓고 재활 훈련을 한 집단이 회복 정도가 훨씬 높다는 것을 알게 되었다. 연구자는 이 결과가 뇌의 회로 재구성이 촉진되어 보다 많은 회복 신호를 보냈기 때문이라고 발표했다.

〈보기〉

㉠ 자신에 대한 철저한 관리만이 능사는 아니라고 말하는 상담 심리사
㉡ 자신의 사소한 게으름을 너무 심각하게 고민하는 학생에게 완벽한 자기 통제가 능사가 아니라고 설명하는 학생 상담 센터 연구원
㉢ 상처나 두려움 때문에 정신적 장애를 그대로 둔다면, 자기 변화가 있을 수 없다고 주장하는 자기 계발 프로그램 운영자
㉣ 자기비판과 감시가 강화되면 표현 능력이 개선된다고 말하는 웅변 학원 강사
㉤ 회복을 위해 깁스를 막 푼 왼쪽 팔을 자주 움직이라고 환자에게 말하는 정형외과 의사

	(가)	(나)
①	㉠	㉢
②	㉠	㉤
③	㉡	㉢
④	㉡	㉣
⑤	㉡	㉤

【19-20】 다음 글을 읽고 아래의 물음에 답하시오?

민족 문화의 전통을 말하는 것은 반드시 보수적이라는 멍에를 메어야만 하는 것일까? 이 문제에 대한 올바른 해답을 얻기 위해서는, 전통이란 어떤 것이며, 또 그것이 어떻게 계승되어 왔는가를 살펴보아야 할 것이다.

연암 박지원은 영·정조 시대 북학파의 대표적 인물 중 한 사람이다. 그가 지은 '열하일기'나 '방경각외전'에 실려 있는 소설이 몰락하는 양반 사회에 대한 신랄한 풍자를 가지고 있을 뿐 아니라, 문장 또한 기발하여, 그는 당대의 허다한 문사들 중에서도 최고봉을 이루고 있는 것

으로 추앙되고 있다. 그러나 그의 문학은 패관 기서를 따르고 고문을 본받지 않았다 하여, 하마터면 '열하일기'가 촛불의 재로 화할 뻔한 아슬아슬한 때도 있었다. 말하자면, 연암은 고문파에 대한 반항을 통하여 그의 문학을 건설한 것이다. 그러나 오늘날 우리는 민족 문화의 전통을 연암에게서 찾으려고 할지언정, 고문파에서 찾으려고 하지는 않는다. 이 사실은 우리에게 민족 문화의 전통에 관한 해명의 열쇠를 제시해 주는 것은 아닐까?
전통은 물론 과거로부터 이어 온 것을 말한다. 이 전통은 대체로 그 사회 및 그 사회의 구성원인 개인의 몸에 배어 있는 것이다. 그러므로 스스로 깨닫지 못하는 사이에 전통은 우리의 현실에 작용하는 경우가 있다. 그러나 과거에서 이어 온 것을 무턱대고 모두 전통이라 한다면, 인습이라는 것과 구별이 서지 않을 것이다. 우리는 인습을 버려야 할 것이라고는 생각하지만, 계승해야 할 것이라고는 생각하지 않는다. 여기서 우리는 과거에서 이어 온 것을 객관화하고, 이를 비판하는 입장에 서야 할 필요를 느끼게 된다. 그 비판을 통해서 현재의 문화 창조에 이바지할 수 있다고 생각되는 것만을 우리의 전통이라고 불러야 할 것이다.
이와 같이, 전통은 인습과 구별될뿐더러 또 단순한 유물과도 구별되어야 한다. 현재에 있어서의 문화 창조와 관계가 없는 것을 우리는 문화적 전통이라고 부를 수가 없기 때문이다.

19 윗글에 나타난 글쓴이의 관점과 일치하는 것은?

① 과거에서 이어온 것은 모두 살릴 필요가 있다.
② 과거보다 현재의 것을 더 중요시할 필요가 있다.
③ 현재의 관점에서 과거의 것은 청산할 필요가 있다.
④ 과거의 것 중에서 가치 있는 것을 찾을 필요가 있다.
⑤ 과거를 불식하고 미래지향적 태도를 지닐 필요가 있다.

20 윗글을 바탕으로 '전통'을 정의할 때 가장 적절한 것은?

① 전통은 과거에서 이어온 것
② 전통은 오늘날 삶에 막대한 영향을 주는 것
③ 전통은 오늘날 널리 퍼져 있는 것
④ 전통은 후대에 높이 평가되는 것
⑤ 전통은 과거에서 이어와 현재 문화 창조에 이바지할 수 있는 것

【21~23】 다음 글을 읽고, 물음에 답하시오.

제키는 수업을 받기 위하여 컴퓨터 앞에 앉았다. 단추를 누르자 위성 레이더 통신망을 통하여 담임선생님 얼굴이 화면에 나타났다. 별나리 행성의 학생들은 데이터베이스를 이용하여 컴퓨터로 수업을 받는다. 학생들은 의문이 있으면 단추를 눌러 화면상으로 선생님에게 질문을 한다. 오늘은 미술 수업이 있는 날이다. 제키는 선택 화면에서 그림 메뉴를 골랐다. 안내 커서가 그림을 그릴 위치를 알려 주고 있었다. 제키는 파란 하늘에 동그란 해와 나무 두 그루를 그렸다. 제키에게는 자기별에 없는 새나 나무 등을 그리는 버릇이 있었다. 제키가 새를 그리려고 메뉴 화면을 선택하려 할 때였다. 갑자기 컴퓨터 화면의 그림이 지워지고 선생님의 모습이 나타났다. "제키, 넌 늘 그런 그림만 그리는 이유가 뭐니?" 선생님이 나무라듯 말하였다. "저는 숨 쉬는 자연이 좋아요." 제키는 풀이 죽은 목소리로 중얼거렸다. "제키, 그런 식의 말버릇을 고치라고 내가 몇 번이나 말했니? 논리적으로 말하는 습관을 가져야지."

문선이, 〈별나리 행성〉

21 위 글의 시간적 배경과 공간적 배경이 적절한 것을 고르시오?

	시간적 배경	공간적 배경		시간적 배경	공간적 배경
①	과거의 오늘	지구	②	과거의 오늘	기계 도시
③	현재의 오늘	별나리 행성	④	미래의 오늘	지구
⑤	미래의 오늘	별나리 행성			

22 제키가 미술 시간에 그린 그림이 아닌 것은 무엇인가요?

① 새 ② 해 ③ 로봇
④ 하늘 ⑤ 나무

23 선생님이 제키를 나무란 까닭 두 가지를 고르시오.

① 선생님에게 대들어서
② 논리적으로 말하지 않아서
③ 수업 준비를 해 오지 않아서
④ 자기별에 없는 자연을 그려서
⑤ 선생님에게 질문을 너무 많이 해서

24 다음에 제시된 문장의 밑줄 친 부분과 같은 의미로 사용된 것을 고르시오?

> 경제적 생산 과정 안에서 벌어지는 여러 가지 유형의 노동 통제 외에 생산 과정 바깥에서도 전 사회적으로 냉전 · 반공 · 승미(勝美) 이데올로기에 의한 국가관의 확산, 가부장적 이데올로기의 강조, 질서와 능력 및 이성과 합리의 이름으로 은폐된 국가 권력의 공고화, 저항 세력에 대한 억압이 행해진다.

① 선생님은 딸아이의 이름을 순수한 우리말로 지었다.
② 저기 있는 식당은 전부비빔밥으로 이름난 식당이다.
③ 문제의 단체는 수재민 구호라는 이름으로 사기를 쳤다.
④ 그러한 행동은 제 이름을 스스로 깎아내리는 것이다.
⑤ 예수 그리스도의 이름으로 기도합니다.

25 다음 문장을 글의 논리적 순서에 따라 바르게 배열한 것을 고르시오?

> ㉠ 임금 노동자의 정당한 몫은 어디까지냐는 게 그것이다.
> ㉡ 그래서 이공계 인력 육성을 고려하면서 절충을 모색해야 한다는 지적들이 나오곤 한다.
> ㉢ 논란에서 가장 두드러진 쟁점은 국가 경쟁력과 개인의 권리 사이 충돌이다.
> ㉣ 기업이나 연구소가 임금을 지급했다는 이유로 노동자들이 지식과 창조적 산물 전체 또는 대부분의 권리를 주장할 수 있는 건가?
> ㉤ 하지만 이 논란엔 더 보편적인 쟁점이 밑에 깔려 있다.

① ㉡-㉤-㉠-㉢-㉣ ② ㉢-㉡-㉤-㉠-㉣ ③ ㉢-㉤-㉠-㉣-㉡
④ ㉢-㉤-㉣-㉡-㉠ ⑤ ㉢-㉣-㉡-㉠-㉤

26 다음 글을 읽고 괄호 안에 들어갈 내용으로 적절한 것을 고르시오?

> 언어의 습득은 인종이나 지능에 관계없이 누구에게나 비슷한 수준으로 이루어진다. 그리고 하나의 언어를 일단 배우고 난 뒤에는 그것을 일상생활에서 자유자재로 구사할 수 있게 된다. 마치 (   )과 같다.

① 바이올린을 어느 정도 익히게 되면 보다 좋은 바이올린을 찾는다.
② 자전거를 한번 배우고 난 뒤에는 별다른 신경을 쓰지 않고 탈 수 있다.
③ 칭찬을 자주 받다 보면 자신이 칭찬을 받는 것을 당연하게 여긴다.
④ 컴퓨터에 한번 재미를 들이면 모든 것을 컴퓨터와 연관 지어 생각한다.
⑤ 숙제를 한번 미루다 보면 그 뒤에는 숙제를 하고 싶은 마음이 생기지 않게 된다.

27 다음 글의 문맥상 ㉠에 들어갈 가장 적절한 표현을 고르시오?

> 아파트에서는 부엌이나 안방이나 화장실이나 거실이 다 같은 높이의 평면위에 있다. 그것보다 밑에 또는 위에 있는 것은 다른 사람의 아파트이다. 좀 심한 표현을 쓴다면 아파트에서는 모든 것이 평면적이다. 깊이가 없는 것이다. 사물은 아파트에서 그 부피를 잃고 평면 위에 선으로 존재하는 그림과 같이 되어 버린다. 모든 것은 한 평면 위에 나열되어 있다. 그래서 한눈에 들어오게 되어 있다. 아파트에는 사람이나 물건이다 다 같이 자신을 숨길 데가 없다.
> 땅집에서는 사정이 딴판이다. 땅집에서는 모든 것이 자기 나름의 두께와 깊이를 가지고 있다. 같은 물건이라도 그것이 다락방에 있을 때와 안방에 있을 때와 부엌에 있을 때는 거의 다르다. 아니, 집 자체가 인간과 마찬가지의 두께와 깊이를 가지고 있다. 집이 아름다운 이유는 (㉠) 다락방은 의식이며 지하실은 무의식이다.

① 세상을 조망할 수 있기 때문이다.
② 인간을 닮았기 때문이다.
③ 안정을 뜻하기 때문이다.
④ 어딘가로 떠날 수 있기 때문이다.
⑤ 휴식과 안락을 제공하기 때문이다.

28 다음 글에서 추론할 수 있는 ㉠과 ㉡의 의미관계가 유사한 것은?

> 어떤 탐구 분야든지 정확한 공식화가 가능한 지식을 산출하면 곧 과학이라 일컫는다. 과학은 철학에서 시작하여 기술(技術)로 끝나고, 또한 과학은 가설의 ㉠ 샘에서 발원(發源)하여 성취의 ㉡ 바다로 흘러간다. 철학은 미지의 것 또는 부정확한 것에 대한 가설적 해석이다. 철학이 진리의 세계를 탐구하는 최전선이고 과학이 점령 지대라고 한다면, 우리의 삶은 지식과 기술로 건설된 후방의 안전지대라고 할 수 있다.

① 싹 : 열매　② 빛 : 그림자　③ 비 : 구름
④ 휘발유 : 자동차　⑤ 바위 : 이끼

29 다음 글에서 추론할 수 있는 내용으로 가장 적절한 것을 고르시오?

> 우리나라에 현존하는 지도는 조선시대 이후에 제작된 것이다. 조선 초기에는 조선 건국의 에너지가 각종 지도로 표현되었다. 한 예로, 1402년에 제작된 '혼일강리역대국도지도(混一疆理歷代國都地圖)'는 중국, 일본에서 유럽과 아프리카까지 당시의 세계를 종합적으로 나타낸 지도였다. 이 지도는 실제로 측량을 해서 만든 것이 아니라 당대의 기존 지도를 조합하여 제작한 것으로, 신흥 국가 조선을 세계 속에서 확인하고 싶어 했던 당시 사람들의 소망을 담고 있다. 조선 후기에는 목판 인쇄술의 발달로 목판본 지도가 많이 제작되었는데, 지도의 크기가 대형화 되었으며 지도에 표시되는 정보도 상세하고 풍부해졌다. 그런데 조선시대에 제작된 지도들의 대부분은 관(官) 중심으로 만들어져 통치와 행정의 수단으로 주로 활용되었다.

① 우리나라 최초의 지도는 조선시대 이후에 제작된 것이다.
② '혼일강리역대국도지도'는 실제로 측량해서 만든 것이다.
③ 조선시대에 제작된 지도들의 대부분은 조선의 통치 및 행정 수단으로 활용하고자 제작되었다.
④ 조선 후기에는 중국, 일본의 지도 제작 기술을 도입하였다.
⑤ 조선 전기에는 금속 인쇄술을 이용하여 지도를 제작하였다.

30 다음 글로부터 추론할 수 있는 주장으로 가장 알맞은 것을 고르시오?

지금 대두하고 있는 이 문명에는 낡은 전통적 산업문명과 모순되는 것이 많다. 그것은 동시에 고도로 기술적이고 반산업적인 성격을 띠고 있다. 제3물결은 전혀 새로운 생활방식을 수반한다. 이 생활방식은 다양하고 재생 가능한 에너지 자원, 대부분의 조립라인을 구식으로 만드는 새로운 생산방식, 새로운 비핵가족제도, 가내 전자근무체계라고 불리는 새로운 제도, 그리고 근본적으로 달라진 미래의 학교와 기업체 등에 기반을 둔다. 특히 제3물결의 문명은 후술하는 바와 같이 생산자와 소비자 간의 역사적 불화를 해소하고 장차 생산소비자 경제학이 형성될 길을 열어 줄 것이다. 바로 이 이유만으로도 이 문명은 우리가 조금만 현명하게 협력한다면 역사상 최초의, 진실로 인간적인 것이 될 것이다.

① 가치관의 혼란 속에서 전통이 갖는 의의
② 다가오는 미래 세계에서 지식인의 역할에 관한 강조
③ 문명의 전환기를 맞이한 인류 공동의 협력에 관한 필요성
④ 새로운 문명의 이질적 성격에 대한 학문적 탐구의 중요성
⑤ 오늘날 변화를 정확하게 인식하기 위해 과거를 탐구할 필요성

☞ 정답 및 해설, p. 323. 참조

제2장 언어논리 개념 및 평가 영역

공직 적성평가의 목적은 '신임 관리자로서 요구되는 기본적인 소양과 자질을 측정하는 것'이며, 언어논리(논리적으로 언어활동 수행하기)는 이 공직 적성평가의 한 영역으로서 공무원, 직업군인(장교·부사관) 등 공직자 또는 기업에서 필요로 하는 인재를 선발 시 입사하고자 하는 지원자들을 대상으로 지필고사 형태로 평가하고 있다.
'언어논리 개념 및 평가 영역'과 관련된 필요지식과 활동 등을 통해 언어논리 평가 유형의 전반적인 내용에 대해 학습해 보기로 하자.

Ⅰ. 필요지식

1. 공직 적성평가란?

공직 적성평가(公職適格性評價, Public Service Aptitude Test)는 대한민국 정부에서 공무원 채용을 위해 실시하는 적성평가로서 일반적으로 줄여서 PSAT라고 한다. 공직 관리자로서 지녀야 할 자질을 평가하고자 도입된 시험이며, 그 궁극 목적은 지식 정부에 적합한 지식 관료를 양성하고 채용하는 것이다. 여기서 지식 정부란 시민의 다양한 욕구와 가치와 목적을 실현하는 데 적합한 지식을 시민들에게 제공하고, 지식기반 경제를 지원하는 데 최적화된 정부를 말한다.

이러한 공직 적성평가는 언어논리, 자료해석, 상황판단 등의 영역으로 구성되어 있으며 각 영역당 40점 이상, 평균 60점 이상을 반드시 얻어야 한다. 세 영역 중 한 영역이라도 40점 미만일 경우 과락으로 탈락하며, 평균이 60점이 되지 않을 경우 과락으로 탈락한다.[13] 군에서는 공직 적성평가를 준용하여 장교·부사관 선발시험에 적용하고 있다.

13) https://namu.wiki/w/%EA%B3%B5%EC%A7%81%EC%A0%81%EA%B2%A9%EC%84%B1%ED%8F%89%EA%B0%80(검색일: 2021. 7. 3)

2. 언어논리 평가란?

언어논리란 언어적인 자료를 해석하는 데 필요한 다양한 능력과 논리력을 의미한다. 언어논리 평가는 글의 전반적인 흐름을 파악하고, 논리적 구조를 올바르게 분석하는 행위 자체를 말한다. 즉, 제시된 지문과 자료를 중심으로 논리적으로 추론하고 분석하는 능력을 측정하기 위한 검사를 의미한다.

3. 언어논리 평가영역

언어논리 영역은 기본적으로 어휘 능력, 다양한 정보들로부터 필요한 정보를 선택하고 파악하는 능력(이해 능력 또는 독해 능력), 정보들을 재조직하거나 새로운 정보들을 표현하는 능력(표현능력), 파악된 정보들로부터 새로운 정보를 이끌어 내는 능력(추론능력), 정보와 정보의 관계를 평가하는 능력(비판능력 또는 논리적 사고력)을 주로 평가하고 있다.

이해능력 문제들은 글에 명시적으로 제시된 정보, 글이 다루고 있는 화제와 논쟁점, 글이 말하고자 하는 핵심내용을 찾는 능력을 평가한다. 또한 글의 맥락을 통해 개념들을 이해하고, 글에서 제시된 원리를 구체적 사례에 적용하는 문제도 이 범주에 속한다.

표현능력은 자료들로부터 쓸 수 있는 글의 내용을 정하고, 적절한 개요를 구상하여 문단들을 글의 주제와 목적에 맞게 논리적으로 조직하는 능력을 평가한다. 또한 관련 단락과 무관 단락을 구별하고 앞뒤 빈자리에 적절한 문단 · 문장 · 단어를 채우며, 글을 통일성 있게 고쳐 써 완성하는 능력도 평가한다.

추론능력은 주어진 정보에서 필연적으로 참이 되는 주장들을 끌어내고, 발생된 사건과 현상의 원인을 찾아내거나, 주어진 원인으로부터 결과를 추론하는 능력을 평가한다. 또한 글에 명시적으로 나타나 있지 않지만, 주어진 정보들로부터 논리적으로 도출되는 결론, 글이 은연중에 가정하고 있는 숨은 전제들, 특정 결론을 도출하기 위해 반드시 가정해야 하는 전제 등을 찾는 능력도 평가한다.

논리적 사고력은 글에 등장하는 다양한 주장들이 서로 어떤 논리적 관계에 놓여 있는지를 파악하고, 논증을 이끌어가는 방식을 분석하고, 글을 구성하는 문장들 사이의 논리적 지지 관계를 파악하여 이를 도식화하는 능력을 평가한다. 이와 같은 언어논리 평가영역을 요약 정리해 보면 아래와 같다.

구분	평가 내용
어휘력	• 글을 이루는 최소단위로서 사전적 의미와 실체적 의미 파악능력 • 지문과 연계된 실용적 어휘 능력에 대한 평가
독해능력	• 제시된 글의 주제 파악, 내용일치, 전체적인 내용 등 이해 능력 • 필자의 핵심주장이나 논거를 파악하는 능력
표현능력	• 글을 쓰는 기본 능력(개요, 문단 조직화) • 제시된 지문의 문장 또는 문단 배열, 불필요 문장/문단 식별
추론능력	• 제시된 글을 바탕으로 새로운 정보를 이끌어 내는 능력 • 지문 속에 담긴 경향이나 추세 파악, 결론 또는 전제를 도출
논리적 사고력	• 제시된 글의 논증의 구조를 분석하고 그 타당성 일관성, 적절성 등을 비판하는 능력

4. 어휘력

어휘력은 공부의 출발점이다. 어휘력이 떨어지는 학생이 공부를 잘하는 경우는 거의 없다고 해도 지나친 말이 아니다. '어휘의 한계'는 곧'사고력의 한계'를 의미한다. 따라서 어휘력은 직장인으로서 가장 필수적인 기본기에 해당한다.

어휘란 글을 이루는 최소 단위이며, 글을 독해하기 위한 기본적인 요소이다. 어휘력은 어휘를 마음대로 부리어 쓸 수 있는 능력을 말한다. 따라서 어휘력 검사는 풍부한 어휘를 활용하여 문장 내에서 적절한 쓰임에 대한 이해를 바탕으로 단어의 정확한 의미를 추론해 내는 능력과 문장을 구성하는 능력을 중심으로 평가한다. 이와 같은 어휘의 의미는 아래와 같이 크게 4가지로 구분된다.

구분	내용
사전적 의미	어떤 낱말이 지니고 있는 가장 기본적이고 객관적인 의미를 사전적 의미라고 한다. 이를 개념적 의미, 외연적 의미, 또는 인지적 의미라고도 한다. 즉, '여성'이라고 했을 때 '사람, 남성과 대립되는 말' 등과 같이 가장 먼저 기본적으로 생각할 수 있는 의미가 사전적 의미이다.
전의적 의미	전의(轉義)의 뜻은 '본디의 뜻에서 바뀌어 변한 뜻'을 말한다. 다의어에는 가장 기본적이고 핵심적인 의미를 '중심적 의미'와 실제 문맥에 따라서는 그 의미가 확장되어 다른 의미로 사용되는 '주변적 의미'가 있는데 전의적 의미는 주변적 의미를 뜻한다.
문맥적 의미	문맥이나 이야기 상황 속에서 중심적 의미의 범위가 확장되어 다른 의미로 쓰인 것을 말한다.
비유적 의미	어떤 사물을 보다 효과적으로 나타내기 위하여 그것과 비슷한 다른 사물에 빗대어 표현하는 방법에 의해 나타나는 의미. 즉, 주어진 단어가 그와 유추 관계에 있는 다른 대상(원관념)을 나타내는 의미이다.

어휘력은 일반어휘, 상식어휘, 기타 어휘 등으로 구분할 수 있으며 그 세부내용은 아래와 같다.

구분	일반어휘	상식어휘	기타
세부 내용	유의어, 반의어, 동음이의어, 다의어, 상·하위어	나이, 단위, 호칭·지칭어·지시어, 접속어	술어(述語), 우리말, 관용어, 속담, 한자성어, 우리말 어법

5. 독해력

독해력은 이해능력과 같은 의미로서 글을 읽고 뜻을 잘 이해하는 힘을 말한다. 독해력을 기르기 위해서는 단순히 글을 읽는 것에서 나아가 글쓴이가 어떤 목적으로 글을 썼는지, 글의 중심 생각이 무엇인지 등을 생각하면서 읽어야 한다. 예컨대, 지문에서 필자가 다루고 있는 정보, 개념, 화제, 논쟁점 등 전체적인 내용 이해와 주요 부분을 파악할 줄 아는 '문장의 구성 및 이해능력'을 의미한다. 독해력 문제의 유형은 개략적으로 아래와 같이 세 가지 형태로 구분할 수 있다.

세부정보의 파악	중심 내용 파악	개념의 이해와 적용
지문이 무엇에 대해 어떻게 이야기 하는지를 확인하는 과정에서 파악되는 정보	글을 읽는 목적, 필자가 말하고자 하는 중심내용을 파악	지문상 어휘/구절/문장의 사전적·문맥적·함축적 의미를 파악·적용

6. 표현 능력

표현 능력은 글을 쓰는 기본능력으로써 설정된 주제에 필요한 글의 재료를 수집·선정하여 ① 개요를 구성하고 ② 문단을 조직하며 ③ 퇴고 과정을 통해 글을 완성하는 활동을 말한다. 이를 위해서는 문단의 구성 및 유형과 '통일성·연결성·강조성'이라는 문단 구성의 원리를 이해하고, 문장과 문단의 조직화와 적절한 내용을 선택하는 능력을 갖추어야 한다. 표현력 문제의 유형은 개략적으로 아래와 같이 세 가지 형태로 구분할 수 있다.

문단의 배열	문장의 배열	적절한 표현 선택
주제 문단과 뒷받침 문단의 논리적인 배치	문단의 주제문과 뒷받침 문장의 논리적인 배치	지문의 내용과 부합하는 어휘 · 구절 · 문장의 선택

7. 추론 능력

추론 능력은 제시된 지문의 글을 통해 새로운 정보를 논리적으로 이끌어 내는 능력이다. 즉, 글 속에 담긴 경향, 추세 등을 파악한 후 예상되는 결론인 원인과 결과를 찾거나 드러나 있지 않은 전제를 찾아내는 능력을 말한다. 추론능력은 다음과 같은 3가지 유형으로 구분할 수 있다.

전체 및 세부내용 추론	전제 · 결론(주장) 추론	주장의 지지 · 반박
지문의 정보나 내용을 바탕으로 글 속에 드러나지 않은 주제 · 개념 · 내용 · 정보 등을 추론	지문에 제시된 사실 · 정보 등을 바탕으로 드러나 있지 않은 전제 · 결론(주장)을 추리	지문에 제시된 주장에 대한 지지 또는 비판의 타당을 유무를 추론 (글, 특정 문단 · 대상)

8. 논리적 사고력

논리적 사고력은 제시된 글에 나타나는 다양한 주장들이 서로 어떤 논리적 관계에 있는지, 논증을 어떻게 이끌어 가고 있는지를 확인하는 논증 구조의 분석, 구성하는 있는 문장 또는 문단 사이의 논리적인 지지 유무의 파악, 타당한 논증과 부적절한 논증의 분석, 추론에 어떤 오류가 있는지 식별하는 등의 능력을 말한다. 이를 위해서는 지문에 제시된 다양한 주장과 논거가 서로 어떤 논리적 관계에 있는 지를 파악하고, 논증 과정이 논리적으로 타당한지를 분석하며, 추론 자체에 어떤 오류가 있는 지를 파악하는 능력이 요구된다. 논리적 사고력의 문제 유형은 다음과 같은 2가지 유형으로 구분할 수 있다.

논증 구조 분석	논리적 오류 식별
지문의 내용이 논증과정에서 주장(명제)와 논거(근거) 사이의 타당성 유무를 논리적으로 분석	논증하는 주장과 논거 사이의의 형식적 · 비형식적 잘못으로 나타나는 오류를 식별

Ⅱ. 활동

다음에 제시된 어휘력 관한 문제를 해결하면서 그 유형을 이해해보자.

【활동 1. 다음 지문을 읽고 토의사항을 해결하시오】

구분	내용
지문	여름장이란 애시 당초에 글러서, 해는 아직 중천에 있건만 장판은 벌써 쓸쓸하고 더운 햇발이 벌여 놓은 전 휘장 밑으로 등줄기를 훅훅 볶는다. 마을 사람들은 거지반 돌아간 뒤요. 팔리지 못한 나무꾼 패가 길거리에 ㉠ 궁싯거리고들 있으나, 석유 병이나 받고 고깃마리나 사면 족할 이 축들을 바라고 언제까지든지 버티고 있을 법은 없다. ㉡ 칩칩스럽게 날아드는 파리 떼도, 장난꾼 ㉢ 각다귀들도 귀찮다. ㉣ 얼금뱅이요 왼손잡이인 ㉤ 드팀전의 허생원은 기어코 동업의 조 선달을 나꾸어 보았다.
선택지	① ㉠-어찌할 바를 몰라 이리저리 머뭇거리다. ② ㉡-보기에 너절하고 염치없는 데가 있다. ③ ㉢-곤충의 한 종류로 남의 것을 뜯어먹고 사는 사람들을 비유한 말. ④ ㉣-얼굴에 우묵한 마맛자국이 생긴 사람을 낮잡아 이르는 말. ⑤ ㉤-여러 가지 농기구를 파는 작은 가게를 일컫는다.
토의 사항	가. 어휘는 사전적 · 전의적 · 문맥적 · 비유적 의미가 있다. 위 지문의 밑줄 친 단어처럼 생소한 단어의 의미를 이해할 수 있는 방법은 무엇인가? 나. 단어의 의미를 설명한 선택지 중 옳지 않는 것을 고르시오.

【활동 2. 다음 지문을 읽고 토의사항을 해결하시오】

구분	내용
지문	현대 사회에서 우리는 물질주의에 따른 인간성 상실과 변질된 가치관을 잘못된 것이라고 여긴다. 그러면서도 자본주의 사회가 상품의 생산과 소비를 통해 인간 생활의 편의를 증진시킨다는 사실을 당연시하는 (　　)의 세계 속에 살고 있다. 어쨌든 오늘날은 상품이라는 재화가 소비되는 과정을 통해 질서를 유지해 나간다는 사실을 부인하기는 어렵다.
선택지	① 이율배반(二律背反)　② 자가당착(自家撞着)　③ 표리부동(表裏不同) ④ 자기모순(自己矛盾)　⑤ 모순당착(矛盾撞着)
토의 사항	가. 필자가 지문을 통해 주장하는 내용은 무엇인가? 나. 필자의 주장에 적절하지 않는 사자성어를 선택지에서 고르시오?

【활동 3. 다음 지문을 읽고 토의사항을 해결하시오】

구분	내용
지문	① 영철이네 강아지가 순자네 소뿔에 바치다. ② 윤선이는 책받침에 책을 받히다. ③ 이순신 장군은 나라를 위해 목숨을 바쳤다. ④ 씻은 야채를 체에 바치다. ⑤ 강한 바람에 창문이 닫쳤다.
토의사항	지문은 우리말 어법에 관한 문제이다. 바르지 않는 것을 고르시오.

【활동 4. 다음 지문을 읽고 토의사항을 해결하시오】

구분	내용
지문	한 소년이 학교에서 친구의 사과를 훔쳐서 집에 가져왔다. 그것을 본 소년의 엄마는 "그냥 사과일 뿐인데 뭐"하면서 대수롭지 않게 여겼다. 그 후 소년은 외투를 훔쳐서 집에 가져왔다. 하지만 이번에도 엄마는 벌을 주지 않았다. 그 소년은 커서 비싼 물건을 훔치기 시작했고, 결국 체포되어 공개 처형을 받게 되었다. 젊은이가 처형당하기 직전 어머니에게 할 말이 있다고 하자, 어머니는 그에게 귀를 갖다 댔다. 그러자 젊은이는 어머니의 귀를 물어뜯었다. 어머니가 무슨 짓이냐고 꾸짖자 그가 말하기를, "내가 처음 사과를 훔쳤을 때 나를 이렇게 꾸짖었다면 이처럼 죽음을 맞이하지는 않았을 겁니다!"라고 말했다. 그제야 어머니는 가슴을 쳤다.
선택지	① 바늘 도둑이 소도둑 된다. ② 가자니 태산이요, 돌아서자니 숭산이라 ③ 급하기는 우물에 가 숭늉 달라겠다. ④ 굿이나 보고 떡이나 먹지. ⑤ 당장 먹기엔 곶감이 달다.
토의사항	가. 필자가 지문을 통해 주장하는 바를 사자성어로 답하시오 나. 필자의 주장으로 적절한 속담을 선택지에서 고르시오

【활동 5. 다음 지문을 읽고 토의사항을 해결하시오】

구분	내용
지문	설마 그가 입을 씻고 모른 체 하지는 않겠지
선택지	① 말을 하지 아니하다. ② 같은 의견을 말하다. ③ 말을 함부로 옮기다. ④ 말만 그럴듯하게 잘하다. ⑤ 시치미를 떼다.
토의사항	가. 본 문제는 어휘력 중에서 어떤 유형에 해당되는지 식별하시오 나. 밑줄 친 내용의 뜻에 부합되는 것을 선택지에서 고르시오.

【활동 6. 다음 지문을 읽고 토의사항을 해결하시오】

구분	내용
지문	① 아이들이 하도 떠드는 바람에 정신이 없다. ② 이제는 만족스러워 더 이상 바람이 없다. ③ 약속 시간이 어긋나는 바람에 그 일은 포기했다. ④ 너무 노는 바람에 시험을 망쳤다. ⑤ 어제 눈이 오는 바람에 길이 미끄러워졌다.
토의사항	가. 밑줄 친 부분의 의미가 다른 것을 고르시오. 나. 본 문제는 어휘력 중에서 어떤 유형인지 식별하시오.

【활동 7. 다음 지문을 읽고 토의사항을 해결하시오】

구분	내용
지문	나무에 아주 ㉠ 친구가 없는 것은 아니다. ㉡ 달이 있고, 바람이 있고, 새가 있다. 달은 때를 어기지 아니하고 찾고, 고독한 여름밤을 지내고 가는, 의리 있는 다정한 친구이다
선택지	① 구르다 : 넘어지다 ② 미덕 : 겸손 ③ 성공 : 노력 ④ 계승 : 단절 ⑤ 옥수수 : 강냉이
토의사항	가. 지문의 밑줄 친 단어의 관계와 유사한 것을 선택지에서 고르시오 나. 본 문제는 어휘력 중에서 어떤 유형인지 식별하시오

【활동 8. 다음 지문을 읽고 토의사항을 해결하시오】

구분	내용
지문	① 나이를 먹을 만큼 먹었는데 주변머리가 없어서 큰일이다. ② 구두쇠는 인정머리가 없다. ③ 가고 싶다고 안달머리를 내었다. ④ 아주머니는 주책머리가 없다. ⑤ 어느새 귀밑머리가 하얗게 변했다.
토의사항	가. 밑줄 친 '머리'의 의미가 다른 것을 선택지에서 고르시오. 나. 본 문제는 어휘력 중에서 어떤 유형인지 식별하시오.

【활동 9. 다음 지문을 읽고 토의사항을 해결하시오】

구분	내용
지문	㉠ 할아버지의 연세가 지긋이 드셨다. ㉡ 반짇고리에서 바늘을 찾아보아라. ㉢ 백분율의 합은 얼마인가. ㉣ 생선을 졸이다.
선택지	① ㉠ ㉢ ② ㉠ ㉡ ㉢ ③ ㉣ ④ ㉠ ㉡ ㉢ ㉣ ⑤ ㉡ ㉢
토의사항	가. 밑줄 친 단어의 올바른 쓰임을 모두 선택한 것을 고르시오 나. 본 문제는 어휘력 중에서 어떤 유형인지 식별하시오

【문제 10. 다음 중 올바르게 표기된 것을 고르시오?】

구분	내용
지문	① 그가 집을 떠난 지 일 년이 지났다. ② 한 달 간 잠시 여행을 다녀왔다. ③ 이 일을 하는 데에 사흘이 걸렸다. ④ 감기에 걸려 노래를 못 한다. ⑤ 너 뿐만 아니라 누구도 힘들어.
토의사항	가. 밑줄 친 단어의 올바른 표기를 고르시오 나. 잘 못된 표기 부분을 올바르게 표기하시오

다음에 제시된 독해력, 표현력, 추론능력, 논리적 사고력 관한 문제를 해결하면서 그 유형을 이해해보자.

【활동 11. 다음 지문을 읽고 토의사항을 해결하시오】

구분	내용
지문	생명의 구조를 이용하여 인간생활에 도움을 주고자 하는 기술을 생명 공학 기술이라 한다. 이중 최근에 가장 주목을 받고 있는 것은 유전자 재조합기술을 이용하여 새로운 유전자 조성(組成)을 가진 생물, 즉 유전자 변형 생물을 인공적으로 만들어 내는 유전 공학 기술이다. 유전자를 재조합하기 위해서는 DNA를 절단하는 가위와 이를 접착하는 풀이 필요하다. 가위의 구실을 하는 것은 '제한 효소'라는 단백질인데, 이것은 DNA의 각기 다른 위치에서 작용한다. 풀 구실을 하는 것은 '리가아제'라고 부르는 효소인데, 이것은 절단된 DNA를 결합시키는 역할을 한다. 그리고 일단 시험관 내에서 제한 효소와 리가아제에 재조합된 DNA는 다른 생물체 내로 이식되어 유전자 변형 생물을 만들어 내는데, 이를 위해서는 '벡터'라고 불리는 운반체가 이용된다. 유전자 변형 생물을 이용하는 방법은 크게 세 가지로 나누어 볼 수 있다. 첫째는 유전자 변형 생물 그 자체를 이용하는 경우이다. 둘째는 유전자 변형 생물이 만들어 내는 부산물을 이용하는 경우이다. 셋째는 유전자의 기능 및 발현 패턴을 연구하기 위한 수단으로 변형 생물을 이용하는 경우이다. 가령 최근에 인간게놈 프로젝트에 의해 알려진 수많은 유전자의 기능을 연구하고자 할 때, 바로 유전자 변형 생물이 이용될 수 있는 것이다.
선택지	① 유전자 재조합은 DNA를 대상으로 한다. ② 벡터는 DNA 운반체 이다. ③ 유전자 재조합에는 제한 효소와 리가아제가 필수적이다. ④ 유전자 변형 생물을 만드는 기술은 생명 공학의 한 분야이다. ⑤ 인간게놈 프로젝트의 목적은 유전자 변형생물을 만드는 것
토의사항	가. 본 지문의 형태는 독해력 3가지 유형 중 어느 유형인지 식별하시오 나. 필자가 제시하고 있는 주요 내용을 요약하여 기술하시오 다. 위 지문에서 제시하고 있는 내용과 다른 것을 선택지에서 고르시오

【활동 12. 다음 지문을 읽고 토의사항을 해결하시오】

구분	내용
지문	파행적 국어 교육도 심각한 반성을 할 때에 접어들었다. 광복한 지 벌써 반세기가 가까워 오건만 아직 우리는 국어 용어의 통일 하나를 제대로 꾀하지 못하였다. 바꿔 말하면 공식적인 자리에서 공용어를 구사할 수 있도록 하는 국민 교육을 꾀하지 못한 것이다. 그뿐 아니라 음성 언어나 문자 언어에 있어 자기 의사를 제대로 표현하지 못하는 반벙어리를 양산하였다. 이것은 지금까지 국어 교육을 포기하고 있었던 것이나 다름없다. 국어 교육을 하루 빨리 정상 궤도에 접어들도록 해야 한다.
선택지	① 국어 교육의 현황 ② 국어 교육의 정상화 ③ 국어 교육의 필요성 ④ 국어 교육의 문제점 ⑤ 국어 용어의 통일

구분	내용
토의 사항	가. 본 지문의 형태는 독해력 3가지 유형 중 어느 유형인지 식별하시오 나. 필자가 제시하는 내용의 주제로 적절한 것을 선택지에서 고르시오

【활동 13. 다음 지문을 읽고 토의사항을 해결하시오】

구분	내용
지문	언어는 그것을 사용하는 언중의 역사와 생활을 반영한다. 그러기에 ㉠언어를 문화의 색인이라고 까지 말한다. 한 민족은 그 민족 나름의 독특한 역사와 문화를 지니고 있으며, 독특한 사상, 감정 및 사고방식도 아울러 지닌다. 이들은 그대로 언어에 반영되는데, 어휘 부문에서 가장 두드러진다.
선택지	① 문화의 모든 면은 언어로 이루어진다. ② 언어를 통해서 문화의 여러 특징을 파악할 수 있다. ③ 언어의 특성은 문화의 특성과 일맥상통한다. ④ 언어를 통해서 문화의 최 상위를 살펴볼 수 있다. ⑤ 문화는 언어를 통해서 발달할 수 있다.
토의 사항	가. 본 지문의 형태는 독해력 3가지 유형 중 어느 유형인지 식별하시오 나. 위 지문 ㉠의 문맥적 의미로 타당한 것을 선택지에서 고르시오

【활동 14. 다음 지문을 읽고 토의사항을 해결하시오】

구분	내용
지문	요즘 서점에 가면 동양 철학에 대한 책들이 무척 많습니다. 동양 철학이 오늘날 다시 부흥기를 맞이한 것 같아요. 그런데 그 내막을 자세히 들여다보면, 몇 가지 문제점이 발견됩니다. 그 첫째는 개인주의입니다. 명상을 통한 개인적 수양에만 관심을 갖고 사회문제에는 냉소적이고 회의적인 노장 사상, 개인의 도덕성만 강조하는 유교 도덕주의 등이 여기에 해당합니다. 인간의 사회적 존재로서의 측면을 무시하고 개별적 존재로서의 '개인'만을 강조하는 이런 경향의 확산은, 사회성의 부정과 그에 따른 실천성의 결여로 이어질 수밖에 없습니다. 개인의 행복만을 추구하면서 사회에서 어떤 일이 벌어지든 내 옷만 더럽히지 않으면 된다는 생각으로 나아가기 쉬우며, 부정과 불의를 보고서도 냉소만 할 뿐 근본적인 해결은 개인의 수양에 달려 있다고 생각하는 것입니다. 둘째는 객관성과 합리성이 결여된 신비주의입니다. 신비주의에 빠지게 되면 직관적 체험을 바탕으로 성인이나 도사가 되기를 바랄 뿐 사회 구조나 역사는 무시하게 됩니다. 이러한 신비주의는 사람들로 하여금 올바른 역사의식을 지니지 못하게 함으로써, 사회 현실로부터 눈을 돌리게 합니다. 유교의 본래 목적은 모두가 어우러지는 대동(大同) 세계를 실현하는 데 있습니다. 자기를 닦고 나아가 사회에 참여한다는 『논어』의 '수기치인(修己治人)'이 바로 그것입니다. 노장 사상의 회의와 부정, 냉소 또한 소극적이지만 현실 세계의 모순을 향한 것입니다. 어느 것 하나 소외됨 없이 모두가 주체로 어우러지는 참 평등

구분	내용
	사회를 위해 이를 가로막는 사회 제도와 허위의식을 부정하고 비판했던 것입니다. 이러한 본래의 목적이 왜곡되고 개인주의와 신비주의가 만연하는 상황에서, 공자나 노자, 장자가 오늘 우리 현실 속에 온다면 현재 유행하는 자신들의 사상에 대해 어떠한 평가를 내릴까요?
선택지	① 냉소적 성격을 띠기 때문에 ② 사회적 실천성을 도외시하기 때문에 ③ 개인의 도덕성만 중시하기 때문에 ④ 지나친 신비주의로 가는 경향이 있기 때문에 ⑤ 기존의 가치관을 옹호하는 수단으로 작용하기 때문에
토의사항	가. 본 지문의 형태는 독해력 3가지 유형 중 어느 유형인지 식별하시오 나. 위 지문에서 현재 유행하고 있는 동양 철학 사상을 비판하는 이유로 적절한 것을 선택지에서 고르시오

【활동 15. 다음 지문을 읽고 토의사항을 해결하시오】

구분	내용
지문	㉠ 미적 무관심성은 예술의 고유한 가치를 옹호하는 데 큰 역할을 하는 개념이다. 그러나 우리는 그것이 극단적으로 추구될 경우에 가해질 수 있는 비판을 또한 존중하지 않을 수 없다. ㉡ 왜냐하면 예술외적 요소와의 독립이 곧 고립을 의미하는 것은 아니기 때문이다. ㉢ 예술의 고유한 가치는 진리나 선과 같은 가치 영역들과 유기적인 조화를 이룰 때 더욱 고양된다. ㉣ 그러므로 예술 작품은 미적 무관심성을 추구하며 예술 외적 요소의 개입을 절대적으로 거부한다.
선택지	① ㉠ ② ㉡ ③ ㉢ ④ ㉣ ⑤ 없다
토의사항	가. 본 지문에서 필자가 이야기 하고자 하는 중심내용은 무엇인가? 나. 지문에서 통일성을 고려할 때 부적절한 문장을 선택지에서 고르시오

【활동 16. 다음 지문을 읽고 토의사항을 해결하시오】

구분	내용
지문	우리는 인간의 행동을 이분법적으로 이해한다. 칼 융은 처음으로 인간의 정신을 내향형과 외향형이라는 개념으로 구분하였다. 사회학자 데이비드 리즈먼은 인간의 성격이 역사적으로 내부 지향형과 외부 지향형으로 변해 왔다고 지적한 바 있다. 오늘날 심리학 연구에서도 내향형과 외향형은 사람들의 유형을 쉽고 명확하게 구분 짓는 가장 안정된 성격 특성으로 이해되고 있다. 우리는 그들 가운데 하나에 포함된다. 가령 다른 이들과 어울리기를 좋아해서 혼자 있으면 울적해지는 사람이 있는가 하면 고독을 만끽하면서 남과는 잘 맺지 못하는 사람이 있을 것이다. 과연 어느 유형이 충실한 삶을 살아가는 데 도움이 될까?

구분	내용
선택지	① 기존 연구 결과의 문제점을 지적하고 있다. ② 구체적인 통계를 활용하여 글의 객관성을 높이고 있다. ③ 권위자의 견해를 이용하여 논의의 신빙성을 부여하고 있다. ④ 두 대상의 공통점과 차이점을 비교하여 독자들의 이해를 돕고 있다. ⑤ 논란이 되는 부분에 대한 문제 제기를 통하여 독자들의 관심을 유도한다.
토의사항	가. 본 지문에서 필자가 이야기 하고자 하는 중심내용은 무엇인가? 나. 위 지문의 서술방식으로 적절한 것을 선택지에서 고르시오

【활동 17. 다음 지문을 읽고 토의사항을 해결하시오】

구분	내용
지문	㉠ 그리고 내 입장에서는 후자가 더 편할 것 같다. ㉡ 그것은 이야기를 전개하는 데에 필요한 모든 배경을 내 상상의 우연에 맡겨 버리든지 아니면 그런 배경만을 실제 모습 그대로 따오든지 하는 것이다. ㉢ 여러분들에게 명확히 설명하기 어려운 63빌딩 수족관의 매력을 가능한 한 완전히 이해시키기 위해서는 내가 63빌딩에 대해 알고 있는 여러 가지의 사실을 들어 설명하기보다는 내 상상 속에 생겨난 단 하나의 기묘한 이야기를 말해주는 것이 더 이해시키기 편할 것이라 믿는다. ㉣ 왜냐하면, 나는 경험으로 상상이라고 하는 것은 어느 정도 제어 받으면 받을수록 강렬해진다는 것을 알고 있기 때문이다. ㉤ 그런데 그런 이야기를 하기 위해서는 두 가지 방법이 가능하다고 볼 수 있다
선택지	① ㉠-㉢-㉣-㉤-㉡　② ㉢-㉣-㉤-㉠-㉡　③ ㉢-㉤-㉡-㉠-㉣ ④ ㉤-㉡-㉠-㉣-㉢　⑤ ㉤-㉢-㉠-㉡-㉣
토의사항	가. 본 지문에서 필자가 이야기 하고자 하는 중심내용은 무엇인가? 나. 위 지문의 문장을 논리적 순서로 배열한 것을 선택지에서 고르시오

【활동 18. 다음 지문을 읽고 토의사항을 해결하시오】

구분	내용
지문	삶은 계란의 <u>껍질이</u> / 벗겨지듯 묵은 사랑이 / 벗겨질 때 붉은 파밭의 푸른 새싹을 보아라. <u>얻는다는 것은 곧 잃는 것이다.</u>
선택지	① 생명이 없는 사물을 마치 살아 있는 것처럼 나타내는 표현이다. ② 사물의 일부나 그 속성을 들어서 그 전체나 자체를 나타내는 표현이다. ③ 표현하는 본뜻과 반대의 말을 표현하여 그 의미를 강화하는 표현이다. ④ 표현 구조상으로나 상식적으로 모순되는 말이지만 실질적 내용은 진리를 나타내고 있는 표현이다. ⑤ 표현하려는 대상을 유사한 다른 것에 빗대어 나타내는 표현이다.

구분	내용
토의 사항	가. "얻는다는 것은 곧 잃는 것이다."의 표현기법이 무엇인지 설명하시오 나. 선택지에 제시된 ①~⑤ 내용이 의미하는 표현기법을 기술하시오

【활동 19. 다음 지문을 읽고 토의사항을 해결하시오】

구분	내용
지문	실재하는 형상들은 일정한 법칙에 따라 움직인다. 이것을 누가, 어디서 보든 똑같은 보편타당한 것이다. 그러므로 누구나 실험 등으로 이를 찾아낼 수 있으며 이것이 과학자의 일이다.
선택지	① 법칙의 인과성 ② 법칙의 특수성 ③ 법칙의 객관성 ④ 법칙의 동시성 ⑤ 법칙의 통속성
토의 사항	가. 지시어(이것을, 이를, 이것이)가 지칭하는 의미가 무엇인지 설명하시오 나. 위 지문을 통해 추론이 가능한 주제를 선택지에서 고르시오

【활동 20. 다음 지문을 읽고 토의사항을 해결하시오】

구분	내용
지문	인류는 그 동안 물질의 풍요로움과 생활의 편리함만을 추구하며 살아 왔으며, 20세기의 과학기술은 이러한 보편적인 인류의 욕구를 충족시키기 위한 물질문명의 발달에만 그 목표를 두고 발전해 왔다. 따라서 과학 기술자는 물질문명의 발달에 기여한 바도 크지만 그에 못지않게 환경오염 문제를 유발한 책임도 있다고 하겠다.
선택지	① 과학 기술자들이 야기한 환경문제 때문에 파국을 맞이할 것이다. ② 환경오염 문제에 관한 구체적인 해결방안도 역시 과학 기술자들이 제시할 수 있을 것이다. ③ 환경오염으로 인한 구체적인 피해사례를 한번 알아보자 ④ 과학 기술자는 물질문명의 발달에 기여한 바가 적다 ⑤ 이제는 물질문명의 발달을 목표로 삼아서는 안 된다.
토의 사항	가. 지문의 전개 방식에 대해 설명하시오 나. 위 지문을 통해 추론이 가능한 내용을 선택지에서 고르시오

【활동 21. 다음 지문을 읽고 토의사항을 해결하시오】

구분	내용
지문	【서론】 많은 사람들이 표준어는 우아하고 방언은 천하다는 인식을 가지고 있다. 【본론】 1. 표준어와 방언의 특징 1.1 표준어는 통일된 언어를 위해 기준을 세운 것으로 규범적이다. 1.2 방언은 일정 지역의 언어 소통을 위해 저절로 발생한 것으로 보다 정감적이다. 2. 방언의 가치 2.1 고어 연구의 귀중한 자료가 된다. 2.2 표준어의 부족한 점을 보충해 준다. 2.3 훌륭한 언어 체계를 가지고 있다. 2.4 표준어에 없는 어휘를 보충해주는 역할을 한다. 2.5 소설이나 드라마 등에서 극의 효과를 더욱 높여 준다. 【결론】 ( )
선택지	① 방언은 표준어에는 없는 어휘를 가지고 있을 뿐만 아니라 나름의 훌륭한 언어 체계를 갖추고 있다. ② 사투리는 의사소통에 지장을 초래하고 국민들 간의 통합을 저해하므로 표준어를 사용해야 한다. ③ 방언은 그 나름의 충분한 가치를 가졌으므로 표준어보다 가급적 지방의 말을 많이 사용해야 한다. ④ 매스컴 같은 공적 자리에서는 표준어를 사용해야 하지만 평상시에는 방언을 사용하는 것이 바람직하다. ⑤ 방언의 가치를 인식하여 표준어와 상호 보충으로 더욱 풍부한 언어생활을 하도록 해야 한다.
토의사항	가. 필자가 지문의 본론에서 방언의 가치를 제시한 이유를 설명하시오 나. 서론과 본론을 통해 추론이 가능한 결론을 선택지에서 고르시오

【활동 22. 다음 지문을 읽고 토의사항을 해결하시오】

구분	내용
지문	중세부터 르네상스 사대에 이르기까지 생리학 분야의 절대적 권위는 2세기경 그리스 의학을 집대성한 갈레노스에게 있었다. 갈레노스에 따르면, 정맥피는 간에서 생성되어 정맥을 타고 온몸으로 영양분을 전달하면서 소모된다. 정맥피 중 일부는 심실 벽인 격막의 구멍을 통과하여 우심실에서 좌심실로 이동한 후, 거기에서 공기의 통로인 폐정맥을 통해 폐에서 유입된 공기와 만나 동맥피가 된다. 그 다음에 동맥피는 동맥을 타고 온몸으로 퍼져 생기를 전해주면서 소모된다. 이 이론은 피의 전달 경로에 대한 근본적인 오류를 포함하고 있었으나, 갈레노스의 포괄적인 생리학 체계의 일부로서 권위 있게 받아들여졌다.

구분	내용
	중세를 거치면서 인체 해부가 가능했지만, 그러한 오류들은 고대의 권위를 추종하는 학문 풍토 때문에 시정되지 않았다.
선택지	① 과학적 진리는 시간과 공간을 초월하는 절대적인 것이다. ② 인간은 누구나 실수를 한다. ③ 한 분야의 권위자가 되기 위해서는 많은 이론을 발표해야 한다. ④ 권위자의 이론이라도 비판적으로 검토할 필요가 있다. ⑤ 중세시대의 과학적 지식은 터무니없는 것이 많았다.
토의사항	가. 필자가 지문의 통해 이야기하고자 하는 중심내용을 기술하시오 나. 필자가 적용하고 있는 논리 전개 방식은 무엇인가? 다. 지문의 논거를 통해 추론이 가능한 주장을 선택지에서 고르시오

【활동 23. 다음 지문을 읽고 토의사항을 해결하시오】

구분	내용
지문	"부모의 재산을 물려받은 자녀들은 무능하다."
선택지	① 부모의 재산을 물려받지 못한 자녀는 유능하다. ② 무능하지 않은 자녀들은 부모의 재산을 물려받지 않았다. ③ 자녀들이 무능하면 부모는 재산이 많다. ④ 부모의 재산을 물려받지 못한 자녀들 중에도 무능한 사람이 있다. ⑤ 부모의 재산을 물려받은 자녀들은 유능하다
토의사항	가. 지문의 명제의 대우를 기술하시오 나. 바르게 추론한 것을 선택지에서 고르시오

【활동 24. 다음 지문을 읽고 토의사항을 해결하시오】

구분	내용
지문	한 민족의 전통은 고유한 것이다. 그러나 ㉠ 고유하다. 고유하지 않다 하는 것도 상대적인 개념이다. ㉡ 어느 민족의 어느 사상도 완전히 동일한 것이 없다는 점에서는 모두가 고유하다고 할 수 있다. ㉢ 한 종교나 사상이나 정치 제도가 다른 나라에 도입된다 하더라도, 꼭 동일한 양상으로 발전된다는 법은 없으며, 문화, 예술은 물론이고 과학 기술조차도 완전히 동일한 발전을 한다고 볼 수 없다. ㉣ 이런 점에서는, 조상으로부터 물려받은 모든 유산이 다 고유하다고 할 수 있다. ㉤ 그러나 또 한편, 한 민족이 창조하고 계승한 문화나 관습이나 물건이 완전히 고유하여, 다른 민족의 문화 내지 전통과 유사점을 전혀 찾을 수 없고, 상호의 영향이 전혀 없는 그런 독특한 것은 그히 원시 시대의 몇몇 관습 외에는 없다고 할 것이다.
선택지	① ㉠은 ㉡의 근거이다. ② ㉡은 ㉢의 근거이다. ③ ㉢은 ㉣의 근거이다. ④ ㉣은 ㉤의 근거이다. ⑤ ㉤은 논증의 결론이다.

구분	내용
토의사항	가. 논증 구조 분석이 타당한 것을 선택지에서 고르시오 나. 위 지문의 논증 구조를 설명하시오

【활동 25. 다음 지문을 읽고 토의사항을 해결하시오】

구분	내용
지문	㉠ 원칙적으로 문화가 언어에 미치는 영향의 한계란 지극히 명백한 것이다. ㉡ 비록 문화의 발달로 인한 생활의 필요성에 따라 국어의 어휘가 크게 증가한 것은 분명하나, 문화가 발달되고 문화의 어느 유형이 고유화되었다고 해서 언어의 구조가 달라질 리 없고, 어느 특성이 부가될 리도 없는 것이다. ㉢ 어휘가 늘고, 사용면의 기교가 문학 기술과 아울러 발달된다 하여도, 언어의 본질적인 성격에 변화를 일으키지는 못하는 것이다. ㉣ 국어에 있어서 그 배경이 될 문화가 한문화 또는 중국적인 요소가 강하였다고 국어의 구조에 중국어적인 요소가 있을 리 없고, 불교문화가 강하였다 하기로 종교적 색채가 국어에 가미될 리 없다. ㉤ 오직 중국 문화의 생활화로 인해 필요에 따라 한자 기원의 어휘가 다량으로 늘었고, 불교에 관한 어휘가 같은 이유로 남았다는 정도로 하겠다.
선택지	① ㉠은 ㉡의 근거로 대상에 대한 문제 제기를 하고 있다. ② ㉡은 ㉠을 구체화한 것으로 논점을 구체화하고 있다. ③ ㉢은 ㉡의 부연으로 문학의 기교에 대해 서술하고 있다. ④ ㉣은 ㉢의 예시이다. ⑤ ㉤은 글 전체의 주지를 제시한 것으로, 결론에 해당한다.
토의사항	논증 구조 분석이 타당한 것을 선택지에서 고르시오

【활동 answer】

토의 1. 가. 생소한 낱말을 뜻하는 문맥단서를 찾고 문맥적 의미를 파악한다. 나. ⑤
토의 2. 가. 물질주의에 대한 모순적 태도
나. ①, ②, ④, ⑤의 의미는 모순, ③ 표리부동 → 겉과 속이 다르다는 뜻
토의 3. ① 바치다(받히다). ② 받히다.(받치다) ④ 바치다.(밭치다) ⑤ 다쳤다(닫혔다)
토의 4.
가. 침도도우(針盜盜牛)
나. ①, 자그마한 나쁜 버릇이 커지면 마침내는 큰 죄를 저지를 수 있게 된다는 뜻
토의 5. 가. 관용구 나. ⑤
토의 6. 가. ②, 바라다 나. 동음이의어, ②번을 제외한 바람의 의미는 '원인-결과'
토의 7. 가. ② 나. 원관념과 보조관념 사이의 '상 · 하위어' 관계
토의 8. 가. ⑤ 나. ①~④의 '머리'는 일부 명사 뒤에서 '비하'의 뜻을 더하는 접미사.
토의 9. 가. ① 나. 우리말 어법(바른 표기)
토의 10. 가. ②, ③, ④, ⑤ 나. ①, 의존명사는 띄어 쓴다.
토의 11.
가. 세부정보 파악 나. 유전자 재조합기술 수단과 유전자 변형 생물 이용 방법 다. ⑤
토의 12. 가. 중심(핵심)내용 파악 나. ②
토의 13. 가. 개념과 관점의 이해 나. ②
토의 14. 가. 개념과 관점의 이해 나. ②
토의 15. 가. 미적 무관심성 나. ③
토의 16. 가. 인간 행동 유형(내향형, 외향형)의 이분법적 이해 나. ③
토의 17. 가. 이해시키기 위한 설명 방법 나. ②
토의 18. 가. 역설법 나. ① 활유법, ② 대유법, ③ 반어법, ④ 역설법, ⑤ 비유법
토의 19.
가. 이것을 → 일정한 법칙, 이를 → 보편타당한 것, 이것이 → 보편타당한 것을 찾아내는 것
나. ③
토의 20. 가. 전개 방식 → 원인과 결과, 나. ②
토의 21. 가. 방언의 가치를 제시는 결론에 필자의 주장에 포함시키기 위함. 나. ⑤
토의 22. 가. 절대적 권위의 비판적 검토 나. 예시 다. ④
토의 23.
가. 자녀들은 무능하지 않다면 부모의 재산을 물려받지 않았다. 나. ②
토의 24.
가. ③,
나. ㉠은 문단 전체의 결론(주제문), ㉢은 ㉡의 내용을 부연설명(상술), ㉣은 ㉡과 ㉢을 근거로 판단한 결과, ㉤은 ㉣의 반론이다.
토의 25. ②, ㉠은 문단 전체의 결론(주제문), ㉡과 ㉢은 ㉠ 부연설명(상술), 다만 ㉢은 문학의 기교에 대한 서술만이 아니다. ㉣은 ㉠의 예시이며, ㉤은 ㉣의 보충 설명

Ⅲ. 평가

1 다음 중 한자 성어와 속담의 연결이 옳지 않는 것을 고르시오.

① 득롱망촉(得隴望蜀): 말 타면 경마 잡히고 싶다.
② 교각살우(矯角殺牛): 빈대 잡으려다 초가삼간 태운다.
③ 등고자비(登高自卑): 천 리 길도 한 걸음부터
④ 당랑거철(螳螂拒轍): 하룻강아지 범 무서운 줄 모른다.
⑤ 주마가편(走馬加鞭): 수박 겉핥기

2 다음 글에서 밑줄 친 단어가 나머지 넷과 다른 하나를 고르시오.

> 서산 위에 잠깐 나타났다 숨어버리는 초승달은 세상을 후려 삼키는 독부나 철모르는 ㉠ 처녀와 같은 달이지마는 ㉡ 그믐달은 세상의 온갖 풍상을 다 겪고 나중에는 그 무슨 원한을 품고서 애처롭게 쓰러지려는 ㉢ 원부(怨婦)와 같은 애절한 맛이 있다. 보름의 둥근 달은 모든 영화와 숭배를 받는 ㉣ 여왕과 같은 달이지마는 그믐달은 애인을 잃고 쫓겨남을 당하는 ㉤ 공주와 같은 달이다.

① ㉠　　② ㉡　　③ ㉢　　㉣ ④　　㉤ ⑤

3 다음 제시된 문장의 내용과 가장 잘 어울리는 관용어를 고르시오.

> 소대장은 알아들을 수 없게 웅얼거리는 작은 소리로 보고를 하는 병사 때문에 짜증이 났다.

① 입이 되다.　　② 입이 달다　　③ 입이 쓰다
④ 입 안의 소리　　⑤ 입에 발린 소리

4 다음 중 맞춤법 표기가 옳지 않은 것을 고르시오.

① 넝쿨, 우레, 삼가다
② 오뚝이, 육개장, 널빤지
③ 오랜만, 햅쌀, 어리숙하다
④ 구렛나룻, 멋쟁이, 곱빼기
⑤ 널따랗다. 두루뭉술, 늘그막

5 다음 중 밑줄 친 부분을 옳지 않게 고친 것을 고르시오?

① 개회사로 제 의견을 가름하겠습니다. → 갈음
② 군인으로써 절대로 해서는 안 되는 행동이다. → 로서
③ 그는 아버지의 유언을 좇아 노력했다. → 쫓아
④ 쌍둥이도 성격이 틀릴 수 있다. → 다를
⑤ 그녀는 다른 사람에 비해 실력이 딸렸다. → 달렸다.

6 다음 중 외래어 표기가 옳은 것을 고르시오?

① 플래시 ② 쉬림프 ③ 바나너 ④ 텔레비젼 ⑤ 까페

7 다음 중 높임 표현의 사용이 옳은 것을 고르시오?

① 할머니께서 책을 읽으시고 계십니다.
② 과장님, 정말 수고하셨습니다.
③ 제가 아버님께 당부드렸어요.
④ 오늘 선생님께 야단맞았어.
⑤ 우리나라는 단일 민족 국가입니다.

8 다음 중 반의관계가 아닌 것은?

① 도발-제지 ② 발신-수신 ③ 금-은 ④ 결심-결의 ⑤ 계승-단절

9 다음 제시된 문장의 밑줄 친 부분과 의미상 가장 비슷한 것을 고르시오.

> 건너편 가게 김 씨는 <u>손이 맑다</u>.

① 남에게 베푸는 것을 좋아한다.
② 일을 잘한다.
③ 인색하다.
④ 인심이 좋다.
⑤ 양심적인 사람이다.

10 다음에 제시된 문장의 밑줄 친 부분과 같은 의미로 사용된 것을 고르시오.

> 경제적 생산 과정 안에서 벌어지는 여러 가지 유형의 노동 통제 외에 생산 과정 바깥에서도 전 사회적으로 냉전·반공·승미(勝美) 이데올로기에 의한 국가관의 확산, 가부장적 이데올로기의 강조, 질서와 능력 및 이성과 합리의 <u>이름</u>으로 은폐된 국가 권력의 공고화, 저항 세력에 대한 억압이 행해진다.

① 선생님의 딸아이의 <u>이름</u>을 순 우리말로 지었다.
② 저기 있는 식당은 전주비빔밥으로 <u>이름</u>난 식당이다.
③ 문제의 단체는 수재민 구호라는 <u>이름</u>으로 사기를 쳤다.
④ 그러한 행동은 제 <u>이름</u>을 스스로 깎아내리는 것이다.
⑤ 예수 그리스도의 <u>이름</u>으로 기도합니다.

11 다음에 제시된 문장의 빈칸에 들어갈 말로 가장 적절한 것을 고르시오.

> 지난해 경찰청에서는 500억 원 상당의 물품을 압수하였으며, 그중 200억 원에 달하는 자동차, 보석류, 컴퓨터 등이 금주 토요일 경매에 (　　)될 예정이다. 이 물품들은 모두 상태가 양호하며 당 행사에서 바로 판매될 것이다.

① 낙찰　② 응찰　③ 입찰　④ 상장　⑤ 회부

12 다음과 같은 의미로 쓰인 것을 고르시오.

> 일의 처리 혹은 결과가 이루어지거나 생기다.

① 만일 그가 비협조적인 태도로 나온다면 상대하지 마라
② 실험 결과가 나오다.
③ 그 사람은 정계에 나온 후 많은 변신을 하였다.
④ 어머니는 길에 나오셔서 아들을 기다리셨다.
⑤ 그는 도무지 밖으로 나오지를 않는다.

13 다음과 제시된 문장의 빈칸에 들어갈 말로 가장 적절한 것을 고르시오.

> 젓가락질이 서툴러 생선 가시를 (　　)가 어렵다.

① 골라내기　② 꺼내기　③ 발라내기　④ 빼내기　⑤ 추리기

14 다음과 같은 진술 방식으로 적절한 것을 고르시오.

> 건강은 단지 질병에 걸리지 않거나 허약하지 않은 상태뿐만 아니라, 육체적 · 정신적 · 사회적으로 온전히 행복한 상태를 말한다.

① 설명은 독자에게 정보를 제공하고, 사물이나 상황을 분석해 보여주는 진술 방식이다.
② 문장은 주로 서양에서 가문 · 단체 및 국가의 계보 · 권위를 상징하는 장식적인 마크로서 발달하였다.
③ 무궁화는 우리나라를 상징하는 꽃으로, '영원히 피고 또 피어서 지지 않는 꽃'이라는 뜻을 지니고 있다.
④ 태극기는 흰색 바탕에 가운데에는 태극 문양과 네 모서리의 건곤감리(乾坤坎離) 4괘(卦)로 구성되어 있다.
⑤ 바구니 안에 든 것 중에 빨간 것은 사과, 노란 것은 바나나이다.

15 다음 [보기] 중 논리적 오류를 범하고 있지 않은 진술을 모두 고르시오

㉠ 그 집 할아버지는 돌아기기 전까지 담배를 피웠는데, 오래 사셨어. 그러니 건강을 위해 담배를 굳이 끊을 필요는 없어.
㉡ 살인은 도덕적으로 정당화될 수 없으므로, 안락사가 용납될 수 없는 범죄라고 하셨죠? 그렇다면 먼저 안락사가 살인이라는 것을 증명해 보이셔야 합니다.
㉢ 음란물이 청소년의 영혼을 병들게 한다는 사실을 증명할 근거는 없어. 그러므로 음란물은 청소년에게 해가 되지 않아.
㉣ 그 변호사는 취한 상태에서 일어난 살인 사건을 변호하면서 알코올 중독을 해결하기 위한 사회적 노력이 필요하다고 호소했어. 이는 논점을 일탈한 진술이네.
㉤ 당신 우리 생각에 찬성하시는 거죠? 찬성 안하는 사람은 진짜 정신에 문제가 있는 거거든요.

① ㉠, ㉡ ② ㉡, ㉢ ③ ㉡, ㉣ ④ ㉢, ㉣ ⑤ ㉣, ㉤

16 다음 제시된 문장을 문맥에 맞게 배열한 것은?

가. 그런데 많은 문화가 혼재돼 문화 상대주의가 만연한 곳에서는 사람들은 자신이 보루로 삼을 문화의 형태나 기둥을 잃게 되며, 자기상실에 빠져들어 불안한 상태에 던져지게 된다.
나. 이에 따라 사람은 사회의 불안정성이나 불확실성에 견딜 정신적 지주를 가질 수 있다.
다. 따라서 모든 문화가 지리적 풍토를 벗어나 지구 전체로 이리저리 퍼지는 21세기에는 문화의 혼재에서 오는 아이덴티티 상실의 시대가 도래 할지도 모른다.
라. 그 문화적 풍토에서 나고 자란 사람은 그 형태 속에서 자기 자신의 아이덴티티를 형성한다.
마. 종교로 봐도, 언어로 봐도, 습관으로 봐도 문화라는 것은 각각 서로 다른 형태를 갖고 있다.
바. 가치의 상대성을 주장하는 것은 그 나름대로 옳지만 그게 너무 과해질 경우, 줏대를 잃게 되어 신념을 가질 수 없게 되는 것이다.

① 다-바-마-라-가-나 ② 마-가-바-나-다-라 ③ 바-가-라-마-나-다
④ 마-라-나-가-바-다 ⑤ 바-마-라-나-다-가

17 다음 제시된 글의 연결 순서로 가장 자연스러운 것을 고르시오?

㉠ 이제 다문화 정책의 패러다임을 전환해야 한다. 한국에 들어온 다문화 가족을 적극적으로 지원해야 한다. 다문화 가족과 더불어 살면서 다양성과 개방성을 바탕으로 상생의 발전을 도모해야한다. 그리고 결혼 이민자만 다문화 가족으로 볼 것이 아니라 외국인 근로자와 유학생, 북한 이탈 주민까지 큰 틀에서 함께 보는 것도 필요하다.

㉡ "인력이 필요해서 노동력을 불렀더니 사람이 왔더라."라는 말이 있다. 인간을 경제적 요소로만 단순하게 착각했으나, 이에 따른 인권 문제, 내국인과 이민자 간의 갈등 문제 등이 수반된다는 말이다. 프랑스처럼 급하다고 이민자를 선별하지 않고 받으면 인종 갈등과 이민자의 빈곤화 등 많은 문제를 해결하기 위한 사회 비용이 발생한다.

㉢ 이미 들어온 이민자에게 적극적인 지원을 해야 한다. 언어와 문화, 환경이 모두 낯선 이민자에게는 초기에 세심한 배려가 필요하다. 특히 중요한 것은 다문화 가족이 그들이 가지고 있는 강점을 활용하여 취약 계층이 아닌 주류층으로 설 수 있도록 지원해야 한다. 뿐만 아니라 이민자에 대한 지원 시기를 놓치거나, 차별과 편견으로 내국인에게 증오감을 갖게 해서는 안 된다.

㉣ 다문화 정책의 핵심은 두 가지이다. 첫째, 새로운 사회에 적응하려는 의지가 강해서 일자리, 문화 이해, 언어 배우기에 매우 적극적인 태도를 지닌 좋은 인력을 선별해서 입국하도록 하는 것이다. 둘째 , 이민자가 새로운 사회에 정착할 수 있도록 사회 통합에 주력하는 것이다. 해외 인구 유입 초기부터 사회 비용을 절약할 수 있는 사람들을 들어오게 하는 것이 중요하기 때문이다.

① ㉡-㉠-㉢-㉣　　② ㉢-㉡-㉣-㉠　　③ ㉣-㉠-㉡-㉢
④ ㉣-㉡-㉢-㉠　　⑤ ㉣-㉢-㉠-㉡

18 다음 제시된 글의 밑줄 친 부분의 예가 될 수 있는 것을 고르시오.

> "목숨을 걸고 이 일을 완수하자"와 "생명을 걸고 이 일을 완수하자"에서처럼 , '목숨'과 '생명'은 언뜻 같은 뜻의 말처럼 보이지만, 실은 그렇지 않다. '목숨'은 사람이나 짐승, 즉 유정 명사에만 쓰일 뿐, 식물에 대해서는 쓰이지 않는다. 그래서 우리는 "꽃도 생명을 지니고 있다"라고는 말해도 "꽃도 목숨을 지니고 있다"라고는 말하지 않는다. 또, '생명'과 달리 '목숨'은 사물에 대해서도 비유적으로 쓰이지 않는다. "그의 작품은 생명이 길 거야"라고 말할 수 있지만, "그의 작품은 목숨이 길 거야"라고는 말할 수 없다. 빈정거리는 경우를 빼고는 말이다. 이런 경우들은 한자어가 그 고유어 동의어 보다 의미의 폭이 넓은 경우이다. 그러나 실은 <u>그 반대의 경우</u>가 더 많다.

① 우리말에는 '나이/연세(연세), 이/치아(齒牙)'의 경우처럼 한자어가 존대 표현으로 사용되고 있는 관습이 있다.

② '영감(令監)' 같은 말도 의미가 확장된 예이다. 이 말은 옛날에는 당상관(堂上官)에 해당하는 벼슬을 한 지체 높은 사람을 일컫는 말이었는데 지금은 남자 노인을 두루 가리키게 되었다.

③ 중세 국어의 문헌들에는 현대 국어에서는 잘 쓰이지 않는 많은 고유어들이 발견 된다. '온(百), 즈믄(千), 가람(강), 미르(龍)' 등이 그러하다. 이들은 뒤에 대부분이 한자어로 대체되었다.

④ '피'와 '혈액'을 보자. '혈액'은 물질로서의 피만을 가리켜서 의학적 뉘앙스를 가질 뿐, 생명 현상과 관련되는 다양한 뉘앙스를 지니고 있지 않다. '피 끓는 젊음', '피를 나눈 사이' 같은 표현에서 '피'는 '혈액'이라는 말로 대치할 수 없다.

⑤ 스위스의 소설가 페디 빅셀의 작품 『책상은 책상이다』에서, 주인공은 '책상'을 '양탄자'로 바꿔 부른 것을 시작으로, 혼자서 온갖 사물의 이름은 물론 동사까지 바꿔 사용하자 시간이 흐른 뒤 급기야 이웃과 소통을 할 수 없는 지경에 이르게 된다.

19 다음 글에서 필자가 ㉠의 평가를 '틀린 말'로 평한 이유를 고르시오.

> 서당의 무리는 그 상이 아름답고, 시장의 무리는 그 상이 검고, 목동의 무리는 그 상이 산란하고, 뱃사공이나 마부 같은 무리는 그 상이 사납고 약빠르다. 서당에 다니는 무리는 그 상이 아름답고, 대체로 그 익히는 것이 오래됨으로써 그 성품이 날로 옮겨가게 되니, 그 마음속으로 생각하고 있는 것이 겉으로 나타나서 상이 변하게 되는데, ㉠ 사람들은 그 상이 변한 것을 보고 또한 말하기를 "그 상이 이렇게 생겼기 때문에 그 익히는 것이 저와 같다."고 하니, 아아! 그것은 틀린 말이다.

① 허례허식에 집착하고 있기 때문에
② 외모 지상주의를 가지고 있기 때문에
③ 직업의 시각에 편견이 있기 때문에
④ 세태 변화에 민감하게 반응했기 때문에
⑤ 원인이 아닌 것을 원인으로 이해했기 때문에

20 다음 글에서 추론할 수 있는 진술이나 중심 내용으로 적절한 것은?

> 이 기능은 우리가 세계를 이해하는 정도에 비례하여 수행된다. 그러면 세계를 이해한다는 것은 무엇인가? 그것은 이 세상에 존재하는 사물에 대하여 이름을 부여함으로써 발생한다. 여기 한 그루의 나무가 있다고 한자. 그런데, 그것을 나무라는 이름으로 부르지 않는 한 그것은 나무로서의 행세를 하지 못한다. 인류의 지식은 인류가 깨달아 알게 되는 모든 대상에 대하여 이름을 붙이는 작업에서 형성되는 것이라고 말해도 좋다. 어떤 사물이건 거기에 이름이 붙으면 그 사물의 개념이 형성된다. 다시 말하면 그 사물의 의미가 확정된다. 그러므로 우리가 쓰고 있는 언어는 모두가 사물을 대상화하여 그것에 의미를 부여하는 이름이라고 할 수 있다.

① 언어는 정보적 기능을 지니고 있다.
② 언어는 친교적 기능을 지니고 있다.
③ 언어는 표현적 기능을 지니고 있다.
④ 언어는 시적 기능을 지니고 있다.
⑤ 언어는 선동적 기능을 지니고 있다.

21 다음 제시된 글의 주제 또는 제목으로 가장 적절한 것을 고르시오.

> 대와 단보가 빈곡(邠谷)이라는 곳에 있었을 때 오랑캐가 쳐들어 왔다. 왕이 모피와 비단을 보내어 달래려 했으나 받지 않고 말을 보냈으나 역시 받지 않았다. 오랑캐가 바라는 것은 땅이었다. 대왕 단보가 말했다. "나는 백성의 아비나 형과 같이 살면서 그 아들이나 동생을 죽도록 내버려 두는 일은 차마 견딜 수가 없다. 너희들은 모두 힘써 격려하며 이곳에 살도록 하라. 내 신하가 되던 오랑캐의 신하가 되던 무슨 차이가 있겠느냐. 나는 '사람을 먹여 살리는 땅을 뺏으려고 사람을 해쳐서는 안 된다.'는 말을 들었다." 그래서 대왕 단보가 지팡이를 짚고 그곳을 떠나자 백성들은 서로 잇달아 그를 따랐는데, 이윽고 기산(岐山) 밑에서 나라를 다시 이룩했다.

① 왕은 인(仁)과 의(義)의 명분으로 따라야 한다.
② 생명은 소중한 것이므로 생명을 존중해야 한다.
③ 백성을 보호하는 것이 나라를 지키는 것보다 중요하다.
④ 인의(仁義)와 덕치(德治)로 국력을 길러야 한다.
⑤ 사람은 충효열(忠孝烈)의 가치를 받들어야 한다.

22 각 문장 간의 논리 구조를 바르게 분석한 것을 고르시오.

> ㉠ 말이 겨레의 얼의 상징이며 민족 결합의 원동력이라는 데에서 말이 얼마나 소중한 것인가를 깨닫게 된다.
> ㉡ 이처럼 소중한 말의 순화를 들고 나올 때 문제되는 것의 하나가 들어온 말이다.
> ㉢ 이 들어온 말은 우리 겨레의 참된 삶이나 정신이 투영된 것이 결코 아니다.
> ㉣ 그것은 마땅히 우리말에서 솎아 내야 할 말의 잡풀에 지나지 않는다.
> ㉤ 밭의 잡풀은 뽑아내는 것으로 끝나지만, 말의 잡풀은 뽑아 낸 빈자리에 반드시 다른 말을 갈아 심어야 한다.

① ㉡은 ㉠의 결과이다.
② ㉢은 ㉣의 근거이다.
③ ㉣은 ㉤의 근거이다.
④ ㉢은 ㉡의 결과이다.
⑤ ㉠은 ㉤의 전제이다.

23 다음의 제시된 글에서 주장하는 바와 거리가 먼 것을 고르시오.

> 조선 중기에 이르기까지 상층문화와 하층문화는 각기 독자적인 길을 걸어왔다고 할 수 있다. 각 문화는 상대 문화의 존재를 그저 묵시적으로 인정만 했지 이해하려고 하지는 않았다. 말하자면 상·하층 문화가 평행선을 달려온 것이다. 그러나 조선 후기에 이르러 사회가 변하기 시작했다. 두 차례의 대외 전쟁에서의 패배에 따른 지배층의 자신감 상실, 민중 층의 반감 확산, 벌열(閥閱)층의 극단 보수화와 권력층에 탈락한 사대부 계층의 대거 몰락이라는 기존 권력 구조의 변화, 농·공·상업의 질적 발전과 성장에 다른 경제력 구조의 변화, 재편된 경제력 구조에 따른 중간층의 확대 형성과 세분화 등 등 조선 후기 당시의 사회변화는 국가의 전체 문화 동향을 서서히 바꿔 상·하층 문화를 상호교류하게 하였다. 상층문화는 하향화하고 하층문화는 상향화하면서 기존의 문예 양식들은 변하거나 없어지고 새로운 문예 양식이 발생하기도 하였다. 양반 사대부의 장르인 한시가 민요 취향을 보여주기도 하고, 민간의 풍속과 민중의 생활상을 그리기도 하였다. 시정의 이야기들이 대서 야담으로 정착하기도 했고, 하층의 민요가 잡가의 형성에 중요한 역할을 하였으며, 무가는 상층 담화를 수용하기도 하였다. 당대의 예술 장르인 회화와 음악에서도 변화가 나타났다. 풍속화와 민화의 유행과 빠른 가락인 삭대엽과 고음으로의 음악적 이행이 바로 그것이다.

① 국가의 전체 문화 동향이 서서히 바뀌어 가면서 기존 권력 구조에 변화를 가져다주었다.
② 조선 후기에는 문학뿐만 아니라 회화·음악 분야도 양식의 변화를 보여주었다.
③ 상층·하층문화가 서로 영역에 스며들면서 새로운 장르나 양식이 발생하였다.
④ 시조의 장편화와 이야기화는 무가의 상층 담화 수용과 같은 맥락에서 이해할 수 있다.
⑤ 조선 중기에 이르기까지 상층문화와 하층문화의 교류가 잘 이루어지지 않았다.

24 다음의 제시된 글에서 중심내용으로 가장 옳은 것을 고르시오.

> 우리의 교육열이 높다는 것은 학교 교육에 한할 뿐이고 그마저도 대학 입학을 위한 것이 전부인 셈이다. 평균 수명이 길어지고 사회가 지식기반 사회로 변모해 감에 따라 평생 교육의 중요성은 날로 높아지고 있다. 더구나 산업분야의 구조 조정이 빈번한 시대에는 재취업 훈련이 매우 긴요하다. 국민들이 지식과 정보의 빠른 변화에 적응해야 국가 경쟁력도 확보될 수 있다.

① 평생 교육이 중요하다.
② 재취업이 긴요하다.
③ 국가 경쟁력을 확보해야 한다.
④ 국민들의 교육열이 높아야 한다.
⑤ 빠른 변화에 적응하는 것이 경쟁력이다.

25 다음의 제시된 글에서 중심내용으로 가장 옳은 것을 고르시오.

진화론자는 어떠한 한 종에 대해 과거의 진화적 내용을 증명하거나 앞으로의 진화를 예견할 수 없고 단지 어떤 사실을 해석하거나 이에 대하여 이야기를 만들 뿐이다. 왜냐하면 과거 일회성의 사건은 반복되거나 실험적으로 검증할 수 없고 예견은 검증된 사실로부터 가능하기 때문이다. 이러한 관점에서 보면 진화론자와 역사학자는 닮은 점이 있다. 그러나 진화론자는 역사학자보다는 상당히 과학적 이점을 가지고 있다. 즉, 상호 연관성을 가진 생물학적 법칙, 객관적 증거인 상동기관, 일반적인 과학의 법칙 등으로부터 체계를 세울 수 있다. 상동 기관은 다양한 생물이 전혀 별개로 형성되었다기보다는 하나의 조상으로부터 출발하였다는 가설을 뒷받침하는 좋은 증거이다. 진화론은 생물의 속성에 대해 일반적으로 예견할 수 있지만 아직까지 진화론에는 물리학에 견줄 수 있는 법칙이 정립되어 있지 않다. 이것은 진화론이 해결할 수 없는 본질적인 특성에 기인한다.

① 진화론은 인문 과학의 속성과 자연 과학의 속성을 모두 지니고 있다.
② 진화론이 과학으로서 인정을 받기 위해서는 법칙의 정립이 시급하다.
③ 진화론은 객관적 증거들을 이용하여 생명 현상의 법칙을 세운다.
④ 진화론은 과거의 사실을 검증함으로써 진화 현상의 예측을 가능하게 한다.
⑤ 진화론이 법칙의 체계가 되려면 역사학과의 상호 연관성을 배제해야 한다.

☞ 정답 및 해설 pp. 323~326.참조

제3장 언어논리 학습법

언어논리 학습법은 언어논리 교과목을 학습하기 위한 선수학습 내용이다. 그 학습법은 '자기 주도 학습'과 '문맥 단서 이해 및 활용'이다.
자기 주도 학습은 학생 스스로 자기(self) 주도(lead)적으로 학습을 하는 행태로 언어논리 학습(논리적인 언어활동 수행하기)의 효율성을 제고시키면서 창의적 문제해결 능력을 향상하기 위한 필수적인 학습 방법이다.
'문맥 단서 이해 및 활용하기'는 문맥 단서를 활용하여 새로운 단어의 의미를 유추할 수 있도록 돕는 전략적 학습 방법이다. 이를 통해 문맥 단서를 찾는 능력과 어휘의 문맥적 의미를 파악하는 능력을 향상함으로써 궁극적으로 '읽고 이해하기'를 숙련시키는 데 있다.

Ⅰ. 필요지식

1. 자기주도 학습(self-directed learning)[14]

가. 자기주도 학습 개념

학습자 스스로가 학습의 참여 여부에서부터 목표 설정 및 교육 프로그램의 선정과 교육평가(스스로 공부하고, 그 내용을 스스로 점검)에 이르기까지 교육의 전 과정을 자발적 의사에 따라 선택하고 결정하여 행하게 되는 학습 형태를 의미한다.

자기주도 학습은 학생이 주체가 되어 스스로 학습 과정을 이끌어 나가는 학습 활동이다. 즉, [계획→실천→평가→다음 학습에 반영]하는 모든 과정을 의미 한다.
언제, 어떤 공부를, 어떤 방법으로, 왜 할 것인지를 스스로 결정하며, 실천 후에는 자신의 공부를 되돌아보고 이를 차기 학습에 반영하는 환류 활동까지 포함한다.

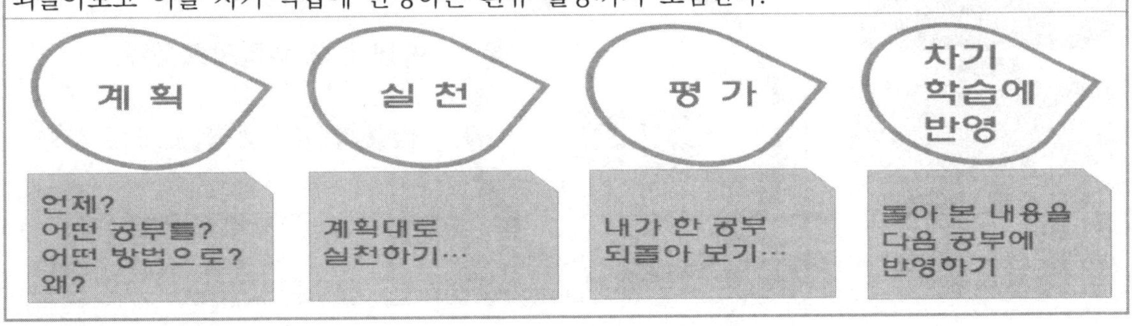

14) https://terms.naver.com/entry.nhn?docId=511941&cid=42126&categoryId=42126(검색일: 2019. 2. 2)

자기주도 학습에는 《자기주도》와 《학습》 두 가지 의미가 포함되어 있다. 자기 주도적인 사람은 '자신을 이끄는 사람'이라는 의미이다. 자기(Self) 주도(lead)는 성인들의 성공 전략인 '셀프 리더십'과도 같은 맥락이다.

셀프 리더십이란? 재능, 감정, 시간, 인간관계 등 모든 자원을 활용하여 원하는 성과를 내기 위해 자신에게 영향력을 미치는 과정이다. 따라서 자기주도 학습은 자기주도 능력과 학습의 선순환 과정이다.

자기주도 학습 능력이 있다는 것은 공부를 위해 필요한 시간 관리, 감정 관리, 스트레스 관리 능력이 있다는 것과 같은 의미이다. 자기 주도적으로 공부를 하는 과정에서 스스로 원하는 삶을 살기 위한 실력과 내공이 쌓이게 된다. 예습, 복습을 성실히 지킨 학생은 성인이 되어서도 그 습관을 유지하게 된다. 좋은 습관은 직장, 사업 그리고 인생에 큰 영향을 미치게 된다. 즉 학교생활을 통해 공부하며 성공적인 인생을 살아가는 방법을 배우게 된다.

나. 자기주도 학습의 필요성15)

4차 산업혁명 시대는 육체적 노동 관련 기술이나 인지적 기술이 요구되는 직업은 감소하는 반면 분석적 기술과 대인관계 기술을 요구하는 직업이 상대적으로 증가할 것으로 전망된다. 따라서 더는 암기하는 역량 및 주입식 교육 방식을 탈피하여 '어떻게 배우는지를 배우는(learn to learn)' 자기주도 학습이 매우 중요하다. 이를 통해 '창조적 문제해결역량'을 강화해야 한다. 이것이 바로 21세기에 요구되는 인재상 '창의 융합형 인재'가 되는 첩경이기 때문이다. 따라서 이제는 학습의 패러다임은 '스스로 찾고 학습하는 법'인 자기주도 학습으로 전환이 필수적이다.

글로벌 시대에는 많은 지식을 아는 것 보다 기존지식을 잘 활용하고 이를 바탕으로 새로운 지식을 창출해내는 창의적 인재를 원하고 있다. 이러한 인재는 시켜서 하는 공부가 아닌 자기 주도적으로 학습하는 능력에서 키워진다.

15) https://terms.naver.com/entry.nhn?docId=511941&cid=42126&categoryId=42126(검색일: 2019. 2. 2)

다. 자기주도 학습의 구성요인

동기조절 (학습의욕)	학습을 이끌어가는 원동력, "시간이 언제 이렇게 지났지?"
인지조절 (학습전략)	"학습한 내용을 효과적으로 이해하고 기억하는 것" 이러한 인지작용이 형성되어야 자신감과 성취감을 느낄 수 있다.
자기조절 (실천전략)	자기조절을 잘하는 학습자들은 학습에 방해가 되는 요소들을 제거하며 학습에 필요한 자원들은 적절하게 활용하는 특성이 있다.

라. 자기주도 학습 6가지 원리[16)]

아래 그림을 보고 1분 동안 숫자를 1부터 순서대로 45까지 찾아보자.

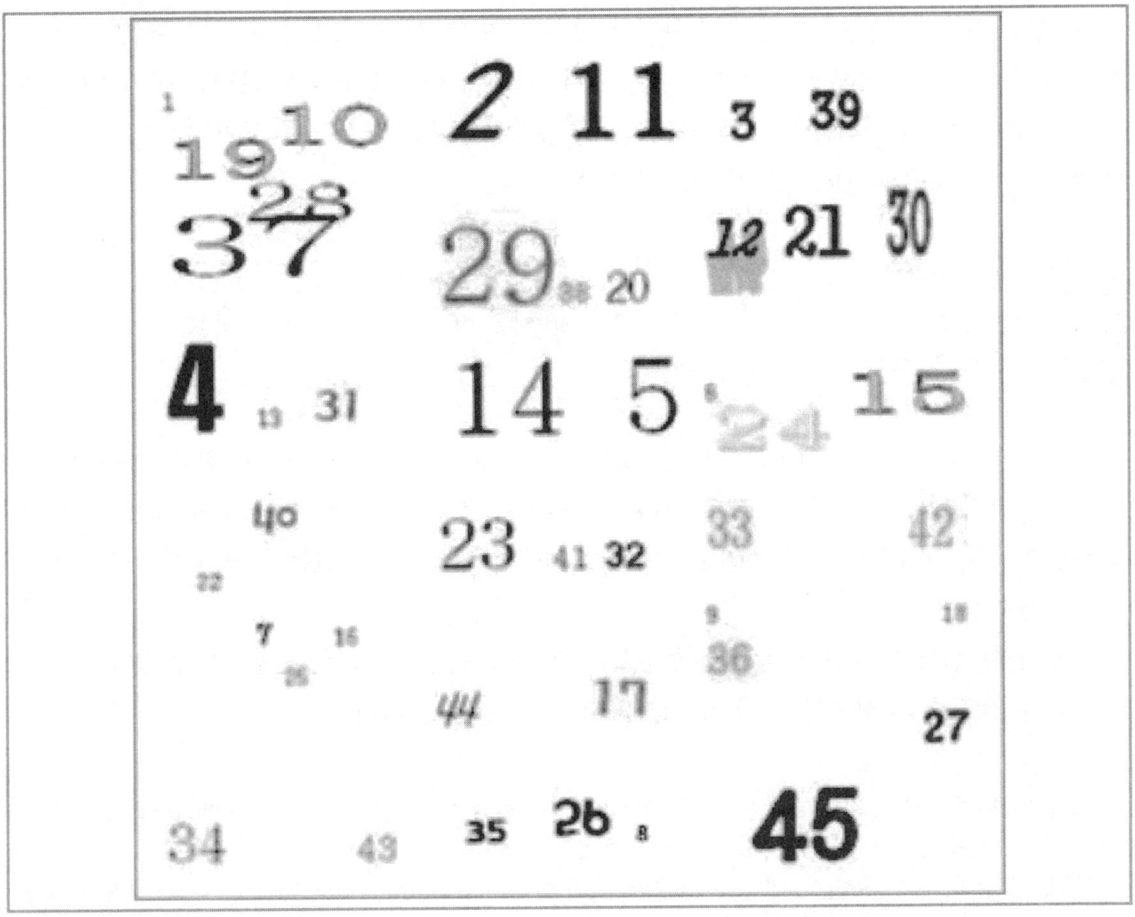

숫자 배치에 원리가 숨어있다는 점을 발견했다면 아마 어렵지 않게 45까지 찾을 수 있을 것이다. 그러나 마음만 급하고 마음처럼 숫자가 찾아지지 않았다면 아마 원리를 발견하지 못해

16) 『교육부 공식 블로그』 https://if-blog.tistory.com/857,(검색일, 2019. 2. 2)

서일 것이다.

그림은 9개의 칸으로 균등하게 나눴을 때 숫자가 한 칸에 하나씩 순서대로 배치되어 있다. 요리하거나 운동을 해도 기술이 필요하고 원리가 담겨있게 마련이다. 공부 같은 고차원적 사고 작용에 원리가 없다면 어마어마한 분량과 속도를 감당할 수 없을 것이다. 그러나 다행스럽게도 원리들은 확실히 존재한다. 그럼 이제 그 원리들을 알아보자.

(1) 잘하고 싶고 잘해야 한다는 마음이 필요하다.

'잘해야 한다.'라는 절실함이 필요하다. 그렇지 않으면 동기부여가 필요하다. **'학습자 스스로가 공부에 대해 어떻게 느끼고 있는지?(내재 동기)'를 확인**하고 **'이에 대한 태도를 어떻게 긍정적으로 바꿀 수 있는지'**가 자기주도 학습을 시작하는 첫 단추이다.

명확한 목표가 없다면 공부를 계속하기가 어렵다. 어떤 꿈이 있고 그것을 이루려면 어떤 목표를 세워야 할지에 대해서 많이 고민해야 한다. 자신이 이루고자 하는 분명한 장기목표와 이를 실천하기 위한 단기목표를 정해 구체적인 행동계획을 확인하고 최종 목표달성을 위한 경로를 파악해야 한다.(SMART 한 목표를 세우는 법)

S	구체적인(SPECIFIC) 목표	M	측정 가능한(Measurable) 목표
A	행동지향적인(Action-Oriented) 목표	R	현실적인(Realistic) 목표,
T	시간에 맞는(Time Frame) 목표		

또한 무슨 책으로 어떤 강의를 이용할 것인지를 판단하는 능력도 키워야 한다. 거시적인 전략이나 매일의 공부에서 기술이라 할 전술도 갖춰야 한다. 특히 자신이 공부한 내용을 양적으로뿐만 아니라 질적으로 얼마나 알고 있는지를 명확히 판단할 수 있는 능력이 필요하다. 이것이 자기평가능력이다.

목표(비전) 설정은 개인의 능력과 성향을 고려하여 현실적으로 실천을 할 수 있고 분명히 달성할 수 있도록 작성하여야 하며, 다음과 같은 사항을 고려하여야 한다.

① 목표는 분명하게 설정한다. 목표가 분명하게 정해져 있어야 현재 어느 정도까지 와 있는지 자신의 상태(수준, 상황 등)를 가늠해 볼 수 있다.

② 목표 달성의 장애 요인과 대안을 사전에 생각해 둔다. 목표를 세울 때는 미리 장애가 무엇인지를 생각하고 그에 따라 대안을 준비해 둔다.

③ 목표 달성에 필요한 정보를 확보한다. 목표를 달성하기 위해서는 다양한 자료와 정보가 필요하다. 이렇게 해야 실행 가능한 목표를 설정 할 수 있다.

④ 목표 달성 여부를 평가하는 기준을 정하여 중간 평가를 한다. 일정한 기간단위(학기 단위) 목표를 향한 노력을 점검 할 수 있는 기준을 설정하고 중간평가를 통해 문제점을 제거한다.

⑤ 목표는 잘 보이는 곳에 붙여 놓는다. 자신의 목표가 무엇인지 지속적으로 생각나도록 제일 잘 보이는 곳에 붙여 놓고 항상 읽어 보면서 상기시키면서 긍정적으로 받아드리고 자신이 세운 목표를 당연시 하도록 한다.
⑥ 필요하면 목표의 일부를 수정한다. 목표를 실천하다 보면 문제에 직면하게 되거나 최초 설정 했던 목표 보다 낮거나 또는 높은 결과가 나왔을 때 일부 목표를 조정한다.

다음은 비전(목표) 선언문 작성을 위한 샘플이다. 이를 기초로 각자의 비전 선언문을 작성 및 붙여 놓고 목표 달성을 위해 'mind control'을 시행한다.

나의 비전 선언문

1. 나는 대학을 졸업하고 ________________(이) 가 되고 싶다.
2. 내가 닮았으면 하는 사람은 ______________(이) 다.
3. 나는 그 사람의 ______________(을)를 닮고 싶다.
4. 나의 올해 목표는

◎
◎
◎
◎

작성 일자 : 202( )년 ( )월 ( )일, 작성자 ○ ○ ○

(2) 계획을 짜야 공부하고 싶어진다.

학습을 위한 출발점에서 가장 필요한 것은 수치적 목표와 이를 위한 계획 짜기다. **공부하고 싶을 때 계획을 짜는 게 아니라 계획을 짜야 공부하고 싶어진다.** 계획은 크게 일일, 주간, 월간, 연간 계획의 4가지 종류가 있다.

2019학년도 대학 수학능력시험 만점자를 비롯한 고득점 수험생 등은 '스터디 플래너' 작성을 상당히 중요하게 여겼다고 입을 모았다. 또한 "연간 목표를 설정한 후 세부적으로 월간 · 주간 계획을 세우고 월말에는 한 달 전체를 되돌아봐야 한다고 충고"하고 있다. "플래너를 사용하는 동안 계획의 수립 · 실행 · 점검을 체계적이고 지속해야 학습에 도움이 된다."고 강조하고 있다.

일일 계획	공부가 잘되는 시간에 취약과목을 공부해야 한다. 과목과 교재, 분량단위로 계획을 짜되, 문제풀이는 문제당 시간을 시험 때와 같이 설정하고 문제 개수에 따라 공부시간을 결정해야 한다. 그리고 최소 자기 공부시간을 확보해야 한다. 주간계획을 수립하고 일간계획을 수립한다.(아침에 일어나서 나는 반드시 해야 할 것이 무엇인가? 생각해보고 다짐을 하는 것도 매우 중요한 습관)
주간 계획	6일 계획을 짠다. 단 일요일에는 스스로 학습평가를 통해 정해진 분량을 다했을 경우 쉬고, 못했을 경우 보충한다. 계획은 보통 수강교과를 기준으로 과목 및 시간을 수립하는 것이 바람직하다. 또한 취약 교과 및 자격 교과에 대한 시간 반영 필요 단, 월간 계획 수립 후 주간계획 작성해야 한다.
월간 계획	• 월간 강의 시간표, 주요 행사 및 활동(시험, 자격, MT 등)을 정리해본다. • 해야 할 일을 중심으로 월간 목표를 설정하고 월간계획을 수립한다. • 만약 계획상 문제에 봉착했다면 수정 및 보완을 한다. 또한 월간 학습결과에 대한 스스로 평가를 한다. 단, 년간(반기) 계획을 수립 후에 월간계획을 작성한다.
반기 연간 계획	• 년간 강의 시간표, 주요 행사 및 활동(응시시험, 자격시험 등)을 정리해본다. • 해야 할 일을 중심으로 년간(반기) 목표를 설정하고 년간 계획을 수립한다. • 반기(년간) 학습결과에 대한 스스로 평가를 한다.

이러한 계획은 기록중심이 아닌 '계획'과 '실행', '평가', '점검', '수정' 중심으로 학습플래너를 수립하고 환류하는 것이 중요하다.

(3) 뚜렷한 목적성을 가져야 한다.

백지에 내가 어제 외운 영어단어를 과연 몇 개나 쓸 수 있는지 써보자. 어제 공부한 언어논리의 핵심 문단을 설명할 수 있는지 써보자. 어제 풀어본 자료 해석 중에 아무거나 임의로 정해서 풀어보자. 이때 자신감 있게 답할 수 있다면 제대로 공부한 것이다.

목적성이란 이렇게 '능동적 자기평가를 할 때 어느 정도 수준 이상 제대로 답하기 위해 공부한다.'라는 의식을 말한다. 지금 외우는 단어가 내일 자기평가 때 30% 이상 답할 수 있도록 외우려는 학생과 그냥 열심히 외우려는 학생과는 목적성 자체가 다르다. 전자의 경우가 지루함을 방지한다는 뜻이다. 그리고 이것이 제대로 되는 것이 곧 자기평가능력이 좋은 것이며 많은 상위권이 가지고 있는 특징이기도 하다

(4) '이해'부터 '문제해결'까지 5원칙을 준수해야 한다.

어떠한 과목을 막론하고 공통으로 적용되는 5개의 원칙이 있다. 바로 '이해하기'-'사고하기'-'정리하기'-'암기하기'-'문제해결 하기'이다.

이 중에서 학생들이 꺼리는 부분이 이해와 사고이다. 이해와 사고 부분은 학교 교육에서 가장 많이 다룬다고 해도 과언이 아닌데, 이런 과정을 등한시하고 문제 풀고 외우는 데에만 집착하는 경향이 매우 강하다.

그러나 수준이 높아지고 내용이 많아지고 문제 유형이 다양화되며 높은 사고력을 기반으로 문제를 풀도록 요구하는 고등교육 학습에서는 더는 먹히지 않는다. 이제부터라도 내용에 대한 이해와 사고 쪽에 좀 더 시간을 투자해서 5가지 요소가 조화를 이루는 공부를 하자.

(5) '예습-복습-수업'의 기본에 충실해야 한다.

해마다 수능 전국 수석자의 확실한 점은 '예습-복습-수업'이라는 기본에 가장 충실한 사람이었다는 사실이다.

보통 학생들에게 예습하라고 책을 주면 학생들이 보통 하는 일은 그냥 읽기다. 그러나 그냥 읽기는 아무런 도움이 안 된다. 예습은 책을 읽고 나서 '뭔지 모르겠고, 답답하고, 알고 싶어지기 위해서' 하는 것이다. 즉, 예습은 '다 알려고' 한다.'기보다 '뭐가 있나'를 알기 위해 그리고 내가 궁금한 것을 만드는데 필요한 작업이다.

다음은 수업 듣기다. 수업시간에 수업 듣는 것보다 더 효율적이고 효과적인 시간 사용은 없다. 수업을 잘 듣기 위해서는 궁금증을 갖기 위한 예습이 전제되어야 하며 끊임없이 예습에서의 궁금증을 해결하기 위해 참여해야 한다.

특히 수업을 잘 듣기 위해서는 필기를 열심히 해야 한다. 미래의 나에 대한 배려라는 관점에서 수업 내용을 가능한 한 빠짐없이 핵심 위주로 내가 알아보기 쉽게 생각하는 필기를 하려고 애써야 한다. 그런 마음이 수업에 대한 집중도 가능케 한다.

최소한 그 주에 배운 내용은 그 주에 해결(자기 개념화)되어야 한다. 특히 복습은 반복이 생명이며 망각을 방지하려면 일반적인 사람으로서는 반복만이 살길이다.

(6) 학습의 입력 · 출력이 조화를 이뤄야 한다(노트 정리-자기개념화)

요새 학생들의 공부를 관찰하면 입력과 출력 모든 부분이 부조화를 이루고 있다. 우선 공부에서 입력이라고 하면 수업을 듣고 스스로 익히는 과정을 뜻한다. 출력이라 하면 사실 시험을 보는 것인데 이를 대비하려고 문제를 풀고 공부한 내용을 자기 스스로 평가해 보는 것이다.

그런데 첫째로 입력에서 부조화가 생긴다. 수업만 많이 듣고 스스로 익히는 과정이 너무 저조하다. 그래서 배운 내용이 머리 주변에서 맴돌지만 머릿속으로 익혀지지는 않는다. 이것이 입력 부조화다. 두 번째로 출력 부조화다. 문제집은 푸는데 정작 머릿속에 있는 내용을 꺼내서 설명해보는 일은 거의 없다. 그냥 문제만 풀어서 맞추면 출력 연습이 끝났다고 생각한다.

그러나 시험 보는 출력이 문제 풀이 방식이고 평소 출력 연습도 문제 풀이 방식에 그친다면 연습과 실전이 별 차이가 없는 셈이다. 즉, 문제만 푸는 소극적 출력뿐만 아니라 내용을 백지에 설명하는 적극적 출력까지 연습해야 한다는 말이다. 그래야 공부는 열심히 했는데 시험을 못 보는 현상을 막을 수 있다.

마. 자기주도 학습을 위한 기억법

효과적인 기억법에는 반복법이 가장 효과적이다. 그러나 그 이전에 무작정 암기하는 방식이 아니라 이해하고 사고하는 암기법으로 '덩이 짓기 기법'과 '범주화 기법'이 매우 유용하다.

(1) '청킹(chunking, 의미 덩이 짓기) 기법'[17]

인간의 '작업 기억 용량'은 즉각 암기할 수 있는 숫자나 철자의 개수는 보통 7±2개라고 한다. 우리가 숫자를 외울 때 최대 9자리를 넘어가게 되면 외우기가 어렵다. 이럴 때는 주어진 정보를 의미 있는 단위로 묶어 효율적으로 기억하는 법이다. 이렇게 의미 있는 체계로 묶음 처리를 하는 것을 '조직화'라고 부르며, 이 조직화를 심리학에서는 '청킹'이라고 한다.

첫 번째는 개수가 많은 단어를 암기하는 경우이다.

예 1, 개수가 많은 단어들의 암기

'You will get well in a few days.'이라는 문장에서 [get well: 되다, 회복하는]과 [in a few days: 며칠 후에]는 각각 하나의 의미덩어리 Chunking이다. 기존의 영어공부는 단어 get, 단어 well 그리고 합쳐진 get well과 같이 3번 생각하였다. 그리고 단어 in, 단어 a, 단어 few, 단어 days, 그리고 합쳐진 in a few days 이렇게 5번 생각하였다. 그러나 인지심리학의 마법의 숫자 7을 활용한 '의미덩어리 청킹Chunking 학습법'에서 get well은, 1개의 의미덩어리 Chunking 이므로 1개의 단어처럼 단지 1번만 생각한다. in a few days는, 1개의 의미덩어리 Chunking이므로 1개의 단어처럼 단지 1번만 생각한다. 3번 생각하던 것을 1번에, 5번 생각하던 것을 1번에 생각하고 이해 기억 활용한다면 영어의 속도speed가 빨라지고, 영어적 감각이 향상되게 된다.

두 번째는 서로 관련이 없어 보이는 개별 의미들(다의어)도 관련이 있는 하나의 줄거리로 조직화하면 암기가 훨씬 쉽다.

예를 들어, 'bear'의 의미는 '곰, 참다' 등의 여러 개의 뜻이 있으며, 서로 관련성이 없는 다의어이다. 이것을 다음의 그림과 같이 곰이 새끼를 낳아 기르는 과정인 "곰-품다-참다-낳다"의 의미 덩어리로 저장한다면 훨씬 기억이 용이해 진다.

---

17) 단기 기억에 관한 연구에서 사용되는 용어들 가운데 하나로, 기억 대상이 되는 자극이나 정보를 서로 의미 있게 연결시키거나 묶는 인지 과정. 이러한 인지 과정은 결과적으로 단기 기억의 용량을 확대시키는 효과가 있다. https://terms.naver.com/entry.nhn?docId=273654&cid=41990&categoryId=41990(검색일: 2019. 2. 3)

예 2, 다의어의 의미덩어리로 조직화

(2) '범주화 기법'[18]

범주화란 '지식의 구조화'의 일종이다. 이것은 "서로 친숙하고 관련된 자극(비슷한 것끼리)을 하나의 단위로 묶는 것" 이며, "기억해야 할 정보를 어떤 속성을 기준으로 하여 '집단화·범주화·위계화하는 과정을 뜻한다." 예컨대 금, 석탄, 태양 등을 '자원'으로 단백질, 지방, 탄수화물 등을 '영양소'로 범주화하여 암기하는 방식이다.

옷을 정리할 때 종류나 계절에 따라 차곡차곡 정리하면 나중에 필요할 때 찾기 쉽지만 한꺼번에 쑤셔 넣으면 찾기 어려운 것처럼 우리의 기억도 처음에 입력할 때 정리를 잘해놓으면 쉽게 꺼내 쓸 수 있다. 구조화된 지식은 '저장'과 '인출'이 쉽기 때문이다. 예를 들어 '개, 고양이, 침대, 의자, 암소, 파인애플, 딸기, 배, 솜, 비단, 노랑, 빨강, 기름, 파랑, 정장'을 기억하려고 한다면 아래와 같이 범주화하여 암기하면 매우 쉽다.

범주	내용
동물	개, 고양이, 암소
가구	책상, 침대, 의자
과일	파인애플, 딸기, 배
옷	솜, 정장, 비단
색	노랑, 빨강, 파랑

18) 단기 기억에 관한 연구에서 사용되는 용어들 가운데 하나로, 기억 대상이 되는 자극이나 정보를 서로 의미 있게 연결시키거나 묶는 인지 과정. 이러한 인지 과정은 결과적으로 단기 기억의 용량을 확대시키는 효과가 있다. https://terms.naver.com/entry.nhn?docId=273654&cid=41990&categoryId=41990(검색일: 2019. 2. 3)

(3) 기타 기억력을 2배로 높이는 방법

바. 자기주도 학습 5단계

자기주도 학습 5단계는 아래 표에서 제시하고 있는 바와 같이 **'듣기-읽기-쓰기-말하기-정리하기'**로 정리할 수 있다.

구분		내용	비고
1단계	듣기	집중력(시각, 청각)	9등급
2단계	읽기	핵심단어(Key Word)를 파악하는 능력 핵심단어란 문단에서 그 단어를 빼면 말이 안 되는 단어를 의미한다.	7등급
3단계	쓰기	요지문(요점 정리), 요지문은 Key word를 모아서 연결한 내용을 의미하며, 그 문단의 주요 내용이 된다.	5등급
4단계	말하기	자기 개념화(안보고 말하는 것)	3등급
5단계	정리하기	정리하기(노트 정리), 학습자가 학습 내용을 자신만의 언어, 기호, 부호를 활용하는 의미처리 과정을 통해 재구성하여 정리하는 활동을 말한다.	1등급

(1) 듣기

듣기는 읽기와 다르게 들을 내용에 대한 사전 준비가 필요하며 듣는 중에는 기억의 효과를 높이기 위해 메모를 해야 한다. 듣기는 음성 언어를 통한 즉시적 대화 과정이기 때문에 들은 정보에 대하여 종합, 분석, 비교, 비판, 감상 등의 인지적 사고 과정이 필요하다.

(2) 읽기(소리 내서 읽기)

글을 읽는 능력은 단순히 낱글자를 발음하는 것을 넘어 글이 담고 있는 내용을 문맥에 맞게 이해할 수 있는 능력으로서 학습자의 지식과 경험을 활성화하는 사고(인지)과정 뜻한다. 학령기의 발달 과정에 따라 읽기를 통한 이해의 수준은 다음 그림에서와 같이 **'사실적 이해 → 추론적 이해 → 비판적 이해 → 창의적 이해'** 순으로 높아진다.

사실적 이해	초등학생 (구체적 조작기)	글의 내용을 있는 그대로 이해 (자기가 본 것만 조작)
추론적 이해	중학생	글의 내용을 바탕으로 이면에 내포된 정보나 전제 또는 결론을 도출
비판적 이해	고등학생	글의 내용에 대해 객관적 논리성, 적절성, 타당성 등 평가하는 과정 (공리, 참, 거짓, 법칙)
창의적 이해	대학생	제시된 내용을 변형 또는 새롭게 구성하는 고차원적 사고과정

학습 전문가들에 의하면 학습이 부진한 학생들의 가장 큰 특징으로 '읽기 능력 부족'을 꼽으면서 "글을 읽고 이해하는 능력이 모든 학습의 근본"이라고 강조한다. 특히 사고력을 높여준다는 점에서도 읽기는 학습능력의 핵심이라고 할 수 있다.

그러나 무작정 책만 많이 읽는다고 저절로 사고력이 높아지진 않는다. 노명완 고려대학교 국어교육학과 교수는 "사고력은 단순사고력과 고등사고력의 두 가지로 나눌 수 있다"라며 "단순사고력은 글을 얕게 이해하는 것으로 줄거리 정도를 파악할 수 있는 능력을 가리키며, 고등사고력은 주제, 저자의 의도, 갈등 관계를 논리적으로 추리할 수 있는 능력을 뜻한다."라고 설명했다.[19] 목적 없이 줄거리만 파악하면 책을 아무리 많이 읽어도 사고력은 향상되지 않는다는 뜻이다.

따라서 "고등사고력은 보이는 것(내용)에서 보이지 않는 것(생각)을 찾아내는 능력"이라는 의미를 깊게 되새겨 볼 필요가 있다. 다음의 '고등사고력을 키우기 위해 생각해봐야 할 질문'은 읽기에 있어서 매우 중요한 사항들이다.

---

19) 『한겨레 신문』, "학습의 기본은 읽기", (2010. 1. 10), http://www.hani.co.kr/arti/society/schooling/398048.html(검색일: 2019. 2. 6)

고등사고력을 키우기 위해 생각해봐야 할 질문

읽기 전
- 글쓴이가 글을 쓴 목적은 무엇일까?
- 내가 이 글을 읽는 목적은 무엇인가?
- 제목이나 차례, 체계에서 예상하는 글의 내용은 무엇인가?
- 제목이나 소제목과 관련된 경험이나 배경 지식이 있는가?

읽기 중
- 글쓴이가 말하고자 하는 핵심은 무엇인가?
- 글쓴이의 입장이나 태도는 어떠한가?
- 읽기 전에 예상한 내용이 맞았는가?

읽기 후
- 글 전체의 요지는 무엇인가?
- 내가 새롭게 알게 된 내용은 무엇인가?
- 내가 글쓴이와 다르게 생각하는 것은 없는가?

읽기 전략은 key word를 중심으로 핵심 개념을 파악하는 것이다. 핵심 개념 파악은 key word를 중심으로 다음과 같은 사항에 유의하면서 읽으면 된다.

주로 처음(주제문)에 제시되는 것, 반복적으로 제시되는 것, 추가적인 설명이나 부연 설명이 많은 것, 처음에 나왔다가 마지막에 다시 제시되는 것, 필자 스스로 '강조한다면, 요약하면, 중요 핵심은, 결론적으로, 특히, 무엇보다도' 등으로 강조하고 있는 것, 번호를 매긴 것, 크기나 모양이 강조된 것, 그림으로 제시된 것 등이다.

읽기 전략의 구체적인 방법은 SQ3R(훑어보기, 질문하기, 읽기, 암송하기, 복습하기)을 활용하는 것이 유익하다. 먼저 '훑어보기(Survey)'는 ① 목차와 제목 훑어보기, ② 그림, 그래프, 도표, 지도 등을 간단히 훑어보기, ③ 요약 부분이 있으면 재빨리 읽어 보기, ④ 각 문단의 첫 문장을 읽어보기 등의 활동을 합니다.

두 번째, 질문하기(Question)는 공부할 내용에 대해 질문을 스스로 해보는 것으로 ① 큰 제목과 소제목을 의문 형태로 바꾸어 보기, ② 학습 목표를 의문 형태의 문장으로 바꾸어 보기, ③ 자신이 잘 모르거나 알고 싶은 것을 질문하기 등의 활동을 한다.

세 번째, 읽기(Read)는 질문에 대한 답을 읽으면서 찾아보는 과정으로 ① 질문에 답을 하면서 읽기 ② 육하원칙에 따라 읽기 ③ 질문과 관련된 요점은 밑줄을 긋거나 표시하며 읽기 등의 활동을 한다.

네 번째, 암송하기(Recite)는 학습한 내용을 친구에게 설명해 보거나 써 가면서 요약 정리해 보는 것으로 ① 교과서 내용을 자신이 이해한 말로 바꾸어 보기 ② 내용을 외울 때는 자신의 말로 정리해서 외우기 ③ 읽은 내용에 대하여 머릿속으로 질문해 보고 답해보기 등의 활동을 한다.

다섯 번째, 복습하기(Review)는 읽은 내용을 정리하면서 복습하는 것으로 ① 핵심단어 등을 사용해 자기 말로 요약 정리하기 ② 지금까지 공부한 내용을 약 5분 이내에 한 번 훑어보기 ③ 단원의 연습문제나 문제집을 풀어보기 등의 활동을 한다.

SQ3R의 각 단계별 활동내용	
Survey (훑어보기)	우선 전체 목차를 보고 책의 주제와 각 장과 절이 어떻게 구성되어 있는지 훑어본다.
Question (질문하기)	공부할 내용에 대해 질문을 스스로 해본다.
Read (읽기)	질문에 대한 답을 읽으면서 찾아본다. 이때 강조표시법을 활용하는 것이 좋다.(강조표시는 핵심내용에 펜으로 표시하는 것)
Recite (암송하기)	학습한 내용을 친구에게 설명해 보거나 써 가면서 요약 정리해 본다.
Review (복습하기)	읽은 내용에 대해 총 정리하면서 복습한다.

(3) 쓰기

글쓰기는 이미 완성된 생각을 표현하는 것(an expression of complete thoughts)으로 보지 않고, 생각하는 데 필요한 도구(a thinking tool)로 이해하며 사용하는 것이다. 쓰기는 말소리를 기록하는 데서 그치지 않고 말로 할 수 없는 것들을 가능하게 하기 때문이다. '책 읽기'는 타인의 지식을 탐색하는 수동적 악업이지만 '글쓰기'는 지식을 생산하는 능동적 작업을 의미한다.

글쓰기는 학습한 내용, 자기 경험 등을 바탕으로 소재를 찾고 자기만의 시각으로 생각하고(바라보고) 쓰는(정리하는) 매우 중요한 창의적인 활동이다. 학습자가 '알고 있다고 생각하는 것'과 '알고 있는 것'은 다르다. 다시 말해서 키워드 중심으로 요지를 작성할 수 있다면 학습 내용의 기억 또는 활성화(알고 있는 것)가 가능하다.

(4) 말하기 및 정리하기

학습을 통해 알고 있는 과정으로 변환시키기 위해서는 의미처리 과정이 필요하다. 이 과정이 '말하기'와 '정리하기'이며, 한마디로 '자기 개념화'를 의미한다. 말하기는 학습한 내용을 보지 않고 표현해 보는 것이며, 정리하기는 노트 정리로서 학습 내용을 자신만의 약어나 기호, 간단한 언어로 바꿔 쓰기, 요약하기, 유목화, 차이점 등으로 정리하는 것을 의미한다. 사실적으로 내용이해가 되지 않는다면 실질적인 노트정리가 어렵다.

사. 교과서 중심 학습법

교과서 중심 학습은 아래 그림과 같이 4개의 과정을 통해 이루어진다.

1단계	제목의 의미(또는 뜻) 생각해 보기
2단계	제목을 질문으로 만들기
3단계	문단별로 내용 읽고 요약하기
4단계	노트 정리하기

(1) 1단계 : 제목의 의미(또는 뜻) 생각해 보기

"도대체 내가 무엇을 배우려고 하는가?"이다. 이를 이해하기 위해서는 학습하고자 하는 단원의 '제목의 의미가 무엇인지?' 에 대해 생각해 봐야 한다. 우리가 일반적으로 해당 교과목을 학습하기 전에 먼저 교과목의 목차, 학습개요, 학습 목표 등[20]을 중심으로 전체적인 흐름을 파악하는 이치와 같다. 왜냐하면 학습개요는 전체적인 학습 내용의 흐름을 파악할 수 있으며, 학습 목표는 학습의 나침반과 같은 역할을 하기 때문이다. 제목은 내용을 가장 압축적인 언어로 표현한 것으로 이를 통해 전개될 내용을 개략적으로 짐작할 수 있다. 따라서 제목의 의미 또는 낱말 뜻 등을 생각해 보면서 지문의 내용을 읽는 것이 매우 중요하다.

(2) 2단계 : 제목을 질문으로 만들기

제목을 통해 내용의 방향을 찾기 위해 질문을 만들어 본다. 질문은 "~은 무엇일까?", "~은 어떤 것일까?" 등으로 하거나 상황에 따라 '왜', '누구'라는 질문을 한다.

(3) 3단계 : 문단별로 내용 읽기

2단계 제목에 대한 답을 찾는 과정으로 질문을 염두에 두고 내용을 읽어야 한다. 내용을 읽

20) 교과서는 종류별로 표현의 차이는 있지만 대부분 단원 개요, 제목, 학습 목표, 소제목, 내용 등으로 구성되어 있다.

을 때는 연이어 읽기보다는 문단별로 끊어서 읽는 것이 효과적이다. 읽기 과정에서 질문(제목)과 관련된 부분에 단어 위주로 밑줄을 친다. 이때 주의 사항은 문장 전체보다는 되도록이면 가장 핵심이 되는 key word 중심으로 밑줄을 친다. 또한 앞에서 밑줄 친 단어는 중복해서 밑줄을 치지 않는다. 특정 내용에 대한 설명·예시인 경우에는 괄호 등을 이용해 '설명', '예시' 등을 표시하면 내용 파악이 한결 수월하다. 결국 밑줄 친 단어를 연결하면 질문에 대한 답이고, 그것은 본문에서 파악해야 할 주된 내용이다.

〈문단별로 내용 읽기〉

- 본문 내용 중 한 글자 앞으로 들어간 부분(단락) 앞에서 끊어 읽기
- 핵심이 되는 단어 위주로 밑줄 치기
- 동일한 단어는 될 수 있는 대로 반복해서 밑줄 치지 않기
- 설명, 예시의 경우에는 괄호를 이용해 표시하기
- 문단별 내용을 언어로 표현하기

(4) 4단계 : 노트 정리하기

노트 정리의 목적은 크게 두 가지가 있다. 하나는 읽기를 통해 머릿속으로 파악된 내용을 알고 있는 것으로 정리되는 과정이다. 다른 하나는 지식의 Base Camp 역할이다. 실제 **'알고 있는 것'**과 **'알고 있다고 생각하는 것'**은 전혀 다른 차원이다. 알고 있는지 확인하기 위해서 노트 정리가 필요하다. 다시 말해서 내용은 읽기를 통해서 충분히 파악되지만, 제대로 노트 정리가 되지 않는다면 실제 알고 있는 것이 아니다. 공부한 내용을 일목요연하게 정리하는 행위와 학습자가 파악한 학습의 양은 비례한다.

〈노트 정리하기〉

- 노트 정리는 세부적인 설명보다는 key word 중심으로 정리한다.
- 도해식 또는 약어(수학기호, 한자, 영어 등), 표/차트 등 다양하게 사용한다.
  * 원인 결과라는 인과적 의미는 '→', 구체적 내용을 의미하는 설명은 '-' 많다 또는 적다는 '多, 小', '있다 또는 없다, 좋다 또는 나쁘다' 의미는 '0, X'

이러한 '노트 정리하기'를 일상생활에서 적용하여 습관을 만드는 것은 매우 중요한 일이다. 왜냐하면 '노트 정리하기'는 '자기 개념화 과정'으로 지식의 Base Camp 역할을 하기 때문이다. '노트 정리하기'를 통해 하나의 주제에 대한 개념화가 이루어지고 이런 활동이 누적된다면 누적된 정보는 상호 관련성이 있어 정보의 연계 및 활용이 가능해지며, 향후 대면 면접이나 토론 면접 시 유연하게 대처가 가능하다.

2. 문맥 단서 이해 및 활용하기

문서나 책의 읽기 과정에서 특정한 어휘나 의미 등을 이해하기 어렵다면 어떻게 해야 하는가? 아마 대부분 사전을 찾아보거나, 검색 등을 통해 해결하고자 할 것이다. 그러나 가용시간, 당시 환경 등 그 여건이 제한된다면 어떻게 할 것인가? 이런 경우에는'문맥 단서(文脈端緖)'를 활용하여 해결하는 것이 매우 중요하다. 즉, 문맥 단서를 찾아서 모르는 낱말이나 특정단어의 맥락적 의미를 파악하는 것이다.

가. 문맥 단서의 의미

문맥(文脈)은 글월 문(文), 맥 맥(脈)으로서 문자 · 문장 · 글의 줄기 또는 흐름의 의미하며, 단서(端緖)는 끝 단(端), 실마리 서(緖)로서 '어떤 문제를 해결하는 방향으로 이끌어 가는 일의 첫 부분'을 뜻한다. 즉, 문맥을 파악하는 데 도움이 되는 실마리(단서)로서 낱말이나 구의 의미를 파악할 수 있도록 돕는 것이다. 이를 정리해 보면 다음과 같다.

학술적 정의[21]	일반적 정의(교재에서 활용되는 의미)
① 낱말의 의미를 파악하는데 활용되는 ② 텍스트 내의 ③ 형식적이고 의미적인 언어요소이다.	㉠ 읽기 중에 나타나는 ㉡ 모르는 낱말이나 낱말의 쓰임에 대해 ㉢ 문맥 단서를 활용하여 ㉣ 글에서 나타내는 실제 의미, 쓰임 등을 파악

나. 문맥 단서의 형식적 · 의미적 요소의 의미

모르는 낱말과 문맥 단서와의 관계는 형식적(위치, 거리, 크기) 요소와 의미적 요소(의미관계, 의미구조, 기타)로 구분된다.

(1) 형식적 요소

첫째, 문맥 단서의 위치를 의미한다. 문맥 단서가 모르는 낱말의 앞 또는 뒤에 위치하는가이다. 다음의 예문을 통해 문맥 단서의 위치를 이해해 보자.

언젠가는 화석연료는 고갈될 것이다. 따라서 재생이 가능한 에너지(풍력, 수력 등)로 바꾸어야 한다. 화석연료를 절약할 뿐만 아니라 재생이 가능한 에너지 자원으로 대체 하는 것이 중요하다.

21) 전미애, "문맥 단서를 활용한 낱말의 의미 파악하기의 지도 방안 연구", 경인교육대학교 교육대학원 석사 학위논문, (2013).

위 지문에서 밑줄 친 '대체'의 문맥 단서는 "재생이 가능한 에너지(풍력, 수력 등)로 바꾸어야 한다."이며, 이 문맥 단서는 모르는 낱말 앞에 위치하고 있다.

두 번째, 문맥 단서의 거리로서 모르는 낱말과 문맥 단서가 ① 같은 문장 내 있는 경우 ② 다음 문장에 있는 경우 ③ 여러 문장 떨어져 있는 경우 등을 의미한다. 예를 들면 밑줄 친'실험심리학'의 문맥 단서의 거리는 다음과 같다.

① 같은 문장	실험심리학은 19세기 독일의 생리학자 분트에 의해 탄생된 학문이다. **(모르는 낱말)** **(문맥 단서)**
② 다음 문장	실험심리학**(모르는 낱말)**은 심리학의 일종이다. 19세기 독일의 생리학자 분트가 생리학과 철학을 접목시킴으로서 탄생된 학문**(문맥 단서)**이다.
③ 여러 문장	실험심리학**(모르는 낱말)**은 생리학과 마찬가지로 심리학의 일종이다. 생리학은 19C 이전부터 심리학 학문으로 폭넓은 연구가 진행되었다. 이러한 생리학의 학문적 연구결과를 기초로 19C 당시 독일의 생리학자였던 분트가 철학과 접목시킨 학문**(문맥 단서)**이다.

세 번째, 문맥 단서의 크기는 모르는 낱말과 관련된 문맥 단서가 단어, 구 또는 절, 문장, 문단 등으로 그 크기를 의미한다.

단어	'단어'란 띄어 쓸 수 있는 어절 단위를 말한다. 문맥 단서가 '단어'인 경우의 다음과 같다. "창틀 선반 위에 **금새우란(모르는 낱말)**이 예쁘게 피어**(문맥 단서)** 있다."
구(절)	'구'는 주어와 서술어의 관계가 나타나지 않고 두 개 이상의 단어가 통합된 형태의 크기를 말하며, '절'은 주어와 서술어의 관계는 나타나지만 문장으로서 독립적으로 쓰일 수 없다. - 문맥 단서가 '구'인 예), **옷을 아무리 입고 무장을 해도 곧 얼어붙을 정도(문맥 단서)**의 **혹한(모르는 낱말)**이 며칠 동안 계속 되었다. - 문맥 단서가 '절'인 예), 줄넘기나 농구 등 위, 아래로 많이 움직이는 운동을 하면 키가 크는데 도움이 될 수 있다. **뼈와 뼈 사이에 있으며, 성장을 일으키는(문맥 단서)** 판에 더 많은 자극을 주기 때문이다. **성장판(모르는 낱말)**에 자극을 주면 뇌의 성장 호르몬 분비를 촉진시키는데 성장 호르몬 분비가 많이 분비될수록 키가 크게 되는 것이다.
문장	하나 이상의 단어가 결합하여 주어와 서술어의 관계가 나타나고 독립적으로 쓰일 수 있는 단위의 크기를 말한다. 문맥 단서가 문장인 경우는 다음과 같다. **"도시에는 인구가 집중되고 촌락지역은 인구가 감소하였다(문맥 단서)**. 이러한 **도시화(모르는 낱말)**가 진행되면서 인구 분포에 많은 변화가 나타났다."
문단	문단은 두 개 이상의 문장이 연결되어 나타나면서 단일주제로 주제문과 뒷받침 문장으로 구성된다. 예를 들면 다음과 같다. "호랑이는 새끼를 엄하게 길러서 빨리 **독립(모르는 낱말)**시킨다. ① **예를 들면, 새끼가 벼랑에 떨어져도 혼자 올라올 때까지 내버려 둔다**. ② **새끼에게 먹이를 줄 때에도 처음에는 반만 죽여서 주고, 나중에는 살아 있는 먹이를 주어서, 스스로 잡아먹게 한다**. ③ **새끼의 목숨이 위험해 지기 전에는 절대로 어미가 나서지 않는다**.(문맥 단서)"

(2) 의미적 요소

의미적 요소는 크게 3가지로 정리될 수 있다. 모르는 낱말과 문맥 단서 간의 의미적 요소는 ① 문장 성분 관계에서 드러나는 의미, ② 상술 관계에서 드러나는 의미, ③ 논리적 관계에서 드러나는 의미로 구분할 수 있다.

(가) 문장 성분 관계로서 의미

문장을 구성하는 요소에는 주어, 서술어, 목적어, 보어, 관형어, 부사어, 독립어가 있는데 이러한 요소 간의 관계에서 드러나는 문맥 단서의 의미를 말하며 그 세부내용은 아래와 같다.

구분	내용
주술 관계	주술 관계는 주어와 서술어와의 관계에서 드러나는 의미로 주체 또는 상태, 움직임이 문맥 단서가 된다. ① **조성경(性 불분명)**은 **아리따운(문맥 단서)** 자태를 지니고 있다. ② 그 **판사(문맥 단서)**는 범죄행위에 대한 **판결(판결의 주체?)**을 내렸다.
목술 관계	목술 관계는 모르는 낱말이 목적어인 경우와 서술어인 경우로 나눌 수 있다. 문맥 단서는 각각 서술어와 목적어가 된다. ① **배추, 무, 갓의 씨앗(대상, 문맥 단서)**을 **파종(모르는 낱말)**하였다. ② **시클라멘(모르는 낱말)**을 **심자(문맥 단서)**고 하였다.
보술 관계	모르는 낱말이 보어이고 서술어가 문맥 단서가 되는 경우이다. ① 군사과 학생들은 졸업 후 **직업군인(보어)**이 **되었다(문맥 단서)**. ② 수아와 대종이는 **칼조네(모르는 낱말)**를 **먹었다(문맥 단서)**.
수식 관계	수식어는 다른 언어 표현을 꾸며 줌으로써 뜻을 분명하게 밝혀준다는 측면에서 문맥 단서가 될 수 있다. ① **이마를 바늘로 찌르는 듯한(문맥 단서)** **혹한(어떤 정도의 혹한인지? 모르는 낱말)**이 며칠 동안 계속 되었다.

(나) 상술 관계로서 의미

상술 관계로서 의미란 자세하게 설명하는 관계에서 드러나는 의미이다. 즉, 자세하게 설명하는 관계에서 유의 관계, 반의 관계, 동음이의어·다의어 관계, 상·하위 관계, 전체·부분 관계, 등위 관계 등을 알 수 있으며, 이를 문맥 단서로 활용할 수 있다. 예를 들면 다음과 같다.

구분	내용
유의 관계	유의 관계는 의미가 같거나 비슷한 관계이다. 단어 수준의 유의어뿐만 아니라 비슷한 말로 풀어 설명된 구 또는 절, 문장, 문단도 포함한다. 예를 들면 "임금은 성대한 **연회(모르는 낱말)**를 열기로 결심하였어요." 왜냐하면, 찾고 싶은 사람이 있었기 때문이죠. 그래서 "임금이 **큰 잔치(문맥 단서)**를 열거래", 그곳에는 "**아주 맛있는 음식과 재미있는 볼거리(문맥 단서)**가 아주 많데"
반의 관계	반의 관계는 서로 짝을 이루어 대립하는 관계로 비교 대조의 관계로도 볼 수 있다. 모르는 낱말의 의미를 반의 관계에 있는 단어, 구 또는 절, 문장, 문단을 문맥 단서로 활용하여 파악할 수 있다.

	예를 들면, "두 손녀 중에 맏손녀의 얼굴은 아주 **<u>예뻤지만</u>(문맥 단서)**, 작은 손녀의 얼굴 생김새는 **<u>변변치 못했다</u>(모르는 낱말)**."
부분 전체 관계	부분 전체 관계는 한쪽의 의미가 다른 한쪽 의미의 구성 요소가 되는 의미 관계이다. 이러한 부분 전체 관계에 의하여 모르는 낱말의 의미를 파악할 수 있다. 예를 들면, "**<u>아가판더스</u>(모르는 낱말)**는 **<u>뿌리, 잎, 줄기</u>(문맥 단서)**가 다르다는 특징이 있습니다."
등위 관계	분류의 방법으로 상위 개념을 하위 개념으로 나누어 갈 때, 하위 개념 중 동일한 위상을 갖는 것끼리의 관계를 등위(동위) 관계라고 한다. 예를 들면, "**<u>녹색의 녹미채</u>(모르는 낱말)**와 **<u>미역, 다시마</u>(문맥 단서)**를 그곳에서 샀다."

(다) 논리 관계로서 의미

논리 관계로서 모르는 낱말과 문맥 단서 간의 논리적인 특성으로 인해 드러나는 의미이다. 따라서 논리적 관계에서 드러나는 의미를 문맥 단서로 사용하기 위해서는 논리성이 요구된다. 여기에는 대표적으로'원인-결과', '문제-해결'을 들 수 있다. 이 외에도 정의, 비유, 예시 등을 들 수 있다.

인과 관계	인과 관계는 어떤 사실과 다른 사실의 사이가 원인과 결과로 나타나는 경우이며, 인관 관계로 드러나는 문맥 단서는 모르는 낱말이 원인일 때 결과가 문맥 단서가 될 수 있으며, 모르는 낱말이 결과일 경우는 원인이 문맥 단서가 될 수 있다. 예를 들면, "**<u>새로 태어나는 아기의 수는 점점 줄고, 전체 인구에서 노인이 차지하는 비율은 점점 늘어나면서</u>(원인, 문맥 단서)** 우리나라는 **<u>고령화 사회</u>(결과, 모르는 낱말)**로 들어섰다."
문제 해결 관계	문제 해결 관계는 문제가 제기되고 문제를 해결하는 방식에 의해 의미관계가 드러나는 경우이다. 예를 들면, "우리 사회에 퍼져있는 **<u>과소비의 풍토를 줄이기</u>(문제, 문맥 단서)** 위해서는 어느 한 사람이 아닌 국민 모두가 **<u>근검</u>(해결, 모르는 낱말)** 해야 합니다.

Ⅱ. 활동

교과서 중심의 자기주도 학습, 문맥 단서의 식별 등에 관해 토의해 보자.

【활동 1. "새로 등장한 지방 세력들"을 읽은 뒤 토의사항을 해결 및 발표하시오】

구분	내용
지문	**새로 등장한 지방 세력들** 귀족들 간의 격심한 왕위다툼은 신라의 전통적인 신분 질서인 골품제를 뒤흔들어 사회의 혼란을 가져왔다. 신라 사회가 혼란에 빠지자, 6두품 세력과 지방의 호족 세력이 사회 변화를 앞장서서 이끌었다. 6두품 세력은 진골 위주의 사회 체제에 특히 반발을 보인 계층이었다. 그들은 중앙 귀족이면서도 관직 승진에 제한을 받았기 때문에 큰 불만을 품고 있었다. 따라서, 이들은 골품제의 모순을 앞장서서 비판하면서 새로운 활로를 찾으려고 하였다. 6두품 출신인 최치원이 정계를 떠나 유랑 생활을 한 것도 이 때문이었다. 이들은 새로운 정치 감각을 가지고 새로운 사회 건설을 추구하였다. 한편, 중앙에서 진골 귀족들이 서로 다투는 동안, 지방에서 독자적인 세력을 키워 온 호족들이 진골 귀족 중심 사회를 타도하고자 나섰다. 이들 호족 중에는 촌주 출신이 많았으나, 중앙에서 지방으로 내려온 세력이나 해상 세력, 군사 세력도 있었다. 촌락의 행정을 맡고 있던 촌주들은 일반 농민들보다 많은 토지와 소, 말 등의 가축을 소유하여 경제력을 키울 수 있었다. 호족들은 촌락민을 동원하여 촌락 주위에 성을 쌓고 자신의 군대를 거느리면서 스스로 성주나 장군으로 일컫기도 하였다. 이들은 지방을 직접 다스리면서 관리를 두어 세금을 거두었다. 그리고 농민 세력을 모으는 한편, 선종 승려나 6두품의 지식인을 맞아들이면서 통치력을 길렀다. 그리하여 호족들은 신라 정부에 도전하면서 점차 새로운 사회를 준비해 나갔다.
토의사항	**가. 1단계 제목의 의미(또는 뜻)에 대한 생각해 보시오** 【　　　】 **나. 2단계 제목을 질문으로 만들어 보시오** 【　　　】 **다. 문단을 나누고, 3단계를 적용하여 키워드와 문단내용을 요약하시오** 【　　　】 **라. 4단계인 글 내용에 대한 '노트 정리하기'를 적용하고 발표하시오** 【　　　】

【활동 2. "사회는 왜 변동할까?"를 읽은 뒤 토의사항을 해결 및 발표 하시오】

구분	내용
지문	**사회는 왜 변동할까?** 18세기 후반에 증기기관이 발명되면서 산업 혁명은 더욱 빠르게 전개되었고, 기차, 기선, 무선 전신, 전화 등이 발명됨에 따라 인류 생활에 커다란 변화가 나타났다. 한편, 산업혁명을 바탕으로 성장한 시민 계급은 계몽사상에 영향을 받아 시민 혁명을 일으켰고 그 결과 절대 군주에 의한 전제 정치가 막을 내리고 민주정치가 발달하기 시작했다. 이처럼 사회변동은 발명과 발견, 기술 개발 등으로 시작되기도 하고, 사람들이 새로운 가치관과 제도를 받아들이면서 시작되기도 한다. 이 과정에서 사회 변동의 물질적인 측면과 정서적인 측면은 서로 영향을 주고받는다. 한편, 현대 사회에 접어들면서 사회 변동은 그 속도가 점점 빨라지고 그 범위도 넓어졌으며, 국경의 구분 없이 동시 다발적으로 나타난다. 이에 따라 최근에는 사회 변동의 특성과 방향에 대한 관심이 높아지고 있다.
토의사항	**가. 1단계 제목의 의미(또는 뜻)에 대한 생각해 보시오** 【 】 **나. 2단계 제목을 질문으로 만들어 보시오** 【 】 **다. 문단을 나누고, 3단계를 적용하여 키워드와 문단내용을 요약하시오** 【 】 **라. 4단계인 글 내용에 대한 '노트 정리하기'를 적용 및 작성하시오** 【 】

【활동 3. 다음 지문을 읽고 토의사항을 해결하시오】

구분	내용
지문	굳어진 전통의 무거운 ㉠ <u>멍에</u>는 반드시 사람의 마음속에 저항감을 불러일으킨다. 프로이트의 정신분석학은 ㉡ <u>이것</u>을 ㉢ <u>문화의 불쾌감</u>이라고 불렀다. ㉣ <u>이것</u>은 전통의 멍에가 자연스러운 욕망의 충족을 너무 억누를 때에 일어나는 저항감을 말한다.
토의사항	가. 다음【㉠~㉣】의 문맥 단서를 식별하시오 ① 멍에(㉠) : ② 이것(㉡) : 문화의 불쾌감(㉢) : ③ 이것(㉣) :

【활동 4. 다음 지문을 읽고 토의 사항을 해결하시오】

구분	내용
지문	마리아 릴케는 많은 글에서 '위대한 내면의 고독'을 즐길 것을 권했다. '고독은 단 하나뿐이며 그것은 위대하며 견뎌 내기가 쉽지 않지만, 우리가 맞이하는 밤 가운데 가장 조용한 시간에 자신의 내면으로 걸어 들어가 몇 시간이고 아무도 만나지 않는 것, 바로 이러한 상태에 이를 수 있도록 노력해야 한다.'고 언술(言述) 했다. 고독을 버리고 아무하고나 값싼 유대감을 맺지 말고, 우리의 심장의 가장 깊숙한 심실(心室) 속에 (　　)을 꽉 채우라고 권면(勸勉)했다.
토의 사항	가. 필자가 이야기 하고자 하는 중심내용을 기술하시오 나. (　　)에 들어갈 단어의 문맥 단서를 기술하시오

【활동 5. 다음 지문을 읽고 토의 사항을 해결하시오】

구분	내용
지문	• 그 정도 조건이면 나는 (㉠) 한다. • 시어머니는 며느리감이 마음에 (㉡) 하였다. • 이것은 기본수요를 (㉢)하기 위한 대책이다.
선택지	① 흡족(洽足) - 충족(充足) - 만족(滿足) ② 흡족(洽足) - 만족(滿足) - 충족(充足) ③ 충족(充足) - 흡족(洽足) - 만족(滿足) ④ 만족(滿足) - 충족(充足) - 흡족(洽足) ⑤ 만족(滿足) - 흡족(洽足) - 충족(充足)
토의 사항	가.【 ㉠, ㉡, ㉢ 】의 문맥 단서를 식별하시오 나.【 ㉠, ㉡, ㉢ 】에 들어갈 단어로 적절한 선택지를 고르시오

【활동 6. 다음 지문을 읽고 토의사항을 해결하시오】

구분	내용
지문	그 연설자는 서서히 사라져 가는 우리 민족의 전통문화에 대한 긍지를 되살려 문화적 정체성을 (　)하는 것이 무엇보다 시급하다고 지적 했다.
토의 사항	가. (　　　)에 들어갈 낱말을 의미하는 문맥 단서를 모두 기술하시오 나. (　　　)에 알맞은 단어를 기술하시오

【활동 7. 지문을 읽고 토의사항을 해결하시오】

구분	내용
지문	• 자음과 모음이 (㉠)하여 음절을 만든다. • 사주가 방송국을 신문사와 (㉡)하려고 하였다. • 지도자는 국민들의 마음을 (㉢)할 수 있는 리더십이 있어야 한다.
선택지	① 합병(合倂)-통합(統合)-결합(結合) ② 합병(合倂)-결합(結合)-통합(統合) ③ 통합(統合)-합병(合倂)-결합(結合) ④ 통합(統合)-결합(結合)-합병(合倂) ⑤ 결합(結合)-합병(合倂)-통합(統合)
토의사항	가.【 ㉠, ㉡, ㉢ 】의 문맥 단서를 식별하시오 나.【 ㉠, ㉡, ㉢ 】에 들어갈 적절한 단어를 선택지에서 고르시오

【활동 8. 지문을 읽고 토의사항을 해결하시오】

구분	내용
지문	지역 문화는 사회 통합에 기여하기도 하지만 지역 감정과 같이 사회를 분열시키는 악영향을 미치기도 한다. 자기 문화에 대한 (㉠)이 크면 클수록 다른 문화에 대한 (㉡)도 커지기 마련이다. 그러나 자기문화만 우수하다고 고집하다 보면 다른 문화에 (㉢)으로 변하기 마련이다.
선택지	① 우월감-배타심-혐오감 ② 자부심-우월감-배타심 ③ 혐오감-열등감-배타심 ④ 우월감-자부심-배타심
토의사항	가.【 ㉠, ㉡, ㉢ 】에 들어갈 단어의 문맥 단서를 식별하시오 나.【 ㉠, ㉡, ㉢ 】에 들어갈 적절한 단어를 고르시오.

【활동 9. 다음 지문을 읽고 토의사항을 해결하시오】

구분	내용
지문	편의를 추구하는 소비행태는 자원 소모를 가속화하고 생태계가 감당할 수 없는 수준의 환경오염물을 배출 시킨다. 우리의 유일한 생명공간인 지구의 생태계가 과다 소비행태로 인해 파괴된다는 과학계의 거듭된 (㉠)에도 불구하고 그 원인이 불분명하다는 이유로 무시되고 있다. 그러나 공산품 과다 사용은 돌이킬 수 없는 환경 재앙을 불러올 수 있다. 그러므로 (㉡)과(와) (㉢)가 중요하다.
선택지	① 설명-예방-교육 ② 교육-통제-감시 ③ 경고-교육-홍보 ④ 발표-감시-계도 ⑤ 주장-예방-교육
토의사항	가.【 ㉠, ㉡, ㉢ 】에 들어갈 단어의 문맥 단서를 식별하시오 나.【 ㉠, ㉡, ㉢ 】에 들어갈 적절한 단어를 선택지에서 고르시오.

【활동 answer】

토의 1.

가. 새로운 지방 세력들이 등장하는 구나

나. 새롭게 등장한 세력은 누구인가? 왜 등장했는가? 어떻게 되었는가?

다. 3개 문단, 1문단(새로운 세력의 등장 원인과 배경) → 사회 혼란, 6두품, 호족, 사회변화, 왕위다툼에 의한 사회혼란으로부터 6두품과 호족이 사회변화를 추구. 2문단(6두품의 특징) → 골품제의 모순(관직 승진 제한), 새로운 사회 건설, 6두품은 관직 승진 제한의 골품제 모순 비판 및 새로운 사회 건설. 3문단(호족의 특징 및 역할) → 촌주, 중앙에서 지방으로 내려온 세력, 해상·군사세력, 경제력, 군대, 세금, 통치력, 촌주 중심의 호족은 경제력·군대·세금·통치력 확대로 새로운 사회 추구

라. 정리하기(샘플)

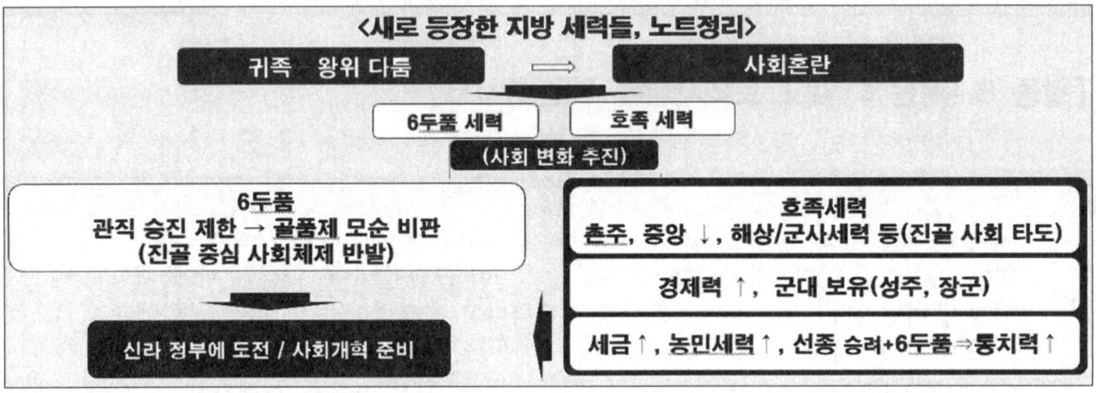

토의 2.

가. 사회변동 원인에 대해 언급하는구나

나. 사회변동의 개념은 무엇인가? 그 원인이 무엇인가?

다. 1문단(사회 변동 사례) → 발명, 시민계급, 민주정치, 기술의 발명과 시민계급의 등장 그리고 민주정치의 발달. 2문단(주제문단) → 발명과 발견·기술개발, 새로운 가치관과 제도, 사회변동 요인(기술의 발명 또는 새로운 가치관과 제도의 수용) 3문단 → 속도, 범위, 국경, 현대사회의 사회변동 특성과 방향.

라. 정리하기(샘플)

"사회는 왜 변동할까?"

【18세기 사례 - 사회변동 요인 - 현대사회의 사회변동 특성 및 방향】

- (18세기 사례), 발명(증기기관, 기차 등) → 시민계급 성장 → 민주정치 발달
- (사회변동 요인), 발명과 발견·기술개발 또는 새로운 가치관과 제도 수용(물질↔정서)
- (현대사회의 사회변동 특성 및 방향), 속도↑, 범위 →, 국경 ×(동시다발)

토의 3. ① 멍에 → 굳어진 전통 ② 이것 → 저항감, 문화의 불쾌감 → "전통의 멍에가 자연스러운 욕망의 충족을 너무 억누를 때에 일어나는 저항감" ③ 이것 → 문화의 불쾌감

토의 4.

가. 고독의 권면(勸勉)

나. 우리가 맞이하는 밤 가운데 가장 조용한 시간에 자신의 내면으로 걸어 들어가 몇 시간이고 아무도 만나지 않는 것.

토의 5.
가. ㉠ → 조건이면, ㉡ → 며느리감, 마음에, ㉢ → 기본수요
나. ⑤

토의 6.
가. 문화적 정체성, 서서히 사라져 가는
나. 회복(回復)

토의 7.
가. ㉠ → 자음과 모음, 음절 ㉡ → 방송국을 신문사와 ㉢ → 마음을
나. ⑤

토의 8.
가. ㉠ → 자기문화 ㉡ → 다른 문화 ㉢ → 자기문화만 우수하다고 고집하다 보면 다른 문화에
나. ②

토의 9.
가. ㉠ → "우리의 유일한 생명공간인 지구의 생태계가 과다 소비행태로 인해 파괴된다는 과학계의 거듭된", "그 원인이 불분명하다는 이유로 무시되고 있다." ㉡과 ㉢ → 그러나 공산품 과다 사용은 돌이킬 수 없는 환경 재앙을 불러올 수 있다.
나. ③

Ⅲ. 평가

1 다음 ( )의 문맥 단서를 식별하고 문맥상 적절한 단어를 고르시오.

> 겉으로는 동작이 거의 없는듯하면서도 그 속에 잠겨 흐르는 미묘한 움직임이 있다. 이를 흔히 (______) (이)라고 한다.

◦ ( )의 문맥 단서를 식별하시오

◦ 문맥상 적절한 단어는

① 귀거래(歸去來) ② 불세출(不世出) ③ 호불호(好不好)
④ 사무사(思無邪) ⑤ 정중동(靜中動)

2 다음 밑줄 친 단어의 문맥 단서를 기술하시오.

> 지구온난화는 심각하다. 만약 지구온난화를 그대로 방치한다면 머지않아 인간의 삶 자체를 위협할 가능성이 매우 높다. 지금까지 알려진 지구온난화의 주범은 화석연료의 사용이다. 따라서 화석연료는 <u>대체</u>되어야 한다. 그것은 지구온난화에 미치는 영향이 미미한 재생이 가능한 에너지(풍력, 수력 등)로 바꾸어야 한다.

3 다음 밑줄 친 낱말의 문맥 단서를 기술하시오.

> 철수는 궁핍한 집안을 다시 일으켜 세우기로 결심 했다. 그래서 우선 버려진 밭을 얻어 <u>치는</u> 것부터 시작하였다. 그날부터 그는 쉬지 않고 돌멩이를 파내고, 잡목의 뿌리와 돌을 캐내며 땅을 일구기 시작하였다.

4 다음 밑줄 친 단어의 문맥 단서를 식별하고 쓰임이 같은 것을 고르시오.

세계 최고의 오케스트라 3곳이 참여하여 대한민국 서울에서 정면 승부를 <u>벌인다</u>.

◦ (　　)의 문맥 단서를 식별하시오

◦ 위 문장의 '<u>벌인다</u>'와 의미로 사용된 것을 고르시오

① 잔치를 벌이다.

② 친구들과 정치행태에 대한 논쟁을 벌이다.

③ 대 낮부터 술판을 벌이다.

④ 먹고살기 위해 음식점을 벌이다.

⑤ 설날이 되자 마을사람들이 윷판을 벌이다.

5 다음 (　　　　)에 들어갈 단어의 문맥 단서를 식별하고 적절한 것을 선택지에서 고르시오.

지금까지 산업사회에서 문화와 경제는 각각 독자적 영역을 유지해 왔다. 그러나 지식 정보사회에서는 경제 성장에 따라 소득 수준이 향상되고 교육 기회가 확대되면서 물질적 풍요를 뛰어넘는 삶의 질을 고민하게 되었고, 모든 재화와 서비스를 선택할 때 기능성을 능가하는 문화적 미적 가치를 고려하게 되었다. 즉 고급문화와 대중문화의 경계가 무너지고 장르 간 구분이 모호해 지면서 서로 다른 문화가 뒤섞인 새로운 문화가 생겨나고 있다. 이렇게 해서 나타나는 퓨전 문화가 대중적 관심을 끌고 있는 가운데, 이율배반적인 것처럼 보였던 문화와 경제의 (　　)시대가 열린 것이다. 특히 경제적 측면에서 문화는 고전 경제학에서 말하는 생산의 3대 요소인 토지, 노동, 자본을 대체하는 생산요소가 되었을 뿐만 아니라 경제적 자본 이상의 주요한 자본이 되고 있다.

◦ (　　)의 문맥 단서를 식별하시오

◦ 문맥상 적절한 단어를 선택하시오

① 혼합(混合)

② 공생(共生)

③ 갈등(葛藤)

④ 혼돈(混沌)

⑤ 혼용(混用)

6 다음 밑줄 친 낱말의 문맥 단서를 식별하고 적절한 것을 고르시오.

내가 곱단이를 아직도 잊지 못한다는 건 순전히 우리 집사람이 지어낸 생각이요. 난 지금 곱단이 얼굴도 생각이 안 나요. 우리 집사람이 줄기차게 <u>이르집어</u> 주지 않았으면 아마 그 이름도 잊어버렸을 거예요. 내가 곱단이를 그리워했다면 그건 아마 누구에게나 있을 수 있는 젊은 날에 대해 아련한 향수였겠지요. 아름다운 내 고향에서 보낸 젊은 날을 문득문득 그리워하는 것도 죄가 되나요.

- **<u>"이르집어"</u>**의 문맥 단서를 식별하시오
- 문맥상 적절한 단어를 선택하시오

① 숨겨진 일을 들추어내다.
② 아주 요란스럽게 닦달하거나 족치다.
③ 꼼짝 못하게 호되게 야단치다.
④ 슬쩍 귀띔하다.
⑤ 오랜 전의 일을 들추다.

7 다음 밑줄 친 의미의 문맥 단서를 식별하고 적절한 사자성어를 고르시오.

황금성씨는 자신이 보유한 한정판이나 단종제품을 필요한 사람들에게 넘겨 적게는 2배에서 많게는 5배에 가까운 쏠쏠한 수익도 챙겼다. 결과적으로 황금성씨는 자신의 취미생활을 즐기면서 은행금리보다 훨씬 높은 수익을 챙기면서 이른바 <u>'꿩 먹고 알 먹기'</u> 재테크를 몸소 실천하고 있다.

- <u>'꿩 먹고 알 먹기'</u>를 의미하는 문맥 단서를 식별하시오
- 문맥상 적절한 사자성어를 선택하시오

① 약육강식(弱肉强食)
② 어부지리(漁父之利)
③ 일석이조(一石二鳥)
④ 일취월장(日就月將)
⑤ 조삼모사(朝三暮四)

8 다음 밑줄 친 단어의 문맥 단서를 식별하고 적절한 것을 고르시오.

> 그 사람들은 모두 호사가라서 소문이 금방 퍼질 것이다.

◦ '호사가'의 문맥 단서를 식별하시오

◦ 의미상 가장 비슷한 것을 선택하시오

① 트집이나 시비를 자주 일으키는 사람

② 호탕한 사람

③ 몹시 수다스러운 사람

④ 남의 일에 대해 말하기를 좋아하는 사람

⑤ 여색을 몹시 좋아하는 사람

9 다음 글에서 빈칸의 문맥 단서를 식별하고 들어갈 말을 고르시오.

> 선생님, 바람 불고 꽃 지는 봄날입니다. ( ), 생자필멸이라는 말을 당연히, 예사로이 해대면서도 선생님께서 떠나신 이 아름다운 봄날의 세상이 저는 낯설고 이상하고 외롭습니다. 사랑하고 존경하는 선생님, 그 누구도 채울 수 없는 선생님의 크나큰 빈자리에의 그리움과 슬픔은 남은 자들의 몫일 터인즉 이제 어떤 생명도 아프지 않은 '평화와 선'의 나라에서 영원한 삶을 누리소서.

◦ ( )의 문맥 단서를 식별하시오

◦ ( )에 들어갈 말로 적절한 사자성어를 선택하시오

① 인과응보(因果應報) ② 회자정리(會者定離) ③ 거자필반(去者必返)

④ 사필귀정(事必歸正) ⑤ 유시유종(有始有終)

☞ 정답 및 해설 pp. 327~328.참조

제2부

어휘력

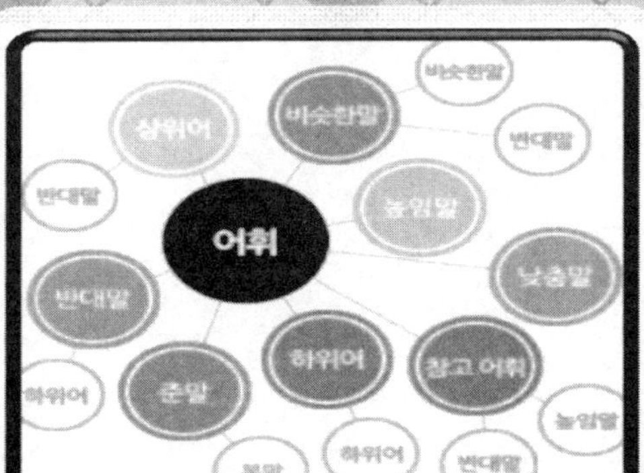

제4장 유의 · 반의어, 동음이의어 · 다의어, 상 · 하위어

문장이나 문단에서 모르는 낱말을 이해하기 위해서는 문맥 단서를 찾고 그 의미 관계를 파악하는 것이 매우 중요하다. 이를 위한 일상적으로 빈번하게 사용되는 유의어 및 반의어를 동음이의어, 다의어, 상 · 하위어 등의 이해가 필요하다.
유의어(동의어)와 반의어, 동음이의어, 다의어, 상 · 하위어 관련된 필요한 지식, 활동, 평가 등을 통해 세부내용을 이해 및 활용해보자.

Ⅰ. 필요지식

1. 유의어

유의 관계는 의미가 같거나 비슷한 둘 이상의 단어가 맺는 의미 관계를 말한다. 유의어란 동의어(同義語)라고도 하며, 둘 또는 그 이상의 단어들은 소리는 다르면서 서로 비슷한 의미가 있다. 다만, 단어가 가리키는 대상의 범위 또는 느낌 등이 다른 상황에 해당 된다.

의미가 비슷하기는 하지만 완전히 같지는 않아서 문맥에 따라 대체하여 쓸 수 없을 때도 있다. 예를 들면 아래와 같이 유의어이지만 문장에서 사용되는 대상에 따라 그 문맥이 자연스러운 경우와 부자연스러운 때가 있다.

구분		'엄마' - '모친'	'잡다' - '쥐다'
문맥	자연(○)	엄마 학교에 다녀왔습니다.	공을 잡다 - 공을 쥐다
	부자연(×)	모친 학교에 다녀왔습니다.	도둑을 잡다 - 도둑을 쥐다

개념적 의미가 같은 유의어라 하더라도 구체적 문맥을 고려하면 의미 차이가 나타나는 경우가 많다. 따라서 문맥을 통해 그 의미를 파악하는 것이 매우 중요하다.

동일한 지시 대상을 가리키는 유의어는 다섯 가지 형태로 대별되는데 표준어와 방언, 고유어와 외래어, 일반어와 특수어, 긍정어와 부정어, 직접 어법과 완곡 어법에 따라 유의 관계가 형성되는 것들이다.

표준어 : 방언	국물 : 말국, 옥수수 : 강냉이
고유어 : 외래어	이 : 치아, 술 : 약주
일반어 : 특수어	소금 : 염화나트륨, 반찬 : 부식
긍정어 : 부정어	흑인 : 깜둥이, 절약가 : 노랭이
직접어법 : 완곡어법	죽다 : 돌아가다, 변소 : 화장실

일반적으로 대표적인 유의어의 유형을 보면 다음과 같다.

낯-얼굴, 책방-서점, 남자-남성, 아이-어린이, 윤택(潤澤)-풍부(豊富), 기필코-반드시-틀림없이, 찬성(贊成)-동의(同意), 미스-마드모아젤, 엄친-가친

2. 동의어(類義語)

어떤 학자는 완전 동의어와 부분 동의어로 구분하는데 후자인 부분 동의어를 유의어(類義語)라 한다. 엄밀한 의미에서의 동의어는 두 개 이상의 단어가 같은 의미를 지니되 그중의 한 단어가 나타낼 수 있는 모든 문맥에 대치되어 쓰일 수 있는 것이라야 한다.[22] 이러한 동의어의 종류는 절대적 동의어와 상대적 동의어로 구분된다. 절대적 동의어란 두 개 이상의 어휘가 서로 소리는 다르나 그 뜻이 같고 모든 문맥에서 치환할 수 있다. 그러나 일반적으로 절대적 동의어는 거의 없다고 해도 무방하다. 예를 들면 '산울림-메아리'가 절대적 동의어에 해당한다.

상대적 동의어는 문맥상 치환이 가능하지만 개념 의미만 같다. 예를 들면 '어머니-엄마', '아버지-아빠' 등이 상대적 동의어다. 따라서 사실상 유의어에 해당한다고 할 수 있다.

3. 반의어(反意語)

서로 대립하는 의미가 있는 한 쌍의 단어를 말한다. 어떻게 상반되느냐에 따라 상대어·반대어·대립어 등으로 다양하게 나눠지만, 반의어(反義語, 反意語)가 가장 널리 쓰이는 명칭이다. 반의 관계에 있는 낱말들은 공통점이 있으면서 동시에 서로 다른 하나의 차이점이 있는 낱말이다. 예를 들면 아래와 같다.

반의어	공통점	차이점
남자 - 여자	사람	성별
강자 - 약자	사람	힘

22) http://terms.naver.com/entry.nhn?docId=696225&cid=41708&categoryId=41711(검색일: 2017. 7. 17)

반의관계에는 반대관계와 모순 또는 상대관계로 구분할 수 있다. 즉 대립되는 두 쌍의 낱말 사이에 중간 항이 허용되는가 아니면 허용되지 않는가에 따라 아래와 같이 구분된다.

중간 항 허용되는 대립관계 (반대관계)	중간 항이 허용되지 않는 대립관계 (모순/상호관계)
크다↔작다, 차갑다↔뜨겁다 (알맞다)　(미지근하다)	창↔방패, 부모↔자식, 스승↔제자 (모순관계)　(상관/상호관계)[23]

반의어 유형[24]은 상보 반의어, 정도 반의어, 방향 반의어, 관계 반의어 등이 있다.

가. 상보 반의어는 두 어휘의 의미 영역이 철저히 배분되어 겹치는 영역이 없는 반의어이다. 예를 들면 '남자-여자', '참-거짓', '가깝다-멀다' 등이다.

나. 정도 반의어는 어떤 '정도'나 '등급'에 대한 상대적인 것으로 화자의 평가나 상황에 따라 주관적이거나 상대적으로 판단되거나 해석될 수 있다. 정도 반의어에는 중간 항이 허용된다. 예를 들면 '가난하다-부유하다', '강하다-약하다' 등이다.

다. 방향 반의어는 위치나 공간 관계, 이동 관계 등의 기준점을 중심으로 반의관계를 형성하는 것을 말한다. 예를 들면 '위-아래', '앞-뒤', '오른쪽-왼쪽' 등이다.

라. 관계 반의어는 상대가 존재해야만 자신이 존재할 수 있다. 또한 두 단어가 상대적 관계에 있으면서 의미상 대칭을 이루는 관계이다.

4. 동음이의어(同音異議語)

두 가지 이상의 뜻을 가진 단어를 다의어, 글자의 음은 같지만 의미상 연관이 없이 완전히 뜻이 다른 말을 동음이의어라 한다. 다시 말하면 '소리는 같지만 뜻이 다른 말'이라는 뜻으로, 단어의 소리가 우연히 같을 뿐 의미의 관련성이 없는 말들이다. 예를 들면 '감다'는 소리는 같지만 의미는 아래와 같이 완전히 다르다.

실을'감다'	눈을'감다'	머리를'감다'
어떤 물체를 다른 물체에 말거나 빙 두른다.	눈꺼풀을 내려 눈동자를 덮는다.(자다, 졸다)	머리나 몸을 물로 씻는다. (목욕하다. 씻다)

동음이의어의 의미는 문맥의 상황에 따라 파악할 수 있으며, 말소리의 길고 짧음 또는 아래

23) 상대 또는 상관관계란 어떤 것이 존재하지 않으면 그 다른 어떤 것이 존재할 수 없는 관계로서 예를 들면 '엄마-아빠'를 들 수 있다.
24) 최호정, "한국어 반의어 교육방법 연구", 부산대학교 교육대학원 석사 학위논문, (2013).

와 같이 '배'는 한자를 통해 그 의미를 구별할 수 있다.

5. 다의어(多意語)

다의 관계란 소리는 같으면서 둘 이상의 의미가 있는 단어들의 관계를 말한다. 이처럼 다의 관계로서 의미상으로 유사성을 가지는 어휘를 다의어라 한다. 그 특징은 낱말의 의미 사이에는 상호 연관성을 가지고 있다. 또한 다의어는 기본적으로 '중심 의미'를 바탕으로 하면서, 그 중심 의미가 확장되어 달라진 '주변 의미'들을 가지고 있다. 예를 들면 다음과 같다.

구분	중심 의미	주변 의미
목	사람 머리와 가슴 사이에 있는 부분	자라목, 손목, 발목, 버선목
손	무엇을 만지거나 잡는 기능의 신체	일꾼, 관계, 노동력, 씀씀이 등
높다	공간상의 속성, 수직상의 길이가 길다	기온, 물가, 혈압, 학벌, 코가 높다.

6. 상 · 하의어(上下意語)

상 · 하의어란 의미상 계층 구조에서 한쪽(A)이 의미상 다른 쪽(B)을 포함 또는 포함되는 관계를 뜻한다. 상의어는 다른 말보다 일반적이고 포괄적인 뜻을 지닌 말로써 하의어의 의미를 포괄한다.

상의어	예술	가구
하의어	영화, 음악, 미술, 문학	책상, 의자, 침대, 소파, 옷장

Ⅱ. 활동

다음 제시된 문장 또는 문단의 내용(위)을 통해 유의어, 반의어에 대한 그 개념과 쓰임을 알아보도록 하자.

【활동 1. 지문을 읽고 토의사항을 해결하시오】

구분	내용
지문	이순신 장군은 임진왜란 당시 나라를 구한 불세출(不世出)의 영웅이었다. 왜냐하면 세계의 해전사상 절대적인 열세에도 불구하고 명량대첩처럼 승리를 달성한 전략 전술가는 찾아보기 힘들다.
선택지	① 누란지세(累卵之勢) ② 멸사봉공(滅私奉公) ③ 명실상부(名實相符) ④ 백골난망(白骨難忘) ⑤ 개세지재(蓋世之才)
토의사항	가. '불세출(不世出)'을 의미하는 문맥 단서를 식별하시오 나. '불세출'과 유사한 의미의 사자성어를 선택하시오

【활동 2. 지문을 읽고 토의사항을 해결하시오】

구분	내용
지문	( )은/는 무조건 남의 흉내를 내어 웃음거리가 됨을 비유적으로 이르는 말이다.
선택지	① 양약고구(良藥苦口) ② 목불식정(目不識丁) ③ 서시빈목(西施矉目) ④ 오비이락(烏飛梨落) ⑤ 우후죽순(雨後竹筍)
토의사항	가. '( )'에 들어갈 단어의 문맥 단서를 식별하시오. 나. '( )'에 들어갈 적절한 사자성어를 선택하시오.

【활동 3. 지문을 읽고 토의사항을 해결하시오】

구분	내용
지문	( )은/는 공간적으로 현재의 위치에서 뒤로 물러가거나 시간적으로 현재보다 앞선 시기의 과거로 감.
선택지	① 퇴보(退步) ② 퇴행(退行) ③ 진퇴(進退) ④ 치환(置換) ⑤ 전시(展示)
토의사항	가. '( )' 들어갈 단어의 문맥 단서를 식별하시오. 나. '( )'에 들어갈 적절한 단어를 고르시오.

【활동 4. 지문을 읽고 토의사항을 해결하시오】

구분	내용
지문	그리스 시대의 황금 분할은 최대의 미적 효과를 나타낼 수 있는 수학적 비례의 법칙을 ㉠ 치밀(緻密)하게 분석한 것이고, 아름다운 음악도 ㉡ 엄밀(嚴密)하게 계산된 소리의 배열과 공명 현상을 바탕으로 한 것이다.
선택지	① 인격(人格)-인품(人品) ② 모순(矛盾)-당착(撞着) ③ 사고(思考)-사유(思惟) ④ 보은(報恩)-보답(報答) ⑤ 분석(分析)-분류(分類)
토의사항	가. 지문에 제시된 ㉠과 ㉡ 두 낱말 간의 관계를 식별하시오. 나. 위 지문의 ㉠과 ㉡ 두 낱말 간의 관계와 거리가 먼 것을 고르시오.

【활동 5. 지문을 읽고 토의사항을 해결하시오】

구분	내용
지문	흥망(興亡) - 성쇠(盛衰), 시비(是非) - 선악(善惡)
선택지	① 귀납-연역 ② 우유-부단 ③ 길흉-화복 ④ 간헐-지속 ⑤ 음택-양택
토의사항	가. 지문에 제시된 낱말 간은 관계를 식별하시오. 나. 지문의 낱말 간의 관계와 유사한 것을 선택지에서 고르시오.

【활동 6. 지문을 읽고 토의사항을 해결하시오】

구분	내용
지문	한쪽은 총애하고 한쪽은 소홀히 하여 한쪽은 즐겁고 한쪽은 괴로우며, 부귀와 빈천의 간격을 고르게 하지 못하고서 한갓 빈말로 타이르고 실상이 없는 꾸지람을 하는 데 구구하게 힘을 허비하면서, 자기 몸에 절실한 이해를 버리고 남의 권유를 따르라고만 한다면, 탕평이 어려울 것이다.
선택지	① 허언(虛言) ② 감언(甘言) ③ 실언(失言) ④ 망언(妄言) ⑤ 참언(讒言)
토의사항	가. '빈말'의 문맥 단서를 식별하시오. 나. '빈말'과 바꾸어 쓸 수 있는 단어를 선택지에서 고르시오.

【활동 7. 지문을 읽고 토의사항을 해결하시오】

구분	내용
지문	그러나 이론에 모순된 관찰 결과들이 증가하면 패러다임은 위기를 맞게 된다. 그렇게 되면 그런 관찰 결과들을 해석하기 위한 새로운 이론들이 쏟아져 나와 서로 경합하는 혼돈의 시기로 접어들게 한다. 이 때에도 과학자들은 하나의 이론이 승리하여 새로운 패러다임으로 확립되기까지 기존의 패러다임을 포기하지 않는다.
선택지	① 몹시 어수선하고 시끌벅적함 ② 무질서하게 뒤섞여 몹시 북적됨 ③ 뒤숭숭하고 수선스러워 어질어질함. ④ 뒤범벅이 되어 구별이 확실하지 않음. ⑤ 구별되어야 하는 것들이 같은 것으로 취급됨.
토의 사항	가. '혼돈'의 문맥 단서를 식별하시오. 나. '혼돈'의 의미로 가장 적절한 것을 선택지에서 고르시오

【활동 8. 다음 지문에 제시된 ㉠, ㉡, ㉢의 밑줄 친 단어의 문맥 단서를 식별하고 그 의미는 무엇인지 기술하시오】

㉠ 김을 매다 ㉡ 김이 맛있다 ㉢ 김이 서렸다

구분	문맥 단서	의미
㉠		
㉡		
㉢		

【활동 9. 지문을 읽고 토의사항을 해결하시오】

구분	내용
지문	① 신문-매체 ② 의자-가구 ③ 사자-동물 ④ 동풍-바람 ⑤ 뿌리-나무
토의 사항	가. 지문에 제시된 낱말 간의 관계는 무엇인가? 나. 나머지와 다른 하나를 선택하시오.

【활동 10. 지문을 읽고 토의사항을 해결하시오】

구분	내용
지문	철수가 다니는 길에는 여러 개의 ㉠ 다리가 있다. 하루는 눈이 내리는 날 학교에서 돌아오는 길에 철수는 ㉡ 다리가 긴 여학생들이 눈이 쌓인 ㉢ 다리를 허둥대며 건너는 모습을 바라보며 걷다가 균형을 잃으면서 미끄러져 ㉣ 다리를 다쳤다.
토의 사항	가. '㉠, ㉡, ㉢, ㉣' 각각의 문맥 단서를 식별하시오. 나. 위 지문에서 사용된 '다리'의 관계(동음이의어 또는 다의어)는?

【활동 answer】

토의 1.
가. "영웅", "왜냐하면 세계의 해전사상 절대적인 열세에도 불구하고 명량대첩처럼 승리를 달성한 전략 전술가는 찾아보기 힘들다."
나. ⑤(개세지세), 세상(世上)을 마음대로 다스릴 만한 뛰어난 재기(才氣) 또는 그러한 재기(才氣)를 가진 사람

토의 2.
가. "무조건 남의 흉내를 내어 웃음거리가 됨을 비유적으로 이르는 말이다."
나. ③

토의 3.
가. "공간적으로 현재의 위치에서 뒤로 물러가거나 시간적으로 현재보다 앞선 시기의 과거로 감."
나. ②

토의 4. 가. 유의 관계 나. ②

토의 5. 가. 단어 자체 반의 관계(대쌍 관계) 나. ③

토의 6. 가. "실상이 없는 꾸지람" 나. ①

토의 7.
가. "그런 관찰 결과들을 해석하기 위한 새로운 이론들이 쏟아져 나와 서로 경합하는" 나. ④

토의 8. ㉠ 김 → "매다", 논밭에 나는 잡풀을 뽑아 없애다. ㉡ 김 → "맛있다", 먹는 김 ㉢ 김 → "서렸다", 부옇게 (입)김이 서리다.

토의 9. 가. 상 - 하의어 나. ⑤ (대등 관계)

토의 10.
가. ㉠→"다니는 길", ㉡→"긴 여학생", ㉢→"눈이 쌓인", ㉣→"다쳤다"
나. 다의어

Ⅲ. 평가

1 다음 밑줄 친 부분의 의미로 가장 적절한 것을 고르시오.

> 질문이 있는 사람은 내가 말하는 중이라도 **거리낌** 없이 질문해 주길 바란다.

① 오해(誤解) ② 지장(支障) ③ 기탄(忌憚) ④ 여과(濾過) ⑤ 경황(驚惶)

2 다음에 제시된 문장의 밑줄 친 부분과 의미상 가장 적절한 것을 고르시오.

> 사장에게는 직원들이 모두 미쁘게 보이지 않았다.

① 믿음직하게 ② 예쁘게 ③ 정직하게 ④ 능력 있게 ⑤ 밉게

3 다음 유의어 끼리 묶인 것을 고르시오?

① 봉착-전락 ② 구속-억압 ③ 모순-모함
④ 섭렵-간파 ⑤ 호도-날조

4 다음 제시된 설명에 가장 부합하는 것을 고르시오?

> 마구 뒤섞여 있어 갈피를 잡을 수 없는 상태

① 혼돈(混沌) ② 혼동(混同) ③ 혼란(混亂) ④ 혼선(混線) ⑤ 혼잡(混雜)

5 다음 중 반의관계가 아닌 것은?

① 위법(違法)-준법(遵法) ② 여명(黎明)-황혼(黃昏) ③ 분리(分離)-연결(連結)
④ 면(免)하다-피(避)하다 ⑤ 비관적-낙관적

6 반의어 끼리 바르게 묶인 것은?

① 명시(明示)-적시(摘示) ② 구속(拘束)-억압(抑壓) ③ 상황(狀況)-처치(處置)
④ 금(金)-은(銀) ⑤ 양성(養成)-육성(育成)

7 다음 밑줄 친 단어와 같은 의미로 가장 적절한 것을 고르시오?

> 나는 2017년 8월 31일을 기점으로 나의 모든 빚을 <u>정리했다</u>.

① 가름했다. ② 청산했다. ③ 파산했다. ④ 분류했다. ⑤ 전가했다.

8 다음 밑줄 친 단어에 공통으로 포함하고 있는 뜻을 고르시오?

> 긴 <u>여정</u>으로 인해 지쳤다. 기나긴 인생의 <u>여로</u>. <u>여도</u>에 올랐다.

① 시간 ② 여행 ③ 회상 ④ 약속 ⑤ 거리

9 다음 밑줄 친 단어와 바꿔 쓸 수 없는 것을 고르시오?

> 이곳은 <u>부질없었던</u> 강물의 시절을 뉘우치는 각성의 자리이면서 이제는 드넓은 바다를 향해서 시야를 열어 나가는 조망의 자리이기도 합니다.

① 대수롭지 않던 ② 보람 없던 ③ 의미 없던
④ 쓸모없던 ⑤ 재미없던

10 다음 밑줄 친 단어의 의미와 같은 것을 고르시오?

> 이번에 서울 올라가면 그 돈은 즉시 우편으로 <u>부쳐</u> 드리리다.

① 나는 아직도 그에게는 실력이 부친다. ② 짐을 외국으로 부치다.
③ 안건을 회의에 부치다. ④ 회의 내용을 극비에 부치다.
⑤ 삼촌 집에 숙식을 부치다.

☞ 정답 및 해설 pp. 329~330.참조

제5장 의미 구조, 중의적 표현, 내포와 상징, 접속어

직장생활에서 문서 또는 언어적 표현과정에서 단어와 단어 간의 '의미 관계'나 '의미 구조' 그리고 '중의적 표현', '내포와 상징' 등을 정확하게 이해해야 나타나는 단어의 의미 또는 주제 등을 파악 할 수 있다.
이를 위해 '의미 구조', '중의적 표현', '내포와 상징', '접속어' 등에 관련된 필요한 지식, 활동, 평가 등을 통해 세부내용을 살펴보도록 하자.

Ⅰ. 필요지식

1. 의미 구조

'의미 구조'에 대한 개념은 매우 다양하다. 일반적으로는 '원인-결과', '문제-해결' 등을 '구조'라고 한다. 전개 방식에 따라서는 '정의, 예시, 비교 · 대조' 등으로 사용되고 있다. 또한 국어과 교육과정에서는 개념 정의, 부연 상술, 예시, 인용, 비교 · 대조, 분석 등을 설명 방법이라고 하는 경우도 있다.[25] 본 교과에서 의미 구조는' 인과, 정의, 예시, 비교 · 대조, 열거, 문제-해결, 유추' 등 7가지로 한정하고자 한다.

가. 인과(원인-결과)관계

인과관계(因果關係)는 원인과 결과의 관계를 말한다. 인과(因果) · 인과율(因果律) 또는 인과성(因果性)이라고도 한다. 하나의 사건(원인)이 다른 사건(결과)을 일으킬 경우 둘의 관계를 인과관계라 한다.[26] 다음의 예문은 출생 아이가 줄고 수명이 길어지는 원인의 결과로 '고령화

25) 이성영, "글 내용의 전개 방식에 대하여", http://s-space.snu.ac.kr/bitstream/10371/87246/1/7.%20%EA%B0%9C%EC%9D%B8%20%ED%88%AC%EA%B3%A0%20%EB%85%BC%EB%AC%B8%20%20%EA%B8%80%20%EB%82%B4%EC%9A%A9%EC%9D%98%20%EC%A0%84%EA%B0%9C%20%EB%B0%A9%EC%8B%9D%EC%97%90%20%EB%8C%80%ED%95%98%EC%97%AC.pdf(검색일: 2017. 8. 2)
26) https://ko.wikipedia.org/wiki/%EC%9D%B8%EA%B3%BC%EA%B4%80%EA%B3%84(검색일: 2017. 8. 2)

사회'가 도래했음을 의미하고 있다.

21세기 들어서면서 새로 태어나는 아이의 수는 점점 줄어들고, 노인의 수명은 길어지면서 노인의 수는 점점 늘어났다. 이는 고령화 사회로 들어섰음을 의미한다.

나. 정의

어휘의 뜻을 명확히 하여 개념의 내용을 한정하는 설명의 방식을 뜻한다. 정의는 정의하고자 하는 개념을 'a는 b이다.'의 형식으로 한정을 하고 있으며 여기서 a는 피정의 항, b의 부분을 정의 항이라 한다.27) 예를 들면 '인간은 이성적 동물이다.'에서 '인간'이 피정의 항이며, '이성적 동물이다.'가 정의 항이다.

다. 예시

예시는 예를 들어 설명하는 방법이다. 이는 개념을 구체화하는 방법으로 더 쉽게 개념을 이해할 수 있도록 설명을 돕기 위해서 사용한다. 즉, 읽는 이의 이해를 돕기 위해 구체적인 본보기가 되는 예를 들어 설명하는 방법으로 예시를 들 때에는 아래와 같이 '예를 들어, 예컨대, 이를테면' 등과 같은 표현을 사용한다.

명사는 사물의 이름을 가리키는 말이다. 예를 들어 책, 시계, 책상, 컴퓨터와 같은 어휘가 바로 명사이다.
벌레를 잡아먹는 식물이 있습니다. 예를 들어, 벌레잡이 풀은 벌레를 잡는 주머니로 벌레가 오기를 기다렸다가 벌레를 잡습니다. 통발은 벌레가 공기주머니에 닿으면 아주 빠른 속도로 벌레를 빨아들입니다.

예시는 구체적인 진술이므로 예시의 앞에는 일반적인 진술이 위치한다. 이것이 항상 주제문인 것은 아니지만 주제문일 가능성이 매우 크다.

라. 비교/대조

비교와 대조는 둘 이상의 사물이나 개념을 설명하거나 논증하는 것이다. '비교'는 두 사물(또는 그 이상)을 맞대어 놓고 그 공통점 · 유사점을 중점적으로 다루는 것이며, '대조'란 그들의 차이점을 중점적으로 다루는 설명방식이다. 그 실례는 다음과 같다.

---

27) http://terms.naver.com/entry.nhn?docId=1997231&cid=47319&categoryId=47319(검색일: 2017. 8. 2)

비교	영화는 스크린이라는 일정한 공간 위에 시간적으로 흐르는 예술이며, 연극 또한 무대라는 제한된 공간 위에서 시간적으로 형상화되는 예술이다. 이 두 예술이 다 함께 시간과 공간의 예술이라는 점에서 다른 부문의 예술에 비하여 보다 가까운 위치에 놓여 있음을 알겠다.**(공통점 또는 유사성)**
대조	고려 사회와 조선의 정책은 그 근저부터 상이한 양면을 보여 준다. 먼 저, 고려 사회는 태조 이래 줄곧 숭불 정책을 지향한 데 반하여, 조선은 억불 숭유로 치달았다.**(고려와 조선의 정책의 차이점 부각)**
	정자의 조경은 숲이나 주변 환경 요소인 냇물이나 강 등을 자연 상태 그대로 받아들여 이용하는 경우가 많다. **서양의 조경**이 인위적이고 기하학적인 것과는 달리, 일반적으로 **한국의 조경**은 본래의 자연 형태를 그대로 주변의 조경 요소로 이용하였다. 이는 자연 숭배 사상 등에 바탕을 두고 있다고 보아야겠다. 간혹, 인위적인 방법으로 집 안에 조경하는 경우도 있으나, 예부터 정자는 주위의 자연 경관 그대로를 이용하는 것이 보통이다.**(서양의 조경과 한국의 조경의 차이점)**

마. 열거

여러 가지 예나 사실을 낱낱이 제시하면서 설명방식으로서 두 개 이상의 구체적인 진술을 나열하는 것을 말한다. 하나의 사례만으로도 충분한 수가 있지만 하나의 사례보다는 여러 개의 사례를 제시하는 것이 더 효과적이기 때문에 여러 개의 사례를 열거하는 경우가 많다.

글 전체로 보았을 때 열거되는 진술들은 모두 구체적인 진술이며, 이를 포괄할 수 있는 일반적인 진술이자 주제문은 열거가 시작되는 부분이나 끝나는 부분이 된다. 예를 들면 우리 1980년대 이전 한국의 시골 정취는 소리로 느낄 수 있는 것들이 매우 많았다. 시골의 정취를 느낄 수 있는 것들을 열거해 보면 소 울음소리, 새벽의 닭 울음소리, 개 짖는 소리 그리고, 고추를 빻는 절구 소리, 식칼 자루로 마늘 다지는 소리, 다듬이질하는 소리 등을 들 수 있다.

이처럼 '열거'는 '그리고, 또, 또한, 더불어, 게다가, 더구나, 더욱이, 아울러, 나아가, 기타, 및, ~도, 뿐만 아니라' 등과 같은 접속 표현들이 있고, '차례로 들어 보면, 이 외에도, 그밖에, 동시에, ~에 앞서, ~한 뒤에, 계속해서, ~만 아니다, ~으로 분류 된다.' 등의 표현이 사용된다.

바. 문제-해결

글의 작성에 있어서 '문제-해결' 관계는 어떤 상황이나 현상에 대해 직면하고 있는 문제를 제시하고 뒷받침 내용으로서 해결책을 제시하는 전개 방식을 의미한다. 예를 들면 다음과 같다.

> 우리 사회는 과소비 풍토가 만연되어 나라 경제의 체력이 약해지고 있다. 따라서 과소비 풍토를 줄이는 것이 매우 중요하다. 과소비 풍토를 줄이기 위해서는 국민 모두가 근검절약하는 습관을 지녀야 한다.

위의 글에서 필자는 문제로서 '우리사회는 과소비 풍토가 만연되어 나라 경제의 체력이 약해지고 있다.'를 제기하고, 이를 해결하는 방법으로서 '국민 모두가 근검절약 하는 습관을 가져야 한다.'라고 주장하고 있다.

사. 유추(類推)

유추란 두 개의 사물이 몇몇 성질이나 관계를 공통으로 가지며, 또 한쪽의 사물이 어떤 성질, 또는 관계를 맺을 경우, 다른 사물도 그와 같은 성질 또는 관계를 가질 것이라고 추리하는 일이다.28) 이러한 언어 유추의 형태는 'a:b=( ):d' 또는 'a:( )=( ):d'로 나타난다. 그 예를 들면 다음과 같다.

낙관 : 비관 = 추상 : 구체	물 : 기름 = 태양 : 달
봄 : 늦가을 = 모내기 : 김장	질주 : 속도 = 다이어트 : 몸무게
피아노 : 건반 = 전화 : 다이얼	자물쇠 : 열쇠 = 문제 : 정답
사장 : 사원 = 교장 : 교사	스파이 : 유출 = 경찰 : 유지
연필 : 지우개 = 불 : 소화기	벼 : 쌀 = 아기 : 어른
교량 : 연결 = 발전소 : 생산	우물 : 깊다 = 산 : 높다
스키 : 눈 = 배 : 물	알루미늄 : 금속 = 배추 : 야채

내용 전개 방식으로서 유추란 "생소한 개념을 설명할 때 보다 친숙한 개념과 비교해 나감으로써 쉽게 이해할 수 있도록 설명하는 방법(연관 짓기)"이라고 정의하기도 하고, "하나의 사건이나 사물로부터 그와 비슷한 속성을 지닌 다른 사건이나 사물로 논의를 확장해나가는 논지 전개 방식"을 의미한다. 예를 들면 다음과 같다.

매를 맞을 때 쉬다가 맞으면 더 아프다. 이처럼 한참 일을 하다가 휴직을 하면, 휴직 후에 다시 일에 적응하기가 쉽지 않을 것이다.

매를 맞는 것과 일을 하는 것은 아무 상관이 없다. 그런데 매를 맞을 때 쉬다가 맞으면 더 아픈 것과, 일할 때 잠시 휴직했다가 다시 업무에 복귀하면 더 힘든 것이 서로 유사해 보인다. 따라서 휴직 후에 일하는 것이 힘들다는 것을 설명하기 위해, 이와 유사한 매 맞는 상황을 끌어온 것이다. 이렇게 어떤 주장이나 사실을 전개하거나 어떤 상황을 설명하기 위해 그와 유사한 속성을 지닌 다른 상황이나 사실 등을 끌어들이는 논지 전개 방식이 유추라고 한다.

28) http://www.happycampus.com/doc/8601384/(검색일: 2017. 8. 2)

2. 중의적 표현[29)]

하나의 문장이 둘 이상의 의미로 해석되는 경우를 말한다. 중의적 표현이 나타나는 경우는 네 가지이다. 첫째, 단어의 중의성으로 인해 일어난 경우이며, 대표적으로 다의어에서 많이 발생한다.

'그녀는 손이 크다.'에서 손이 갖는 여러 개의 의미 때문에 손[수(手)]이 큰 것인지, [힘, 역량, 능력]이 큰 것인지 모호하다.

둘째, 문장의 구조(수식어, 접속어) 차이 때문에 문법적으로 중의성이 발생한 경우이다.

'예쁜 친구의 동생'은 수식어인 '예쁜'이라는 수식어로 인해 친구가 예쁜 것인지, 친구의 동생이 예쁜 것인지 확실하지 않다.
'철수는 영미와 미영이를 좋아한다.'는 접속어에 의한 문장의 구조 때문에 철수가 혼자서 영미와 미영이 둘을 좋아하는 것인지, 아니면 철수와 영미 둘이서 미영이를 좋아하는 것인지 확실하지 않다.

셋째, 국어의 특이한 현상으로 부정 표현 또는 비유적 표현으로 인해 중의성이 생기는 경우이다.

'학생들이 다 오지 않았다.'의 부정적 표현은 학생들이 모두 오지 않은 것인지, 일부가 오지 않은 것인지 불확실하다.
'그는 곰이다.'와 같은 비유적 표현은 그가 순박한 것인지, 미련한 것인지 그 의미가 불확실하다.

넷째는 상황에 따른 중의성을 들 수 있다.

'그는 구두를 신고 있다.'에서 그가 구두를 벗고 있다가 신고 있는 상황인지, 처음부터 신고 있는 상황인지 맥락적인 상황에 따라 달리 해석될 수 있다.

3. 내포와 상징

내포(內包)란 어떤 성질(性質)이나 뜻을 그 속에 지님을 뜻한다. 사전적 의미는 "어떤 개념의 내용이 되는 여러 속성"을 말한다. 따라서 내포적 의미가 커지면 '외연'[30)]이 커지고 내포적 의

29) http://terms.naver.com/entry.nhn?docId=921788&cid=47319&categoryId=47319(검색일: 2017. 8. 3)

미가 줄면 외연이 커진다. '사람 〉 한국인 〉 한국의 학생 〉 한국의 고등학생'에서처럼 앞에서 뒤로 진행될수록 내포된 뜻이 명확해지고 정밀해진다. 또한 외연 대상의 범위도 좁아진다. 예컨대 '달이 밝기가 낮과 같다.'는 문장에서 나타나는 내포는 '보름달'을 의미한다. 이처럼 내포된 뜻에 따라 그 의미가 달라진다.

'상징(象徵)'[31]은 상징은 매우 다의적인 개념이다. 극히 일반적으로는 비둘기는 평화의 상징이라든지, 왕관은 왕위의 상징인 것처럼, 눈이나 귀 등으로 직접 지각할 수 없는 무언가(의미나 가치 등)를 어떤 유사성에 의해서 구상화하는 것(물건이나 동물이나 형상 등)을 말한다. 다시 말해서 은유와 비유적인 의미를 뜻한다.

4. 접속어

접속어란 단어와 단어, 구절과 구절, 문장과 문장을 이어 주는 구실을 하는 문장 성분이며, 주로 접속 부사의 역할을 한다. 따라서 사전적인 의미로 보면 접속 부사와 접속어는 동의어라 할 수 있다.[32] 접속어의 기능은 ① 문장과 문장, 단락과 단락을 긴밀하게 연결한다. ②앞 문장에 대한 뒷문장의 관계를 밝혀준다. ③뒤 문장이 나아갈 방향을 예고한다는 것이다. 따라서 제시된 접속어의 쓰임을 이해 및 활용한다면 훨씬 쉽게 글의 전개 방식이나 핵심내용을 파악할 수 있게 된다.

구분	내용	비고
순접	앞의 내용을 이어 받아 연결한다.	그리고, 그리하여, 이리하여
역접	앞의 내용과 상반되는 내용으로 연결한다.	그러나, 그렇지만, 하지만, 반면에, 그래도
인과	앞뒤의 문장을 원인과 결과로, 또는 결과와 원인으로 연결한다.	그래서, 따라서, 그러므로, 그러니까
대등, 병렬	앞뒤의 내용을 같은 자격으로 나열하면서 이어 주는 것.	그리고, 또는, 혹은
환언, 요약	앞의 내용을 바꾸어 말하거나 간추려 짧게 요약하면서 연결	요컨대, 즉, 결국, 말하자면, 바꾸어 말하면
전환	앞의 내용과는 다른 화제나 사실을 바꾸어 연결	그런데, 그러면, 한편, 다음으로, 아무튼
예시	앞의 내용에 대해 구체적인 예를 들어 설명하면서 연결	예컨대, 이를테면, 예를 들면, 가령

30) 외연의 사전적 의미는 어떤 개념이 적용되는 명제나 사물의 범위를 말한다.
31) http://terms.naver.com/entry.nhn?docId=629719&cid=50766&categoryId=50794(검색일: 2017. 8.3)
32) http://krdic.naver.com/detail.nhn?docid=33469500(검색일: 2017. 7. 24)

이러한 접속어 중에서 '그런데-그러나', '따라서-그러므로'의 차이점을 정리해 보면 아래와 같다.

그런데 (한편)	• 전환의 접속사, '전제(앞 문장)'가 선행되는 조건의 의미가 있음에 비추어 어떤 결론을 이끌어 내고자 할 경우(관계가 있다) • 예), 그는 자신이 먼저 사과해야 한다고 생각했다. 그런데 그녀에게서 먼저 연락이 왔다.(주체가 둘, 주제가 다름)
그러나 (하지만)	• 역접의 접속사, 앞과 뒤를 대립적(상반)으로 드러내고자 할 때 • 예), 그는 자신이 먼저 사과해야 한다고 생각했다. 그러나 자존심 때문에 사과하기가 망설여졌다.(주체가 하나, 주제가 하나)
따라서	'명사+에 따라서'의 경우처럼 문장 안에서도 사용할 수 있다는 점
그러므로	대부분 문장과 문장을 연결시켜준다. 따라서 앞의 문장들을 전제로 하여 어떠한 결론을 내릴 경우에 사용된다.

Ⅱ. 활동

다음 제시된 지문을 통해 나타나는 의미구조, 중의적 표현, 내포와 상징 그리고 문장의 전개 방식 등에 관해 토의해 보자.

【활동 1. 다음 지문을 읽고 토의사항을 해결하시오】

구분	내용
지문	① 낙관 : 비관 = 추상 : (　　　), 봄 : 늦가을 = (　　　) : 김장 ② 피아노 : (　　　) = 전화 : 다이얼, 사장 : 사원 = (　　　) : 교사 ③ 교량 : (　　　) = 발전소 : 생산, 스키 : 눈 = 배 : (　　　)
토의 사항	지문 ① ② ③의 (　　　)에 들어갈 단어를 기술하시오

【활동 2. 다음 지문을 읽고 토의사항을 해결하시오】

구분	내용
지문	① 질주 : 속도 = 다이어트 : (　　　), (　　　) : 열쇠 = 문제 : 정답 ② 스파이 : 유출 = (　　) : 유지, 벼 : (　　　) = 아기 : 어른 ③ (　　) : 깊다 = 산 : 높다, 알루미늄 : 금속 = 배추 : (　　　)
토의 사항	지문 ① ② ③의 (　　　)에 들어갈 단어를 기술하시오

【활동 3. 다음 지문을 읽고 토의사항을 해결하시오】

구분	내용
지문	남성적 특성과 여성적 특성을 모두 가지고 있는 사람이 남성적 특성 혹은 여성적 특성만 지니고 있는 사람에 비하여 훨씬 더 다양한 ㉠ 자극에 대하여 다양한 ㉡ 반응을 보일 수 있다. 이렇게 여러 개의 반응 레퍼토리를 가지고 있다는 것은 다시 말하면, 그때그때 상황의 요구에 따라 적합한 반응을 보일 수 있다는 것이며, 이는 곧 사회적 환경에 더 유연하고 효과적으로 대처할 수 있다는 것을 의미한다.
선택지	① 개인 - 사회 ② 정신 - 육체 ③ 물고기 - 물 ④ 입력 - 출력 ⑤ 후보자 - 당선자
토의사항	가. '㉠ 자극'과 '㉡ 반응'의 문맥 단서를 식별하시오 나. '㉠ 자극'과 '㉡ 반응'의 의미적 관계는? 다. '자극 - 반응'낱말 관계와 가장 유사한 것을 고르시오

【활동 4. 다음 지문을 읽고 토의사항을 해결하시오】

구분	내용
지문	독서는 교향악 연주와 같이 종합적인 행위이다. 교향악 연주에서 여러 가지 악기들은 각각 독특한 소리를 내지만, 그 소리들을 그냥 모은다고 해서 연주가 되는 것은 아니다. 여러 악기의 독특한 소리들이 조화를 이루며 모아질 때, 훌륭한 연주가 가능하다. 독서도 마찬가지이다. 부분을 이루는 기능들이 통합, 조정되어 나타날 때에 비로소 독서의 효과가 나타나는 것이다.
토의사항	위 지문의 의미 구조가 무엇인지 식별하시오

【활동 5. 다음 지문을 읽고 토의사항을 해결하시오】

구분	내용
지문	지적 재산권은 인간의 지적 활동의 결과로 얻어진 무형재에 대한 소유권을 말한다.
토의사항	위 지문의 의미 구조가 무엇인지 식별하시오

【활동 6. 다음 지문을 읽고 토의사항을 해결하시오】

구분	내용
지문	일기가 좋고 바람도 없이 더운 한낮 가까운 때, 매미의 노래는 수 초 동안 계속된다. 그리고 짧은 휴식으로 끊어진다. 다음 마디는 갑자기 시작되고 급격히 높아져, 아랫배를 점차 빠르게 진동시키며 최고음에 이른다. 수 초 동안 같은 세기를 유지한 뒤에 점차 약해져서 떨리는 소리로 변하고, 배가 정지된 상태로 되돌아옴에 따라서 떨리는 소리는 점차 약해진다.
토의사항	위 지문의 의미 구조가 무엇인지 식별하시오

【활동 7. 다음 지문을 읽고 토의사항을 해결하시오】

구분	내용
지문	집단생활을 하는 것은 인간만이 아니다. 유인원, 어류, 조류, 곤충류 등도 일정한 영토를 확보하고 집단생활을 하며, 그 안에는 계층적 차이까지 있다. 특히 유인원은 혈연적 유대를 기초로 하는 가족 내지 가족 집단이 있고, 성에 의한 분업이 행해지며, 새끼를 위한 공동작업도 있어, 인간의 가족생활과 유사한 점이 많다. 그러나 이것은 다만 본능에 따른 것이므로 창조적인 인간의 그것과는 구별된다. 따라서 이들의 집단을 군집이라고 하고, 인간의 집단을 사회라고 불러 이들을 구별한다.
토의사항	위 지문의 의미 구조가 무엇인지 식별하시오

【활동 8. 다음 지문을 읽고 토의사항을 해결하시오】

구분	내용
지문	고려청자는 색채도 신비하지만 그 곡선미에 더욱 심오한 매력이 있다. 고려자기 중에서도 매병(梅瓶)들이 보여주는 곡선의 아름다움은 으뜸이다. 매끄러운 허리에 의젓한 굽, 꼭 오므린 작은 입 안에는 고려인의 염원마저 어려 있는 듯하다.
토의사항	위 지문의 의미 구조가 무엇인지 식별하시오

【활동 9. 다음 지문을 읽고 토의사항을 해결하시오】

구분	내용
지문	3·1 독립 운동이 거족적인 독립 운동이 될 수 있었던 가장 중요한 요인의 하나는, 그 '초기 조직화의 단계'에서 거의 동시적으로 여러 갈래의 독립 운동 세력 집단의 흐름이 독립 선언과 만세 시위 운동을 기획하면서 결국 '민족 대연합 전선'을 형성하는 데 성공하였기 때문이었다. 이는 특히 주목하여야 할 점이라고 생각한다.
토의사항	위 지문의 의미 구조가 무엇인지 식별하시오

【활동 10. 다음 지문을 읽고 토의사항을 해결하시오】

구분	내용
지문	편의를 추구하는 소비행태는 자원 소모를 가속화하고 생태계가 당할 수 없는 수준의 환경 오염물을 배출시킨다. 인간의 유일한 생명공간인 지구의 생태계가 과다 소비행태로 인해 파괴된다는 과학계의 거듭된 경고에도 불구하고 그 원인이 불분명하다는 이유로 무시되고 있다. 그러나 공산품 과다 사용은 돌이킬 수 없는 환경 재앙을 불러올 수 있다. 따라서 편의를 추구하는 소비행태를 변화시킬 수 있는 교육과 홍보가 중요하다.
토의사항	위 지문의 의미구조(전개 방식)를 식별하시오.

【활동 answer】

토의 1. ① 구체, 모내기 ② 건반, 교장 ③ 연결, 물
토의 2. ① 몸무게, 자물쇠 ② 경찰, 쌀 ③ 우물, 야채
토의 3.
가. ㉠ 자극 → 상황의 요구, ㉡ 반응 → 효과적인 대처
나. 원인-결과
다. ④
토의 4. 유추
토의 5. 정의
토의 6. 묘사
토의 7. 대조
토의 8. 예시
토의 9. 원인-결과
토의 10. 문제-해결

Ⅲ. 평가

1 다음과 동일한 관계가 성립되도록 빈칸에 들어갈 말로 적절한 것?

> 낙관 : 비관 = 추상 : (　　　)

① 세분(細分)　② 개략(槪略)　③ 상세(詳細)　④ 포괄(包括)　⑤ 구체(具體)

2 다음과 동일한 관계가 성립되도록 빈칸에 들어갈 말로 적절한 것?

> 고난 : 극복하다 = 질병 : (　　　)

① 옮기다　② 걸리다　③ 진찰하다　④ 치료하다　⑤ 진료하다

3 다음과 동일한 관계가 성립되도록 빈칸에 들어갈 말로 적절한 것?

> 자승(自繩) : 자박(自縛) = 자업(自業) : (　　　)

① 소득(所得)　② 획득(獲得)　③ 자득(自得)　④ 취득(取得)　⑤ 포박(捕縛)

4 다음 빈칸에 들어갈 어휘로 적절한 것을 고르시오.

> • 이야기가 와전되어 더 이상 오해가 생기지 않게 (ⓐ)해야 한다.
> • 사태의 원인을 (ⓑ)해야 할 임무가 주어졌다.
> • 늦은 이유에 대해 구차하게 (ⓒ)하기 싫다.

① 설명, 규명, 해명　② 해명, 규명, 변명　③ 설명, 해명, 규명
④ 규명, 해명, 변명　⑤ 변명, 해명, 규명

5 다음 중 중의적 표현이 아닌 것은?

① 나는 형수와 형님을 만났다.
② 동생은 나보다 농구를 더 좋아한다.
③ 누이는 아버지의 그림을 물려받았다.
④ 할머니와 할아버지는 나를 사랑한다.
⑤ 형은 철수와 영철이를 때려 주었다.

6 다음 문장의 ( ) 들어갈 적절한 단어를 고르시오.

상수원 오염 문제에 대해 공장의 관리자 들은 계속 발뺌을 하고 있지만, 야밤에 상수원 오염이 이루어 진 것을 본다면 이번 사건은 결국 고의적인 오・폐수의 ( )에 의한 것이라고 볼 수밖에 없다.

① 추출(抽出) ② 누출(漏出) ③ 방출(放出) ④ 배출(排出) ⑤ 유출(流出)

7 다음 문장의 ( ) 들어갈 적절한 단어를 고르시오.

창고 내 물건들이 많이 ( ) 되었다. 그것은 금년 여름이 유난히 덥고 많은 비로 습도가 높아 물건들이 원상태로 유지되지 못했기 때문이다.

① 변질(變質) ② 변경(變更) ③ 파괴(破壞) ④ 침윤(浸潤) ⑤ 변형(變形)

8 다음 빈칸에 들어갈 적절한 단어를 고르시오.

a. 철수는 솟구치는 ( )을 억제하려고 먼 산을 바라보았다.
b. 영애는 단풍이 물들은 가로수를 보며 가을 정취의 ( )에 젖어 있다.
c. 이 작품에 등장하는 영심이는 아름다우며 ( )이 풍부하다.

① 감상(感傷)-감정(感情)-감정(感情)
② 감정(感情)-감상(感想)-감정(感情)
③ 감정(感情)-감상(感想)-감성(感性)
④ 감상(感想)-감정(感情)-감성(感性)
⑤ 감회(感悔)-감정(感情)-감성(感性)

9 다음 빈 칸에 들어갈 적절한 단어를 고르시오.

연구부정행위란 연구의 제안, 연구의 수행, 연구 결과의 보고 및 발표 등에서 행해진 다음의 행위를 말한다. 존재하지 않는 데이터 또는 연구결과를 허위로 만들어 내는( ), 연구 재료·장비·과정 등을 인위적으로 조작하거나 데이터를 임으로 변형·삭제하여 연구 내용 또는 결과를 왜곡하는 ( ), 타인의 아이디어, 연구 내용이나 결과 등을 정당한 승인 또는 인용 없이 도용하는 ( ) 등을 말한다.

① 변조-날조-위조 ② 위조-변조-모조 ③ 위조-변조-표절
④ 날조-조작-표절 ⑤ 변조-날조-모조

10 이 글의 내용 전개 방식(의미구조)은?

집안이 나쁘다고 탓하지 말라! 나는 아홉 살 때 아버지를 잃고 마을에서 쫓겨났다. 가난하다고 말하지 말라! 나는 들쥐를 잡아먹으며 연명했고 목숨을 건 전쟁이 내 직업이고 내 일이었다. 작은 나라에서 태어났다고 말하지 말라! 그림자 말고는 친구도 없고 병사로 10만, 백성은 어린애와 노인까지 합쳐 2백만도 되지 않았다. 배운 게 없다고 힘이 없다고 탓하지 말라! 나는 내 이름도 쓸 줄 몰랐으나 남의 말에 귀 기울이면서 현명해지는 법을 배웠다. 너무 막막하다고 그래서 포기해야겠다고 말하지 말라! 나는 목에 칼을 쓰고도 탈출했고 뺨에 화살을 맞고 죽었다가 살아나기도 했다. 적은 밖에 있는 것이 아니라 내 안에 있었다. 나는 내게 거추장스러운 것을 모두 쓸어버렸다. 나를 극복하는 순간 나는 칭기즈칸이 되었다.

① 문장의 서술 순서를 바꾸어 말하고자 하는 의도를 강조하고 있다.
② 유사한 구조를 반복하여 서술함으로써 결론에 이리고 있다.
③ 표현하고자 하는 대상을 다른 대상에 빗대어 표현하고 있다.
④ 같은 문장을 반복함으로써 대상을 강조하고 있다.
⑤ 대상에 대한 정의를 내리고 그에 대한 부연 설명을 하고 있다.

11 다음 괄호 안에 들어갈 알맞은 접속어는?

문학이 보여주는 세상은 실제의 세상 그 자체가 아니며, 실제의 세상을 잘 반영하여 작품으로 빚어 놓은 것이다. ( ) 문학 작품 안에 있는 세상이나 실제로 존재하는 세상이나 그 본질에 있어서는 다를 바가 없다.

① 그래서 ② 이를테면 ③ 요컨대 ④ 그러므로 ⑤ 그러나

12 다음 괄호 안에 공통으로 들어갈 알맞은 접속어는?

30여 년 전만해도 우리 군항에는 제2차 세계대전 때 사용된 외국 군함들 뿐이었다. (　　) 지금은 우리가 건조한 구축함과 잠수함들이 군항에 당당히 정박해 있다. 이는 우리 선박건조 능력이 세계 최고 수준으로 발전했기에 가능했다. (　　) 최근 중국 조선기술력이 한국을 추격해오면서 사정이 달라졌다. 따라서 우리 조선업계가 조선업을 지속적으로 선도하려면 '특수선박'을 건조해야 한다.

① 그러나 ② 또한 ③ 그리고 ④ 이를테면 ⑤ 그러므로

13 다음 괄호 안에 들어갈 알맞은 접속어는?

편견과 개념적 체계는 모두 역사 인식의 과정에 영향을 미친다. 하지만 그 영향력이 같은 차원에서 작용하는 것일까? 그렇지 않다. 편견은 어떤 합법적 근거를 가지지 못하는 견해이기 때문에 객관적인 진리 획득을 방해하는 심각한 장애물이 된다. 그것은 사실의 인식을 왜곡시킨다. (ⓐ) 역사학이 객관성을 추구하는 한 편견은 배제되어야 할 대상인 것이다. (ⓑ) 합리적 근거를 가지고 있는 개념적 체계는 사실의 특정한 측면이 우리에게 드러나도록 한다. 이는 인식의 왜곡이라기보다는 인식의 제한이라고 보는 것이 옳다. (ⓒ) 편견은 배제되어야 할 것이지만, 개념적 체계는 유지되어야 할 주관적 요인이다.

① 그러므로-그런데-따라서
② 따라서-그러나-그러므로
③ 그러나-그리고-그러나
④ 그런데-그러나-따라서
⑤ 그러므로 -그리고-그리고

☞ 정답 및 해설 pp. 331~332.참조

제6장 관용 표현, 속담, 한자성어, 생활어휘

직장생활에서뿐만 아니라 일상생활에서 관습적으로 사용되는 어휘, 예로부터 전해져 오는 표현, 비유적인 표현을 담은 한자성어, 생활어휘 등을 많이 사용하고 있는 반면 그 의미 자체를 정확하게 이해하지 못하는 경우가 상당히 많다.
이러한 문제점을 해소하기 위해 관용 표현, 속담, 한자성어, 생활어휘(척도 또는 묶음 단위, 나이·호칭어)에 관련된 필요한 지식, 활동, 평가 등을 통해 그 세부내용을 이해해 보자

Ⅰ. 필요지식

1. 관용어(慣用語)·관용구(慣用句)·관용 표현

관용어(慣用語)란 습관적으로 쓰이는 말로, 낱말과 낱말이 이어지면서 그 낱말의 기본적인 의미와는 전혀 다른 의미로 사용되는 말이다. 관용구(慣用句)는 두 개 이상의 단어로 이루어져 있으면서 그 단어들의 의미만으로는 전체의 의미를 알 수 없는 특수한 의미를 나타내는 어구(語句)를 말한다. 우리말에 '발이 넓다'라는 말이 있다. 이 관용구는 단어의 의미와는 다르게 '사교적이어서 아는 사람이 많다'는 뜻이다.

관용적 표현은 둘 이상의 낱말이 결합하여, 의미의 특수화가 이루어진 상태에서 관습적으로 굳어진 표현을 뜻한다. 우리말에 "사촌이 땅을 사면 배 아프다"라는 표현이 있다. 이는 사촌의 잘 됨을 시기하는 심리를 적절하게 표현한 것이다. 이처럼 한나라의 관습이나 문화, 역사적인 유래와 관련을 맺고 형성된 그들만의 인식의 방법이자 표현 방법이다. 관용 표현의 특징은 ① 결합된 단어들의 기본적인 의미와는 관련이 없다. ② 관용 표현을 사용하는 사람들이 아니면 그 의미를 이해하기 어렵다. ③ 관용 표현은 다른 성분을 추가하여 사용하기가 어렵다. 즉 변용이 제한된다. ④ 관용 표현에는 눈, 코, 입과 같은 신체어와 관련된 내용이 많다. 그뿐만 아니라 속담·속어·은어 등도 여기에 포함하고 있다.

- 가슴(을) 불태우다 : 의욕이나 기세가 몹시 넘쳐흐르다.
- 가탈(을) 부리다 : (일이 잘 되지 않도록) 이런저런 트집을 잡아 까다롭게 굴다.
- 간이 붓다 : 겁 없이 무엇을 하다.
- 간이 콩알만 해지다 : 몹시 놀라거나 기를 펴지 못하다.
- 값이 눅다 : 물건 값이 싸다.
- 개밥의 도토리 : 축에 끼지 못하고 따돌림을 당하는 외로운 처지.
- 거드름을 피우다 : 거만스럽게 행동하다.
- 당나발을 불다 : 터무니없는 거짓말을 하다.
- 덜미를 잡히다 : 못된 일 따위를 꾸미거나 하다가 발각나다.
- 발뺌을 하다 : 책임에서 벗어나려고 애쓰다.

2. 속담(俗談)[33]

속담이란 예로부터 전해지는 조상들의 지혜가 담긴 표현[34]을 말한다. 예를 들어 '천릿길도 한 걸음부터'라는 속담을 들 수 있다. 의미는 작은 것부터 착실히 준비하다 보면 어느새 큰일을 이룰 수 있게 된다는 것이다.

속담의 특징은 3가지로 요약된다. ① 문장의 형태로 표현된다. ② 일상에 필요한 삶의 교훈을 전달하는 내용을 담고 있다. ③ 직접적으로 의미를 전달하기보다는 비유적으로 깊은 뜻을 표현한다.

〈속담의 예〉

- 개구리도 움쳐야 뛴다. : 무슨 일이나 미리 준비함이 있어야 한다.
- 네 발 짐승도 넘어질 때가 있다. : 아무리 능숙한 일도 실수할 때가 있다.
- 모로 가도 서울에만 가면 된다. : 무슨 방법으로라도 처음의 목적을 이루면 된다는 뜻(모로 가나 기어가나 서울 남대문만 가면 그만이다)
- 잘 되면 제 탓, 못 되면 조상 탓 : 잘못된 것을 남의 탓으로 돌리다.
- 부모가 온 효자 되어야 자식이 반 효자 : 윗사람의 행실이 깨끗해야 아랫사람의 행실도 거기에 따라 깨끗해진다는 말.
- 고슴도치도 제 새끼는 함함하다고 한다 : '고슴도치도 제 새끼의 털은 부드럽다고 한다.'는 뜻으로 '자기 자식의 나쁜 점을 모르고 도리어 자랑삼는다.' 또는 '어버이의 눈에 제 자식은 다 잘나 보인다.'는 뜻.

33) http://terms.naver.com/entry.nhn?docId=960009&cid=47303&categoryId=47303(검색일: 2017. 7. 23)
34) 속담은 예로부터 민간에 전해져 오는 격언(格言), 정언(正言)으로 풍자, 비판, 교훈 등이 의미를 내포한 구절을 말한다.

3. 한자성어(漢字成語)[35]

한자성어 혹은 고사성어(故事成語)는 비유적인 내용을 담은 함축된 글자로 상황, 감정, 사람의 심리 등을 묘사한 관용구이다. 간단히 성어(成語)라고도 한다. 주로 4글자로 된 것이 많아서 사자성어(四字成語)라 일컬어지기도 한다. 일상생활이나 글에 많이 사용된다. '자주 쓰이는 한자성어'와 '속담과 연계된 한자성어'의 예를 들어보면 다음과 같다.

한자성어	의미	비 고
刻舟求劍 (새길 각, 배 주, 구할 구, 칼 검)	판단력이 둔하여 시대나 상황의 변화를 모르는 어리석음 뜻함.	
我田引水 (나 아, 밭 전, 끌 인, 물 수)	말을 억지로 끌어다가 이치에 맞추려 함. 견강부회(牽强附會), 자기합리화(自己 合理化) 등과 유사한 의미.	
難兄難弟 (어려울 난, 형 형, 어려울 난, 아우 제)	서로간의 능력이 서로 엇비슷하여 그 우열을 가릴 수 없음. 莫上莫下(막상막하), 伯仲之勢(백중지세)와 유사한 의미.	
累卵之勢 (여러 누, 알 란, 갈 지, 형세 세)	목숨이 곧 끊어질 것 같은 위태로운 상황. 風前燈火(풍전등화), 百尺竿頭(백척간두), 風前燈燭(풍전등촉), 命在頃刻(명재경각), 焦眉之急(초미지급) 등과 유사함.	
囊中之錐 (주머니 낭, 가운데 중, 갈지, 송곳 추)	재능(才能)이 아주 빼어난 사람은 숨어 있어도 저절로 남의 눈에 드러남.	
朝三暮四 (아침 조, 석 삼, 저녁 모, 녁 사)	아침에 세 개, 저녁에 네 개라는 뜻으로, 당장의 차이에 신경 쓰지만 결과는 매한가지라는 의미다. 또는 잔꾀로 남을 농락하는 것을 말하기도 한다.	

35) https://ko.wikipedia.org/wiki/%ED%95%9C%EC%9E%90%EC%84%B1%EC%96%B4(검색일: 2017. 7. 23)

속담	비고	한자성어(漢子成語)
달면 삼키고 쓰면 뱉는다.		甘呑苦吐 (달 감, 삼킬 탄, 쓸 고, 토할 토)
낫 놓고 기억 자도 모른다.		目不識丁 (눈 목, 아니 불, 알 식, 고무래 정)
엎친 데 덮치다.		雪上加霜 (눈 설, 위 상, 더할 가, 서리 상)
나중 난 뿔이 우뚝하다.		청출어람(青出於藍), 출람지재 (出藍之才), 후생각고(後生角高)
수박 겉핥기		走馬看山 (달릴 주, 말 마, 볼 간, 뫼 산)
하룻강아지 범 무서운 줄 모른다.		螳螂拒轍 (사마귀 당, 사마귀 랑, 막을 거, 수레바퀴 철)

4. 생활어휘

생활어휘는 직장생활 또는 일상생활에서 예의를 지키거나, 원활한 의사소통을 위해 기본적으로 알아야 할 내용이며, 원만한 직장생활을 위해 생활어휘는 제한사항 없이 활용할 수 있어야 한다. 여기에는 단위(척도 단위 → 길이, 넓이, 부피, 무게, 묶음 단위 → 낱개, 묶음)와 알맞은 어휘(나이 · 호칭, 접속어 등) 등이 있다.

가. 단위와 관련된 어휘

단위와 관련된 어휘에는 척도(길이, 넓이, 부피, 무게) 단위와 묶음(낱개, 묶음) 단위가 있다.

척도 단위				묶음 단위	
길이 단위	넓이 단위	부피 단위	무게 단위	낱개 단위	묶음 단위
뼘, 치, 자, 칸, 발, 길, 마장	홉지기, 평, 되(마, 섬)지기, 단보, 갈이, 간	되드리, 줌, 홉, 되, 말, 덩저리, 부룻	푼, 돈, 냥, 근, 관, 수동이	개비, 닢, 땀, 채, 모, 올, 자루, 코	가리, 가마, 모숨, 강다리, 거리, 고리

나. 나이와 관련된 어휘

구분	나이	내용
지학(志學)	15세	공자가 15세가 되어 학문에 뜻을 두었다고 하여 나온 말
약관(弱冠)	20세	總角(총각)이 成禮(성례)때 冠을 쓴다고 약관(弱冠)
이립(而立)	30세	공자가 30세가 되어 인생관이 섰다고 해서 나온 말
불혹(不惑)	40세	40세가 되어 사물의 이치에 의문 나는 점이 없었다(공자)
지명(知命)	50세	공자가 50세가 되어 천명(天命)을 알았다고 해서 온 말
이순(耳順)	60세	60세에 남의 말을 순순히 받아들일 수 있었다(공자)
화갑(華甲)	61세	회갑(回甲) 또는 환갑(還甲)이라고도 한다.
진갑(進甲)	62세	회갑의 이듬해로 十干(십간)다시 진행한다.
고희(古稀)	70세	杜甫(두보)의 詩 가운데 : 人生七十古來稀에서 인용
희수(喜壽)	77세	「희(喜)」자를 「」로도 썼기 때문에 喜壽는[七 十 七]세
산수(傘壽)	80세	산(傘)자를 [仐]으로도 썼기 때문에 仐壽는 [八 十]세
미수(米壽)	88세	미(米) 자를 분해하면 [八十八]이 되기 때문에 米壽는 88세
졸수(卒壽)	90세	졸(卒)의 약자를 [卆]로 썼기 때문에 卆壽는[九十]세
백수(白壽)	99세	백(百)」에서 일(一)을 빼면(白)이지만, 100-1로 계산해서 99세
기이(期頤)	100세	상수(上壽), 기원지수(期願之壽), 다수(108세), 천수(120세)

다. 호칭어와 지칭어

사람과 사람의 관계를 나타내는 표현으로는 호칭어와 지칭어가 있다. 호칭어는 상대방을 부를 때 쓰는 말이며, 지칭어는 상대방을 가리킬 때 쓰는 말이다.

<table>
<tr><th rowspan="2">구분</th><th colspan="2">본인</th><th colspan="2">타인</th></tr>
<tr><th>생존(生存)</th><th>사후(死後)</th><th>생존(生存)</th><th>사후(死後)</th></tr>
<tr><td>아버지
(父)</td><td>가친(家親)
엄친(嚴親)
부주(父主)</td><td>선친(先親)
선고(先考)
선부군(先父君)</td><td>춘부장(春府丈)
춘장(春丈)
춘당(春當)</td><td>선대인(先大人)
선고장(先考丈)
선인(先人)</td></tr>
<tr><td>어머니
(母)</td><td>자친(慈親)
가자(家慈)</td><td>선비(先妣)
선자(先慈)</td><td>자당(慈堂)
대부인(大夫人)</td><td>선대부인(先大夫人)
선대부(先大夫)</td></tr>
</table>

<table>
<tr><th colspan="2">시댁(媤宅)식구</th><th colspan="3">처가(妻家)식구</th></tr>
<tr><td>남편 형/누나 남편
(아주버님)</td><td>남편 동생/남편
(도련님/서방님)</td><td colspan="2">아내 오빠/남동생
(처남·형님, 처남)</td><td>아내의 언니/여동생
(처형/처제)</td></tr>
<tr><td>남편 여동생(아가씨)</td><td>남편 누나(형님)</td><td>아내 오빠아내</td><td rowspan="2">처
남
댁</td><td>아내 언니의 남편(형님)</td></tr>
<tr><td>남편 형 아내(형님)</td><td>남편 동생 아내(동서)</td><td>아내 남동생 부인</td><td>아내 여동생 남편(동서)</td></tr>
</table>

Ⅱ. 활동

다음 제시된 지문 내용을 통해 관용 표현, 속담, 한자성어, 생활어휘 등에 대한 이해와 활용을 숙달해 보도록 하자

【활동 1. 다음 지문을 읽고 토의사항을 해결하시오】

구분	내용
지문	① 손끝(이) 맵다 - 하는 행동이 거칠고 못되다. ② 머리를 깎다 - 중이 되다, 머리를 얹다 - 시집을 가다. ③ 제 눈에 안경이다 - 보잘것없는 것도 제 마음에 들면 좋게 보인다는 뜻. ④ 도마에 오르다 - 집중적인 비판의 대상이 되다. ⑤ 당나발을 불다 - 터무니없는 거짓말을 하다.
토의 사항	가. 위 지문에서 관용어와 그 뜻이 올바른 것을 고르시오 나. 위 지문에서 관용어와 그 뜻이 잘못된 것을 바르게 기술하시오

【활동 2. 다음에 제시된 문장의 의미를 관용 표현으로 기술하시오】

문장	관용적 표현
① 듣기에 그럴 듯하여 마음이 쏠리다.	
② 몹시 화가 나서 눈을 부릅뜨다.	
③ 터무니없는 거짓말을 하다.	
④ (아는 사이에서) 오고가는 것을 그만두다.	
⑤ 일을 하지 않고 놀고 지내다.	

【활동 3. 다음에 제시된 문장의 의미를 관용 표현으로 기술하시오】

문장	관용적 표현
① 아무 염려 없다고 철통같이 믿고 있었던 일을 실패했을 때 쓰는 말/	
② 서로가 잘났다고 한다.	
③ 쓸데없이 남의 일에 간섭한다.	
④ 나쁜 일도 계속하면 들통이 난다	
⑤ 은방울 하사는 지난달에 시집을 갔다.	

【활동 4. 다음에 제시된 속담의 의미를 기술하시오】

속 담	의미
가. 개구리도 움쳐야 뛴다.	
나. 쉰 길 나무도 토막 내면 끝이 있다.	
다. 목마른 놈이 샘 판다	
라. 아랫돌 빼어 윗돌 괴기	
마. 거미도 줄을 쳐야 벌레를 잡는다.	

【활동 5. 다음 (　　)안에 들어갈 적합한 사자성어를 기술하시오】

지문	사자성어
가. 아니 (　　　　)도 유분수지, 그래 모른다 모른다 해도 그렇게 어처구니없이 모를 수가 있단 말인가?	
나. 나는 네가 그런 고초로 심신을 소모하는 것보다 이곳에서 (　　　　) 다시 일어설 기틀을 마련하는 편이 나을 것이다.	
다. 뉘라서 까마귀를 검고 흉타 하돗던고, (　　　　)이 그 아니 아름다운가. 사람이 저 새만 못함을 못내 겨워하노라.	
라. 실학은 조선 왕조의 통치 질서의 한계와 임진왜란, 병자호란과 같은 (　　　　)의 전쟁 피해 때문에 파탄에 처한 국가 경제를 바로잡으려는 사상이었다고도 볼 수 있다.	

【활동 6. 사자성어에 어울리는 속담을 기술하시오】

사자성어	속담
가. 근묵자흑(近墨者黑: 가까울 근, 먹 묵, 놈 자, 검을 흑)	
나. 하석상대(下石上臺: 아래 하, 돌 석, 위 상, 대 대)	
다. 문일지십(聞一知十: 들을 문, 한 일, 알지, 열 십)	
라. 갈이천정(渴而穿井: 목마를 갈, 말 이을 이, 뚫을 천, 우물 정)	
마. 견문발검(見蚊拔劍: 볼 견, 모기 문, 뺄 발, 칼 검)	
바. 등고자비(登高自卑: 오를 등, 높을 고, 스스로 자, 낮을 비)	

【활동 7. 다음 지문을 읽고 토의사항을 해결하시오】

구분	내용
지문	공장제 자본주의의 토양에서 꽃을 피운 대량생산, 대량소비 시대에는 '규모의 경제'가 그에 맞는 경제 형태였다. 생산 규모가 커지면서 기업들은 원자재를 대량으로 구입하고 제품을 대량으로 판매할 수 있게 되었고, 이에 따라 생산 경비가 절약되고 이익이 늘어나는 긍정적 효과를 누릴 수 있었다. 그러나 '규모의 경제'가 독단적으로 확장되면서 규모의 비경제성이 나타났다. 일관된 직업 공정이 연속적으로 이루어지는 컨베이어벨트 시스템이 보편화됨에 일부 공정에서 생긴 사소한 실수로 공장 전체의 생산 공정이 멎는 경우가 생겼다. 또 경제 규모가 커짐에 따라 분업화와 전문화가 ㉠ 지나치게 진행되었고, 인간들이 대체 가능한 부품처럼 취급되면서 인간소외현상이 심각해지는 ㉡ 폐해가 발생했다.
선택지	① 새 발의 피 ② 소 잃고 외양간 고친다. ③ 그림의 떡. ④ 지나침은 부족함만 못하다. ⑤ 빈대 잡으려다 초가삼간 태운다.
토의사항	가. 지문의 밑줄 친 ㉠과 ㉡의 의미로 적절한 속담을 선택하시오 나. ㉠과 ㉡의 인과적 결과를 사자성어로 기술하시오

【활동 8. 다음 지문을 읽고 토의사항을 해결하시오】

구분	내용
지문	① 푼, 돈, 냥, 근, 관, 수동이, 닢, 코 ② 개비, 그루, 채, 모, 올, 코, 갓, 톨, 가리 ③ 모숨, 가리, 가마, 강다리, 고리, 손, 쌈, 짝, 두름, 톳, 우리, 땀
토의사항	가. ①, ②, ③에서 각각 그 성격이 다른 것을 식별하시오

【활동 9. 다음 지문을 읽고 토의사항을 해결하시오】

구분	내용
지문	① 테라(Tera), 미터(Miter), 데시(Deci), 기가(Giga), 메가(Mega) ② 마이크로(Micro), 피코(Pico), 나노(Nano) ③ 피코(Pico), 테라(Tera), 데시(Deci), 마이크로(Micro), 기가(Giga), 나노(Nano), 메가(Mega)
토의사항	가. 바이트 크기에 관한 내용이다. ①, ②, ③ 각각 큰 것부터 작은 것 순서대로 배열하시오.

【활동 10. 다음 지문의 내용과 알맞은 사자성어를 선택하시오】

지문	적절한 사자성어
가. "같은 처지라면 품질이 더 좋은 것이나 자기에게 소득이 더 많은 것으로 고르겠다." ① 양자택일(兩者擇一) ② 동가홍상(同價紅裳) ③ 일석이조(一石二鳥) ④ 구우일모(九牛一毛)	
나. "남의 의견이나 말을 귀담아듣지 않고 흘림" ① 우이독경(牛耳讀經) ② 마이동풍(馬耳東風) ③ 동문서답(東問西答) ④ 호사다마(好事多魔)	
다. "한 사람의 잘못으로 여럿이 피해를 봄" ① 일어탁수(一魚濁水) ② 일벌백계(一罰百戒) ③ 일이관지(一以貫之) ④ 일엽지추(一葉知秋)	

【활동 answer】

토의 1. 가. ① 나. 손끝(이) 맵다 – 일하는 것이 야무지다

토의 2. ① 귀가 솔깃하다 ② 눈에 쌍심지를 켜다 ③ 당나발을 불다 ④ 손을 끊다 ⑤ 밥그릇을 축내다.

토의 3. ① 믿는 도끼에 발등 찍힌다. ② 도토리 키 재기 ③ 남의 제사에 감 놓아라 배 놓아라 한다. ④ 꼬리가 길면 밟힌다. ⑤ 머리를 얹다.

토의 4.
가. 무슨 일이나 미리 준비함이 있어야 한다. 나. 아무리 어려운 일도 꾸준히 실천(노력)하다 보면 좋은 결과가 있게 마련이다. 다. 제일 급하고 일이 필요한 사람이 그 일을 서둘러 하게 되어 있다는 말. 라. 일이 몹시 급하여 임시변통으로 이리저리 둘러맞추어 일함을 비유적으로 이르는 말(임시방편, 臨時方便). 마. 모든 일은 준비가 있어야 결실을 얻을 수 있다는 뜻.

토의 5. 가. 목불식정(目不識丁) 나. 와신상담(臥薪嘗膽) 다. 반포보은(反哺報恩) 라. 도탄지고(塗炭之苦)

토의 6.
가. 까마귀 노는 곳에 백로야 가지마라. 나. 언 발에 오줌 누기. 다. 하나를 보면 열을 안다. 라. 목마른 놈이 우물 판다. 또는 갑갑한 놈이 송사(訟事)한다. 마. 도끼 들고 나물 캐러 간다. 또는 모기 보고 칼 빼기 바. 천리 길도 한걸음부터

토의 7. 가. ④ 나. 과유불급(過猶不及)

토의 8. 가. ① 닢, 코(낱개 단위), ② 갓, 가리(묶음 단위), ③ 땀(낱개 단위)

토의 9.
가. ① 테라(Tera), 기가(Giga), 메가(Mega), 미터(Miter), 데시(Deci), ② 마이크로(Micro), 나노(Nano), 피코(Pico), ③ 테라(Tera), 기가(Giga), 메가(Mega), 데시(Deci), 마이크로(Micro), 나노(Nano), 피코(Pico)

토의 10. 가. ② 동가홍상(同價紅裳) 나. ② 마이동풍(馬耳東風) 다. ① 일어탁수(一魚濁水)

Ⅲ. 평가

1 다음 지문의 내용과 연계된 한자성어를 고르시오.

현이는 아침 일찍 학교를 가기 위해 피곤함을 참고 일찍 일어났으나 배가 아파 화장실을 가야 했다. 그러나 동생이 씻고 있어 기다려야 했고 결국 학교에 빨리 가지 못하였다.

① 사면초가(四面楚歌) ② 설상가상(雪上加霜) ③ 일거양득(一擧兩得)
④ 일석이조(一石二鳥) ⑤ 수주대토(守株待兎)

2 다음 빈칸에 적절한 관용어를 〈보기〉에서 고르시오.

① 어른에게 말대꾸를 하다니, 저런 (　　　)
② 너도 (　　　) 뭐든지 해 보려고 하는 모양인데, 이번에는 제발 빠져라
③ 다 된 일이었는데, 내가 (　　　)
④ 눈 오는 날 산에 올라갔다가 정말 (　　　)
⑤ 이번 회의시 에어컨이 고장 나는 바람에 얼마나 덥던지 (　　　)

〈보기〉

㉠ 곱살이 껴서 ㉡ 산통을 깬 것이다 ㉢ 학질을 떼었다
㉣ 십 년 감수했다 ㉤ 경을 칠 놈

3 다음 밑줄 친 부분과 가장 가까운 뜻을 가진 단어를 고르시오.

그때 마침 철수는 영철이에게 <u>오금을 박기</u>에 충분한 사실을 떠올렸다.

① 협박 ② 고립 ③ 구속 ④ 견제 ⑤ 공박

4 다음 중 관용적 표현의 뜻을 잘못 풀이한 것을 고르시오.

① 피가 마르다 – 몹시 괴롭거나 애가 타다.
② 뼈에 사무치다 – 원한이나 고통이 깊고 강하다.
③ 귀가 여리다 – 남의 말을 그대로 잘 믿다.
④ 변죽을 울리다 – 말을 고하다.
⑤ 산통을 깨다 – 잘되어 가던 일을 이루지 못하게 뒤틀어지다.

5 다음 중 성격이 다른 것을 고르시오.

① 지학(志學) ② 불혹(不惑) ③ 미수(米壽) ④ 망종(芒種) ⑤ 백수(白壽)

6 다음 속담을 오늘의 맥락으로 바꾼 것 가운데 원래 의미를 가장 잘 살린 것을 고르시오.

적삼 벗고 은가락지 낀다.

① 속옷 벗고 컴퓨터 게임을 한다.
② 갓 쓰고 오토바이 탄다.
③ 짚신 신고 시조 읊는다.
④ 아 다르고 어 다르다
⑤ 섶을 지고 불로 들어가려 한다.

7 다음 지문에 알맞은 한자성어를 고르시오.

수진이는 시험에 합격하기 위해서는 책 한권의 내용을 다 공부해야 한다며 공부 계획을 짜서 보여주었다. 하지만 정훈이는 그 책의 두께를 보는 순간 그것은 불가능하다고 생각했다. 여섯 달이 지난 후 시험에 합격한 수진이는 자신도 처음엔 책 두께를 보고 포기하고 싶었지만 계획을 세우고 매일매일 빼먹지 않고 공부한 결과 그 내용을 다 공부할 수 있었다고 했다.

① 마부위침(磨斧爲針)
② 낭중지추(囊中之錐)
③ 상전벽해(桑田碧海)
④ 망양보뢰(亡羊補牢)
⑤ 감탄고토(甘呑苦吐)

8 다음 중 밑줄 친 부분을 설명할 수 있는 속담을 고르시오.

금기어는 자신의 생각이나 감정을 솔직하게 밝히기 어려운 상황에서 자신의 의도를 드러낼 때 주로 사용한다. 예를 들어, <u>'천연두'를 '손님', '마마'로 표현하는 것은 불길함을 이유로 금기하는 것이고</u> 귀한 자식에게 '미운 놈', '개똥이' 등 일부러 천하게 부르는 것은 생명을 앗아가는 귀신들의 사이에서 벗어나게 하려는 심리가 작용한 것이다.

① 말로 천 냥 빚을 갚는다. ② 말은 보태고 떡은 뗀다. ③ 말이 씨가 된다.
④ 말 많은 집은 장맛도 쓰다 ⑤ 말이 많으면 쓸 말이 적다.

9 다음 빈칸에 들어갈 한자성어로 적절한 것을 고르시오.

이번 올림픽 축구는 16강부터 박빙의 승부가 예상된다. 16강전의 첫 번째 상대는 최근 1승 1패를 기록 하고 있는 일본이다. 게다가 최근 영토분쟁으로 한·일 관계가 악화된 상황으로 이번 경기는 (   ) 대결이 될 것으로 예상된다.

① 전전반측(輾轉反側) ② 권토중래(捲土重來) ③ 절치부심(切齒腐心)
④ 난형난제(難兄難弟) ⑤ 설상가상(雪上加霜)

10 다음 두 개의 문장과 가장 관계가 깊은 한자성어를 고르시오.

- 우애 좋던 형제는 부친의 사망 이후 유산을 두고 서로 싸우다가 원수가 되었다.
- A학교 축구 선수들의 기량은 B 학교보다 우수했지만 서로 잘하려는 경쟁심리 과다로 결국 패배하고 말았다.

① 자가당착(自家撞着) ② 자중지란(自中之亂) ③ 자포자기(自暴自棄)
④ 남가일몽(南柯一夢) ⑤ 자수성가(自手成家)

☞ 정답 및 해설 pp. 333~334.참조

제7장 우리말 어법

고유어, 어문규정으로서 표준어, 표준발음법, 한글맞춤법[36], 띄어쓰기, 외래어 표기법 등에 관해 살펴보고자 한다. 특히 한글 맞춤법은 "표준어를 소리대로 적되, 어법에 맞도록 함을 원칙으로 한다."라고 규정하고 있으며, 한글 맞춤법의 세부내용은 자모, 소리에 관한 것, 형태에 관한 것, 띄어쓰기, 기타로 구분된다. 하지만 이를 올바르게 활용하기란 쉽지 않다.
따라서 고유어와 어문규정에 관련된 필요지식, 활동, 평가 등을 통해 우리말의 어법에 관한 세부내용을 습득해 보자.

Ⅰ. 필요지식

1. 고유어

고유어란 외래어나 한자어의 상대되는 말이며, '순우리말'이라고도 한다. 대표적인 고유어를 정리해 보면 다음과 같다.

고유어	의미	고유어	의미
가멸다	재산, 살림 등이 넉넉하다.	애면글면	온 힘을 다하는 모양
가탈	억지 트집을 잡다	어기차다	뜻을 굽히지 않고 매우 굳세다
감사납다	억세고 사납다	오달지다	야무지고 실속이 있다.
게저분하다	너절하고 지저분하다	올곧다	정직하다, 바르고 곧다
곰살궂다	부드럽고 다정스럽다	어깃장	짐짓 어기대는 행동
곰상스럽다	싹싹하고 부드러운(성질)	주변	일을 주선하고 변통하는 재주
미쁘다	믿음직하다, 미덥다	주접 들다	몸치레나 옷이 초라(너절)하다
미욱하다	어리석고 둔하다	중절대다	수다스럽게 중얼거리다
숫되다	순진하고 어수룩하다	짜장	참, 과연, 참말로
숫접다	순박하고 수줍어하는 티	추레하다	너절하고 고상하지 못하다
스스럽다	조심하는 마음이 있다	푼더분하다	투실투실하여 복성스럽다
악지 세다	무리한 고집이 대단하다	푼푼하다	넉넉하다

36) 문화체육관광부고시 제2017-12호(2017. 3. 28), http://www.korean.go.kr/front/etcData/etcDataView.do?mn_id=46&etc_seq=540&pageIndex=1(검색일: 2017. 7. 26)

2. 표준어(주요 표준어 규정→기본 규정을 선택지로 출제 경향이 높다)

표준어 규정에는 자음에 관한 규정과 모음에 관한 규정이 있으며, 이러한 규정은 최근에 출제 경향이 높아지고 있다. 이외에도 추가 표준어로 복수 표준어와 별도 표준어를 규정하고 있다. 다음의 가.∼라 항은 자음에 관한 규정이며, 마.∼사. 항은 모음에 관한 규정이다. 아.∼차. 항은 추가 표준어에 관한 규정이다.

가. 다음 단어들은 거센소리를 가진 형태를 표준어로 삼는다.

표준어	비표준어	표준어	비표준어
끄나풀	끄나불	살-쾡이/삵	삵-괭이
나팔-꽃	나발-꽃	칸(한 칸, 두 칸)	간(초가삼간, 윗간)
녘(동녘, 새벽녘)	녁	털어 -먹다	떨어 - 먹다
부엌	부억		

나. 어원에서 멀어진 형태로 굳어져서 널리 쓰이는 것은 표준어로 삼는다.

표준어	비표준어	표준어	비표준어
강낭-콩	강남-콩	사글-세	삭월-세
고삿	고샅[37]	울력-성당[38]	위력-성당

다. 다음 단어들은 의미를 구별 없이, 한 가지 형태만을 표준어로 삼는다.

표준어	비표준어	표준어	비표준어
돌(생일, 주기)	돐	열두-째(십단위 이상)	열-둘째[39]
둘-째	두-째	스물두-째	스물둘-째
셋-째	세-째	빌리다[40]	빌다

37) 고샅의 의미는 시골 마을의 좁은 골목길이며, 이것이 달리 표현된 것이 '고삿'으로 초가지붕을 일 때 쓰는 새끼를 의미한다.

38) 울력성당이란 떼를 지어서 으르고 협박하는 일을 의미한다.

39) 열둘째는 맨 앞에서부터 세어 모두 열두 개째가 됨을 이르는 말이며, 열두째는 순서가 열두 번째가 되는 차례를 의미한다.

40) '빌리다'의 뜻은 '빌려 주다', '빌려 오다' 등을 활용한다. '빌다'는 '용서를 빌다', '소원을 빌다' 등으로 쓰인다.

라. 수컷을 이르는 접두사는 '수-'로 통일하되 '숫양, 숫염소, 숫쥐'의 접두사는 '숫-'으로 한다.

표준어	비표준어	표준어	비표준어
수-꿩	수-퀑/숫-꿩	수-사돈	숫-사돈
수-나사	숫-나사	수-소	숫-소
수-놈	숫-놈	수-은행나무	숫-은행나무

단, 다음 단어에서는 접두사 다음에서 나는 거센소리를 인정하되, 예외적으로 '수벌'과 '수고양이'는 인정하지 않는다.

표준어	비표준어	표준어	비표준어
수-캉아지	숫-강아지	숫-키와	숫-기와
수-캐	숫-개	수-탕나귀	숫-당나귀
수-컷	숫-것	수-톨쩌귀	숫-돌쩌귀
수-퇘지	숫-돼지	수-평아리	숫-병아리

마. 양성 모음이 음성 모음으로 바뀌어 굳어진 다음 단어는 음성 모음 형태를 표준어로 삼는다. 다만 '부조(扶助), 사돈(査頓), 삼촌(三寸)'은 양성 모음 형태를 그대로 표준어로 삼는다.

표준어	비표준어	표준어	비표준어
깡충깡충[41]	깡총깡총	-둥이	동이
발가숭이[42]	발가송이	보퉁이	보통이
오뚝이	오똑이	주추(주춧돌)	주초

바. 동화(同化)현상[43] 'ㅣ'역행 동화 현상[44]에 의한 발음은 원칙적으로 표준 발음으로 인정하지 아니하되, 다만 다음 단어들은 그러한 동화가 적용된 형태를 표준어로 삼는다.

아비 → [애비]	어미 → [에미]	고기 → [괴기]
~나기 → [~내기]	남비 → [냄비]	동당이치다 → 동댕이치다
잡히다 → [자피다 → 재피다]	먹이다 → [머기다 → 메기다]	죽이다 → [주기다 → 쥐기다]

41) '깡충깡충'의 큰말은 '껑충껑충'이다.
42) '발가숭이'의 센말은 '빨가숭이', 큰말은 '벌거숭이, 뻘거숭이'이다.
43) 동화현상은 한 단어 또는 같은 기식군(breath group) 안에 있는 한 음이 다른 음에 영향을 가하여 저와 완전히 같거나 비슷한 음으로 변화하게 하는 현상을 말한다. 순행 동화는 "칼날[칼랄]"같이 앞의 자/모음의 영향으로 뒤 음운이 바뀌는 것이고 역행 동화는 "편리[펼리]"와 같이 뒤의 자/모음의 영향으로 앞 음운이 바뀌는 것을 의미한다.
44) 'ㅣ'역행동화란 모음과 모음 사이에서도 동화 현상이 일어난다. 이를 모음동화(母音同化)라 한다. 앞 음절이 후설 모음 'ㅏ, ㅓ, ㅗ, ㅜ'는 뒤 음절이 전설 모음 'ㅣ'가 오면 끌려서 'ㅐ, ㅔ, ㅚ, ㅟ'로 변한다.

단 'ㅣ'역행동화가 일어나지 않는 것은 '아지랑이'이다. 한편 양복장이(양복을 만드는 사람), 양복쟁이(양복을 입은 사람을 낮잡아 일컫는 말), 갓장이(갓을 만드는 사람), 갓쟁이(갓을 멋들어지게 쓰는 사람) 각각 표준어로 사용된다.

참고적으로 '~장이'와 '~쟁이'의 용법은 다음과 같다.

~장이	~쟁이
기술자를 의미하는 경우	그 외 성품(성질) 등을 의미하는 경우
미장이, 유기장이	심술쟁이, 멋쟁이, 심술쟁이

사. '웃~'과 '윗 ~'의 용법은 '위, 아래'가 구분되는 유무에 따라 다르다.

웃~	윗~
위, 아래가 구분이 없는 경우	위, 아래가 대립되는 경우
웃어른, 웃돈, 웃옷	윗니, 윗도리, 윗눈썹

아. 한자 '구(句)'[45]가 붙어서 이루어진 단어는 '귀'로 읽는 것을 인정하지 아니하고, '구'로 통일한다.

구법(句法), 구절(句節), 경구(警句), 문구(文句), 인용구(引用句), 시구(詩句), 어구(語句)

자. 추가 표준어(복수 표준어)

간질이다. 간질이다.	남사스럽다, 남우세스럽다	흙담, 토담
세간살이, 세간	못자리, 묏자리	복숭아뼈, 복사뼈
등물, 목물	맨날, 만날	토란대, 고운대

차. 추가 표준어(별도 표준어)

~길래, ~기에	개발새발, 괴발개발	나래, 날개
눈꼬리, 눈초리	떨구다, 떨어뜨리다	뜨락, 뜰
먹거리, 먹을거리	메꾸다, 메우다	손주, 손자
어리숙하다, 어수룩하다	연신, 연방	잎새, 잎사귀
의론, 의논	푸르르다, 푸르다	이크, 이키
맨숭맨숭, 맹숭맹숭, 맨송맨송	바둥바둥, 바동바동	아웅다웅, 아옹다옹
오손도손, 오순도순	마실, 마을	속앓이, 속병
섬찟, 섬뜩	삐지다, 삐치다	굽신, 굽실
구안와사, 구안괘사	눈두덩이, 눈두덩	태껸, 택견
품세, 품새	자장면, 짜장면	꼬시다, 꾀다
놀잇감, 장난감	딴지, 딴죽	이쁘다, 예쁘다

45) '句'는 구절 '귀' 또는 글귀 '구'로 읽힌다.

3. 표준 발음법46)

표준 발음법은 표준어의 실제 발음을 따르되, 국어의 전통성과 합리성을 고려하여 정함을 원칙으로 한다.

가. 받침의 발음(음절의 끝소리 규칙)

(1) 받침 'ㄲ, ㅋ', 'ㅅ, ㅆ, ㅈ, ㅊ, ㅌ', 'ㅍ'은 어말 또는 자음 앞에서 각각 대표음 [ㄱ, ㄷ, ㅂ]으로 발음한다.

받침	ㄲ, ㅋ	ㅅ, ㅆ, ㅈ, ㅊ, ㅌ	ㅍ
대표음	ㄱ	ㄷ	ㅂ
예	닦다[닥따], 키읔[키윽]	옷[옫], 젖[젇], 쫓다[쫃따]	앞[압]

(2) 겹받침 'ㄳ', 'ㄵ', 'ㄼ, ㄽ, ㄾ', 'ㅄ'은 어말 또는 자음 앞에서 각각 [ㄱ, ㄴ, ㄹ, ㅂ]으로 발음한다.

받침	'ㄳ',	'ㄵ'	'ㄼ, ㄽ, ㄾ'	'ㅄ'
대표음	ㄱ	ㄴ	ㄹ	ㅂ
예	넋[넉], 넋과[넉꽈]	앉다[안따]	넓다[널따], 외곬[외골], 핥다[할따]	값[갑], 없다[업:따]

다만, '밟-'은 자음 앞에서 [밥]으로 발음하고, '넓-'은 다음과 같은 경우에 [넙]으로 발음한다.

밟다[밥따], 밟소[밥쏘], 밟지[밥찌], 밟는[밥는→밤는], 밟게[밥께], 밟고[밥꼬]
넓-죽하다[넙쭈카다], 넓-둥글다[넙뚱글다]

(3) 겹받침 'ㄺ, ㄻ, ㄿ'은 어말 또는 자음 앞에서 각각 [ㄱ, ㅁ, ㅂ]으로 발음한다.

받침	'ㄺ'	'ㄻ'	'ㄿ'
대표음	ㄱ	ㅁ	ㅂ
예	닭[닥], 흙과[흑꽈], 맑다[막따]	삶[삼:] 젊다[점:따]	읊고[읍꼬], 읊다[읍따]

다만, 용언의 어간 말음 'ㄺ'은 'ㄱ' 앞에서 [ㄹ]로 발음한다. 예컨대, 맑게[말께], 묽고[물꼬], 얽거나[얼거나] 등이다.

46) https://ko.dict.naver.com/help.nhn?page=3-1-1(검색일: 2019. 2. 20)

(4) 받침 'ㅎ'의 발음은 다음과 같다.

① 'ㅎ(ㄶ, ㅀ)' 뒤에 'ㄱ, ㄷ, ㅈ'이 결합되는 경우에는, 뒤 음절 첫소리와 합쳐서 [ㅋ, ㅌ, ㅊ]으로 발음한다.

놓고[노코], 좋던[조:턴], 쌓지[싸치], 많고[만:코], 않던[안턴], 닳지[달치]

받침 'ㄱ(ㄺ), ㄷ, ㅂ(ㄼ), ㅈ(ㄵ)'이 뒤 음절 첫소리 'ㅎ'과 결합되는 경우에도, 역시 두 음을 합쳐서 [ㅋ, ㅌ, ㅍ, ㅊ]으로 발음한다.

받침	ㄱ(ㄺ)	ㄷ	ㅂ(ㄼ),	ㅈ(ㄵ)
대표음	ㅋ	ㅌ	ㅍ	ㅊ
예	각하[가카] 먹히다[머키다] 밝히다[발키다]	맏형[마텽]	좁히다[조피다] 넓히다[널피다] 꽂히다[꼬치다]	앉히다[안치다]

또한 규정에 따라 'ㄷ'으로 발음되는 'ㅅ, ㅈ, ㅊ, ㅌ'의 경우에도 이에 준한다.

옷 한 벌[오탄벌], 낮 한때[나탄때], 꽃 한 송이[꼬탄송이], 숱하다[수타다]

② 'ㅎ(ㄶ, ㅀ)' 뒤에 'ㅅ'이 결합되는 경우에는, 'ㅅ'을 [ㅆ]으로 발음한다.

닿소[다쏘], 많소[만:쏘], 싫소[실쏘]

③ 'ㅎ' 뒤에 'ㄴ'이 결합되는 경우에는, [ㄴ]으로 발음한다.

놓는[논는], 쌓네[싼네]

또한 'ㄶ, ㅀ' 뒤에 'ㄴ'이 결합되는 경우에는, 'ㅎ'을 발음하지 않는다.

않네[안네], 않는[안는], 뚫네[뚤네→뚤레], 뚫는[뚤는→뚤른]

④ 'ㅎ(ㄶ, ㅀ)' 뒤에 모음으로 시작된 어미나 접미사가 결합되는 경우에는, 'ㅎ'을 발음하지 않는다.

낳은[나은], 놓아[노아], 쌓이다[싸이다], 많아[마:나], 않은[아는], 싫어도[시러도]

나. 연음 현상

(1) 홑받침이나 쌍받침이 모음으로 시작된 조사나 어미, 접미사와 결합되는 경우에는, 제 음

가대로 뒤 음절 첫소리로 옮겨 발음한다.

깎아[까까], 옷이[오시], 있어[이써], 낮이[나지], 꽂아[꼬자], 꽃을[꼬츨], 쫓아[쪼차], 밭에[바테], 앞으로[아프로], 덮이다[더피다]

(2) 겹받침이 모음으로 시작된 조사나 어미, 접미사와 결합되는 경우에는, 뒤엣것만을 뒤 음절 첫소리로 옮겨 발음한다.(이 경우, 'ㅅ'은 된소리로 발음함.)

넋이[넉씨], 앉아[안자], 닭을[달글], 젊어[절머], 곬이[골씨], 핥아[할타], 읊어[을퍼]

(3) 받침 뒤에 모음 'ㅏ, ㅓ, ㅗ, ㅜ, ㅟ'들로 시작되는 실질 형태소가 연결되는 경우에는, 대표음으로 바꾸어서 뒤 음절 첫소리로 옮겨 발음한다.

밭 아래[바다래], 늪 앞[느밥], 젖어미[저더미], 헛웃음[허두슴], 꽃 위[꼬뒤]

겹받침의 경우에는, 그 중7)하나만을 옮겨 발음한다. 각주 (1) 참조. 각주(1) '그 중'는 '표준국어대사전'에 따르면 '그중'와 같이 붙여 써야 한다. 이하 같다.

넋 없다[너겁따], 닭 앞에[다가페]. 값어치[가버치], 값있는[가빈는]

(4) 한글 자모의 이름은 그 받침소리를 연음하되, 'ㄷ, ㅈ, ㅊ, ㅋ, ㅌ, ㅍ, ㅎ'의 경우에는 특별히 다음과 같이 발음한다.

'ㄷ' → 'ㅅ'	디귿이[디그시], 디귿을[디그슬], 디귿에[디그세]
'ㅈ' → 'ㅅ'	지읒이[지으시], 지읒을[지으슬], 지읒에[지으세]
'ㅊ' → 'ㅅ'	치읓이[치으시], 치읓을[치으슬], 치읓에[치으세]
'ㅋ' → 'ㄱ'	키읔이[키으기], 키읔을[키으글], 키읔에[키으게]
'ㅌ' → 'ㅅ'	티읕이[티으시], 티읕을[티으슬], 티읕에[티으세]
'ㅍ' → 'ㅂ'	피읖이[피으비], 피읖을[피으블], 피읖에[피으베]
'ㅎ' → 'ㅅ'	히읗이[히으시], 히읗을[히으슬], 히읗에[히으세]

다. 구개음화 현상

받침 'ㄷ, ㅌ(ㄾ)'이 조사나 접미사의 모음 'ㅣ'와 결합되는 경우에는, [ㅈ, ㅊ]으로 바꾸어서 뒤 음절 첫소리로 옮겨 발음한다.

곧이듣다[고지듣따], 굳이[구지], 미닫이[미:다지], 밭이[바치], 벼훑이[벼훌치]

그리고 'ㄷ' 뒤에 접미사 '히'가 결합되어 '티'를 이루는 것은 [치]로 발음한다.

굳히다[구치다], 닫히다[다치다], 묻히다[무치다]

단, 합성어에서는 받침 'ㄷ, ㅌ' 다음에 '이'로 시작되는 단어가 결합되어 있을 때에도 구개음화는 일어날 수 없다.

'밭이랑[반니랑], 홑이불[혼니불]' 등과 같이 'ㄴ'에 의해서 'ㅌ'이 [ㄴ]으로 발음

라. 자동음화 현상

(1) 받침 'ㄱ(ㄲ, ㅋ, ㄳ, ㄺ), ㄷ(ㅅ, ㅆ, ㅈ, ㅊ, ㅌ, ㅎ), ㅂ(ㅍ, ㄼ, ㄿ, ㅄ)'은 'ㄴ, ㅁ' 앞에서 [ㅇ, ㄴ, ㅁ]으로 발음한다.(비음화)

ㄱ(ㄲ, ㅋ, ㄳ, ㄺ) → 'ㅇ'	먹는[멍는], 국물[궁물], 깎는[깡는], 키읔만[키응만], 몫몫이[몽목씨], 긁는[긍는], 흙만[흥만]
ㄷ(ㅅ, ㅆ, ㅈ, ㅊ, ㅌ, ㅎ) → 'ㄴ'	닫는[단는], 짓는[진:는], 옷맵시[온맵씨], 있는[인는], 맞는[만는], 젖멍울[전멍울], 쫓는[쫀는], 꽃망울[꼰망울], 붙는[분는], 놓는[논는]
ㅂ(ㅍ, ㄼ, ㄿ, ㅄ) → 'ㅁ'	잡는[잠는], 밥물[밤물], 앞마당[암마당], 밟는[밤:는], 읊는[음는], 없는[엄:는]

(2) 두 단어를 이어서 한 마디로 발음하는 경우에도 이와 같다.

책 넣는다[챙넌는다], 흙 말리다[흥말리다], 옷 맞추다[온맏추다], 밥 먹는다 [밤멍는다], 값 매기다[감매기다]

(3) 받침 'ㅁ, ㅇ' 뒤에 연결되는 'ㄹ'은 [ㄴ]으로 발음한다.(비음화)

담력[담:녁], 침략[침:냑], 강릉[강능], 항로[항:노], 대통령[대:통녕]

또한 받침 'ㄱ, ㅂ' 뒤에 연결되는 'ㄹ'도 [ㄴ]으로 발음한다.

막론[막논→망논], 석류[석뉴→성뉴], 협력[협녁→혐녁], 법리[법니→범니]

(4) 'ㄴ'은 'ㄹ'의 앞이나 뒤에서 [ㄹ]로 발음한다.(유음화)

난로[날:로], 신라[실라], 천리[철리], 광한루[광:할루], 대관령[대:괄령] 칼날[칼랄], 물난리[물랄리], 줄넘기[줄럼끼], 할는지[할른지]

또한 첫소리 'ㄴ'이 'ㅀ', 'ㄾ' 뒤에 연결되는 경우에도 이에 준한다.

닳는[달른], 뚫는[뚤른], 핥네[할레]

다만, 다음과 같은 단어들은 'ㄹ'을 [ㄴ]으로 발음한다.

의견란[의ː견난], 임진란[임ː진난], 생산량[생산냥], 결단력[결딴녁], 공권력[공꿘녁] 동원령[동ː원녕], 상견례[상견녜], 횡단로[횡단노], 이원론[이ː원논], 입원료[이붠뇨] 구근류[구근뉴]

마. 음의 첨가

(1) 합성어 및 파생어에서, 앞 단어나 접두사의 끝이 자음이고 뒤 단어나 접미사의 첫음절이 '이, 야, 여, 요, 유'인 경우에는, 'ㄴ' 음을 첨가하여 [니, 냐, 녀, 뇨, 뉴]로 발음한다.

솜-이불[솜ː니불], 홑-이불[혼니불], 막-일[망닐], 삯-일[상닐], 맨-입[맨닙] 꽃-잎[꼰닙], 내복-약[내ː봉냑], 한-여름[한녀름], 남존-여비[남존녀비], 신-여성[신녀성], 색-연필[생년필], 직행-열차[지캥녈차], 영업-용[영엄뇽], 백분-율[백뿐뉼]

'ㄹ' 받침 뒤에 첨가되는 'ㄴ' 음은 [ㄹ]로 발음한다.

들-일[들ː릴], 솔-잎[솔립], 설-익다[설릭따], 물-약[물략], 불-여우[불려우]

두 단어를 이어서 한 마디로 발음하는 경우에도 이에 준한다.

한 일[한닐], 옷 입다[온닙따], 서른여섯[서른녀섣], 먹은 엿[머근녇]

다만, 다음과 같은 단어에서는 'ㄴ(ㄹ)' 음을 첨가하여 발음하지 않는다.

금연[그면], 담임[다밈], 굴욕[구룍], 선열[서녈], 촬영[촤령], 활용[화룡], 월요일[워료일], 6 · 25[유기오], 3 · 1절[사밀쩔], 송별-연[송ː벼련], 등-용문[등용문]

(2) 'ㄱ, ㄷ, ㅂ, ㅅ, ㅈ'으로 시작하는 단어 앞에 사이시옷이 올 때는 이들 자음만을 된소리로 발음하는 것을 원칙으로 하되, 사이시옷을 [ㄷ]으로 발음하는 것도 허용한다.

냇가[내ː까/낻ː까], 샛길[새ː낄/샏ː낄], 빨랫돌[빨래똘/빨랟똘], 콧등[코뜽/콛뜽], 깃발[기빨/긷빨], 햇살[해쌀/핻쌀], 뱃속[배쏙/밷쏙], 뱃전[배쩐/밷쩐]

사이시옷 뒤에 'ㄴ, ㅁ'이 결합되는 경우에는 [ㄴ]으로 발음한다.

콧날[콛날→콘날], 아랫니[아랟니→아랜니], 툇마루[퇻ː마루→퇸ː마루]

사이시옷 뒤에 '이' 음이 결합되는 경우에는 [ㄴㄴ]으로 발음한다.

베갯잇[베갣닏→베갠닏], 깻잎[깯닙→깬닙], 나뭇잎[나묻닙→나문닙]

4 한글 맞춤법 47)

가. 소리

단어 안에서 뚜렷한 까닭 없이 나는 된소리는 다음 음절의 첫소리를 된소리로 적는다. 그 세부 내용은 다음과 같다.

(1) 두 모음 사이에서 나는 된소리

소쩍새 , 어깨, 오빠, 으뜸, 아끼다, 기쁘다, 깨끗하다, 어떠하다, 해쓱하다, 가끔

(2) 'ㄴ, ㄹ, ㅁ, ㅇ' 받침 뒤에서 나는 된소리

산뜻하다, 잔뜩, 살짝, 훨씬, 담뿍, 찔, 몽땅, 엉뚱하다, 단짝, 번쩍, 물씬, 절뚝거리다, 듬뿍, 함빡, 껑뚱하다, 뭉뚱그리다

단, 'ㄱ, ㅂ' 받침 뒤는 된소리로 나더라도 아래와 같이 된소리로 적지 않는다. 그러나'똑똑(-하다), 쓱싹(-쓱싹), 쌉쌀(-하다)' 따위처럼 같은 음절이나 비슷한 음절이 거듭되는 경우에는 (첫소리가) 같은 글자로 적는다.

늑대[늑때], 낙지[낙찌], 접시[접씨], 납작하다[납짜카다]

(3) '구개음화(입천장소리되기)'는 'ㄷ, ㅌ'이 'ㅣ'모음(조사, 접미사)을 만나 'ㅈ, ㅊ'으로 바뀌는 현상을 말한다. 즉 구개음이 아닌 'ㄷ, ㅌ' 받침 뒤에 종속적 관계를 가진 '-이', '-히', '-가'가 오는 경우에는 그 'ㄷ, ㅌ'이 'ㅈ, ㅊ'으로 소리 나더라도 'ㄷ, ㅌ'으로 적는다.

해돋이(해도지), 굳이(구지), 맏이(마지), 굳히다(구치다), 곧이듣다(고지듣따)

(4) 두음법칙(頭音法則)은 머리음에 적용되는 법칙으로, 일부 소리가 단어의 첫머리에서 발음되는 것을 꺼려 다른 소리로 발음되는 현상을 말한다. 여기에는 'ㄴ'두음법칙과 'ㄹ'두음법칙이 있다.

'ㄴ'두음법칙(첫소리에 'ㄴ'이 오지 않는 법칙)은 한자음 '녀, 뇨, 뉴, 니'가 단어 첫머리에 올 적에는 두음 법칙에 따라'여, 요, 유, 이'로 적는다. 즉, 'ㄴ'을 버리고'ㅇ'을 취한다. 그 예는 다음과 같다.

---

47) 문화체육관광부고시 제2017-12호(2017. 3. 28), http://www.korean.go.kr/front/etcData/etcDataView.do?mn_id=46&etc_seq=540&pageIndex=1(검색일: 2017. 7. 26)

본음	적용	본음	적용	본음	적용
녀자(女子)	여자	뉴대(紐帶)	유대	닉명(匿名)	익명
년세(年歲)	연세	뇨소(尿素)	요소	니토(泥土)	이토

그러나 예외적으로 의존명사[48]에서는 '냐, 녀'음을 인정(두음법칙 미 적용)한다. 또한 접두사처럼 쓰이는 한자가 붙어서 된 말이나 합성어에서 뒷말의 첫소리가 'ㄴ'소리로 나더라도 두음법칙에 따라 적는다.

의존명사	합성어
몇 냥, 몇 년, 냠냠	신여성, 공염불, 남존여비

'ㄹ' 두음법칙(첫소리에 'ㄹ'이 오지 않는 법칙)은 입을 다물고 있다가 처음부터 'ㄹ' 소리를 내기 어렵기 때문에 'ㄹ'을 첫소리로 두지 않는다.

첫소리에 'ㄹ'이 못 오는 경우	
'라, 로, 루, 르, 래, 뢰' 등으로 시작하는 한자어는 'ㄹ'→'ㄴ'으로 바뀜	'랴, 려, 료, 류, 례, 리'등으로 시작하는 한자어는 'ㄹ'→'ㅇ'으로 바뀜
락원(樂園)→낙원, 로인(老人)→노인 루각(樓閣)→누각, 름름(凜凜)→늠름	량심(良心)→양심, 력사(歷史)→역사 료리(料理)→요리, 류학(留學)→유학

단, 'ㄹ'이 첫소리에 오더라도 외래어인 경우(라디오, 라디에이터, 리본, 로션 등)와 '녀석', '네'의 경우는 두음 법칙의 적용을 받지 않는다.

나. 형태(사이시옷)

한글 맞춤법에서, 사잇소리 현상이 나타났을 때 쓰는 'ㅅ'의 이름을 말한다. 사이시옷을 넣은 조건은 다음과 같다. ① 두 단어가 합해져서 하나의 단어가 된 때. ② 그 두 단어 중 하나는 반드시 고유어일 때. 그리고 ③ 원래에는 없었던 된소리나 'ㄴ'소리가 날 때 등이다.

단어 1		단어 2	발음	표기
저(한자어)	+	가락(고유어)	저까락	젓가락
깨(고유어)	+	묵(고유어)	깬묵	깻묵
깨(고유어)	+	잎(고유어)	깬닙	깻잎

이를 좀 더 세부적으로 정리해 보면 다음과 같다.

48) 의존명사란 의미가 형식적이서 다른 말 아래에 기대어 쓰이는 명사를 말한다. 예를 들면 '것', '따름', '데' 따위가 있다.

'고유어+고유어'의 형태로 앞말에 받침이 없을 경우	
귀+밥 → 귓밥, 나무+가지 → 나뭇가지 (뒷말의 첫소리가 된소리가 나는 경우)	아래+마을→아랫마을, 뒤+머리→뒷머리, 나무+입 → 나뭇잎, 대+입 → 댓잎

'고유어+한자어'또는 '한자어+고유어' 형태로 앞말에 받침이 없을 경우	
코+병 → 콧병, 아래+방 → 아랫방 (뒷말의 첫소리가 된소리가 나는 경우)	후+날 → 훗날, 제사+날 →제삿날 예사+날 →예삿날, 가외+일→가욋일

그러나 다음 한자어는 반드시 사이시옷을 넣는다. 예외인 한자는 숫자, 셋방, 횟수, 찻간, 곳간, 툇간 등이다.

다. 기 타

(1) 부사의 끝음절이 분명히 '이'로만 나는 것은 '-이'로 적고, '히'로만 나거나 '이'나 '히'로 나는 것은 '-히'로 적는다.

'이'로 나는 것	'히'로 나는 것	'이, 히'로 나는 것
깨끗이, 느긋이, 둥긋이 따뜻이, 반듯이, 버젓이	극히, 급히, 딱히, 속히 작히, 족히, 특히	솔직히, 가만히, 간편히 나른히, 무단히, 각별히

(2) 다음과 같은 접미사는 된소리로 적는다.

심부름꾼, 귀때기, 익살꾼, 볼때기, 일꾼, 판자때기, 장꾼, 뒤꿈치, 장난꾼, 팔꿈치, 지게꾼, 이마빼기, 때깔, 코빼기, 빛깔, 객쩍다, 성깔 , 겸연쩍다.

(3) 두 가지로 구별하여 적던 다음 말들은 한 가지로 적는다.

개정 전	개정 후
맞추다, 마추다	맞추다(입을 맞춘다. 양복을 맞춘다.)
뻗치다, 뻐치다	뻗치다(다리를 뻗친다. 멀리 뻗친다.)

(4) 한자어에서 본음으로도 나고 속음으로도 나는 것은 각각 그 소리에 따라 적는다.[49)]

'본음'으로 나는 것	'속음'으로 나는 것
승낙(承諾)	수락(受諾), 쾌락(快諾), 허락(許諾)
만난(萬難)	곤란(困難), 논란(論難)
안녕(安寧)	의령(宜寧), 회령(會寧)

49) 속음은 세속에서 널리 사용되는 익은소리(습관음)이므로, 속음으로 된 발음 형태를 표준어로 삼게 되며, 따라서 맞춤법에서도 속음에 따라 적게 된다.http://krdic.naver.com/rescript_detail.nhn?seq=7403(검색일: 2017. 7. 30)

'본음'으로 나는 것	'속음'으로 나는 것
분노(忿怒)	대로(大怒), 희로애락(喜怒哀樂)
토론(討論)	의논(議論)
오륙십(五六十)	오뉴월, 유월(六月)
목재(木材)	모과(木瓜)
십일(十日)	시방정토(十方淨土), 시왕(十王), 시월(十月)
팔일(八日)	초파일(初八日)

(5) '-더라, -던', '-든지'는 다음과 같이 적는다.

구분	'-더라, -던'	'-든지'
용법	지난 일을 나타내는 어미	선택의 의미를 나타내는 어미
예	지난 겨울은 몹시 춥더라. 깊던 물이 얕아졌다. 그 사람 말 잘하던데!	배든지 사과든지 마음대로 먹어라. 가든지 오든지 마음대로 해라. 공부를 하든지 말든지 알아서 해라.

(6) 틀리기 쉬운 어휘

가르치다		가리키다	
	지식, 기능, 이치 등을 깨닫게 하거나 익히게 하다.	손가락 따위로 어떤 방향이나 대상을 집어서 보이거나 말하거나 알리다.	
걷잡다		**겉잡다**	
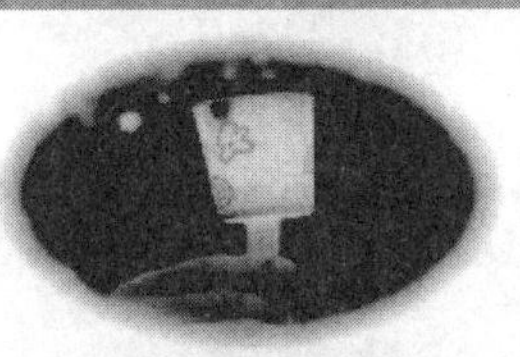	한 방향으로 치우쳐 흘러가는 형세 따위를 붙들어 잡다.	겉으로 보고 대강 짐작하여 헤아리다.	
너머		**넘어**	
	높이나 경계로 가로막은 사물의 저쪽. 또는 그 공간.	일정한 시간, 시기, 범위 따위에서 벗어나 지나다.	
가름하다		**갈음하다**	
	쪼개거나 나누어 따로 따로 되게 하다. 승부나 등수 따위를 정하다.	다른 것으로 바꾸어 대신하다.	

다리다		달이다	
	옷이나 천 따위의 주름이나 구김을 펴고 줄을 세우기 위한 것.	액체 따위를 끓여서 진하게 만들다.	
띠다		**띄다**	
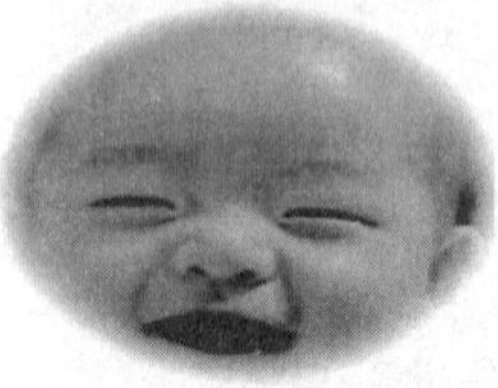	빛깔, 성질, 감정 등을 갖거나 보이다.(유의어, 나타내다, 가지다, 갖다)	'뜨이다'의 준말, 눈에 보이다.	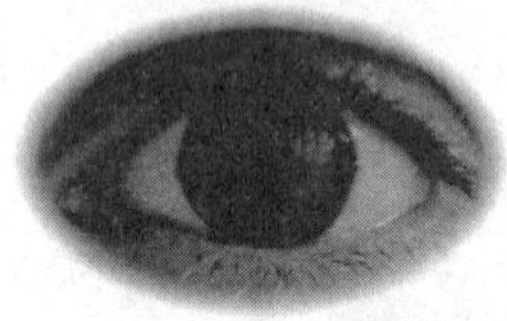
붓다		**붇다**	
	가루 따위를 다른 곳에 담다. 살가죽이나 어떤 기관이 부풀어 오르다.	물에 젖어서 부피가 커지다. 분량이나 수효가 많아지다.(커지다)	
반드시		**반듯이**	
	틀림없이 꼭. (유의어: 기어이, 기필코)	비뚤어지거나 기울거나 굽지 아니하고 바르게.	
벌리다		**벌이다**	
	둘 사이를 넓히거나 멀게 하다. 껍질 따위를 열어젖혀 드러내다.	일을 계획하여 시작하거나 펼쳐 놓다. 노름판 따위를 차려 놓다.	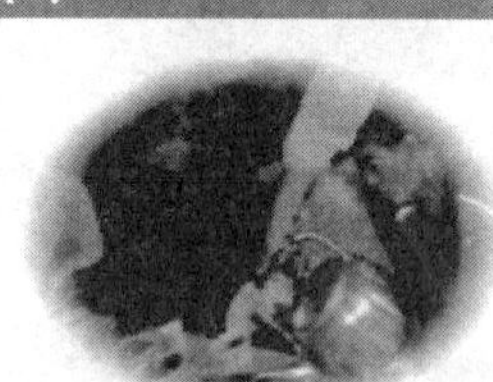
맞추다		**맞히다**	
	서로 떨어져 있는 부분을 제자리에 맞게 붙이다. 둘 이상의 일정한 대상들을 나란히 놓고 비교하여 살피다.	자연 현상에 따라 내리는 눈, 비 따위의 닿음을 받다. 문제에 대한 답이 틀리지 아니하다.	

부치다		붙이다	
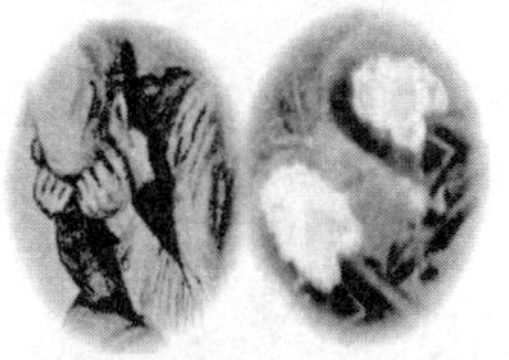	모자라거나 미치지 못하다. 편지나 물건을 상대에게로 보내다. 부침개질.	어떤 것을 떨어지지 않게 하다 또는, 가까이 닿게 하다.	
어느		**여느**	
막연한 사람이나 사물을 이름 지칭함. '어느 마을', '어느 것', '어느 부모, 주량이 어느 만큼 되는가?'		특별나지 않고 예사로운, 특정한 것과 대조 되는 다른 보통의, '여느 때와는 달리 일찍 자리에서 일어났다.'	
늘이다		**늘리다**	
	본디보다 더 길어지게 하다. 선 따위를 연장하여 계속 긋다.	물체의 넓이, 부피 따위를 본디보다 커지게 하다	
삭히다		**삭이다**	
	김치나 젓갈 따위의 음식물이 발효되어 맛이 들다.	긴장이나 화가 풀려 마음이 가라앉히다.	
빌다		**빌리다**	
	바라는 바를 이루게 하여 달라고 간청하다. 잘못을 용서하여 달라고 호소.	남의 물건이나 돈 따위를 나중에 도로 돌려주거나 갚기로 하고 얼마 동안 쓰다.	
저리다		**절이다**	
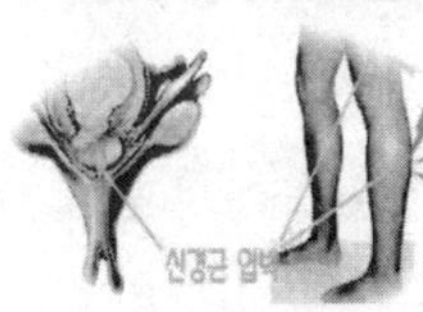	뼈마디나 몸의 일부가 피가 잘 통하지 못하여 감각이 둔하고 아리다.	배추나 무 등을 소금이나 식초 등에 담가놓은 상태.	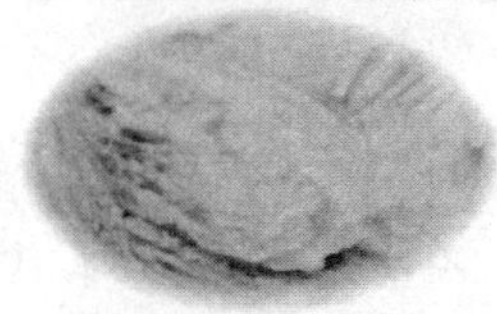
조리다		**졸이다**	
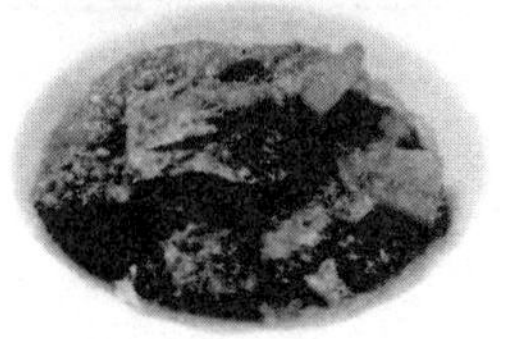	양념을 한 고기나 생선, 채소 따위를 국물에 넣고 바짝 끓여서 양념이 배어들게 하다.	찌개, 국, 한약 따위의 물이 증발하여 분량이 적어지다. 속을 태우다시피 초조해하다.	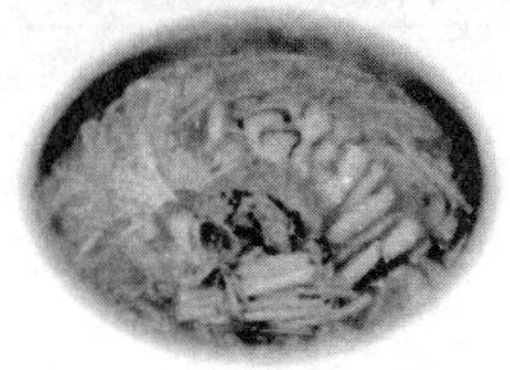

박다		받다	
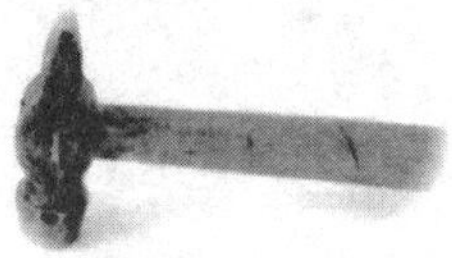	두들겨 치거나 틀어서 꽂히게 하다. 붙이거나 끼워 넣다. 속이나 가운데에 들여 넣다.	머리나 뿔 따위로 세차게 부딪치다. 부당한 일을 한다고 생각되는 사람에게 맞서서 대들다.	

일절	일체
사물을 부인(否認) 또는 행위를 금지 (아무것도 없다) 그날 이후에는 연락을 일절 안 한다.	모든 것, 전부, 완전히 (모든 것이 있다) 오늘 회식비는 일체 내가 부담한다.

다치다	닫히다	닫치다
부딪치거나 맞거나 하여 신체에 상처를 입다. 또는 입히게 하다.	열린 문짝, 뚜껑, 서랍 따위를 도로 제자리로 가게 하여 막다. 성문이 닫혀 있다. 열어 놓은 문이 바람에 닫혔다.(자동사)	열린 문짝, 뚜껑, 서랍 따위를 꼭꼭 또는 세게 닫다. 그는 화가 나서 문을 탁 닫치고 나갔다.(피동사)
바치다	**받히다**	**받치다**
신이나 웃어른에게 정중하게 드리다. 반드시 내거나 물어야 할 돈을 가져다주다. '나라를 위해 목숨을 바치다.'	머리나 뿔 따위로 세차게 부딪치다. '마을 이장이 소에게 받혀서 꼼짝을 못 한다.'	물건의 밑이나 옆 따위에 다른 물체를 대다. 옷의 색깔이나 모양이 조화를 이루도록 함께 하다. '우산을 받치고 간다. 책받침을 받친다.'

Ⅱ. 활동

다음 우리말 어법에 관한 내용을 해결하고 토의해 보자.

【활동 1. 다음 빈번하게 출제되는 고유어이다. 토의사항을 해결하시오】

구분	내용
지문	곰살궂다. 미쁘다. 어깃장, 푼더분하다. 푼푼하다. 주접 들다, 미욱하다
토의 사항	각각의 고유어의 의미를 기술하시오

【활동 2. 다음은 자음에 관한 표준어이다. 토의사항을 해결하시오】

구분	내용
지문	끄나풀, 삵괭이, 삵, 삭월세, 돐, 스물둘째, 수탕나귀, 수돼지, 수꿩, 숫나사, 숫컷, 숫양, 숫염소, 숫쥐, 수캉아지, 숫기와
토의사항	가. 표준어가 아닌 것을 식별하시오 나. 표준어가 아닌 이유를 기술하시오

【활동 3. 다음은 모음에 관한 표준어이다. 토의사항을 해결하시오】

구분	내용
지문	깡충깡충, 껑충껑충, 발가숭이, 오뚝이, 부조, 삼촌, 사둔, 신출나기, 아지랑이, 미장이, 대장쟁이, 멋쟁이, 담쟁이, 덩굴, 넝쿨
토의사항	가. 표준어가 아닌 것을 식별하시오 나. 표준어가 아닌 이유를 기술하시오

【활동 4. 다음은 추가(복수/별도) 표준어이다. 토의사항을 해결하시오】

구분	내용
지문	등물/목물, 맨날/만날, 흙담/토담, 북숭아뼈/복사뼈, 눈꼬리/눈초리, 연신/연방, 뜨락/뜰, 먹거리/먹을거리, 어리숙하다/어수룩하다, 오돈도손/오순도순
토의사항	위의 표준어를 복수 표준어와 별도 표준어로 분류하시오

【활동 5. 다음은 표준발음법 중 '연음 현상'이다. 토의사항을 해결하시오】

구분	내용
지문	표준발음법의 총칙은 "표준어의 실제 발음을 따르되, 국어의 전통성과 합리성을 고려하여 정함을 원칙으로 한다."이다. 하위 항목인 제13항, 제14항, 제15항, 제16항은 연음현상(연음법칙)에 관해 기술하고 있다.
토의사항	가. 연음 현상(법칙)의 기본 개념에 대해 설명하시오 나. 연음 현상에 대해 각각의 예를 들어 설명하시오

【활동 6. 다음은 표준발음법 '구개음화 현상'이다. 토의사항을 해결하시오】

구분	내용
지문	표준발음법의 제17항은 '구개음화 현상'에 관해 기술하고 있다.
토의 사항	가. 구개음화 현상(법칙)의 기본 개념에 대해 설명하시오 나. 구개음화 현상에 대해 예를 들어 설명하시오

【활동 7. 다음은 표준발음법 '사이시옷' 용법이다. 토의사항을 해결하시오】

구분	내용
지문	표준발음법의 제30항은 '사이시옷이 붙은 단어'의 발음 규정이다.
토의 사항	사이시옷이 붙은 단어의 발음은 3가지 경우가 있다. 이에 관해 예를 들어 설명하시오

【활동 8. 다음은 한글 맞춤법 '두음 법칙' 규정이다. 토의사항을 해결하시오】

구분	내용
지문	한글 맞춤법 제10항~제12항은 '두음 법칙'에 관해 기술하고 있다.
토의 사항	가. 두음 법칙의 개념을 설명하시오 나. 두음 법칙의 3가지 경우를 예를 들어 설명하시오 다. 예외적 두음 법칙의 3가지 경우를 예를 들어 설명하시오

【활동 9. 다음은 한글 맞춤법 '사이시옷' 규정이다. 토의사항을 해결하시오】

구분	내용
지문	한글 맞춤법 제30항은 "사이시옷은 다음과 같은 경우에 받치어 적는다."라고 명시되어 있다.
토의 사항	가. 합성어의 의미를 설명하시오 나. 사이시옷을 받치어 적는 경우를 예를 들어 설명하시오

【활동 10. 다음 지문을 읽고 토의사항을 해결하시오】

구분	내용
지문	한글 맞춤법 제51항은 '부사의 끝음절', 제56항은 '구별해야 할 표기'에 관해 규정하고 있다.
토의 사항	가. 부사의 끝음절 '-이' 와 '-히' 적는 용법에 관해 설명하시오 나.'-더라, -던'과 '-든지'의 용법에 관해 예를 들어 설명하시오

【활동 answer】

토의 1. 곰살궂다 → 성질이 부드럽고 다정스럽다. 미쁘다 → 믿음직하다. 미덥다. 어깃장 → 짐짓 어기대는 행동. 푼푼하다 → 여유가 있을 정도로 넉넉하다. 미욱하다 → 하는 짓이나 됨됨이가 매우 어리석고 미련하다.

토의 2.

가. 끄나풀, 삯, 스물둘째, 수탕나귀, 수퇘지, 수꿩, 숫양, 숫염소, 숫쥐, 수캉아지,

나. (표준어) → 삵괭이(살쾡이), 삭월세(사글세) 돐(돌), 숫나사(수나사), 숫컷(수컷), 숫기와(수키와)

토의 3.

가. 신출나기, 대장쟁이

나. 신출나기 → 신출내기이다. '내기'는 일부 명사 뒤에 붙어 "그 지역에서 태어나고 자라서 그 지역 특성을 지니고 있는 사람을 뜻하는 접미사이다. 대장쟁이 → 대장장이이다. '쟁이'는 성품을 나타내는 접미사 이며, '장이'는 기술을 의미하는 접미사이다.

토의 4. 복수표준어: 등물/목물, 맨날/만날, 흙담/토담, 북숭아뼈/복사뼈, 눈꼬리/눈초리,
별도 표준어: 연신/연방, 뜨락/뜰, 먹거리/먹을거리, 어리숙하다/어수룩하다, 오돈도손/오순도순

토의 5.

가. 자음으로 끝나는 음절에 모음으로 시작되는 형식형태소가 이어질 때 앞 음절의 끝소리가 뒷음절의 첫소리가 되는 음운 현상을 말한다,

나. 책 + 이 → [채기], 옷 + 을 → [오슬], 낮 + 에 → [나제]

토의 6.

가. 받침 'ㄷ, ㅌ(ㄾ)'이 종속적 관계를 가진 '~이, ~히, ~가'가 오는 경우에 그 소리가 'ㅈ, ㅊ'으로 바뀌는 현상(ㄷ, ㅌ으로 적는다.)

나. 해돋이 → 해도지, 굳이 → 구지, 같이 → 가치, 또한 'ㄷ' 뒤에 접미사 '히'가 결합되어 '티'를 이루는 것은 [치]로 발음한다. 예를 들면 굳히다 → 구치다, 닫히다 → 다치다, 묻히다 → 무치다

토의 7. 사이시옷은 다음과 같은 경우에 받치어 쓴다. ① 순우리말로 된 합성어로서 앞 말이 모음으로 끝난 경우이다. 예를 들면 나룻배, 모깃불, 찻집, 콧날, 아랫마을, 냇물, 뒷일, 베갯잇, 나뭇잎 ② 순우리말과 한자어로 된 합성어로서 앞 말이 모음으로 끝난 경우이다. 예를 들면, 머릿방, 샛강, 콧병, 제삿날, 툇마루, 예삿일, 훗일 ③ 두 음절로 된 한자어의 경우이다. 예를 들면 곳간(庫間), 셋방(貰房), 숫자(數字), 찻간(車間), 툇간(退間), 횟수(回數)

토의 8.

가. 두음법칙이란 단어 첫소리에 올 수 없는 자음에 대한 법칙 → ㄴ 두음법칙, ㄹ 두음법칙 있다.

나. ① 모음이 'ㅣ, ㅑ, ㅕ, ㅛ, ㅠ'일 때 'ㅇ'로 적는다. ② '랴, 려, 례, 료, 류, 리'가 첫머리에 올 경우 'ㅇ'으로 적는다. ③ 한자음 '라, 래, 로, 뢰, 루, 르'가 첫머리에 올 경우 'ㄴ'으로 적는다.

다. ① 여자(女子 계집 녀), 요소(尿素 오줌 뇨), 유대(紐帶 맺을 뉴), 익명(匿名 숨길 닉) ② 양심(良心), 역사(歷史), 예의(禮儀), 용궁(龍宮), ③ 낙원(樂園), 내일(來日), 노인(老人)

토의 9.

가. 둘 이상의 '어근'으로 이루어진 단어를 말한다.

나. 사이시옷을 받치어 적는 경우는 토의 7. 참조

토의 10.

가. '이'로 소리 나는 것→'이'로 표기한다. 예를 들면, 깨끗이, 느긋이, 많이, 겹겹이, 틈틈이, 간

간이 등이다. '히'로 소리 나는 것→'히'로 표기한다. 예를 들면, 급히, 족히, 특히, 정확히, 속히, 딱히 등이다. '히 또는 이'로 소리 나는 것은 '히'로 표기한다. 예를 들면, 솔직히, 가만히, 꼼꼼히, 열심히, 간편히 등이다.

나. '~더라', '~던지'는 지난 일을 나타내는 어미, 예를 들면, "지난겨울은 얼마나 춥던지" 또는 "몹시 춥더라", '~던지'는 선택의 의미를 나타내는 어미, 예를 들면 "가든지 오든지 마음대로 해라"

Ⅲ. 평가

1 다음 중 맞춤법 표기가 옳지 않는 것을 고르시오?

① 넝쿨, 우레, 삼가다
② 오뚝이, 육개장, 널빤지
③ 오랜만, 햅쌀, 어리숙하다
④ 구렛나룻, 멋쟁이, 곱빼기
⑤ 널따랗다. 두루뭉술, 늘그막

2 다음 밑줄 친 부분의 발음이 적절하지 않은 것을 고르시오?

① 지형은 일 년[일련] 동안 열심히 공부하였다.
② 유진의 시선이 진열대를 샅샅이 훑는다[훌른다]
③ 세용은 예비군 동원령[동월령]을 받고 다음날 입소하였다.
④ 연어는 산란기[살란기]만 되면 강 상류로 거슬러 올라간다.
⑤ 성훈은 후배의 부탁을 들어주기가 정말 곤란[골란]했다.

3 다음 중 외래어와 순화어의 연결이 적절하지 않은 것을 고르시오?

① 홈베이킹-손수굽기
② 웹서핑-파도타기
③ 타임캡슐-기억상자
④ 치어리더-흥돋우미
⑤ 언론플레이-여론몰이

4 다음 중 밑줄 친 부분의 표준 발음으로 옳지 않은 것을 고르시오?

① 고소가 접수되었기 때문에 협의[혀븨]를 보셔야 합니다.
② 고향으로 돌아오니 흙과[흑꽈] 풀냄새 그리고 바람소리가 반갑다.
③ 미안한 이야기지만, 그는 얼굴이 너무 넓둥글다[넙뚱글다]
④ 무용을 하는 그녀는 옷맵시[온맵씨]가 좋기로 소문이 났다.
⑤ 새해가 밝으면, 친구와 해돋이[해도지]를 보러 가기로 약속했다.

5 다음 중 띄어쓰기가 옳지 않은 문장을 고르시오?

① 네가 원하는 만큼, 먹을 만큼 먹어라
② 원하는 대로 한다면, 문제가 생길 것이다.
③ 그가 나를 떠난 지가 어느새 2년째이다.
④ 떠나기는커녕 일어날 생각도 없어 보였다.
⑤ 제 2회를 맞이한 대회에 참가할 것이다.

6 다음 중 밑줄 친 단어의 쓰임이 알맞지 않은 문장을 고르시오?

① 그는 설움이 <u>받쳐</u> 울음이 터져 나왔다.
② 마을 이장이 경운기에 <u>받혀</u> 한동안 병원에 입원했다.
③ 새 공책에 책받침을 <u>받쳐</u> 필기를 하니 기분이 좋다.
④ 갓 익은 술을 체에 <u>밭쳐</u> 마시니, 이곳이 무릉도원이라.
⑤ 몸과 마음을 <u>받쳐</u> 충성을 다할 것을 굳게 다짐합니다.

7 다음 중 밑줄 친 단어 중 표준어 규정에 따라 바르게 표기된 것을 고르시오?

① 창사 30<u>돐</u>을 맞이하여 축하 공연이 있겠습니다.
② 이 자리를 <u>빌어</u> 감사의 말씀을 전합니다.
③ <u>수탕나귀</u>와 암말을 교배시켜 태어난 노새
④ 아이가 토끼같이 <u>깡충깡충</u> 뛰는 모양이 귀엽다.
⑤ 나의 <u>바램</u>은 군인으로 임관하는 것이다.

8 다음 중 밑줄 친 단어가 어법상 옳은 것을 고르시오?

① 큰아버지, 올해도 건강하세요.
② 글라이더가 잘 날라가고 있다.
③ 그 만화책은 매우 재미있는 것 같습니다.
④ 아드레날린과 에스트로겐은 서로 틀리지요.
⑤ 많은 승객을 태우고 가던 버스가 전복됐다.

9 다음 중 띄어쓰기가 옳지 않은 문장을 고르시오?

① 그가 어떻게 그럴 수가 있나?
② 유적지는 마을에서 부터 멀리 떨어져 있다.
③ 냉장고를 열어 보니 먹을 것이 별로 없었다.
④ 필통에는 지우개, 볼펜, 연필 등이 담겨 있었다.
⑤ 그는 사장 겸 직원으로 성실하게 근무하고 있다.

10 다음 중 발음 표기가 옳지 않는 것을 고르시오?

① 냇가[내까/낻까], 콧날[콘날], 나뭇잎[나문닙]
② 읊고[읍꼬], 늙지[늑찌], 얽거나[얼꺼나]
③ 맏형[마텽], 많소[만쏘], 싫어도[시러도]
④ 헛웃음[허두슴], 멋있다[머딛따/머싣따], 값있는[가빈는]
⑤ 벼훑이[벼훌치], 줄넘기[줄럼끼], 공권력[공꿘력]

☞ 정답 및 해설 pp. 336~337.참조

제3부

독해력 기초 (문장과 문단 독해)

제8장 문장 독해 I (꼬리-머리-필수요소 찾기)50)

독해 능력을 향상하기 위해서 요구되는 것은 글에서 제시되고 있는 내용을 빠르고 정확하게 파악하는 능력으로서 '읽고 이해하기'이다. 이를 위해서 필요한 것이 '기본적인 독해 훈련'이다. 이것은 '주어진 지문을 대강 읽고 선택지를 찍는 방식'이 아니라 '문제를 해결을 위해 최적화된 방식'으로 읽고 이해하는 것을 습득하는 과정이다.
이를 위해 기초적인 문장 독해의 출발점인 '꼬리-머리. 필수요소 찾기'를 통해서 길고 복잡한 문장 속 중요한 의미들을 명확하게 파악하는 능력을 숙달하도록 해보자.

I. 필요지식

학문이나 기술을 배우고 익히는 것을 공부(工夫)라고 할 때, 이를 위해서는 공부에 요구되는 제반 자료를 읽어서 이해하는 것[독해 (讀解)]이 필요하고, 이것을 위해서는 그 수준에 적합한 독해력이 갖추어져 있어야한다. 왜냐하면 "독해력을 글을 읽고 이해하는 능력"이라고 할 때, 이 같은 능력이 갖추어져 있지 않거나 미흡한 경우 학문이나 기술을 배우고 익히는 것이 어렵기 때문이다.

이러한 결과는 국가 시스템인 미국의 대학입학 자격시험(SAT: Scholastic Aptitude Test)에서 입증이 되고 있다. 즉, 논리력시험(SAT Reasoning 20 한국비블리아학회지 제21권 제3호 2010Tast)을 통해 어휘력, 속독력, 사고력을 기반 요소로 읽기 능력, 문장완성, 단락의 비평적 독해능력을 평가하고 있다.

1. 문장 독해가 중요한 이유

「나쁜 국어 기술」의 저자인 방인태(2005)는 "우리가 글을 읽고 이해하는 것은 그 이해의 순서가 어떠하든지 간에 단어를 인식해야 하고, 단어로 구성된 문장을 이해해야 하며, 그리고 글의 내용을 이해해야 하는 것이다.", "이렇게 보면 독해력을 구성하는 요소로는 단어를 인식하는 것과 문장을 통해 내용을 이해하는 것으로 대별된다."고 했듯이 독해는 문장 독해가 가장

50) 방인태, "국어과 독해 수업 평가 방안". 『한국초등국어교육』, (2005). pp. 21-31.

중요함을 의미하고 있다.

일반적으로 단어와 단어가 조합되어 문장이 되고, 문장[51]과 문장이 모여서 짧은 글인 문단(文段) 또는 단락(段落)이 되며, 문단과 문단이 모여서 글이 된다. 따라서 글 또는 문단의 독해는 당연히 문장 독해에서 출발해야 한다.

문장(文章)	단어 1 · · · 단어 n	관형어 + 주어 + 목적어 + 부사어 + 서술어
문단(단락)	문장 1 · · · 문장 n	짧은 글(주제문 + 뒷받침 문장)
글	문단 1 · · · 문단 n	글(중심 문단 + 부연 문단 + 결말 단락)

NATE 용어사전에서는 독해력의 기초를 "문자를 읽을 수 있는 독자력, 사용된 문자의 의미를 알 수 있는 이해력, 문장의 구성을 알 수 있는 문법력"으로 보고 있다. 이러한 관점에서 '읽고 이해하기'를 숙달하기 위해서는 문장 독해가 선결사항이다. 그런데 '읽고 이해하기'가 잘 안 되는 근본 이유는 복잡한 구조의 문장에서 막히기 때문이다. 따라서 복잡하고 난해한 문장들을 쉽게 이해할 수 있는 방법이 매우 중요하다.

그 구체적인 방법은 ① 문장을 구성하는 '꼬리-머리' 찾기 ② 필수 요소 찾기 ③ 문장 속 분해하기 ④ 문장끼리 연결된 문장 분해하기 등을 숙달하는 것이다. 이러한 과정이 어느 정도 익숙해지면 그 결과로서 문장을 '의미 단위로 끊어 읽기'가 가능해진다.[52]

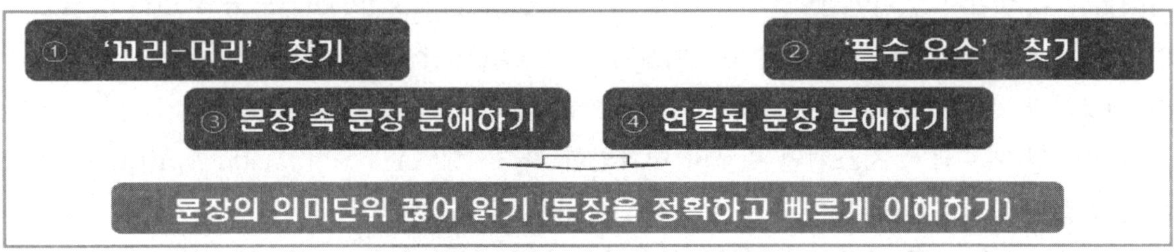

2. '머리-꼬리'와 '꼬리-머리' 찾기

과거에는 우리는 문장을 언급할 때 '주어'+ '서술어[53]'의 구조와 용어를 이용하여 문법적으로 설명하고자 했다. 그러나 독자에게 필요한 것은 '문장을 읽는 방법'이지 '문장 속에 문법적 요소'를 찾는 것이 아니다.

51) 문장이란 언어 생각이나 감정을 말과 글로 표현할 때 완결된 내용을 나타내는 최소의 단위. 주어와 서술어를 갖추고 있는 것이 원칙이나 때로 이런 것이 생략될 수도 있다.

52) 진형석, 『나쁜국어 독해기술』, (서울, 쏠티북스, 2018), pp. 24~51.

53) 서술어란 언어 한 문장에서 주어의 움직임, 상태, 성질 따위를 서술하는 말. "철수가 웃는다."에서 '웃는다', "철수는 점잖다."에서 '점잖다', "철수는 학생이다."에서 '학생이다'와 같이 주로 동사, 형용사, 서술격 조사의 종결형으로 나타난다.

따라서 이제부터 주어와 서술어가 아닌 '머리'와 '꼬리'라는 용어를 사용하면서 두 용어를 다음과 같이 정의하고자 한다.

제시된 문장에서 '꼬리-머리'를 찾고자 할 때는 꼬리 중심으로 사고하여 머리를 찾는다. 다음의 아래 문장을 통해 '꼬리-머리'를 찾아보자.

> 사실 윤선도의 부모는 이이첨의 세도로 보아 화가 미칠 것이 자명했기 때문에 윤선도가 상소를 올리는 것을 만류하였다.

상기 문장의 '꼬리-머리'는 아래와 같다. 즉, 꼬리는 '만류하였다'이다. 누가 만류하였는가? 하는 '머리'는 '윤선도의 부모'가 된다.

> 사실 **윤선도의 부모는** 이이첨의 세도로 보아 화가 미칠 것이 자명했기 때문에 윤선도가 상소를 올리는 것을 **만류하였다**.

만약에 독해의 과정에서 직면하는 이해하기가 어려운 문장일수록 '꼬리' 중심으로 사고하여 '머리'를 찾게 되면 문장의 내용을 이해하기가 훨씬 용이하다.

3. 필수 요소 찾기

앞에서 '꼬리-머리' 찾는 방법을 이해하였다. 그렇지만 어떤 문장이 '머리-꼬리'만으로 완전하게 이해되는 것이 아니다. 예컨대, '길동이는 영재다.'는 문장은 완전하게 성립하는 문장이다. 하지만 '영순이는 먹는다.'는 문장은 그렇지 않다. 이 문장에서 영순이가 '무엇을' 먹는지 파악해야 문장의 의미를 완전하게 이해할 수 있다. 이처럼 '머리-꼬리'만으로 문장의 의미를 완전하게 이해 또는 파악할 수 없을 때는 꼭 필요한 요소가 바로 '필수 요소'이다.

'필수 요소'는 우리가 흔히 사용하는 'key word'[54]와 유사한 개념이다. 그러나 엄밀하게 보면 '필수 요소'는 문장에 국한이 되지만 키워드는 '단락(문단)' 또는 '글'의 핵심적 단어라는

54) key word란 기록의 내용을 표현하기 위해 제목이나 내용에서 추출한 단어나 구절로서 기록을 검색할 때 접근점으로 쓰인다. 키워드는 기록의 제목이나 초록, 전문(full text)에서 그대로 추출하거나, 해당 개념에 상응하는 단어를 통제 어휘집에서 추출하게 된다.

측면에서 차이점이 있다. 키워드에 관해서는 '단락 독해'에서 좀 더 구체적으로 살펴보기로 한다.

여기에서는 언급하는 '필수 요소'는 '꼬리-머리'만으로 문장의 의미를 완전하게 파악할 수 없을 때 필요한 요소로 정의한다.

만약 '나의 절친 인자는 수수하고 깨끗한 옷을 입는다.'와 같은 문장에서 '머리-꼬리' 요소만으로 정리해 보면 '인자는 입는다.'라는 문장이지만 '무엇을 입는지?'를 알 수가 없다. 따라서 '옷을'이라는 '필수 요소'를 찾으면, 문장의 의미를 명확하게 파악할 수 있다. '머리-필수요소-꼬리'를 찾아 정리해 보면 '인자는 옷을 입는다.'는 보다 간명한 내용을 도출해 낼 수 있다.

이러한 방법은 읽고 이해하는 능력을 향상할 뿐만 아니라 시간이 제한되는 '언어논리' 평가에서 매우 유의미한 시사점을 제시하고 있다. 복잡한 문장이나 난해한 문장에서 '꼬리-머리-필수요소'를 식별하여 빠르게 핵심내용을 이해하게 한다. 다른 한편으로 불필요한 문장을 제거하는 활동으로서 시간을 절약할 수 있다는 점이다. 다음 제시된 문장에서 '꼬리-머리-필수요소'를 찾아보자.

콜린 렌프류는 서유럽에서 새롭게 발굴된 신석기 시대의 여러 거석 무덤에 근거하여 이주설이나 전파설 대신 자생설을 주장하였다.

상기 문장의 '꼬리'는 '주장하였다.'며, '머리'는 '누가 주장했는가?'의 관점에서 '콜린 렌프류'가 된다. 그렇다면 이를 정리해 보면 '콜린 렌프류는 주장했다.'가 된다. 그러나 이 문장이 완전한 문장이 되려면 '무엇을 주장했는가?'의 내용이 필요하다. 이것이 필수요소이다. 즉 '자생설'이다.

콜린 렌프류는 서유럽에서 새롭게 발굴된 신석기 시대의 여러 거석 무덤에 근거하여 이주설이나 전파설 대신 **자생설을 주장했다**.

다음 문장에서 '필수 요소'로 가장 적절한 것이 무엇인지 생각해 보자!

전체주의적 지배가 대중의 일상을 철저히 종속시켰던 나치 시대에 관한 여러 사가들의 연구 결과는 하우젠의 관점을 뒷받침한다.	
① 나치 시대에 관한	② 여러 사가들의 연구 결과는
③ 하우젠의 관점을	④ 뒷받침한다

'꼬리'는 '뒷받침한다.'이고, '머리'는 '여러 사가들의 연구 결과는'이며, '필수 요소'는 '무엇을'에 해당하는 '하우젠의 관점'이다.

II. 활동

다음에 제시된 문장을 대상으로 '머리-꼬리', '필수 요소' 식별을 숙달해 보자.

【활동 1. 다음 지문을 읽고 토의사항을 해결하시오】

구분	내용
지문	데카르트가 좌표 개념을 도입하여 직선, 원, 타원 등 여러 가지 도형을 대수학의 방정식으로 표현할 수 있게 되면서 기하학과 대수학이 연결되어 해석 기하학이 근대적인 수학 발전의 토대로서 탄생하였다.
토의사항	위 지문의'꼬리-머리'를 식별하시오

【활동 2. 다음 지문을 읽고 토의사항을 해결하시오】

구분	내용
지문	그것이 얼마나 추악한 것인가를 깨달을 겨를이 그동안 별로 없었어요.
선택지	① 그것이 얼마나 추악한 것인가를 / 없었어요. ② 그동안 / 없었어요. ③ 그것이 얼마나 추악한 것인가를 / 깨달을 겨를이 ④ 겨를이 / 없었어요.
토의사항	위 지문의'꼬리-머리'를 식별하고 선택지에서 적절한 것을 고르시오

【활동 3. 다음 지문을 읽고 토의사항을 해결하시오】

구분	내용
지문	당시 호론 계열의 학자들은 청나라 문물의 영향을 덜 받는 충청도 지역을 기반으로 하고 있었다.
선택지	① 당시 / 기반으로 하고 있었다. ② 충청도 지역을 / 기반으로 하고 있었다. ③ 호론 계열의 학자들은 / 기반으로 하고 있었다. ④ 청나라 문물의 / 기반으로 하고 있었다.
토의사항	위 지문의'꼬리-머리'를 식별하고 선택지에서 적절한 것을 고르시오

【활동 4. 다음 지문을 읽고 토의사항을 해결하시오】

구분	내용
지문	그런데 최근 수십 년 사이에 설탕의 과다 섭취로 인한 유해성이 부각되면서 식품업계는 설탕의 대체재로 액상과당에 관심을 갖기 시작했다.
토의사항	위 지문의 '꼬리-머리'와 '필수 요소'를 식별하시오

【활동 5. 다음 지문을 읽고 토의사항을 해결하시오】

구분	내용
지문	그는 자신이 수행한 실험에서 발견한 전자기적 현상들을 이해하기 위해 새로운 힘의 전달 방식으로 역선(力線)의 개념을 도입했다.
선택지	① 새로운 힘의 전달방식으로 ② 역선(力線)의 개념을 ③ 이해하기 위해 ④ 자신이 수행한 실험에서 발견한 전자기적 현상들을
토의사항	가. 위 지문의 '꼬리-머리'를 식별하시오 나. 위 지문의 '필수 요소'를 식별하고 선택지에서 적절한 것을 고르시오

【활동 answer】

토의 1. 꼬리 → 탄생하였다. 머리 → 해석 기하학이
토의 2. 꼬리 → 없었다. 머리 → 겨릅이
토의 3. ③
토의 4. 꼬리 → 된다, 머리 → 이들은, 필수요소 → 연기자이자 사건의 관망자.
토의 5.
가. 꼬리 → 도입했다, 머리 → 그는
나. 필수요소 ②

Ⅲ. 평가

1 다음 문장에서 꼬리와 머리를 찾아 기술하시오.

국립공원은 지역의 자연과 문화적 가치를 보호하기 위해 국가에서 지정하여 관리합니다.

2 다음 문장에서 꼬리-머리-필수요소를 찾아 기술하시오.

헤겔은 국가를 빈곤 문제나 계급 갈등과 같은 사회문제를 해결할 최종 주체라고 생각하였다.

3 다음 문장에서 꼬리-머리-필수요소를 찾아 기술하시오.

객관성의 검증은 존재하는 그대로의 실재를 얼마나 정확하게 재현해 내는가에 달려있다.

4 다음 문장에서꼬리-머리-필수요소를 찾아 기술하시오.

태양빛의 스펙트럼을 분석한 결과 태양에는 우라늄 등의 방사능 물질 대신 수소와 헬륨이 있다는 것을 알게 되었다.

5 다음 지문에서 '꼬리-머리-필수요소'를 식별하시오?

20세기 초에 방사능이 발견되면서 방사능 물질의 붕괴에서 나오는 핵분열 에너지가 태양의 에너지원으로 생각되었다

6 다음 지문에서 '꼬리-머리-필수요소'를 식별하시오?

저희는 '공공의 이익을 위해 나라가 관리한다.'는 '국립'의 뜻에 비추어 볼 때 국립공원 내 케이블카 설치를 확대해야 한다고 주장합니다.

7 다음 지문에서 '꼬리-머리-필수요소'를 식별하시오?

많은 청소년들이 인터넷 정보를 무비판적으로 이용하는 양상이 우리 학교 학생들에게도 나타나고 있는 것이다.

8 다음 지문에서 '꼬리-머리-필수요소'를 식별하시오?

① 유명 제약사 전 아시아 태평양 총괄 사장은 "아시아 태평양 지역 내에서 전체 직원을 우리 사람처럼 서로 활용하자"고 주장했다.
② 모든 사람, 모든 시스템, 모든 성공을 공유하자는 것이다.
③ 글로벌 기준으로 보면 많이 처지는 후발국가나 못사는 나라일지라도 반드시 배울 지식이 있다는 그의 평소 지론에서 나온 말이었다.

9 다음 지문에서 '꼬리-머리-필수요소'를 식별하시오?

① 우리 식단에 없어서는 안 될 국을 가리키기 위해 우리말에는 '국'과 '탕'의 두 낱말이 쓰인다.
② 채소로 만들었거나 우리 식단에 오랜 세월 동안 오르내린 것, 가정에서 만든 것, 그리고 순수 우리말로 된 국거리 종류에는 '국'이 붙는다.
③ 그 반면에 최근에 개발되었거나 상품화된 것 그리고 한자어로 된 말이나 별식으로 먹는 종류에는 '탕'이 주로 붙는다.

10 다음 지문에서 '꼬리-머리-필수요소'를 식별하시오?

① 이들은 과거에는 그 사건을 직접 체험했지만, 지금은 무대 위에서 연기자 이자 사건의 관망자가 된다.
② 우리는 삶을 반복적이고 규칙적으로 움직인 결과로서 가장 효율적인 시스템을 선택하며, 그것이 우리의 삶을 지배하게 만든다.

☞ 정답 및 해설 p. 337. 참조

제9장 문장 독해Ⅱ(문장 분해, 연결 구조 분석, 끊어 읽기)55)

앞장에서 '꼬리-머리-필수 요소'를 식별하는 방법을 배웠다. 그러나 실제 독해 과정에서 가장 빈도가 높게 직면하는 문장 형태는 '문장 속 문장'과 '여러 문장이 연결된 문장'이다. 이것은 '머리-필수 요소-꼬리'라는 문장의 구조에서 그 어떤 한 요소가 복잡하고 긴 문장 형태로 나타난다는 것을 의미한다. 따라서 이들 문장을 분해하고 그 구조를 파악해야 한다. 그래야만 복잡하고 난해한 문장을 이해 할 수 있게 된다.

이러한 과정은 궁극적으로 독해하고자 하는 문장에서 "중요하게 봐야 할 부분이 어떤 것인지를 식별"하고, "내용을 정확하고 빠르게 파악"할 수 있는 '의미 단위 끊어 읽기'를 가능하게 한다. 그러면 '문장 속 문장 분해하기', '문장끼리 연결된 문장 분해하기', '의미 단위 끊어 읽기'에 대해 필요지식, 토의 및 평가 등을 통해 숙달해 보자.

Ⅰ. 필요지식

문장을 독해하는 과정에서 그것이 어렵다면 문장 속 문장인 내부문장을 분해하여 중요한 부분을 식별함으로써 이해하기 쉽게 해야 한다. 또한 문장끼리 연결된 문장에 대해서는 연결된 문장의 구조가 '직렬 구조'인지 아니면 '병렬 구조'인지를 식별하고 어떤 문장에 더 중점을 두고 독해해야 하는지를 파악해야 한다.

1. 문장 속 문장 분해하기

"헤겔은 국가를 빈곤 문제나 계급 갈등과 같은 사회 문제를 해결할 최종 주체라고 생각하였다."라는 문장을 통해서 '문장 속 문장'을 생각해 보자. 위 문장은 '문장 속 문장'이 있는 경우로서 다음과 같이 두 개의 문장으로 나눌 수 있다.

- 문장 "1", 헤겔은 생각하였다.
- 문장 "2", 국가는 빈곤 문제나 계급 갈등과 같은 사회 문제를 해결할 최종 주체이다.

그런데 문장 "1"은 아무런 의미가 없는 껍데기와 같은 외부 문장이다. 하지만 문장을 제대로 이해하려면 내부문장인 문장 "2"에 대해 '꼬리-머리-필수 요소'로 분석하여야 한다.

55) 방인태, "국어과 독해 수업 평가 방안". 『한국초등국어교육』, (2005). pp. 32-53.

- 헤겔은(머리) 생각하였다.(꼬리)
- 국가는(머리) 빈곤 문제나 계급 갈등과 같은 사회 문제를 해결할(필수 요소) 최종 주체이다.(꼬리)

따라서 위 문장은 외부 문장보다 내부문장이 중요하다. 위 문장이 이야기하고자 하는 핵심적인 내용은 '국가가 사회 문제를 해결할 주체이다.'라는 것이다. 이처럼 '문장 속 문장 분해하기'는 실제 독해 문제를 해결하는 과정에서 불필요한 정보를 제외하고 중요한 정보를 빠르고 정확하게 파악하는 데 있어 매우 중요한 방법이다.

문장을 통해 필자가 이야기 하고자하는 내용 파악을 어렵게 하는 주된 원인은 문장 속 내부 문장이다. 따라서 내부 문장은 중요한 부분과 그렇지 않은 부분으로 구분하여 독해해야 한다. 이를 위해서는 '문장 속 문장 분해하기'가 매우 중요하며, 이를 반복해서 적용하게 되면 복잡한 문장에서 중요한 부분을 정확하게 파악할 수 있는 능력이 향상된다.

2. 문장끼리 연결된 문장 분해하기

문장이 하나의 문장으로 보이지만 엄밀하게 살펴보면 두 문장이 하나로 연결된 경우가 많다. 이러한 문장은 문장 "1"과 문장 "2"가 어떤 관계로 연결되었는지를 파악해야 한다. 왜냐하면, 두 문장의 연결 관계를 알아야 어떤 문장에 더 중점을 두고 읽어야 하는지를 알 수 있기 때문이다.

이처럼 연결된 문장은 두 가지 구조로 되어 있다. 그 구조는 '직렬연결 구조'와 '병렬연결 구조'로서 세부내용은 다음과 같다.

직결연결 구조	병렬연결 구조
문장 "1" → 문장 "2"	문장 "1" & 문장 "2"
• 문장 "1" 이 문장 "2"의 내용을 위한 바탕 또는 조건이 되는 경우이다. • 문장 "1" 의 내용에 대해 문장 "2"가 반대 또는 정리하는 경우이다.	• 문장 "1" 과 문장 "2"의 내용이 각각 다른 내용으로서 독립적으로 존재하는 경우이다.

가. 직렬연결 구조

다음 예문을 살펴보자. "회사에 대한 노동자들의 기여를 무시할 수 없다는 것이나, 이 주장은 자본주의 근간인 사유 재산권을 침해하는 것이라는 반론을 피하기 힘들다." 만약 '읽고 이해하기' 능력이 숙달되어 있지 않은 독자라면 이야기하고자 하는 핵심내용이 무엇인지에 파악하기가 쉽지 않다.

그러나 예문을 다음과 같이 두 개의 문장으로 분리를 해 보면 핵심내용이 "노동자들의 사유 재산권 침해"라는 것이 더욱 명확하게 드러난다.

- 문장 "1",
  회사에 대한 노동자들의 기여를 무시할 수 없다는 것이다.
- 문장 "2",
  그러나 이 주장은 자본주의 근간인 사유 재산권을 침해하는 것이라는 반론을 피하기 힘들다.

살펴본 예문은 문장 속 분해하기를 통해 분리된 두 문장이 '직렬연결 구조'를 가지고 통합된 하나의 문장이다. 다시 말해서 문장 "1"은 문장 "2"를 위한 전제이다. 분리된 문장은 원 문장에서 생략된 역접 접속부사 '그러나'가 두 문장을 연결해 주고 있다. 따라서 글쓴이가 이야기하고자 하는 핵심내용은 '노동자들의 기여를 무시할 수 없다.'는 것 보다 '노동자들의 사유 재산권을 침해하는 것'이다.

직렬연결 구조에서 분리된 문장 "2"의 접속부사 '그러나'와 같이 '그러므로, 즉, 그렇다면' 등도 문장 독해에서 그 기능이 다르지 않다. 두 문장 중 한 문장을 주목하게 만드는 역할을 하게 된다는 사실에 유의할 필요가 있다.

다음 예문을 생각해 보자. "물 위에 호수가 따로 없듯이 과거를 떠나서 오늘이 따로 없는 것이므로 물이 많을수록 호수가 아름답고 과거가 길수록 오늘이 큰 것이다." 이 예문도 다음과 같이 두 문장으로 나누어 볼 수 있다.

- 문장 "1",
  물 위에 호수가 따로 없듯이 과거를 떠나서 오늘이 따로 없는 것이다.
- 문장 "2",
  그러므로 물이 많을수록 호수가 아름답고 과거가 길수록 오늘이 큰 것이다.

위의 문장에서도 글쓴이가 하고 싶은 말은 '문장 1' 보다는 '문장 2'에 있다. 글쓴이는 '그러므로'라는 접속부사를 통해 자연스럽게 '문장 2'를 강조하면서 '과거가 길수록 오늘이 큰 것'이라는 인생의 깨달음을 전달하고 있다.

이처럼 직렬연결 구조를 가진 문장은 접속부사 그러나, 그러므로, 즉, 그렇다면 등에 유의하면서 뒤의 문장에 주목하여 독해해야 한다.

나. 병렬연결 구조

다음의 예문 "외부의 사람들이 그것에 대해 침묵할 때 또는 그것을 인지하지 못할 때가 있다." 통해서 병렬연결 구조를 생각해 보자. 이 예문은 아래와 같이 두 문장이 하나로 연결된 구조이다.

- 문장 "1", 외부의 사람들이 그것에 대해 침묵할 때가 있다.
- 문장 "2", 또는 외부의 사람들이 그것을 인지하지 못할 때가 있다

살펴본 예문은 문장 속 분해하기를 통해 분리된 두 문장이 '또는'의 접속부사에 의해 한 문장으로 통합된 '병렬연결 구조'를 나타내고 있으며, 문장 "1"은 문장 "2"는 각각 다른 의미를 언급하고 있다. 이 예문을 '머리-필수 요소-꼬리'로 정리해 보면 다음과 같다.

외부의 사람들이(머리) **그것에 대해 침묵할 때(필수 요수 "1")** 또는 **그것을 인지하지 못할 때(필수 요소 "2")**가 있다.(꼬리)

이 경우에는 어느 한쪽만 주목한다면 전체 내용을 이해할 수 없다. 따라서 두 문장 모두 중점을 두고 독해를 해야 한다.

다음의 예문 "이 현상은 제조업이 사라지고 있다거나 서비스 경제의 활성화가 제조업의 역동성과 무관하게 진행된다는 것을 의미하지는 않는다."를 분석해 보자. 이 예문 역시 다음과 같이 두 문장이 하나로 통합된 문장이다.

- 문장 "1", 이 현상은 **제조업이 사라지고 있다는 것**을 의미하지는 않는다.
- 문장 "2", 또한 **서비스 경제의 활성화가 제조업의 역동성과 무관하게 진행된다는 것**을 의미하지는 않는다.

위 두 개의 문장은 '또한'의 접속부사에 의해 하나의 문장으로 연결된 '병렬연결 구조' 이다. 따라서 밑줄 친 두 필수 요소를 중점을 두고 독해를 해야 한다. 이처럼 병렬연결 구조를 가진 문장은 접속부사 또는, 또한, 더불어 등에 유의하면서 각각의 필수 요소에 중점을 두고 독해를 해야 한다.

3. 문장 끊어 읽기

문장 끊어 읽기는 의미 단위로 끊어 읽는 방식이다. 이것은 지금까지 앞에서 배운 내용들을 기초로 한 문장 안에서 다양한 관계를 찾아내는 것이다. 즉, '꼬리-머리-필수 요소 찾기', '문장 속 문장 분해하기', '문장끼리 연결된 연결 구조 분석하기' 등을 바탕으로 문장을 의미 단

위로 끊어 읽는 것이다. 이것은 제시된 예문에서 '꼬리 찾기', '머리 찾기', '필수 요소 찾기' 그리고 '문장 분해하기', '문장 구조 분석'을 하여 문장을 의미 단위로 끊는 것이다. '끊어 읽기'에 관해 다음의 예문을 통해 그 절차와 방법을 확인해 보자.

> 사회적 토대의 변화로 말미암아 기존 법률이 규율하는 데 한계를 드러내기도 하고, 현행 법제가 예상하지 못한 현상이 빚어지는 등의 문제가 발생할 수 있다.

가. 먼저 '꼬리 찾기'이다. 문장의 끝부분에서 '발생할 수 있다.'를 찾을 수 있다. 그리고 꼬리를 통해서 만들어진 '무엇이 발생할 수 있다는 것인가?' 질문에 대한 답을 찾는다.

나. 꼬리를 통해서 만들어진 질문에 대한 답이 '머리'이다. 즉, '문제가'라는 머리를 확인할 수 있다.

다. '어떤 문제인가?'를 파악하기 위해서는 '필수 요소'를 찾아야 한다. 필수 요소는 '사회적 토대의 변화로 말미암아 기존 법률이 규율하는 데 한계를 드러내기도 하고, 현행 법제가 예상하지 못한 현상이 빚어지는' 머리 앞의 문장이다. 즉, 필수 요소에 해당되는 문장 속 문장인 내부문장이다. 예문은 아래와 같이 ①과 ② 두 개의 문장으로 분리할 수 있다.

> (사회적 토대의 변화로 말미암아)
> 【① 기존 법률이 규율 하는 데 한계를 드러내기도 하고(필수 요소 "1"), ② 현행 법제가 예상하지 못한 현상이 빚어지는 등의(필수 요소 "2")】 문제가(머리) 발생할 수 있다.(꼬리)

라. 문장과 문장의 연결 구조를 분석해본다. 예문은 '머리-꼬리'를 나타내는 1개의 외부 문장과 '필수 요소'를 나타내는 두 개의 내부 문장으로 구성되어 있으며, 문장과 문장은 접속부사 '또한'에 의해 연결된 병렬 구조이다. 따라서 이를 종합적으로 정리해 보면 다음과 같다.

> • 외부 문장: 문제가 발생할 수 있다.
> • 내부 문장: 사회적 토대의 변화로 말미암아 기존 법률이 규율하는 데 한계를 드러내기도 하고, 현행 법제가 예상하지 못한 현상이 빚어지는 등
> • 내부 문장을 두 문장으로 정리
>   - 문장 "1", 기존 법률이 규율하는 데 한계를 드러내기도 한다.
>   - 문장 "2", 또한 현행 법제가 예상하지 못한 현상이 빚어진다.

마. 마지막으로 이상의 과정을 통해 식별된 '꼬리 찾기', '머리 찾기', '필수 요소 찾기', '문장 분해하기', '문장 구조 분석' 등을 바탕으로 문장을 의미 단위로 끊는 것이다.

사회적 토대의 변화로 말미암아 / 기존 법률이 규율 하는 데 한계를 드러내기도 하고,/ 현행 법제가 예상하지 못한 현상이 빚어지는 등의/ 문제가/ 발생할 수 있다.

지금까지 앞에서 살펴보았던 "문장 독해 Ⅰ·Ⅱ"의 세부적인 내용은 우리가 문장을 읽으면서 '의미 단위'로 나누어 읽음으로써 간명하게 그 내용을 이해하는 방법을 학습한 것이다.

Ⅱ. 활동

1 다음의 활동을 통해 '꼬리-머리-필수 요소 찾기', '문장 속 문장 분해하기', '문장의 연결 구조 분석'과 '끊어 읽기'를 이해 및 숙달해 보자

【활동 1. 다음 지문을 읽고 토의사항을 해결하시오】

구분	내용
지문	최근 바크하우젠 효과에서 나타나는 자기 구역 요동의 통계적 분포가 멱의 법칙 형태로 나타난다는 사실이 실험적으로 증명되었다.
토의사항	가. 전체 문장의 '꼬리-머리-필수 요소'로 구분하시오 나. 내부문장을 식별하시오 다. 내부문장의 '꼬리-머리-필수 요소'를 분석하시오

【활동 2. 다음 지문을 읽고 토의사항을 해결하시오】

구분	내용
지문	객관성의 검증은 존재하는 그대로의 실재를 얼마나 정확하게 재현해 내는가에 달려 있다.
토의사항	가. 전체 문장의 '꼬리-머리-필수 요소'로 구분하시오 나. 내부문장을 식별하시오 다. 내부문장의 '꼬리-머리-필수 요소'를 분석하시오

【활동 3. 지문을 읽고 토의사항을 해결하시오】

구분	내용
지문	태양빛의 스펙트럼을 분석한 결과 태양에는 우라늄 등의 방사능 물질 대신 수소와 헬륨이 있다는 것을 알게 되었다.
토의사항	가. 지문의 '꼬리-머리-필수 요소'를 식별하시오. 나. 내부문장을 식별하시오. 다. 내부문장의 '꼬리-머리-필수 요소'를 분석하시오.

【활동 4. 다음 지문을 읽고 토의사항을 해결하시오】

구분	내용
지문	㉠ 비록 사랑은 이루기 어려웠지만, ㉡ 당신이 준 소중한 꿈은 그대로 간직하겠습니다.
토의사항	가. 위 문장을 두 문장으로 기술하시오 나. 위 ㉠과 ㉡문장의 연결 구조를 식별하시오 다. 독해시 중점을 두어야 할 문장은 어느 부분인가?

【활동 5. 다음 지문을 읽고 토의사항을 해결하시오】

구분	내용
지문	㉠ 태양계와 유사한 외계 행성계가 존재한다면, ㉡ 그곳에 생명체가 존재할 가능성이 높을 것이다.
토의사항	가. 위 지문을 두 문장으로 분리하시오. 나. 위 지문의 ㉠과 ㉡문장의 연결 구조를 식별하시오. 다. 독해시 중점을 두어야 할 문장은 어느 부분인가?

【활동 6. 다음 지문을 읽고 토의사항을 해결하시오】

구분	내용
지문	공공 정책에 필요한 자금은 국내에서 조달하도록 규제하고, 기업의 활동에 필요한 자본의 이동은 확대해야 한다.
토의사항	가. 위 지문을 두 문장으로 분리하시오. 나. 위 지문의 연결 구조를 식별하시오. 다. 독해시 중점을 두어야 할 문장은 어느 부분인가?

【활동 7. 다음 지문을 읽고 토의사항을 해결하시오】

구분	내용
지문	다만 그 변화가 지극히 은밀하고 완만하기 때문에, 수백 년을 살았다고 하는 팽조도 장구한 시간의 짧은 순간만을 본 것이어서 감추어진 변화를 알 수 없었다.
선택지	① 다만 그 변화가 / 지극히 은밀하고 완만하기 때문에, / 수백 년을 살았다고 하는 / 팽조도 / 장구한 시간의 짧은 순간만을 / 본 것이어서 / 감추어진 변화를 알 수 없었다. ② 다만 그 변화가 / 지극히 은밀하고 / 완만하기 때문에,/ 수백 년을 살았다고 하는 팽조도 / 장구한 시간의 짧은 순간만을 / 본 것이어서 / 감추어진 변화를 알 수 없었다. ③ 다만 그 변화가 지극히 은밀하고 완만하기 때문에, / 수백 년을 살았다고 하는 팽조도 / 장구한 시간의 짧은 순간만을 본 것이어서 / 감추어진 변화를 / 알 수 없었다.

구분	내용
토의사항	가. 위 지문의 '머리-필수 요소-꼬리'를 식별하시오. 나. 위 문장을 두 개의 문장으로 분리하고 그 연결 구조가 무엇인지 그리고 중점을 두어야 할 부분을 기술하시오 다. 의미 단위로 적절하게 나눈 것을 선택지에서 고르시오.

【활동 8. 다음 지문을 읽고 토의사항을 해결하시오】

구분	내용
지문	민간단체가 돈의 흐름만으로 중앙은행이 준칙을 지키려 했는지 판단하기 어렵고, 중앙은행에 준칙을 지킬 것을 강제할 수 없는 것도 사실이다.
선택지	① 민간단체가/돈의 흐름만으로 중앙은행이 준칙을 지키려 했는지 판단하기 어렵고,/중앙은행에 준칙을 지킬 것을 강제할 수 없는 것도/사실이다. ② 민간단체가 돈의 흐름만으로 중앙은행이 준칙을 지키려 했는지 판단하기 어렵고,/중앙은행에 준칙을 지킬 것을/강제할 수 없는 것도 사실이다. ③ 민간단체가/돈의 흐름만으로 중앙은행이/준칙을 지키려 했는지 판단하기 어렵고, 중앙은행에 준칙을 지킬 것을 강제할 수 없는 것도/사실이다.
토의사항	가. 위 지문의 '머리-필수 요소-꼬리'를 식별하시오. 나. 위 문장을 두 개의 문장으로 분리하고 그 연결 구조가 무엇인지 그리고 중점을 두어야 할 부분을 기술하시오 다. 위 지문을 의미 단위로 적절하게 나눈 것을 선택지에서 고르시오.

【활동 9. 다음 문장을 의미 단위로 적절하게 나눈 것을 고르시오】

구분	내용
지문	뢴트겐의 엑스선 발견은 칼을 대지 않고도 신체의 내부를 들여다볼 수 있는 의학적 발전으로 이어졌다.
선택지	① 뢴트겐의 / 엑스선 발견은 칼을 대지 않고도 / 신체의 내부를 들여다볼 수 있는 / 의학적 발전으로 이어졌다. ② 뢴트겐의 엑스선 발견은 / 칼을 대지 않고도 / 신체의 내부를 들여다볼 수 있는 / 의학적 발전으로 이어졌다. ③ 뢴트겐의 엑스선 발견은 / 칼을 대지 않고도 신체의 내부를 들여다볼 수 있는 / 의학적 발전으로 / 이어졌다.
토의사항	가. 위 지문의 '머리-필수 요소-꼬리'를 식별하시오. 나. 위 지문을 두 개의 문장으로 분리하시오 다. 위 지문을 의미 단위로 적절하게 나눈 것을 선택지에서 고르시오

【활동 answer】

토의 1.

가. 꼬리 → 증명되었다, 머리 → 사실이, 필수 요소 → 없다.

나. 내부문장은 머리(사실이)를 구체적으로 설명해 주븐 부분이다. 즉, "최근 바크하우젠 효과에서 나타나는 자기 구역 요동의 통계적 분포가 멱의 법칙 형태로 나타난다."

다. 내부문장의 꼬리 → 나타났다, 머리 → 자기 구역 요동의 통계적 분포가, 필수 요소 → 멱의 법칙 형태로

토의 2.

가. 꼬리 → 달려 있다, 머리 → 객관성의 검증은, 필수 요소 → 존재하는 그대로의 실재를 얼마나 정확하게 재현해 내는가.

나. 내부문장, (그것은) 존재하는 그대로의 실재를 얼마나 정확하게 재현해 내는 것이다.

다. 내부문장의 꼬리 → 재현해 내는 것이다. 머리 → (그것은), 필수 요소 → 존재하는 그대로의 실제

토의 3.

가. 꼬리 → 알게 되었다. 머리 → 태양빛의 스펙트럼, 필수 요소 → "태양에는 우라늄 등의 방사능 물질 대신 수소와 헬륨이 있다는 것"

나. 내부문장은 "태양에는 우라늄 등의 방사능 물질 대신 수소와 헬륨이 있다."

다. 내부문장의 꼬리 → 있다. 머리 → 태양에는, 필수 요소 → 수소와 헬륨

토의 4.

가. ① 비록 사랑은 이루기 어려웠습니다. ② 하지만, 당신이 준 소중한 꿈은 그대로 간직하겠습니다.

나. 직렬구조

다. ②

토의 5.

가. ① 태양계와 유사한 외계 행성계가 존재한다. ② 그렇다면 그곳에 생명체가 존재할 것이다.

나. 직렬구조

다. ㉡

토의 6.

가. ① 공공 정책에 필요한 자금은 국내에서 조달하도록 규제해야 한다. ② 또한 기업의 활동에 필요한 자본의 이동은 확대해야 한다.

나. 병렬구조

다. ① (국내에서 조달하도록 규제), ② (기업의 활동에 필요한 자본의 이동은 확대)

토의 7.

가. 꼬리 → 알 수 없었다. 머리 → 팽조도, 필수 요소 → 감추어진 변화를

나. 두 문장, ① 그 변화가 지극히 은밀하고 완만하였다. ② 따라서 수백 년을 살았다고 하는 팽조도 장구한 시간의 짧은 순간만을 본 것이어서 감추어진 변화를 알 수 없었다. 연결구조는 직렬구조, 중점 독해 부분은 ②

다. ③

토의 8.

가. 꼬리 → 사실이다. 머리 → 민간단체가, 필수 요소 → 돈의 흐름만으로 중앙은행이 지키려 했는지 판단하기 어렵고, 중앙은행에 준칙을 지킬 것을 강제할 수 없는 것

나. 두 문장, ① 민간단체가 돈의 흐름만으로 중앙은행이 지키려 했는지 판단하기 어렵다. ②

(민간단체가) 중앙은행에 준칙을 지킬 것을 강제할 수 없는 것도 사실이다. 연결구조는 병렬 구조이다. 중점 독해 부분은 ①과 ②
다.①
토의 9.
가. 꼬리 → 이어졌다. 머리 → 뢴트겐의 엑스선 발견은, 필수 요소 → 의학적 발전
나. 두 문장, ① 뢴트겐의 엑스선 발견은 의학적 발전으로 이어졌다. ② (의학적 발전은) 칼을 대지 않고도 신체의 내부를 들여다볼 수 있는 것이었다.
다. ③

Ⅲ. 평가

1 다음 문장에서 내부 문장의 '꼬리-머리-필수요소'를 식별하시오?

그러나 이러한 우려는 대중의 미적 감상 능력을 무시하는 편협한 시각이다

2 다음 문장에서 내부 문장의 '꼬리-머리-필수요소'를 식별하시오?

17세기 초반에 창작된 돈키호테에서, 주인공 돈키호테는 중세의 기사도 이야기에 빠져 세상의 부정을 바로 잡겠다며 모험에 나선다.

3 다음 문장에서 내부 문장의 '꼬리-머리-필수요소'를 식별하시오?

많은 청소년들이 인터넷 정보를 무비판적으로 이용하는 양상이 우리 학교 학생들에게도 나타나고 있는 것이다.

4 다음 문장에서 중점을 두고 읽어야 할 부분을 선택하시오?

㉠ 시인은 문자 이전의 사회에서 축적된 집단 기억의 신화적 표상, ㉡ 즉 신으로부터의 영감에 '사로잡혀' 노래하기 때문이다.

5 다음 문장에서 중점을 두고 읽어야 할 부분을 선택하시오?

㉠ 관객은 오브제를 통해 작품의 의미를 해석해 내거나, ㉡자신의 삶과 연관시켜 새로운 의미를 생산해 내는 경험을 하게 된다.

6 다음 문장에서 중점을 두고 읽어야 할 부분을 선택하시오?

㉠ 현재 시행되고 있는 환경 영향 평가 제도는 제도나 운영상의 문제점을 안고 있어 ㉡ 본래의 취지를 충분히 살리지 못하고 있다.

7 다음 문장을 의미 단위로 적절하게 나눈 것을 선택하시오?

고대 그리스 이래 기하학은 자명한 명제인 공리에서 출발하여 증명을 통해 새로운 정리들을 발견해 가는 연역적 방법을 사용해 왔지만 이러한 방법으로 도형을 다루는 것은 매우 까다로웠다.

① 고대 그리스 이래 기하학은 / 자명한 명제인 공리에서 출발하여 증명을 통해 새로운 정리들을 발견해 가는 / 연역적 방법을 사용해 왔지만 / 이러한 방법으로 도형을 다루는 것은 / 매우 까다로웠다.

② 고대 그리스 이래 기하학은 / 자명한 명제인 공리에서 출발하여 증명을 통해 새로운 정리들을 발견해 가는 연역적 방법을 사용해 왔지만 이러한 방법으로 / 도형을 다루는 것은 / 매우 까다로웠다.

③ 고대 그리스 이래 기하학은 자명한 명제인 공리에서 출발하여 / 증명을 통해 새로운 정리들을 발견해 가는 연역적 방법을 사용해 왔지만 이러한 방법으로 / 도형을 다루는 것은 / 매우 까다로웠다.

8 다음 문장을 의미 단위로 적절하게 나눈 것을 선택하시오?

> 우리는 이야기의 비본질적인 부분을 배제하는 영화상의 생략을 기꺼이 수용하는데 극적인 전개를 위해 극단적인 사건을 설정하거나, 연인이 이별하는 장면에서 작중 현실에는 존재하지 않는 애절한 음악을 삽입하는 것, 카메라의 움직임이 유발하는 현장감과 정서 또한 자연스럽게 받아들인다.

① 우리는 / 이야기의 비본질적인 부분을 배제하는 영화상의 생략을 기꺼이 수용하는데 / 극적인 전개를 위해 극단적인 사건을 설정하거나, / 연인이 이별하는 장면에서 작중 현실에는 존재하지 않는 애절한 음악을 삽입하는 것, / 카메라의 움직임이 유발하는 현장감과 정서 또한 / 자연스럽게 받아들인다.

② 우리는 / 이야기의 비본질적인 부분을 배제하는 영화상의 생략을 기꺼이 수용하는데 / 극적인 전개를 위해 / 극단적인 사건을 설정하거나, 연인이 이별하는 장면에서 작중 현실에는 존재하지 않는 애절한 음악을 삽입하는 것, / 카메라의 움직임이 유발하는 현장감과 / 정서 또한 자연스럽게 / 받아들인다.

③ 우리는 / 이야기의 비본질적인 부분을 배제하는 영화상의 생략을 기꺼이 수용하는데 / 극적인 전개를 위해 극단적인 사건을 설정하거나, / 연인이 이별하는 장면에서 작중 현실에는 존재하지 않는 애절한 음악을 삽입하는 것, / 카메라의 움직임이 유발하는 / 현장감과 정서 또한 자연스럽게 받아들인다.

☞ 정답 및 해설 pp. 338~339.참조

제10장 문단 독해Ⅰ(문단구조, 핵심어, 문단 흐름, 비판적 독해)56)

지금까지 학습했던 '문장 독해'를 바탕으로 문장보다 더 큰 글의 구성단위인 '문단 독해Ⅰ(문단 구조이해-핵심어 찾기-문단 흐름 이해-비판적 독해)'에 대해 학습하고자 한다.
문단 독해를 위해서는 먼저 문단의 구조에 대해 이해를 해야 하며, 문단의 구조에 따른 핵심어 찾고, 문단 내용의 흐름을 이해하면서, 필자와 대화의 관점에서 '비판적 독해'가 필요하다.
이를 위해 필요지식, 활동, 평가 등을 통해 '문단의 구조', '핵심어', '문단 흐름' 등을 이해하고 이를 바탕으로 '비판적 독해'의 개념과 방법에 대해 학습해 보자.

Ⅰ. 필요지식

1. 문단(단락)과 그 구조

문단은 한 개념을 전달하는 단위이다. 개념이란 대체로 일반적인 어휘로 표현되므로, 그 모호한 어휘를 이해시키는 과정이 단락이라는 것이다. 예를 들어 누군가 논거로 '첫째, 사회는 더불어 사는 곳이다. 둘째, 인간은 이성적 존재이다.'를 거론하였다면, 그 논거를 좀 더 구체적으로 설명해야 한다. 그래서 독자를 배려하여 첫째 논거에서 사회란 무엇인지, 더불어 사는 것이 어떤 것인지, 왜 그래야 하는지를 이야기하다 보면 그게 한 단락이 된다.

따라서 문단(단락)은 문장들이 모여서 만들어 내는 하나의 의미 단위를 말한다. 한 문단에는 하나의 주제(내용)로만 구성되어 있으며, 그 구조는 중심문장(주제문)과 이를 뒷받침하는 문장으로 이루어진다.

중심문장(주제문)	뒷받침문장(예시, 부연, 상술 등)
소주제문은 문단의 중심 생각을 서술한 문장(일반적·추상적 내용)	소주제문을 설명 또는 논증한 여러 문장(구체적인 내용)

다음의 예문을 통해 주제문과 뒷받침 문장을 식별해 보자.

인류 문명 발달사에서 전쟁은 양면적인 속성을 가지고 있었다. 전쟁은 한 지역의 문명을 송두리째 파괴하기도 하였다. 한편으로 그 지역의 문명을 다른 곳으로 전파하는 역할을 하기도 하였다.

56) 방인태, "국어과 독해 수업 평가 방안". 『한국초등국어교육』, (2005). pp. 56-75.

예문의 주제문은 "인류 문명 발달사에서 전쟁은 양면적인 속성을 가지고 있었다."이다. 이를 뒷받침 문장은 "전쟁은 한 지역의 문명을 송두리째 파괴하기도 하였다."는 것과 "한편으로 그 지역의 문명을 다른 곳으로 전파하는 역할을 하기도 하였다."라는 두 개의 문장으로 구성되어 있다.

2. 핵심어(Key Word)

문단 독해에서 가장 중요한 포인트는 주제문을 찾고 그 주제문의 중심이 되는 핵심어(키워드)를 찾는 것이다. 그리고 그 핵심어를 뒷받침 문장에서 어떻게 서술(敍述)하고 있는지에 주목해야 한다.

문장의 구조인 주제문과 뒷받침 문장의 예문으로 제시된 주제문 "인류 문명 발달사에서 전쟁은 양면적인 속성을 가지고 있었다."이다. 이 주제문에서 언급된 키워드는 '양면적인 속성'이다. 다시 말해서 필자는 전쟁의 양면적인 속성에 관해 주장 또는 설명을 하고 있다. 이어진 뒷받침 문장에서는 "양면적인 속성"으로서 '파괴'와 '전파'를 제시하고 있다.

문단의 독해는 문장과 문장 사이의 관계를 분석하여 문단의 핵심을 파악할 수 있어야 하는데 그 핵심적 내용을 내포하고 있는 단어가 키워드(key word)이다. 이러한 키워드는 크게 글의 중심 소재를 알려주는 핵심 내용어와 글의 전개와 흐름을 알려주는 방향 전환어, 그리고 필자의 의도나 주장을 강하게 드러내 주는 강조어가 있다. 가령 핵심어가 'A'라고 한다면 단락의 주제에는 반드시 'A'가 포함되어야 한다. 핵심어는 단락에서 가장 중요하게 언급되고 있는 '무엇'을 찾으면 된다. 일반적으로 그 단락에서 가장 많이 언급되는 단어일 확률이 매우 높다.

문단 독해는 ⇒ 문장과 문장 사이의 관계 분석 ⇒문단 핵심 파악 **【이를 위해 가장 중요한 것이 '핵심어' (Key Word)】** **가장 중요한 '무엇' 이자 가장 빈번하게 언급되는 '단어'**

다음의 예문을 통해서 '핵심어(Key Word)'의 의미와 중요성 그리고 식별하는 방법에 대해 생각해 보자.

> 사회 복지는 "누구든지 인간의 존엄성과 가치를 훼손당하지 않으면서 인간답게 살 수 있어야 한다."라는 이념을 전제로 한다. 사회 복지 실천을 위한 방법론은 바로 이 이념을 실현하기 위해서 연구되었다. 사회 복지 방법론은 고통을 받고 있는 사람들이 인간답게 살 수 있도록 도와주는 데 필요한 전문 지식과 기술로 구성되는데, 이는 크게 둘로 나눌 수 있다. 하나는 도움을 필요로 하

는 개인에 초점을 맞추고 문제를 개별화하여 그 해결 방안을 찾는 미시적 방법론이고 다른 하나는 문제를 집합적으로 보면서 전체적인 사회 차원에서 그 해결 대책을 강구하는 지시적 방법론이다. 사회 복지 전문가들은 이러한 방법론에 따라 도움이 필요한 사람들로부터 문제를 찾아내어 그 원인을 진단해 냄으로써 그들 스스로 자신의 문제를 해결할 수 있도록 도움을 주기도 하며, 다른 한편으로는 정부 정책이나 제도에 영향을 미침으로써 문제의 해결에 도움을 주기도 한다.

이 문단에서 핵심어는 무엇일까요? 지문의 도입부는 "누구든지 인간의 존엄성과 가치를 훼손당하지 않으면서 인간답게 살 수 있어야 한다.", "사회 복지 실천을 위한 방법론은 바로 이 이념을 실현하기 위해서 연구되었다."이다. 여기서 필자는 사회복지의 개념에 관해 키워드로서 ① '사회복지', ② '이념', ③'사회 복지 실천을 위한 방법론', ④ '이 이념'을 제시하고 있다.

주제문인 "사회 복지 방법론은 고통을 받는 사람들이 인간답게 살 수 있도록 도와주는 데 필요한 전문 지식과 기술로 구성되는데, 이는 크게 둘로 나눌 수 있다."는 키워드인 ⑤ '사회 복지 방법론', ⑥ '이는' 등을 식별할 수 있다.

주제문의 뒷받침 문장인 "하나는 도움을 필요로 하는 개인에 초점을 맞추고 문제를 개별화하여 그 해결 방안을 찾는 미시적 방법론이고 다른 하나는 문제를 집합적으로 보면서 전체적인 사회 차원에서 그 해결 대책을 강구하는 지시적 방법론이다."에서는 키워드로서 ⑦ '개인', ⑧ '미시적 방법론', ⑨ '사회', ⑩ '거시적 방법론' 등을 도출할 수 있다.

사회 복지 방법론의 적용을 제시한 마지막 문장 "사회 복지 전문가들은 이러한 방법론에 따라 도움이 필요한 사람들로부터 문제를 찾아내어 그 원인을 진단해 냄으로써 그들 스스로 자신의 문제를 해결할 수 있도록 도움을 주기도 하며, 다른 한편으로는 정부 정책이나 제도에 영향을 미침으로써 문제의 해결에 도움을 주기도 한다."에서는 키워드로서 ⑪ '이러한 방법론', ⑫ '스스로', ⑬ '정부 정책이나 제도' 등을 들 수 있다. 이처럼 '읽고 이해하기'를 통해 식별된 키워드는 아래와 같다.

① **사회 복지**는 "누구든지 인간의 존엄성과 가치를 훼손당하지 않으면서 인간답게 살 수 있어야 한다."라는 ② **이념**을 전제로 한다. ③ **사회 복지 실천을 위한 방법론**은 바로 ④ **이 이념**을 실현하기 위해서 연구되었다. ⑤ **사회 복지 방법론**은 고통을 받고 있는 사람들이 인간답게 살 수 있도록 도와주는 데 필요한 전문 지식과 기술로 구성되는데, ⑥ **이는** 크게 둘로 나눌 수 있다. 하나는 도움을 필요로 하는 ⑦ **개인**에 초점을 맞추고 문제를 개별화하여 그 해결 방안을 찾는 ⑧ **미시적 방법론**이고 다른 하나는 문제를 집합적으로 보면서 전체적인 ⑨ **사회** 차원에서 그 해결 대책을 강구하는 ⑩ **거시적 방법론**이다. 사회 복지 전문가들은 ⑪ **이러한 방법론**에 따라 도움이 필요한 사람들로부터 문제를 찾아내어 그 원인을 진단해 냄으로써 그들 ⑫ **스스로** 자신의 문제를 해결할 수 있도록 도움을 주기도 하며, 다른 한편으로는 ⑬ **정부 정책이나 제도**에 영향을 미침으로써 문제의 해결에 도움을 주기도 한다.

식별된 키워드를 통합 및 정리해 보면 ①~⑥을 아우르는 키워드는 ⑤ '사회복지 방법론'이며, 구체적인 방법론으로서 ⑦~⑬을 아우르는 키워드는 ⑧ '미시적 방법론', ⑩ '거시적 방법론'이다. 따라서 핵심 키워드는 '사회 복지 방법론'이며, 이를 뒷받침하는 키워드는 '미시적 방법론', '거시적 방법론'이다. 참고로 이 문단의 중심 내용은 '사회복지 방법론과 실천 방법'으로 요약될 수 있다.

3. 문단(단락) 내용의 흐름

문단 독해의 목표는 문단을 구성하는 여러 문장 속에서 어떤 이야기를 하는지를 파악하는 것이다. 이를 위해서는 앞에서 학습한 문단의 핵심어를 찾고, 문단의 내용 흐름을 파악하며, 그 흐름의 방식에 따라 어디에 주목해야 하는지를 알아야 한다.

일반적으로 단락 내에서 전개될 수 있는 흐름은 크게 두 가지이다. 이야기하고자 하는 내용의 흐름을 그대로 이어가는 경우와 흐름이 바뀌는 경우이다. 하지만 문단 내용의 흐름은 구체적으로 다음 4가지 유형을 생각할 수 있다.

1유형	2유형	3유형	4유형

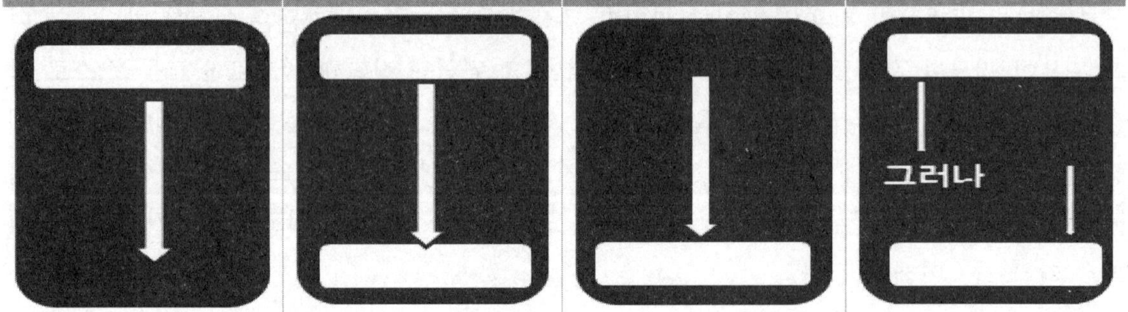

먼저 '1유형'은 첫 문장에서 주제문(강조)을 제시하고 그 뒤는 예시, 설명 등 뒷받침 문장을 기술하는 방식이다. 이 경우에는 주제문에 유의하면 된다.

'2유형'은 첫 문장에서 주제문(강조)을 제시하고 예시, 설명 등 뒷받침 문장을 기술하다가 심화시킨 내용을 마지막 재강조를 하는 방식이다. 이 경우에는 주제문과 마지막 재강조하는 문장에 유의해야 한다.

'3유형'은 첫 문장에서부터 설명 또는 예시 등을 기술하다가 마지막에 결론을 제시 또는 끌어내는 방식이다. 이 경우에는 마지막 결론에 유의해야 한다.

'4유형'은 맨 앞에 전개되던 내용을 중간에 흐름을 변화 시켜 변경된 내용을 제시하는 경우이다. 이 경우는 주로 '역접 접속어'를 이용하여 흐름을 바꾸게 된다. 따라서 이런 유형의 문단 독해를 할 때는 단락의 처음과 끝을 유의해야 하며, 역접 접속어에도 주의해야 한다.

일반적으로 문단에서 핵심 내용은 단락의 처음과 끝에 있을 확률이 높다. 대체로 처음에 중요한 내용을 언급하고 언급된 내용에 대해 부연 설명을 하거나, 반대로 처음에는 개별적 · 구체적 설명을 한다. 그리고 맨 나중에 이를 정리하면서 핵심 내용을 제시하는 경우가 많다. 다음의 예시를 통해서 '단락 내용 전개의 흐름 짚기'에 대해 생각해 보자.

사물놀이에 대한 우려는 그것이 창조적 발전을 거듭하지 못한 채 타성에 젖어 들고 있다는 측면에서도 제기된다. 많은 사물놀이 패가 새로 생겨났지만, 사물놀이의 창안자들이 애초에 이룩한 음악 어법이나 수준을 넘어서서 새로운 발전을 이루어 내지 못한 채 그 예술적 성과와 대중적 인기에 안주하고 있다는 것이다. 이는 사물놀이가 민족 예술로서의 정체성을 뚜렷이 갖추지 못한 데 따른 결과로 분석되기도 한다. 이런 맥락에서 비판자들은 혹시라도 사물놀이가 대중의 일시적인 기호에 영합하는 방향으로 흘러갈 경우 머지않아 위기를 맞게 될지도 모른다고 경고하고 있다.

첫 문장이 위 단락의 주제문이다. 그 다음 문장들은 주제문을 부연 설명하는 뒷받침 문장들로 구성되어 있다. 이어 맨 뒤에서는 앞의 내용들을 정리하고 있다.

사물놀이에 대한 우려는 그것이 창조적 발전을 거듭하지 못한 채 타성에 젖어 들고 있다는 측면에서도 제기된다.**(주제문)** 많은 사물놀이 패가 새로 생겨났지만, 사물놀이의 창안자들이 애초에 이룩한 음악 어법이나 수준을 넘어서서 새로운 발전을 이우어 내지 못한 채 그 예술적 성과와 대중적 인기에 안주하고 있다는 것이다. 이는 사물놀이가 민족 예술로서의 정체성을 뚜렷이 갖추지 못한 데 따른 결과로 분석되기도 한다.**(뒷받침 문장)** 이런 맥락에서 비판자들은 혹시라도 사물놀이가 대중의 일시적인 기호에 영합하는 방향으로 흘러갈 경우 머지않아 위기를 맞게 될지도 모른다고 경고하고 있다.**(앞 내용 정리, 재강조)**

여기에서 주목할 점은 한 단락 안에서 글의 흐름이 바뀌지 않았다는 점이다. 다음의 예는 글의 흐름이 바뀌는 경우이다.

신용카드나 신분증에 RFID 시스템이 도입되면 일상생활의 편리함은 더욱 커질 수 있는데, 상품 정보 확인뿐만 아니라 지불과 서명까지 동시에 진행할 수 있다. 그러나 통신 영역 내에 있는 모든 태그의 정보가 리더에게 전달될 수 있으므로, 자신도 모르는 사이에 '무엇을 입고 무엇을 지닌 상태로 언제 어디서 누구와 무엇을 얼마나 샀는지' 등의 정보가 파악될 수도 있다. 즉, 악의적으로 설치된 리더에게도 무방비로 노출되어 있는 셈이다.

위 문단을 보면 앞부분에서 RFID 시스템의 긍정적인 평가를 언급하고 있으며, 그 편리함을 부연설명까지 하고 있다. 하지만 뒷부분에서는 '그러나' 역접 접속어를 통해서 글의 흐름이 부정적 평가로 바뀌었다. 그리고 최종적으로 '즉'이라는 순접이자 환연 요약 접속어를 활용하여

부정적 평가에 대한 내용을 좀 더 간명하게 정리하고 있다.

신용카드나 신분증에 RFID 시스템이 도입되면 일상생활의 편리함은 더욱 커질 수 있는데, 상품 정보 확인뿐만 아니라 지불과 서명까지 동시에 진행할 수 있다.**(긍정적 평가) 그러나** 통신 영역 내에 있는 모든 태그의 정보가 리더에게 전달될 수 있으므로, 자신도 모르는 사이에 '무엇을 입고 무엇을 지닌 상태로 언제 어디서 누구와 무엇을 얼마나 샀는지' 등의 정보가 파악될 수도 있다.**(부정적 평가)** 즉, 악의적으로 설치된 리더에게도 무방비로 노출되어 있는 셈이다.**(부정적 평가 재 정리)**

위 문단은 '그러나'라는 역접 접속어를 통해 글 내용의 흐름이 달라졌다. 문단 내용의 흐름을 바꾸기 위해서는 '역접 접속어'가 필요하며, 독자는 이를 빨리 파악하는 것이 매우 중요하다. 이것을 우리는 흔히 '구조 독해'라고 부른다.

내용의 흐름이 달라지는 역접 접속어로는 '그러나', '하지만', '그런데', '그렇지만', '한편으로' 등이 있다. 한편 글 내용의 흐름이 바뀌지 않고 계속 같은 맥락으로 이어지더라도 제시된 내용을 좀 더 간결하고 명료하게 정리하는 접속어에는 '즉', '그러므로', '따라서', '정리하면' 등이 있다. 따라서 '구조 독해'에 핵심적 역할을 하는 접속어를 식별하는 것이 글 내용의 흐름을 빠르게 파악하는 중요한 관건이 된다.

4. 비판적 독해

비판적 독해란 제시된 글을 단순히 받아들이기만 하는 것이 아니라, 글을 읽는 사람이 '생각하는 주체'가 되어 글 흐름에 따라 내용과 관련된 질문들을 적극적으로 떠올릴 수 있는 읽기 방식을 뜻한다.

독자는 객관적이고 합리적인 사고를 바탕으로, 글의 이면에 들어 있는 가치관이나 신념을 분석하고, 객관적으로 이해하는 활동이 필요하다. 따라서 글을 읽을 때는 우선 그 글의 내용이 바르고 정확한지 검토해 보아야 한다.

제시된 내용이 타당하고 옳은지, 어느 한쪽으로 치우치지 않고 공정하게 다루어지고 있는지 따져 보아야 하며, 글에 제시된 자료들이 출처가 분명하고 사실에 부합해서 정확성을 유지하고 있는지, 글의 주제를 전달하는 데 적절하게 기여하는지 등을 살펴보아야 한다.

또한 이러한 사실적 차원의 내용에 대한 판단에서 한 걸음 더 나아가 필자의 생각이나 의견에 대해서도 비판적인 눈으로 바라보아야 한다. 그리하여 공감할 수 있는 점과 공감할 수 없는 점이 있는지, 있다면 그 까닭은 무엇인지, 그리고 필자와는 다른 나 자신의 생각이 있는지 등에 대해 판단하면서 글을 읽어야 한다.

비판적 독해는 '글과의 대화'를 한다는 것이며, 글의 흐름을 보고 질문을 던지면서 글의 방향을 예측하는 것이다. 비판적 독해에는 다음과 같은 3가지 원칙이 있다.

〈비판적 독해〉
① 읽는 사람이 생각하는 주체가 되어 · · ·
② 글 흐름에 따라 관련된 질문들을 던지면서 · · ·
③ 글의 방향을 예측하면서 읽는 읽기 방식.

첫째, 글을 읽으면서 이후 글이 어떻게 진행될지에 대해 스스로 질문을 던진다. 둘째, 예상되는 전개 방향 및 내용을 생각한다. 셋째, 글에서 그 예측을 확인하는 방식으로 독해를 한다.

가령 "우리는 모두 인습적인 형태와 색채만이 옳은 것으로 생각하는 경향이 있다."라는 문장에 대해 '비판적 독해'를 적용해 보자. 이 문장을 읽으면서 마음속으로 아래와 같이 질문 던지기와 예측하기를 하면서 읽어야 한다.

- 그 경향과 다른 생각은 무엇인가? 아마도 글쓴이가 말할 내용은 '인습적인 형태와 색채만이 옳은 것이 아니라는 점'일 것이다.
- 이 주장에는 이유가 있어야 하는데 뒤에서 왜 그런지에 대해 밝힐 것이다.

다음은 예문을 통해 '비판적 독해'의 효용성을 확인해 보자.

우리는 모두 인습적인 형태와 색채만이 옳은 것이라고 생각하는 경향이 있다.
대체로 이런 어린이들은 별이 모두 별표 모양을 하고 있다고 생각하지만, 실제로 별을 관찰해 본 사람은 다양한 별의 모습을 발견하게 된다. 그림 속의 하늘은 푸른색이어야 하고 풀은 초록색이어야 한다고 주장하는 사람들은 이 어린이들과 별로 다를 바가 없다. 그들은 그림에서 그들에게 익숙한 물상이 낯선 형태와 색채로 표현되어 있는 것을 모두 버리고, 우주 탐험 여행차 지구에 갓 도착하여 지구상의 사물을 처음 대하는 우주인의 관점에서 본다면, 우리는 사물들이 엄청나게 놀라운 또 다른 형상과 색채들을 지니고 있는 것을 새삼 깨닫게 될 것이다. 화가들은 그러한 우주 탐험 여행을 하고 있는 사람에 비유될 수 있다. 그들은 세계를 새롭게 보기를 원하고 있으며, 사람의 피부는 분홍색이고 사과는 둥글다는 기존의 관념과 편견을 버리려고 노력하고 있다.

위 문단의 글을 읽을 때 앞에서 제시한 '비판적 독해' 방법을 적용해 보면 아래와 같으며, 그 결과 글을 읽는 사람이 생각하는 주체가 되어 글 흐름과 관련된 질문을 던지면서 글의 방향을 예측하면서 읽음으로써 훨씬 효율적인 독해가 가능해 진다.

우리는 모두 인습적인 형태와 색채만이 옳은 것이라고 생각하는 경향이 있다. **(그 경향과 다른 생각은 무엇인가?)** (대체로 이런 어린이들은 별이 모두 별표 모양을 하고 있다고 생각하지만, 실제로 별을 관찰해 본 사람은 다양한 별의 모습을 발견하게 된다.) (그림 속의 하늘은 푸른색이어야 하고 풀은 초록색이어야 한다고 주장하는 사람들은 이 어린이들과 별로 다를 바가 없다.) 그들은 그림에서 그들에게 익숙한 물상이 낯선 형태와 색채로 표현되어 있는 것을 모두 버리고, 우주 탐험 여행차 지구에 갓 도착하여 지구상의 사물을 처음 대하는 우주인의 관점에서 본다면**(우주인의 관점은?)**, 우리는 사물들이 엄청나게 놀라운 또 다른 형상과 색채들을 지니고 있는 것을 새삼 깨닫게 될 것이다. **(그렇다면 글쓴이가 하고자 하는 이야기는?)** 화가들은 그러한 우주 탐험 여행을 하고 있는 사람에 비유될 수 있다. 그들은 세계를 새롭게 보기를 원하고 있으며, 사람의 피부는 분홍색이고 사과는 둥글다는 기존의 관념과 편견을 버리려고 노력하고 있다. **(아하 기존의 관념과 편견을 버려야 한다는 것이구나!)**

Ⅱ. 활동

다음 제시된 지문을 읽고 토의사항을 해결하고 그 내용에 관해 토의해 보자.

【활동 1. 다음 지문을 읽고 토의사항을 해결하시오】

구분	내용
지문	뉴턴의 이론은 그것을 신뢰했던 많은 과학자들에 의해서 명료하게 다듬어졌고, 과학사에 탁월한 업적으로 길이 남게 되었다. 이와 같이 권위 있는 과학 이론은 토마스 쿤이 말하는 패러다임의 역할을 한다. 패러다임이란 과학자 사회의 구성원들이 공유하고 있는 신념, 가치, 기술 등의 총체를 말한다. 패러다임은 과학적으로 탐구할 만한 문제를 규정해 주고, 과학자들이 취할 수 있는 문제 해결 모형을 제공하며, 연구 결과의 타당성을 분별하는 기준이 된다. 과학에서 패러다임의 존재는 거의 절대적이어서, 과학자들은 패러다임을 적극적으로 옹호하고 보호하려고 한다. 따라서 패러다임과 일치하지 않는 관찰 결과가 나왔을 때, 과학자들은 이론을 의심하기보다 관찰 결과를 재해석하고 새로운 실험을 통해서 그 불일치를 해결하려고 노력한다.
토의사항	가. 위 지문의 '핵심어'를 찾아 기술하시오 나. 위 지문의 중심 내용을 요약 기술하시오

【활동 2. 다음 지문을 읽고 토의사항을 해결하시오】

구분	내용
지문	현대가 그렇게 되었다고 해서 그것이 그대로 정당하며, 또 그렇게 되어야하는가 함은 별개의 문제다. 일찍이 키에르케고르나 니체 같은 사람들은, 개인의 존엄성과 가치를 강하게 호소한 바 있다. 오늘날까지도 사회와 개인에 대한 대립된 견해는 여전히 지속되고 있다. 그렇다고 해서 사회가 전부이며 개인은 의미가 없다든지, 개인의 절대성을 주장한 나머지 사회의 역할을 약화시키는 것도 모두 정당한 견해가 되지 못한다. 오히려, 오늘날 우리는 개인 속에서 그가 소속되어 있는 사회를 발견하며, 그 사회 속에서 개인을 발견한다. 사회와 개인은 서로 깊은 상호 작용을 일으키고 있다. 개인이 없는 사회는 존재할 수 없으며, 사회에 속하지 않는 개인을 생각한다는 일 자체가 불가능하다.
토의사항	가. 위 지문의 '핵심어'를 찾아 기술하시오 나. 위 지문의 중심 내용을 요약 기술하시오

【활동 3. 다음 제시된 지문을 토의사항을 해결하시오】

구분	내용
지문	㉠ 곽희가 살았던 시대는 태평성세였다. 사대부는 충과 효를 사회적으로 실천해야만했다. 그 때문에 자연에서 노닐며 살고자 하는 개인적 욕망을 실현할 수 없었다. ㉡ 사대부들은 화원들을 구해 자신들이 간접적으로 경험할 수 있는 산수를 그리게 하였다. 화원은 사대부의 요구를 충족시키기 위해 다양한 방법을 시도하였다. 작품 구상을 위해 시에 의존하고, 사대부들이 작품을 통해 와유할 수 있게끔 대상의 사실적 묘사와 삼원법(三遠法)을 추구하기도 하였다. 특히 삼원법은 상이한 시점들을 서로 교차시켜 감상자가 산수화의 '산수'에 들어가 자연에서 느꼈던 생생함을 경험할 수 있게 하는 화법이다. ㉢ 감상자는 이를 통해 산수의 한 공간에 머무는 것이 아니라 정신을 무한한 곳으로 확장하여 절대적인 정신의 자유를 누리게 된다. ㉣ 그러나 '원'을 통해 자유의 경지를 실현하면서 개인적 자아의 추구에로 치우쳐 또다시 사회적 자아와 균형을 잃을 수 있다. ㉤ 그래서 사대부는 두 자아의 균형을 위해 산수에 사회적 가치가 투영되도록 하였다
토의사항	가. 위 지문의 내용 흐름의 유형을 식별하시오 나. 위 지문에서 중점을 두고 독해해야 하는 부분을 식별하시오

【활동 4. 다음 단락을 읽고 토의사항을 해결하시오.】

구분	내용
지문	㉠ 이제 20세기 말 정보화와 세계화를 계기로 시간적·공간적 거리가 압축되어 세계가 동시적 경험이 가능한 공간으로 인식되면서 인간의 삶은 이전과 크게 달라졌다. ㉡ 기술의 비약적 발달로 의식주 등 생활의 기본 욕구는 충족되었지만, 현대인들은 더욱 다양해진 욕구와 성취 욕망을 충족하기 위해 스스로를 소진하고 있다. ㉢ 경쟁이 세계로 확대됨에 따라 사람들이 타인과의 경쟁에서 이기는 동시에 자신의 능력을 극한으로 끌어올리기 위해 스스로를 끝없이 몰아세울 수밖에 없는 내면화된 강박증에 시달리고 있는 것이다. ㉣ 결국 기술의 발달이 인간의 삶을 여유롭고 의미 있는 것으로 만들어 줄 것이라는 기대와 달리, 사색적 삶은 설 자리를 잃고 활동적인 삶이 폭주하게 된 것이다.
토의사항	가. 위 지문의 내용 흐름의 유형을 식별하시오 나. 위 지문에서 중점을 두고 독해해야 하는 부분을 식별하시오

【활동 answer】

토의 1.
가. 패러다임, 역할, 절대적
나. 패러다임의 역할과 문제점

토의 2.
가. 사회와 개인, 상화작용
나. 개인과 사회의 상호관계

토의 3.
가. 4유형, '그러나'의 역접 접속사를 사용하여 해결책 제시
나. 【㉣】에서 글의 흐름 내용이 달라짐. 개인적 자아 추구→ 사회적 자아와 균형

토의 4.
가. 2유형,
나. 앞부분 주제문과 【㉣】에서 필자가 이야기 최종적으로 정리한 마지막

Ⅲ. 평가

1 다음 문단의 핵심어를 선택하고 문단의 중심 내용을 기술하시오.

이렇게 새로이 시작된 어원 연구는 오늘날까지 계속되었지만, 아직 확고한 터전을 닦았다고 할 수 없는 처지에 있다. 그 가장 큰 이유는, 어원 연구는 음운, 문법, 어휘, 의미 등 여러 분야의 역사적 연구 성과가 충분히 축적되었을 때에 비로소 믿음직한 결과를 얻을 수 있기 때문이다. 어원 연구는 하나하나의 단어를 대상으로 이루어지므로 체계화는 상관없는 것으로 생각하기 쉽지만, 어느 한 단어의 내력을 밝히고 그 근원에까지 거슬러 올라가는 일은 국어의 역사를 비추는 크고 작은 조명들이 그 단어에 초점을 맞출 때에 비로소 달성될 수 있는 것이다.

① 체계 연구 ② 국어 연구 ③ 문법 연구 ④ 어원 연구 ⑤ 국어의 역사

【내용 요약 : 】

2 다음 문단의 핵심어를 선택하고 문단의 중심 내용을 기술하시오.

초기 인류의 화석을 보면, 원시인의 골격은 오늘날의 인간들과는 동떨어지고 오히려 유인원에 흡사하다는 인상을 받게 된다. 그런 가운데에서도 극히 미미하지만 분명히 다른 특징을 찾아낼 수 있다. 그런데 바로 이 미미한 특징이 인류 문명의 발전을 가능하게 한 요인이 된다. 그것은 두 다리로 서서 걷기에 알맞은 신체 구조, 즉 직립 보행이 가능한 신체 구조였다. 두 다리로 걷는다는 것은, 곧 두 팔을 보행이라는 동작으로부터 해방시킨다는 의미였고, 이렇게 자유로워진 두 손으로 도구를 만들고, 또 그것을 다룰 수 있게 되어서 인류 문명 발달의 새로운 국면을 열어 놓았다

【핵심어 : 】

【내용 요약 : 】

3 다음 단락을 읽고 핵심어와 단락의 내용을 요약 제시하시오?

동종 요법의 경우 무엇보다 중요한 것은 신체 기능에 해를 끼치지 않을 만큼 동종 약품을 아주 소량만 희석해서 사용해야 한다는 것이다. 지나치게 복용하면 도리어 해를 줄 수도 있다. 환자가 질병에 예민하게 반응 한다거나 증상이 심하면 농도가 더욱 약한 것을 사용한다.

【핵심어 : 】

【내용 요약 : 】

4 다음 글의 중심 내용으로 가장 적절한 것은?

우리나라 도자기에는 전통 예술의 아름다움이 담겨 있다. 도자기는 수요자의 요구에 따라, 혹은 그것을 만든 장인의 예술 감각에 따라 다양한 형태와 문양을 갖게 된다. 도자기 가운데 고려청자는 매우 귀족적이며 장식적이다. 그 수요자가 왕실과 중앙 귀족이었으므로 도자기 형태나 문양에 그들의 취향이 반영되었기 때문이다. 이에 반해, 조선 분청사기는 왕실에서 일반 백성에 이르기까지 전 계층이 사용하였다. 물론 수요층에 따라 도자 양식에는 차이가 있었지만 대체로 분청사기는 일상생활 용기로 널리 사용되었으므로 순박하고 서민적이었다.

㉠ <u>고려청자</u>의 아름다움은 흔히 형태, 색, 문양 등 세 가지 측면에서 얘기되곤 한다. 흐르는 듯한 형태의 유려함, 비취옥과 같은 비색(翡色), 그리고 자연에서 소재를 얻은 문양이 그것이다. 귀족들의 취향을 반영한 고려청자에는 세련된 곡선미가 담겨 있다. 여기에 학이 창공을 날아가는 모습과 같은 우아하고 섬세한 문양이 신비한 비색과 잘 어우러져 있다. 그런데 고려청자에는 도공의 창조적 개성 미는 드러나지 않았다. 왜냐하면 고려청자는 서남해안 일부 지역에 설치되었던 관요(官窯)*에서 국가의 강력한 보호와 규제 속에서 이름 없는 도공들에 의해 만들어졌기 때문이다.

㉡ <u>분청사기</u>는 '청자 태토(胎土)*로 빚은 몸체에 분을 바르듯이 백토를 ⓐ입힌 사기그릇'을 말한다. 분청사기는 고려 말 귀족이 몰락하고 지방의 중소 지주였던 사대부 성리학자가 등장하던 시기에 제작되기 시작했다. 그러다가 점차 서민층에까지 쓰임이 확대되면서 형태도 매우 안정되고 튼튼하게 변해갔고, 문양도 활달하고 자유분방하게 변해가게 되었다. 또한 여기에 도공의 독창적 개성미가 더해져 자유롭고 생동감 넘치는 분청사기가 만들어지게 되었다. 왜냐하면 분청사기는 전국에 흩어져 있는 민간 가마인 민요(民窯)에서 이전보다 자유로운 여건에서 만들어졌기 때문이다.

'분청사기조화수조문편병'을 보면, 아무렇게나 그어 나간 듯한 경쾌한 선들을 볼 수 있다. 어린아이들의 장난기 어린 그림처럼 보이기도 하지만, 무엇에도 얽매이지 않은 자유분방함과 독창적 개성미가 엿보인다. 또한 투박하지만, 장인의 예술 감각과 창조적 조형 의지도 느낄 수 있다. 이처럼 분청사기에서는 고려청자가 갖는 깔끔하고 이지적인 느낌과는 다른 수더분함과 숭늉 맛 같은 구수함이 느껴진다. 분청사기의 자유분방함과 수더분함 속에서 고려청자와는 또 다른 전통 예술의 아름다움을 발견할 수 있다.

* 관요: 관청에서 경영하던 가마.

** 태토: 바탕흙.

① 고려청자와 분청사기 수요층의 특징
② 고려청자와 분청사기의 원료와 제작 과정
③ 고려청자와 분청사기에 담긴 전통 예술의 아름다움
④ 고려청자와 분청사기에 나타난 문양의 상징적 의미
⑤ 고려청자와 분청사기를 통해 알 수 있는 시대적 상황.

5 다음 단락을 읽고 핵심내용으로 적절한 것을 고르시오?

고유어가 일상용어로 사용될 때에는 큰 불편이 없지만, 전문 영역에서 사용될 때에는 정확하고 구체적인 의미를 나타내는 데 부족한 면이 있기 때문에 한자어들을 무조건 버리기가 어려운 경우가 많다. 일상생활에서는 순우리말인 '값, 글, 옷, 생각'만을 사용하더라고 별다른 지장이 없다. 그렇지만 이들에는 저마다 독특한 용법을 지니는 한자어들이 대응하고 있어, 한자어들은 고유어보다 의미가 더 구체적이면서 분화된 의미를 나타낸다. 따라서 이러한 한자어들을 단지 한자어라는 이유만으로 무조건 배척하는 일은 현실적으로 바람직하지 못하다. 어떤 사람이 읽을 글인가에 따라 어휘 선택의 폭이 달라질 수 있으므로, 일반 대중들이 모두 보아야 하는 글에서는 쉬운 우리말을 써도 가능할 것이고, 정확한 표현이 필요한 글에서는 한자어라고 하더라도 바르게 구사할 줄 아는 것이 우리말을 풍부하게 가꾸는 길일 것이다.

① 한자어는 외래어이므로 고유어로 바꾸어야 한다.
② 고유어와 한자어를 조화롭게 사용해야 한다.
③ 일상생활에서 순우리말은 사용하는데 지장이 많다.
④ 새로운 낱말은 고유어로 만들어야 한다.
⑤ 사라진 고유어를 발굴해서 써야 한다.

6 다음 단락을 읽고 물음에 답하시오?

사람들은 함께 모여 '집합 의례'를 행한다. 뒤르켐은 오스트레일리아 부족들의 집합 의례를 공동체 결속의 관점에서 탐구한다. 부족 사람들은 문제 상황이 발생할 경우 생계 활동을 멈추고 자신들이 공유하는 성(聖)과 속(俗)의 분류 체계를 활용하여 이 상황이 성스러운 것인지 아니면 속된 것인지를 판별하는 집합 의례를 행한다. 이 과정에서 그들은 자신들이 공유하는 성스러움이 무엇인지 새삼 깨닫고 그것을 중심으로 약해진 기존의 도덕 공동체를 재생한다. 집합 의례가 끝나면 부족 사람들은 가슴속에 성스러움을 품고 일상의 속된 세계로 되돌아간다. 이로써 단순히 먹고사는 문제에 불과했던 생계 활동이 성스러움과 연결된 도덕적 의미를 지니게 된다.

【위 단락의 내용 전개의 흐름은 어느 유형인가? : 】
【위 단락의 핵심어를 식별하시오 : 】
【위 단락에서 유의해야할 접속어를 식별하고 그 이유를 설명하시오? 】

7 다음 단락을 읽고 ㉠에 들어갈 말로 가장 적절한 것을 고르시오?

지식 경영론 중에는 마이클 폴라니의 '암묵지' 개념을 활용하는 경우가 많다. 폴라니는 명확하게 표현되지 않고 주체에게 체화된 암묵지 개념을 통해 모든 지식이 지적 활동의 주체인 인간과 분리될 수 없다는 것을 강조했다. 그에 따르면 우리의 일상적 지각뿐만 아니라 고도의 과학적 지식도 지적 활동의 주체가 몸담고 있는 구체적인 현실로부터 유리된 것이 아니다. 어떤 지각 활동이나 관찰, 추론 활동에도 우리의 몸이나 관찰 도구, 지적 수단이 항상 수반되고 그에 의해 이러한 활동이 암묵적으로 영향을 받기 때문이다. (㉠) 모든 지식에는 암묵적 요소들과 이들을 하나로 통합하는 '인간적 행위'가 전제되어 있다는 것이다. "우리는 우리가 말할 수 있는 것보다 훨씬 더 많이 알고 있다."라는 폴라니의 말은 모든 지식이 암묵지에 기초하고 있음을 강조한다.

① 예를 들면 ② 또한 ③ 요컨대 ④ 그러나 ⑤ 왜냐하면

☞ 정답 및 해설 p. 340.참조

제11장 문단 독해Ⅱ(문단의 전개 방식 5개 유형)57)

문단 독해를 위해서는 문단의 전개 방식을 이해하고 그에 따른 독해 중점을 어디에 두어야 하는지에 대해 식별하는 것이 매우 중요하다.
이를 위해서는 문단의 전개 방식으로서 ① 일반적-구체적 전개 ② 의문-해결 전개 ③ 원인-결과 전개 ④ 반박-주장 전개 ⑤ 나열식 전개' 등을 이해하고 그 유형별 독해 방법에 대한 습득이 요구된다.
문단 독해Ⅱ의 필요지식, 활동, 평가 등을 통해 문단 전개 방식 5가지 유형에 대해 학습해 보자.

Ⅰ. 필요지식

1. 일반적 - 구체적 전개

단락 내용의 전개 방식이 '일반적 - 구체적'일 경우에는 크게 두 가지 형태가 있다. 하나는 '일반적 · 추상적 진술을 언급한 후 개별적 · 구체적 내용을 제시하는 경우이다. 다른 하나는 일반적 · 추상적 진술을 언급한 수 개별적 · 구체적 사례를 제시하는 경우이다. 또한 개별적 구체적 내용 또는 사례를 제시한 후 맨 뒤에 이를 종합 정리 경우도 있다.

가. 일반적 · 추상적 진술 언급 후 개별적 · 구체적 진술을 제시하는 경우

서두에 제시된 일반적 · 추상적 문장은 뒤에 나오는 개별적 · 구체적인 내용을 압축적으로 포괄하여 전달하는 역할을 한다. 따라서 일반적 · 추상적 문장을 잘 이해한다면, 뒤에 나오는 구체적이고 복잡한 내용을 완전하게 파악하지 못해도 문단 전체의 내용을 개략적으로 이해할 수 있게 된다. 다음의 예문 생각해 보자

> 공룡 발자국의 길이로부터 공룡의 크기를 추정할 수 있다. '발자국의 길이(FL)'에 4를 곱해 '지면으로부터 골반까지의 높이(h)'를 구하여(h=4FL), 그 크기를 짐작할 수 있다. 4족 보행 공룡의 경우에는 일반적으로 뒷발자국의 길이를 기준으로 한다. 단, h와 FL의 비율은 공룡의 성장 단계나 종류에 따라 약간씩 다르게 적용된다.

57) 방인태, "국어과 독해 수업 평가 방안". 『한국초등국어교육』, (2005). pp. 76-125.

위 문단은 다음과 같이 일반적 · 추상적 진술과 구체적 진술 3개로 구성되어 있다.

공룡 발자국의 길이로부터 공룡의 크기를 추정할 수 있다.**(일반적 진술)** '발자국의 길이(FL)'에 4를 곱해 '지면으로부터 골반까지의 높이(h)'를 구하여(h=4FL), 그 크기를 짐작할 수 있다.**(구체적 "1")** 4족 보행 공룡의 경우에는 일반적으로 뒷발자국의 길이를 기준으로 한다.**(구체적 진술 "2")** 단, h와 FL의 비율은 공룡의 성장 단계나 종류에 따라 약간씩 다르게 적용된다.**(구체적 진술 "3")**

이 같은 문단은 '일반적 · 추상적 진술'에 초점을 맞춰 읽는 것이 효율적이다. 구체적 진술 내용은 개략적으로 이해하면 된다. 하지만 무턱대고 구체적 진술 내용을 무시하라는 뜻은 아니다. 세부정보를 파악하는 독해의 경우에는 개별적 · 구체적 진술이 중요하기 때문이다. 또한 맨 뒤에 심화 · 발전된 진술이 제시된다면 이를 놓쳐서는 안 된다.

나. 일반적 · 추상적 진술 뒤 개별적 · 구체적 사례를 제시하는 경우

서두에 일반적 · 추상적 진술 뒤에 이를 잘 이해할 수 있도록 개별적 또는 구체적 사례를 들어 설명하는 경우를 말한다. 이 경우에도 구체적 사례보다는 일반적 · 추상적 진술에 주목해야 한다. 만약 심화 · 발전된 진술이 제시된다면 역시 중요한 내용이므로 유의해야 한다. 다음의 예를 생각해 보자.

어휘의 절대량을 늘리는 일 못지않게 중요한 것이 기존 어휘를 적극적으로 이용하는 일이다. 예를 들면 방언이나 옛말 등을 찾아 적극적으로 이용하는 방법이 있다. 어촌 지역에서 주로 쓰이던 '하늬바람'이 시어 등에 자주 사용되면서 널리 쓰이게 되었고, '가람, 뫼' 등 옛말 어휘가 오늘날 인명, 상표명 등에 쓰이기도 한다. 이처럼 이미 우리말에 존재하던 어휘들이 새롭게 쓰이면서 정서적인 의미를 추가로 가지게 되어 우리말의 표현력을 높이는 데에 기여하기도 한다.

위 단락은 일반적 · 추상적 문장과 개별적 · 구체적 문장, 그리고 심화 · 발전 내용 을 다음과 같이 구분된다.

어휘의 절대량을 늘리는 일 못지않게 중요한 것이 기존 어휘를 적극적으로 이용하는 일이다.**(일반적 · 추상적 진술)** 예를 들면 방언이나 옛말 등을 찾아 적극적으로 이용하는 방법이 있다. 어촌 지역에서 주로 쓰이던 '하늬바람'이 시어 등에 자주 사용되면서 널리 쓰이게 되었고, '가람, 뫼' 등 옛말 어휘가 오늘날 인명, 상표명 등에 쓰이기도 한다.**(구체적 예시)** 이처럼 이미 우리말에 존재하던 어휘들이 새롭게 쓰이면서 정서적인 의미를 추가로 가지게 되어 우리말의 표현력을 높이는 데에 기여하기도 한다.**(심화 · 발전 내용)**

이상에서 살펴본 바와 같이 '일반적 - 구체적 전개' 방식은 일반적 · 추상적 진술 뒤에는 개별적 · 구체적 설명이나 예가 나오는데 전체적인 글의 흐름을 파악하는데 필요한 것은 일반적 · 추상적 진술이므로 후술되는 개별적 · 구체적 설명이나 예 가볍게 읽는다. 다만 자세한 설명이나 사례를 제시한 이후, 좀 더 심화·발전된 진술을 나온다면 중요하게 다루어야 한다.

2. 의문 - 해결 전개

글쓴이가 의문(문제)을 제기하거나 독자들에게 질문을 던지는 형태로 전개되는 문단이 있다. 이 전개 방식에는 '일반적인 의문 - 해결 전개'와 '암묵적인 의문 - 해결 전개' 두 가지 형태가 있다. 이 경우에는 글쓴이가 제기하는 의문에 대한 해결 또는 질문에 대한 답을 지문에서 빨리 찾는 방식으로 독해하는 것이 효율적이다. 만약 질문을 던지는 형태가 아니고 암묵적으로 문제를 제기하고 글쓴이 스스로 그 해결책을 제시하는 경우에도 해결책에 주목하면서 독해를 해야 한다.

가. 일반적인 의문 -해결 전개

일반적인 의문 -해결 전개 방식은 비교적 쉽게 구조 파악이 가능하다. 왜냐하면 글쓴이가 질문을 먼저 제기하여 독자들의 주의를 환기시키기 때문이다. 이어 스스로가 제기한 질문에 대한 답 또는 해결책을 제시하게 된다. 의문 - 해결의 전개 방식은 독자들의 주의를 환기하며 글을 전개하고자 하는 목적이다. 다음의 예문을 생각해 보자

좋은 그림책이란 어떤 것인가? 회화의 공간성과 영화의 시간성이 간결한 언어와 입체적으로 만나서 풍부한 이미지를 주는 그림책이다. 글 속에 생략되어 있는 묘사와 서술을 세심하게 이행하고 있는 그림을 엮은 책이다. 그려져 있는 것과 그려져 있지 않은 것 사이의 새로운 관계를 모색하는 독자의 능동적인 참여를 기다리는 그림책 속에는 글과 그림의 조합방식에 대한 면밀한 고려가 숨어 있다. 끊어질 듯 끊어질 듯 이어지는 가느다란 선으로 표현하여 어딘지 소극적이고 더듬거릴 것 같아 보이는 그림, 유창한 드로잉으로 힘 있게 날아오를 것 같은 느낌을 주는 그림, 사인펜으로 북북 그어놓은 선들 때문에 꼭 망친 것 같아서 인물의 절망감을 시각적으로 드러내는 그림, 하얀 바탕에 목탄을 문질러서 아련한 느낌을 주는 눈 쌓인 그림들은 들여다보면 볼수록 재미가 있다. 그림 자체가 보는 사람에게 전하는 감정이 풍부하기 때문이다.

위 문단은 '좋은 그림책이 어떤 것인가?'에 대한 의문을 제기하고 이어 하나씩 그 해답을 제시하고 있으며, 맨 마지막에는 글쓴이가 좋은 그림책에 대한 생각을 최종적으로 정리하고 있다.

좋은 그림책이란 어떤 것인가?**(의문)** 회화의 공간성과 영화의 시간성이 간결한 언어와 입체적으로 만나서 풍부한 이미지를 주는 그림책이다.**(해답 "1")** 글 속에 생략되어 있는 묘사와 서술을 세심하게 이행하고 있는 그림을 엮은 책이다.**(해답 "2")** 그려져 있는 것과 그려져 있지 않은 것 사이의 새로운 관계를 모색하는 독자의 능동적인 참여를 기다리는 그림책 속에는 글과 그림의 조합방식에 대한 면밀한 고려가 숨어 있다.**(해답 "3")** ~~(끊어질 듯 끊어질 듯 이어지는 가느다란 선으로 표현하여 어딘지 소극적이고 더듬거릴 것 같아 보이는 그림, 유창한 드로잉으로 힘 있게 날아오를 것 같은 느낌을 주는 그림, 사인펜으로 북북 그어놓은 선들 때문에 꼭 망친 것 같아서 인물~~

~~의 절망감을 시각적으로 드러내는 그림, 하얀 바탕에 목탄을 문질러서 아련한 느낌을 주는 눈 쌓인 그림들은 들여다보면~~ **(좋은 그림책은: 생략된 '머리')**그림 자체가 보는 사람에게 전하는 감정이 풍부하기 때문이다.**(최종 정리)**

나. 암묵적인 의문 -해결 전개

아래 문단은 글쓴이가 명시적으로 질문을 던지는 형태는 아니지만, 글쓴이가 암묵적으로 문제를 제기하고 그 해결책을 제시하는 구조이다.

산업의 변화는 기술 이외에 시장 수요의 측면에서도 그 원인을 찾을 수 있다. 가령, 인구 구성과 소비 가치가 변화함에 따라서 과거의 고정관념에 얽매이지 않는 수많은 새로운 산업이 나타나고 있다. 패션 산업, 실버산업, 레저 산업 등은 표준 산업 분류에 나오지 않지만 현실적으로 이미 중요한 산업으로 인식되고 있다. 이러한 추세를 고려할 때 앞으로 산업을 정의하거나 분류할 때에는 고정된 기준이나 체계보다 신축적이고 실질적인 접근 방식을 많이 사용할 것으로 보인다. 또한 기술 혁신이 가속화되고 구매력을 가진 인구의 구성이 달라지면 새로운 산업이 생겨나고 오래된 산업이 사라지는 현상도 더 활발히 일어나게 될 것이다. 이제 산업의 정의나 분류도 유연하고 전략적인 관점에서 접근해야 할 시대가 도래한 것이다.

위 문단에서 암묵적인 문제 제기는 무엇인가? 그것은 '시장 수요의 측면에서 새로운 산업변화가 발생하고 있다.'는 것이며, 그 해결책으로 '산업의 정의나 분류도 유연하고 전략적인 관점에서 접근해야한다.'는 것을 제시하고 있다.

산업의 변화는 기술 이외에 시장 수요의 측면에서도 그 원인을 찾을 수 있다.**(일반적·추상적 진술이자 암묵적인 문제제기)** 가령, 인구 구성과 소비 가치가 변화함에 따라서 과거의 고정관념에 얽매이지 않는 수많은 새로운 산업이 나타나고 있다. 패션 산업, 실버산업, 레저 산업 등은 표준 산업 분류에 나오지 않지만 현실적으로 이미 중요한 산업으로 인식되고 있다.**(문제에 대한 구체적 사례 "1")** 이러한 추세를 고려할 때 앞으로 산업을 정의하거나 분류할 때에는 고정된 기준이나 체계보다 신축적이고 실질적인 접근 방식을 많이 사용할 것으로 보인다.**(구체적 사례 "1"의 해결책)** 또한 기술 혁신이 가속화되고 구매력을 가진 인구의 구성이 달라지면 새로운 산업이 생겨나고 오래된 산업이 사라지는 현상도 더 활발히 일어나게 될 것이다.**(향후 전망 관점의 구체적 사례 "2")** 이제 산업의 정의나 분류도 유연하고 전략적인 관점에서 접근해야 할 시대가 도래한 것이다.**(구체적 사례 "2"의 해결책이자 최종적인 해결책)**

3. 원인 - 결과 전개

원인 - 결과 전개 방식은 '원인을 제시한 뒤 결과를 언급'하거나 '결과를 제시한 뒤 원인을 언급'하는 두 가지 형태가 있다. 이런 경우에는 원인(이유)보다는 결과(현상)에 주목하면서 글을 독해하는 것이 글의 흐름을 파악하는 데 유리하다. 그러나 '원인-결과'로 전개되는 문제는 주로 원인을 찾는 경우가 많다. 따라서 이러한 전개 방식에서는 결과에 주목하여 독해하되 그 원인을 파악하는 것도 유의(有意)해야 한다.

가. '원인 - 결과'

원인-결과의 형태로 전개되는 독해 방법에 대해 예문을 통해 살펴보자.

> 17세기 네덜란드의 경제가 급성장하고 부가 축적됨에 따라 새롭게 등장한 시민계급은 이전의 귀족과 성직자들이 즐기던 역사화나 종교화와는 달리 자신들에게 친근한 주제와 형식의 그림을 선호하게 되었다. 이러한 현실적이고 실용적인 취향에 따라 출현한 정물화는 새로운 그림 후원자들의 물질에 대한 태도를 반영했다. 화가들은 다양한 사물을 통해 물질적 풍요와 욕망을 그려 냈다. 동시에 그들은 그려진 사물을 통해 부와 화려함을 경계하는 기독교적 윤리관을 암시했다.

위 문단은 먼저 '경제의 성장 및 부의 축적'이라는 원인에 의해 '새로운 시민계급의 등장과 새로운 주제와 형식인 정물화 선호'라는 결과가 나타났다는 일반적 진술이 제시되고 있다. 이어 일반적 진술의 결과를 의미하는 '시민계급의 친근한 주제와 형식의 그림'인 정물화에 대한 자세한 설명을 제시하고 있다. 이런 경우에는 결과에 유의하면서 독해를 하는 것이 효율적이다.

> 17세기 네덜란드의 경제가 급성장하고 부가 축적됨에 따라**(원인)** 새롭게 등장한 시민계급은 이전의 귀족과 성직자들이 즐기던 역사화나 종교화와는 달리 자신들에게 친근한 주제와 형식의 그림을 선호하게 되었다.**(결과)(원인-결과 형태의 일반적 진술)** 이러한 현실적이고 실용적인 취향에 따라 출현한 정물화는 새로운 그림 후원자들의 물질에 대한 태도를 반영했다. 화가들은 다양한 사물을 통해 물질적 풍요와 욕망을 그려 냈다. 동시에 그들은 그려진 사물을 통해 부와 화려함을 경계하는 기독교적 윤리관을 암시했다.**(결과인'정물화'에 대한 구체적인 설명)**

나. '결과-원인'

결과-원인의 형태로 전개되는 독해 방법에 대해 예문을 통해 살펴보자.

> 음원이 청자의 오른쪽 귀 높이에 있다면 머리 때문에 왼쪽 귀에는 소리가 작게 들린다. 이러한 현상을 '소리 그늘'이라고 하는데, 주로 고주파 대역에서 일어난다. 고주파의 경우 소리가 진행하다가 머리에 막혀 왼쪽 귀에 잘 도달하지 않는 데 비해, 저주파의 경우 머리를 넘어 왼쪽 귀까지 잘 도달하기 때문이다. 소리 그늘 효과는 주파수가 1,000 Hz 이상인 고음에서는 잘 나타나지만, 그 이하의 저음에서는 거의 나타나지 않는다. 이 현상은 고주파 음원의 수평방향을 알아내는 데 특히 중요한 단서가 된다.

위 문단은 결과와 원인으로 나누어서 다음과 같이 생각해 볼 수 있다. 위 문단은 먼저 "음원이 청자의 오른쪽 귀 높이에 있다면 머리 때문에 왼쪽 귀에는 소리가 작게 들린다."라는 결과를 진술하고 있다. 이후에는 결과로서 진술인 "왜 이런 경우 왼쪽 귀에만 소리가 작게 들릴까?"라는 이유에 대해 진술하고 있다. 그 이유는 "'소리 그늘' 현상으로서 고주파의 경우 소리가 진행하다가 머리에 막혀 왼쪽 귀에 잘 도달하지 않는다."라고 진술하고 있다. 이어 이유에 대해 부연설명을 하고 있다. 이런 경우에는 결과에 대한 이유를 설명하는 것으로 '이유 또는 원인'에 유의하면서 독해를 하는 것이 효율적이다.

> 음원이 청자의 오른쪽 귀 높이에 있다면 머리 때문에 왼쪽 귀에는 소리가 작게 들린다.**(결과)** 이러한 현상을 '소리 그늘'이라고 하는데, 주로 고주파 대역에서 일어난다. 고주파의 경우 소리가 진행하다가 머리에 막혀 왼쪽 귀에 잘 도달하지 않는 데 비해, 저주파의 경우 머리를 넘어 왼쪽 귀까지 잘 도달하기 때문이다.**(이유)** 소리 그늘 효과는 주파수가 1,000헤르쯔 이상인 고음에서는 잘 나타나지만, 그 이하의 저음에서는 거의 나타나지 않는다. 이 현상은 고주파 음원의 수평방향을 알아내는 데 특히 중요한 단서가 된다.**(이유의 부연 설명)**

4. 주장 - 반박 전개

주장-반박은 글쓴이가 '주장 1'을 언급하고 이를 반박하는 관점에서 새로운 '주장 2'을 제시하는 경우이다. 이런 경우의 독해는 '주장 2'에 주목하고 '주장 1'은 가볍게 읽는다. '주장 1'에 이어 '주장 2'가 등장하는 경우에는 대개 그러나, 그렇지만, 하지만, 그런데 등과 같은 역접 접속어를 동반한다.

이러한 전개 방식은 ① 특정한 의견에 관한 주장-반박 ② 일반적인 통념 또는 상식에 관한 주장-반박 ③ 여러 개의 주장에 관한 주장-반박 등 3가지 형태가 있다.

가. 특정한 의견에 대한 '주장-반박'

글쓴이가 특정한 의견에 대한 '주장-반박'이라는 전개 방식의 경우를 예문을 통해 살펴보자.

> 일부 철학자와 심리학자는 아예 '느낌'을 '관찰할 수 있는 모습과 행동 바로 그것'이라고 정의하는 방식으로 해결책을 찾기도 한다. 그러나 이것은 분명히 행동 너머에 있는 것처럼 생각되는 느낌을 행동과 같다고 정의해 버렸다는 점에서 문제의 해결이라기보다는 단순한 해소인 것처럼 보인다. 그보다는 다양한 가설을 설정하고 그들 간의 경쟁을 통해 최선의 해결책으로 범위를 좁혀가는 방법이 합리적일 것이다.

위 문단은 "'느낌'을 '관찰할 수 있는 모습과 행동 바로 그것'이라고 정의"하는 일부 철학자와 심리학자의 주장에 대해 "문제의 해결이라기보다는 단순한 해소"라며 반박하면서 더 나은 방법으로서 "다양한 가설을 설정하고 그들 간의 경쟁을 통해 최선의 해결책으로 범위를 좁혀가는 방법"인 필자의 주장을 제시하고 있다.

> 일부 철학자와 심리학자는 아예 '느낌'을 '관찰할 수 있는 모습과 행동 바로 그것'이라고 정의하는 방식으로 해결책을 찾기도 한다.**(특정 주장)** 그러나 이것은 분명히 행동 너머에 있는 것처럼 생각되는 느낌을 행동과 같다고 정의해 버렸다는 점에서 문제의 해결이라기보다는 단순한 해소인 것처럼 보인다.**(반박)** 그보다는 다양한 가설을 설정하고 그들 간의 경쟁을 통해 최선의 해결책으로 범위를 좁혀 가는 방법이 합리적일 것이다.**(필자의 주장)**

위 문단에서 '일부 철학자와 심리학자'라는 의미는 글쓴이로서 긍정적 표현이 아니다. 또한 '그러나'라는 역접 접속어를 통해 반박 하고 있다. 맨 마지막에 글쓴이가 주장하고자 하는 내용을 제시하고 있다. 여기에서 독자가 주목해야 하는 부분은 '일부 철학자와 심리학자'의 의견이 아니라 '글쓴이'의 의견이다. 따라서 '새로운 주장'에 중점을 두고 독해를 해야 한다.

나. 일반적인 통념 또는 상식에 대한 '주장-반박'

글쓴이가 일반적인 통념 또는 잘못된 상식(주장)에 대한 반박의 경우를 예문을 통해 살펴보자.

> 과학 이론은 우리가 세계를 보는 눈이기도 하다. 흔히 과학이란 관찰과 경험에 토대를 두고 있기 때문에 어떤 과학 이론도 관찰 결과와 일치하지 않으면 수정되거나 폐기될 수밖에 없다고들 생각한다. 경험된 사실들을 토대로 해서 형성된 과학 이론은 자연 현상에 대해 기술하고 예측하는 데 그 존재 이유가 있는 것이므로, 어떤 이론에서 예측된 내용이 실제 관찰 결과와 일치하지 않을 때 그 이론은 쓸모가 없다는 것이다. 이런 견해에 따르면 관찰 결과가 이론의 생사를 결정하는 잣대가 된다. 그러나 관찰과 이론의 관계가 항상 그렇게 일방적인 것만은 아니다.

위 문단은 먼저 '흔히, 일부는, 어떤 사람들은, 대개는' 등의 단어를 사용하면서 "어떤 과학 이론도 관찰 결과와 일치하지 않으면 수정되거나 폐기될 수밖에 없다고들 생각한다."라는 일반적인 통념이나 잘못된 상식에 관해 독자들에게 의문을 불러일으키는 방식으로 진술하고 있다. 이어 잘못된 통념과 상식에 관해 부연설명을 한 뒤 "이런 견해에 따르면 관찰 결과가 이론의 생사를 결정하는 잣대가 된다."라며 반박을 하고 있다. 그리고 맨 뒤에 글쓴이는 자신의 견해를 제시하면서 앞서 언급된 통념이나 잘못된 상식을 뒤집고 있다. 이 경우에는 반박과 글쓴이의 견해에 중점을 두고 독해를 해야 한다.

> 과학 이론은 우리가 세계를 보는 눈이기도 하다.**(도입부)** 흔히 과학이란 관찰과 경험에 토대를 두고 있기 때문에 어떤 과학 이론도 관찰 결과와 일치하지 않으면 수정되거나 폐기될 수밖에 없다고들 생각한다.**(통념 또는 상식)** 경험된 사실들을 토대로 해서 형성된 과학 이론은 자연 현상에 대해 기술하고 예측하는 데 그 존재 이유가 있는 것이므로, 어떤 이론에서 예측된 내용이 실제 관찰 결과와 일치하지 않을 때 그 이론은 쓸모가 없다는 것이다.**(통념 또는 상식에 대한 부연설명)** 이런 견해에 따르면 관찰 결과가 이론의 생사를 결정하는 잣대가 된다.**(통념 또는 상식에 대한 반박)** 그러나 관찰과 이론의 관계가 항상 그렇게 일방적인 것만은 아니다.**(글쓴이의 견해)**

다. 여러 개의 주장에 대한 '주장-반박' 전개

글쓴이는 항상 하나의 주장만을 비판하는 것은 아니다. 여러 개의 주장을 비판할 수도 있다. 또한 이전의 주장들보다 좀 더 나은 견해를 제시하고자 하는 때도 있다. 다음의 예를 통해 여러 개의 주장에 대한 반박의 경우를 살펴보자.

> 정신적 사건과 육체적 사건을 구분하면서 그 둘이 관련 있음을 설명하려는 이론들은 모두 각자의 문제점에 봉착한다. 그래서 정신적 사건과 육체적 사건은 별개의 사건이 아니라 두 사건이 문자 그대로 동일한 사건이라는 동일론, 곧 심신 일원론이 제기된다. 과학의 발달로 그동안 정신적 사건이라고 알려졌던 것이 사실은 육체적 사건에 불과하다는 것이 밝혀짐에 따라, 인과 관계는 오로지 물질적 사건들 사이에서만 존재한다고 보게 된 것이다.

위 문단은 먼저 기존 이론이 있음을 언급하면서 "문제점에 봉착한다."라며 반박하고 있다. 이어 '그래서'라는 접속부사로 연결하면서 더 나은 견해로서 '심신 일원론'을 제시하고 있다. 마지막에서는 '심신 일원론'에 대해 부연설명을 하고 있다. 이 경우는 글쓴이가 제시하고 있는 좀 더 나은 견해에 중점을 두고 독해를 해야 한다.

> 정신적 사건과 육체적 사건을 구분하면서 그 둘이 관련 있음을 설명하려는 이론들은**(기존 이론으로서 여러 개의 주장)** 모두 각자의 문제점에 봉착한다.**(반박)** 그래서 정신적 사건과 육체적 사건은 별개의 사건이 아니라 두 사건이 문자 그대로 동일한 사건이라는 동일론, 곧 심신 일원론이 제기된다.**(좀 더 나은 견해)** 과학의 발달로 그동안 정신적 사건이라고 알려졌던 것이 사실은 육체적 사건에 불과하다는 것이 밝혀짐에 따라, 인과 관계는 오로지 물질적 사건들 사이에서만 존재한다고 보게 된 것이다.**(좀 더 나은 견해에 대한 부연 설명)**

5. 나열식

나열식은 여러 가지 관점이나 설명 등을 나열하며 전개하는 방식이다. 이런 경우는 설명들을 하나하나 자세하기 이해하기보다는 글이 어떤 구조로 되어 있는지를 이해하는 것이 중요하다. 예를 들면, 특정 곤충을 설명하는 글이 있을 때 그 설명하는 구조가 어떻게 되어있는지를 파악하고 만약에 '머리-가슴-배' 구조로 설명이 된다면, 각 부분에 대한 설명이 어디까지이고 그 핵심적인 내용은 무엇인지를 식별하는 것이 중요하다. 먼저 어떤 관점을 소개하는 예문을 통해 살펴보자.

창조 도시의 주된 동력을 창조 산업으로 볼 것인가 창조 계층으로 볼 것인가에 대해서는 다소 엇갈리고 있다. 창조 산업을 중시하는 관점에서는, 창조 산업이 도시에 인적·사회적·문화적·경제적 다양성을 불어넣음으로써 도시의 재구조화를 가져오고 나아가 부가 가치와 고용을 창출한다고 주장한다. 창의적 기술과 재능을 소득과 고용의 원천으로 삼는 창조 산업의 예로는 광고, 디자인, 공연예술, 컴퓨터 게임 등이 있다. 창조 계층을 중시하는 관점에서는, 개인의 창의력으로 부가 가치를 창출하는 창조 계층이 모여서 인재 네트워크인 창조 자본을 형성하고, 이를 통해 도시는 경제적 부를 축적할 수 있는 자생력을 갖게 된다고 본다. 따라서 창조 계층을 끌어들이고 유지하는 것이 도시의 경쟁력을 제고 하는 관건이 된다. 창조 계층에는 과학자, 기술자, 예술가, 건축가, 프로그래머, 영화 제작자 등이 포함된다.

위 문단은 글쓴이가 창조 도시의 주된 동력에 관해 "창조 산업으로 볼 것인가?", " 창조 계층으로 볼 것인가?" 하는 두 가지 견해를 소개하면서 나열하고 있다. 따라서 각각의 견해들이 어디서 시작하고 어디서 끝나는지 그리고 그 주된 내용이 무엇인지에 키워드에 유의하면서 독해를 하면 된다. 본 예문에서 제시된 '나열 1의 예'와 '나열 2의 예'는 독자의 이해도를 높이는 방법으로서 중요도가 떨어지는 부분이라고 할 수 있다.

창조 도시의 주된 동력을 창조 산업으로 볼 것인가 창조 계층으로 볼 것인가에 대해서는 다소 엇갈리고 있다.**(일반적 내용으로서 주제문)** 창조 산업을 중시하는 관점에서는**(나열 1 시작)**, 창조 산업이 도시에 인적·사회적·문화적·경제적 다양성을 불어넣음으로써 도시의 재구조화를 가져오고 나아가 부가 가치와 고용을 창출한다고 주장한다.**(나열 1 끝)** ~~창의적 기술과 재능을 소득과 고용의 원천으로 삼는 창조 산업의 예로는 광고, 디자인, 공연 예술, 컴퓨터 게임 등이 있다.~~**(나열 1의 예)** 창조 계층을 중시하는 관점에서는**(나열 2 시작)**, 개인의 창의력으로 부가 가치를 창출하는 창조 계층이 모여서 인재 네트워크인 창조 자본을 형성하고, 이를 통해 도시는 경제적 부를 축적할 수 있는 자생력을 갖게 된다고 본다. 따라서 창조 계층을 끌어들이고 유지하는 것이 도시의 경쟁력을 제고 하는 관건이 된다.**(나열 2 끝)** ~~창조 계층에는 과학자, 기술자, 예술가, 건축가, 프로그래머, 영화 제작자 등이 포함된다.~~**(나열 2의 예)**

다음은 나열식으로 전개되면서 단순하게 소개 형태가 아닌 글쓴이의 주장도 제시되는 예문을 살펴보자.

현대 사회에서도 연민은 생길 수 있으며 연민의 가치 또한 커질 수 있다. 그 이유를 세 가지로 제시할 수 있다. 첫째, 현대 사회는 과거보다 안전한 것처럼 보이지만 실은 도처에 위험이 도사리고 있다. 둘째, 행복과 불행이 과거보다 사람들의 관계에 더욱 의존하고 있다. 친밀성은 줄었지만 사회·경제적 관계가 훨씬 촘촘해졌기 때문이다. 셋째, 교통과 통신이 발달하면서 현대인은 이전에 몰랐던 불행까지도 의식할 수 있게 되었다. 물론 간접 경험에서 연민을 갖기가 어렵다고 치더라고 고통을 대면하는 경우가 많아진 만큼 연민의 필요성이 커져 가고 있다. 이런 정황에서 볼 때 연민은 그 어느 때보다 절실히 요구되며 그 만큼 가치도 높다.

이 문단은 '연민의 필요성'에 대해 그 전개가 '결과-이유' 방식이면서 이유를 세 가지로 제시하는 나열식 방식을 병행하고 있다. 본 예문의 나열은 “그 이유를 세 가지로 제시할 수 있다.”고부터 시작됨을 알 수 있다. 세 가지 이유로서 나열 1은 ‘위험’, 나열 2는 ‘관계’, 나열 3은 ‘교통과 통신’이라는 키워드가 제시되고 있다. 또한 맨 마지막에 “이런 정황에서 볼 때 연민은 그 어느 때보다 절실히 요구되며 그만큼 가치도 높다.”라는 글쓴이의 주장도 제시되고 있다. 이 경우도 나열의 구조(연민의 필요성의 세 가지 이유)를 이해하면서 각각의 키워드를 식별하며, 글쓴이의 주장 등에 유의하면서 독해를 해야 한다.

현대 사회에서도 연민은 생길 수 있으며 연민의 가치 또한 커질 수 있다.**(결과)** 그 이유를 세 가지로 제시할 수 있다.**(이유, 나열의 시작) 첫째**, 현대 사회는 과거보다 안전한 것처럼 보이지만 실은 도처에 **위험**이 도사리고 있다.**(나열 1) 둘째**, 행복과 불행이 과거보다 사람들의 관계에 더욱 의존하고 있다. 친밀성은 줄었지만 사회·경제적 **관계**가 훨씬 촘촘해졌기 때문이다.**(나열 2) 셋째**, **교통과 통신**이 발달하면서 현대인은 이전에 몰랐던 불행까지도 의식할 수 있게 되었다. 물론 간접 경험에서 연민을 갖기가 어렵다고 치더라고 고통을 대면하는 경우가 많아진 만큼 연민의 필요성이 커져 가고 있다. 이런 정황에서 볼 때 연민은 그 어느 때보다 절실히 요구되며 그 만큼 가치도 높다.**(글쓴이의 주장)**

Ⅱ. 활동

1 다음에 제시된 지문을 읽고 토의사항을 해결 및 그 결과에 대해 토의해 보자.

【활동 1. 다음 제시된 지문을 읽고 토의 사항을 해결하시오】

구분	내용
지문	① 이 세상 만물은 조물주의 손에서 나올 때는 선하지만, 인간의 손에 와서 타락한다. 인간은 어떤 땅에다 다른 땅에서 나는 산물을 재배하려 드는가 하면, 어떤 나무에 다른 나무의 열매를 열리게 하였고 애를 쓴다. 인간은 기후·환경·계절을 뒤섞어 놓기도 한다. 무엇 하나 자연이 만들어 놓은 상태 그대로 두지 않는다. ② 이와는 대조적으로 무분별한 부의 추구가 한 문화를 완전히 파괴시킨 경우를 아프리카의 유목민인 새흘 족에서 발견할 수 있다. 1920년대부터 인구 증가로 고통 받던 이 부족은 1960년대 중반 평균 강수량보다 비가 내려 목초가 풍부해지자 경쟁적으로 가축의 수를 크게 늘려 개인적인 이익을 취하기 시작했다. 그 후 날씨가 건조해지자 그들은 삶의 질을 유지하기 위하여 더 많은 가축을 방목하는 것으로 대응하였다. 그 결과 그들의 삶의 터전인 목초지는 서서히 사막으로 변하여 생존이 불가능하게 되었다. 전통적인 문화적 적응방식이 담겨있는 생태 체계와의 조화라는 원리가 개인적인 욕구 추구로 대체됨으로써 나타난 결과라고 하겠다. ③ 고전 역학에 다르면, 물체의 크기에 관계없이 초기 운동 상태를 정확히 알 수 있다면

구분	내용
	일정한 시간 후의 물체의 상태는 정확히 측정될 수 있으며, 배타적인 두 개의 상태가 공존할 수 없다. 하지만 20세기에 등장한 양자 역학에 의해 미시 세계에서는 상호 배타적인 상태들이 공존할 수 있음이 알려졌다. ④ 상하 관계에 있는 단어들은 상의어와 하의어가 상대적으로 정해진다. 이를테면 '구기'는 '스포츠'와의 관계 속에서 하의어가 되지만, '축구'와의 관계 속에서는 상의어가 된다. 그런데 '구기'의 하의어에는 축구 외에 야구 농구 등이 더 있다. 이때 상의어인 '구기'에 대해 하의어의 축구, 야구, 농구 등은 같은 계층에 있어 이들을 상의어 '구기'의 공하의어라 하며, 이를 공하의어 사이에는 비양립 관계가 성립한다. 곧 어떤 구기가 축구 이면서 동시에 야구나 농구 일 수는 없다.
토의 사항	가. 위 지문 ①~④ 중심내용에 대해 기술하시오. 나. 위 지문의 내용 흐름이 다른 것을 식별하시오. 다. 내용 흐름이 다른 이유를 설명하시오.

【활동 2. 다음 제시된 지문을 읽고 토의 사항을 해결하시오】

구분	내용
지문	㉠ 세종은 왕위에 오르기 전부터 음악에 정통하였다. ㉡『세종실록』에 실린 다음의 기록은 그의 음악에 대한 이해의 정도를 가늠할 수 있는 좋은 예가 된다. ㉢ 세종은 박연이 제작한 경(磬) 두 틀과 중국에서 도입한 경 한 틀을 시험해 본 다음, 중국의 경은 음이 잘 맞지 않지만 박연이 만든 경은 바르게 된 것 같아 기쁘다고 하면서, 이칙(夷則) 하나의 소리가 약간 높다는 사실을 지적하였다. ㉣ 이칙은 서양 음악에서 'G#'에 가까운 소리인데, 이처럼 반음의 미세한 높낮이까지 식별할 수 있는 능력은 결코 보통 사람의 음악적 소양이라 하기 어렵다.
토의 사항	가. 위 지문의 핵심문장(주제문)을 식별하시오 나. 위 문단 내용의 흐름은 어느 유형인지 식별하시오

【활동 3. 다음 제시된 지문을 읽고 토의사항을 해결하시오】

구분	내용
지문	하지만 여전히 의문인 것은 '닮게 될 것'이라는 말의 의미이다. ㉠ 실제로 세월이 지난 후 피카소의 예언대로 사람들은 결국 스타인의 초상화가 그녀를 닮았다는 것을 발견하게 되었다고 한다. 어떻게 그럴 수 있었을까? 이를 설명하려면 회화적 재현에 대한 철학적 차원의 논의가 필요한데, 곰브리치와 굿맨의 이론이 주목할 만하다. 이들은 대상을 '있는 그대로' 보는 '순수한 눈'같은 것은 없으며, 따라서 객관적인 사실성이란 없고, 사실적인 그림이란 결국 한 문화나 개인에게 익숙한 재현 체계를 따른 그림일 뿐이라고 주장한다. 이 이론에 따르면 지각은 우리가 속한 관습과 문화, 믿음 체계, 배경 지식의 영향을 받아 구성된다고 한다. 예를 들어 우리가 작가와 작품에 대해 사전 지식을 가지고 있다면 이러한 믿음은 그 작품을 어떻게 지각하느냐에 까지도 영향을 준다는 것이다. 이것이 사실이

구분	내용
	라면, 피카소의 경우에 대해서도, '이 그림이 피카소가 그린 스타인의 초상'이라는 우리의 지식이 종국에는 그림과 실물 사이의 닮음을 발견하는 방식으로 우리의 지각을 형성해 냈을 것이라는 설명이 가능하다. 사실성이라는 것이 과연 재현 체계에 따라 상대적인지는 논쟁의 여지가 많지만 피카소의 수수께끼 같은 답변과 자신감 속에는 회화적 재현의 본성에 대한 이러한 통찰이 깔려 있었다고 볼 수 있다.
선택지	① 서양 사람이라도 동양의 수묵화나 사군자화를 감상하는데 어려움이 없다. ② 그림에 재현된 대상이 무엇인지 알아보는 능력은 서로 다른 문화에 속한 사람들 간에도 크게 다르지 않다. ③ 대상의 그림자까지 묘사한 그림이 그렇지 않은 그림보다 공간감과 깊이를 더 사실적으로 나타낼 수 있듯이 재현 체계는 발전할 수 있다. ④ 그림에서 대상을 알아보는 능력은 선천적이어서 생후 일정 기간 그림을 보지 않고 자란 아이들도 처음 그림을 대하자마자 자신들이 알고 있는 대상을 그림에서 알아본다. ⑤ 나무를 그린 소묘 속의 불분명한 연필 자국은 나무를 보게 될 것이라는 우리의 사전 지식으로 인해 나무로 보이고, 소 떼 그림에 있는 비슷한 연필 자국은 소로 보인다.
토의사항	가. 위 지문의 전개 방식은 어떤 유형인지 식별하시오 나. 지문의 밑줄 친 ㉠의 현상과 가장 가까운 선택지를 고르시오

【활동 4. 다음 제시된 지문을 읽고 토의사항을 해결하시오】

구분	내용
지문	전보다 훨씬 다양한 집단에 속한 채 살아야 하는 현대인에게는 개인과 집단의 관계를 어떻게 설정하느냐 하는 문제가 더욱 중요하게 떠오른다. 이러한 문제가 발생할 때 다수의 논리를 내세워 개인의 의지를 배제한다면 그것은 바람직한 해결책이라 할 수 없다. 현대사회가 추구하는 효율성의 원칙만을 내세워 집단을 개인의 우위에 두면 '진정한 인간성'이 계발되기 어렵다. 그러므로 우리는 개인이 조직 사회에 종속됨으로써 정신적 독립성을 잃게 되는 위험성을 항상 경계해야 한다.
선택지	① 개인과 집단 사이에는 갈등이 있을 수 없다. 집단의 이익이 개인의 이익이며, 개인의 이익이 집단의 이익이다. ② 다수의 논리를 내세워 개인의 의지를 꺾는 것도 잘못이지만, 개인의 의지가 다수의 논리를 무시하는 것은 더 큰 문제이다. ③ 개인의 존엄성은 상대적인 것이다. 따라서 개인도 자기 목소리만을 높일 것이 아니라 집단의 목표에 부합하도록 노력해야 한다. ④ 진정한 인간성은 이기주의와는 다른 것이다. 개인의 독립성을 지나치게 주장하여 집단의 운영에 차질을 주면 그것 역시 바람직하지 않다. ⑤ 개인이 집단의 목적에 맹목적으로 따르는 것은 민주 시민의 올바른 자세가 아니다. 구성원의 비판이 없는 집단은 자기 발전을 이루지 못한다.
토의사항	가. 위 지문의 전개 방식은 어떤 유형인지 식별하시오 나. 위 지문의 논지와 가장 부합하는 것을 선택지에서 고르시오

【활동 5. 다음 제시된 지문을 읽고 토의사항을 해결하시오】

구분	내용
지문	㉠ 경제학은 인간의 합리성을 가정하나 동물 근성도 잘 감안하지 않으면 안 된다. 인간은 쉽사리 감정적이 되며, 경제 사회가 불안할수록 동물 근성이 잘 발동된다. 이런 의미에서도 경제 안정은 근본 문제가 된다. 그리고 경제는 이러한 인간의 경제 행위를 바탕으로 하므로 그 예측이 어렵다. 가령 일기 예보의 경우에는 내일의 일기를 오늘 예보하더라도 일기가 예보 자체의 영향을 받지는 않는다. 그러나 경기 예측의 경우에는 다르다. 예를 들어, 정부가 경기 침체를 예고하면, 많은 사람들은 이에 대비하여 행동을 하고, 반대로 경기 회복을 예고하면 또한 그에 따라 행동하기 때문에 경기 예측 그 자체가 경기 변동에 영향을 미친다. 따라서 예측이 어느 정도 빗나가는 것이 보통이다. '될 것이다.' 또는 '안 될 것이다.'와 같은 예측은 이른바 '자기실현적 예언'이 될 소지가 크다
선택지	㉠ 기술의 혁신은 에너지 사용을 증가시키고, 그것은 다시 오염된 환경을 더욱 악화시킨다. ㉡ 큰 목소리가 사람들의 대화를 방해하고, 그것은 다시 사람들의 목소리를 더욱 크게 만든다. ㉢ 실내의 온도가 올라가면 자동 온도 조절 장치에 의해 보일러가 꺼지고, 온도는 다시 내려간다. ㉣ 할아버지는 손자가 장차 큰 인물이 되리라고 늘 말하였고, 그 말에 용기백배한 손자는 열심히 일해서 큰 성공을 거두었다. ㉤ 풀어진 신발 끈을 다시 묶느라 집을 약간 늦게 출발하였고, 그래서 기차를 놓쳤고, 그래서 그는 시험을 치르지 못했고, 그 결과 그는 전혀 다른 인생을 살게 되었다.
토의 사항	가. 위 지문의 전개 방식은 어떤 유형인지 식별하시오 나. 지문의 밑줄 친 ㉠에 연유한 원인으로 가장 적절한 것을 선택하시오

【활동 6. 다음 제시된 지문을 읽고 토의사항을 해결하시오】

구분	내용
지문	숲은 물의 순환 과정에서 매우 중요한 역할을 한다. 삼림이 우거진 숲에는 낙엽과 표층토가 있어서 많은 물이 저장될 수 있다. 이곳에 저장되어 있던 물이 증발해서 구름이 되고, 구름은 다시 비가 되어 숲으로 돌아온다. 그런데 에페소스에서는 문명이 번창하면서 이러한 숲이 줄어들게 되었고 그에 따라 물의 순환이 제대로 이루어지지 못하여 강우량이 줄어들었다. 기후가 건조해지면서 땅이 점점 메마르게 되자 에페소스에는 흉년이 거듭되었고, 풍요로웠던 문명의 뿌리는 흔들리기 시작 하였다. 게다가 헐벗은 산의 표층토가 빗물에 씻겨 내려 서서히 바다가 메워지면서 에페소스의 교역도 사양길로 접어들어 해양 도시로서의 기능도 상실하고 말았다
선택지	㉠ 건조 기후 → 흉작 → 표층토 유실 ㉡ 삼림 감소 → 농경지 확대 → 도시화 ㉢ 강우량 감소 → 흉작 → 교역의 사양화 ㉣ 삼림 감소 → 기후 변화 → 문명의 몰락 ㉤ 꽃가루 분석 → 식물상 규명 → 생태계 변화

구분	내용
토의 사항	가. 위 지문의 전개 방식에 대해 식별하시오 나. 위 지문에 나타난 인과 관계로 적절한 것을 선택지에서 고르시오

【활동 7. 다음 제시된 지문을 읽고 토의사항을 해결하시오】

구분	내용
지문	유권자 다수가 원하는 것이면 무엇이든 실현할 수 있다는 민주주의는 '무제한적 민주주의'이다. 어떤 제약도 없는 민주주의라는 의미이다. 이런 민주주의는 자유주의와 부합할 수가 없다. 그것은 다수의 독재이고 이런 점에서 전체주의와 유사하다. 폭군의 권력이든, 다수의 권력이든, 군주의 권력이든, 위험한 것은 권력 행사의 무제한성이다. 중요한 것은 이러한 권력을 제한하는 일이다. 민주주의 그 자체를 수단이 아니라 목적으로 여기고 다수의 의지를 중시한다면, 그것은 다수의 독재를 초래하고, 그것은 전체주의만큼이나 위험하다. 개인의 자유와 권리를 보장하지 못하는 민주주의는 본래의 민주주의가 아니다. 본래 민주주의는 (　　　　　　)
선택지	㉠ 다수의 의견을 수렴하여 이를 그대로 정책에 반영해야 한다. ㉡ 서로 다른 목적의 충돌로 인한 사회적 불안을 해소할 수 있어야 한다. ㉢ 다수 의견보다는 소수 의견을 채택하면서 진정한 자유주의의 실현에 기여해야 한다. ㉣ 무제한적 민주주의를 과도기적으로 거치며 개인의 자유와 권리 보장에 기여해야 한다. ㉤ 민주적 절차 준수에 그치지 않고 과도한 권력을 실질적으로 견제할 수 있어야 한다.
토의 사항	가. 위 지문의 전개 방식을 기술하시오 나. 위 지문에서 글쓴이가 주장하는 핵심 문장을 기술하시오 다. 위 지문의 빈칸에 들어갈 내용으로 가장 적절한 것을 선택하시오

【활동 8. 다음 제시된 지문을 읽고 토의사항을 해결하시오】

구분	내용
지문	오늘날 육경을 탐구하는 자들은 대부분 ㉠ 얕고 가까운 것을 뛰어넘어서 ㉡ 깊고 먼데로만 치달리며, ㉢ 거칠고 간략한 것은 소홀히 하고서 ㉣ 정밀하고 자세한 것만을 엿보고 있으니, 어둡거나 어지럽고 빠져 헤어나지 못하거나 넘어지고 말아 끝내 아무 소득이 없는 것은 당연하다. 저들은 비단 깊고 멀고 정밀하고 자세한 것을 잃을 뿐만 아니라, 얕고 가까우며 거칠고 간략한 것마저 모두 잃게 될 것이니, 슬프다. 얼마나 미혹된 일인가. 무릇 가까운 것은 미치기 쉽고 얕은 것은 헤아리기 쉬우며 간략한 것은 알기 쉽고 거친 것은 터득하기 쉽다. 그 도달한 바를 딛고 한 발 멀리 가고 또 한 발 멀리 간다면 먼 끝까지 갈 수 있을 것이며, 그 헤아린 바를 연유하여 차츰 깊게 들어가다 보면 마침내 깊은 끝까지 나아갈 수 있을 것이다.
토의 사항	가. 위 지문의 전개 방식과 필자가 주장하는 핵심 내용을 기술하시오 나. 위 지문에서 ㉠~㉣ 중 글쓴이가 강조하는 것은 어느 부분인가?

【활동 9. 다음 제시된 지문을 읽고 토의사항을 해결하시오】

구분	내용
지문	음악에는 다양한 음악적 요소들이 사용되는데, 여기에는 리듬, 가락, 화성, 셈여림, 음색 등이 있다. 리듬은 음고(음높이) 없이 소리의 장단이나 강약 등이 반복될 때 나타나는 규칙적인 소리의 흐름이고, 가락은 서로 다른 음의 높낮이가 지속 시간을 가지는 음들의 흐름이다. 화성은 일정한 법칙에 따라 여러 개의 음이 동시에 울려서 생기는 화음과 또 다른 화음이 시간적으로 연결된 흐름이고, 셈여림은 음악에 나타나는 크고 작은 소리의 세기이며, 음색은 바이올린, 플루트 등 선택된 서로 다른 악기가 만들어 내는 식별 가능한 소리의 특색이다
선택지	㉠ 리듬은 음높이를 가지는 규칙적인 소리의 흐름으로, 음악에서 질서를 가진 음표나 쉼표의 진행에 활용되는 요소이다. ㉡ 가락은 서로 다른 음높이가 지속 시간을 가지는 음들의 흐름으로, 음악에서 자주 반복되거나 변형되면서 등장하는 소재로 활용되는 요소이다. ㉢ 화성은 화음과 또 다른 화음이 연결된 흐름으로, 음악에서 긴장과 이완을 유발하는 진행에 활용되는 요소이다. ㉣ 셈여림은 소리의 세기로, 음악에서 크고 작은 소리가 나타나도록 활용되는 요소이다. ㉤ 음색은 식별 가능한 소리의 특색으로, 음악에서 바이올린, 플루트 등 서로 다른 종류의 악기를 선택하는 데 활용되는 요소이다.
토의사항	가. 위 지문의 전개 방식을 기술하시오 나. 나열의 구체적인 요소를 기술하시오 다. 위 지문의 밑줄 친 '음악적 요소'에 대한 이해로 적절하지 않는 것을 선택지에서 고르시오

【활동 10. 다음 지문을 읽고 토의사항을 해결하시오】

구분	내용
지문	바이러스 형태는 핵산을 둘러싸고 있는 캡시드의 모양으로 구별하는데 이 형태들 중에서 많이 발견되는 것이 나선형, 원통형, 이십면체형이다. 나선형 바이러스는 모두 뮤-파지 방식(호흡기와 표피에 감염되지만 중추 신경계에는 감염되지 않는다.)으로 감염되고, 원통형 바이러스는 모두 람다-파지 방식(중추 신경계에 감염되지만 호흡기와 표피에 감염되는 종류도 있다.)으로 감염된다. 그러나 이십면체형 바이러스는 때로는 뮤-파지 방식으로, 때로는 람다-파지방식으로 감염된다. 작년 가을 유행했던 바이러스 X는 이십면체형이 아닌 것으로 밝혀졌고, 람다-파지 방식으로 감염되었다. 올해 기승을 부리면서 우리를 위협하고 있는 바이러스 Y는 바이러스 X의 변종인데 그 형태와 감염 방식은 X와 동일하다.
선택지	㉠ 바이러스 X는 원통형이다. ㉡ 바이러스 X는 호흡기에 감염되지 않는다. ㉢ 바이러스 Y는 호흡기에 감염된다. ㉣ 바이러스 Y는 나선형이 아니다. ㉤ 나선형이면서 중추 신경계에 감염되는 바이러스가 있다.
토의	가. 위 지문의 전개 방식에 대해 기술하시오 나. 위 지문을 고려할 때 반드시 참인 진술을 선택하시오

【활동 answer】

토의 1.

가. ① 인간에 의해 타락하는 자연 ② 무분별한 부의 추구의 폐해(문화파괴) ③ 고전 역학(주장)과 양자 역학(반박) ④ 상대적인 상 - 하의어의

나. ③,

다. ① ② ④는 일반적 주제문 이후에 뒷받침 문장으로 구체적 사례를 제시한 후 맨 뒤에 강조 또는 재정리를 하는 2유형인 반면 ③은 기존이론에 대한 반박으로 '하지만'이라는 역접 접속부사를 통해 내용의 흐름이 바뀌는 4유형이다.

토의 2.

가. 주제문, 세종은 왕위에 오르기 전부터 음악에 정통하였다.

나. 주제문 - 뒷받침 문장으로 구체적 사례 - 마지막 필자의 강조(2유형)

토의 3.

가. 전개 방식은 암묵적인 의문 - 해결,

나. ⑤

토의 4.

가. 문제 - 해결(정신적 독립성을 잃게 될 위험성을 항상 경계해야 한다.)

나. ⑤

토의 5.

가. 결과 - 이유,

나. ㉢

토의 6.

가. 현상 및 원인-결과

나. ④

토의 7.

가. 주장 - 반박

나. 맨 마지막 문장

다. ④

토의 8.

가. 주장 - 반박

나. ㉠과 ㉢

토의 9.

가. 나열식

나. 음약적 요소(리듬, 가락, 화성, 셈여림, 음색)

다. ①

토의 10.

가. 나열식

나. ④

Ⅲ. 평가

1 다음 문단에 제시된 '제한 효소'와 '리가아제'의 관계와 가장 유사한 것을 고르시오?

> 유전자를 재조합하기 위해서는 DNA를 절단하는 가위와 이를 접착하는 풀이 필요하다. 가위의 구실을 하는 것은 '제한 효소'라는 단백질인데, 이것은 DNA의 각기 다른 위치에서 작용한다. 풀 구실을 하는 것은 '리가아제'라고 부르는 효소인데, 이것은 절단된 DNA를 결합시키는 역할을 맡고 있다. 그리고 일단 시험관 내에서 제한 효소와 리가아제에 의해 재조합된 DNA는 다른 생물체 내로 이식되어 유전자 변형 생물을 만들어 내는데, 이를 위해서는 '벡터'라고 불리는 운반체가 이용된다. 요컨대 DNA라는 긴 실위에 하나하나의 단편으로 존재하는 유전자 가운데 특별히 유용한 유전자를 이용하기 위해서는 그 유전자 단편을 가위로 잘라 내어 그것을 운반체에 풀로 붙여 넣어야 하는 과정이 필요한 것이다.

① 화물차와 승용차 ② 사무용 책상과 의자 ③ 휴대용 전화와 배터리
④ 수술용 칼과 봉합용 실 ⑤ 컴퓨터와 컴퓨터 마우스

【위 단락의 전개 방식을 제시하고 그 이유를 설명하시오】

2 윌슨의 주장을 뒷받침하는 사례로 적절한 것을 선택하고 '핵심문장'을 제시하시오.

> 인문학과 자연과학이 어떻게 만날 수 있을까? 윌슨의 통섭을 지탱해 주는 것은 바로 환원주의이다. 이는 복잡한 대상을 구성하는 근본적 요소를 밝히려는 노력으로, 윌슨은 모든 존재의 근본적 요소는 관찰과 실험을 통한 자연과학적 법칙으로 설명이 가능하다고 주장한다. 그에 의하면 인간 역시 자연과학으로 환원이 가능하기 때문에 인문학은 자연과학으로 완벽히 포섭될 수 있다. 예를 들어 물체의 운동을 물체와 땅 사이의 마찰력으로 설명하는 것과 같이 인간의 고유한 특성인 사랑이나 사회조직의 작동을 호르몬이나 유전자와 같은 자연과학적 법칙에 의한 결과로 설명할 수 있다는 것이다.

① 인간의 정서적 작용은 화학적 작용의 결과임이 밝혀지고 있다.
② IT 기술의 발달로 컴퓨터 속 가상공간과 현실 세계의 경계선이 무너지고 있다.
③ 동물이 개체 번식에 유리한 행동을 하도록 만드는 유전자가 있음이 밝혀지고 있다.
④ 자동 번역 시스템이 고안되어 서로 다른 언어를 자동으로 번역하는 일이 가능해지고 있다.
⑤ 인지심리학의 발전으로 인간의 행동에 관여하는 다양한 심리학적 동기가 밝혀지고 있다.

【위 단락의 일반적·추상적 진술의 핵심문장은 어느 것인가?】

3 밑줄 친 반대해석과 관련 있는 것만을 〈보기〉에서 고른 것은?

법조문도 언어로 이루어진 것이기에, 원칙적으로 문구가 지닌 보편적인 의미에 맞춰 해석된다. 일상의 사례로 생각해 보자. "실내에 구두를 신고 들어가지 마시오."라는 팻말이 있는 집에서는 손님들이 당연히 글자 그대로 구두를 신고 실내에 들어가지 않는다. 그런데 팻말에 명시되지 않은 '실외'에서 구두를 신고 돌아다니는 것은 어떨까? 이에 대해서는 금지의 문구로 제한하지 않았기 때문에, 금지의 효력을 부여하지 않겠다는 의미로 당연하게 받아들인다. 이처럼 문구에서 명시하지 않은 상황에 대해서는 그 효력을 부여하지 않는다고 해석하는 방식을 '<u>반대 해석</u>'이라 한다.

〈보기〉

ㄱ. 민섭: '대문 앞에 자동차를 세우지 마시오'라고 쓰여 있네. 담 쪽에 주차해야겠다.
ㄴ. 유현: 길이 좁아서 써 놓은 것 같은데 담 쪽도 곤란한 거 아냐
ㄷ. 민섭: 도로 폭은 충분해. 그보다는 대문을 드나드는 데 불편해서 붙였다고 봐야 돼.
ㄹ. 유현: 그런데 대문 앞을 오토바이가 막고 있네. 자동차가 아니라서 세워 두었구나.
ㅁ. 민섭: 이 경우에는 오토바이도 자동차라고 생각해야지

① ㄱ, ㄴ ② ㄱ, ㄹ ③ ㄴ, ㄷ ④ ㄷ, ㅁ ⑤ ㄹ, ㅁ

4 다음 문단을 읽고 제시된 논지와 가장 가까운 것을 고르시오?

데카르트가 찾은 이러한 존재의 확실성의 토대는 그리 튼튼한 것 같지 않다. 그의 결론대로 생각하는 내가 존재한다고 하더라도, 생각하는 '나'가 항상 같은 '나'라는 보장이 있을까? 생각하는 '나'가 존재한다고 하면 지금 생각하는 '나'와 5분 전에 생각하던 '나'는 똑같은 사람으로 존재해야 한다. 그러나 지금 이 순간의 생각은 내가 하고 있는 것이 확실하지만 5분 전에도 '지금의 나'가 생각했다는 것이 확실하지 않으므로, 지금 생각하는 '나'와 5분 전에 생각하던 '나'가 동일하지 않을 수도 있다.

① 지금 생각하는 '나'와 과거에 생각하던 '나'는 동일하다.
② 데카르트는 철저한 회의론자로서 사고하였다.
③ 영속적인 나의 존재는 보장되지 않는다.
④ 아무리 의심을 해도 의심하는 사람의 존재에 관한 의심은 가능하지 않다.
⑤ 생각하는 '나'는 항상 같은 '나'이다.

5 다음 단락의 내용을 풀이한 것으로 적절하지 않은 것을 고르시오?

고자(告者) 말하기를, "성품은 웅덩이에 고인 물과 같아서 동쪽으로 터놓으면 동쪽으로 흐르고, 서쪽으로 터놓으면 서쪽으로 흐를 것이니, 사람의 성품이 착하냐 그렇지 않으냐를 구분할 수 없는 것은 마치 물의 동서(東西)를 구분할 수 없는 것과 같은 것이다."
이에 맹자(孟子) 말하기를, "물은 진실로 동서를 구분할 수 없지만 그렇다고 위와 아래의 구분도 없는가? 사람의 성품이 착하다는 것은 물이 아래로 흐름과 같으니, 착하지 않은 사람도 없고 아래로 흐르지 않는 물도 없는 것이다. 이제 물을 쳐 올리면 머리 위로 튈 수도 있고, 물길을 막아 거스르게 하면 산 위로 올라갈 수도 있지만, 이것이 어찌 물의 본성이겠는가?

① 고자: 웅덩이에 고인 물 → 특정한 성향의 성품을 미리 가지지 않은 인간
② 고자: 동, 서를 구분할 수 없는 물 → 선과 악을 구분할 수 없는 성품
③ 맹자: 위에서 아래로 흐르는 물 → 본디 착한 성품
④ 맹자 : 아래에서 위로 거스르는 물 → 본디 악한 성품
⑤ 고자 · 맹자: 물 → 인간의 성품

6 다음 단락의 ㉠의 관점에 가장 가까운 것을 고르시오?

빈의 ㉠ <u>새로운 청중</u>의 귀는 유럽의 다른 지역 청중과는 달리 순수 기악을 향해 열려 있었다. 순수 기악이란 악기에서 나오는 소리 외에는 다른 어떤 것과도 연합되지 않은 음악을 뜻한다. 당시 청중은 언어가 순수 기악이 주는 의미를 담기에 부족하다고 생각했기 때문에 제목이나 가사 등의 음악 외적 단서를 원치 않았다. 그들이 원했던 것은 말로 형용할 수 없는, 무한을 향해 열려 있는 '음악 그 자체'였다.

① 음악은 소리를 다양하게 변형시켜 그것을 듣는 인간의 정서를 순화시킨다.
② 음악은 인간의 구체적인 감정을 전달하는 수단이라는 점에서 그 자체가 언어이다.
③ 가사는 가락을 통해 전달되는 메시지라는 점에서 언어는 음악의 본질적 요소이다.
④ 음악은 언어가 표현할 수 없는 것을 보여준다는 점에서 언어를 초월하는 예술이다.
⑤ 창작 당시의 시대상이 음악에 반영된다는 점에서 음악 외적 상황은 음악 이해에 중요한 단서가 된다.

7 다음 단락에서 '케이지'가 ㉠을 선택한 이유로 가장 적절한 것은?

케이지는 인간의 의도가 배제된 무작위(無作爲)의 상태가 가장 자연스러운 상태라고 주장하는 동양의 주역 사상을 접한 후, 작곡에 있어 인위적인 요소들을 제거하면 소리가 자연스럽게 구성될 수 있다고 생각하였다. 그래서 케이지는 작품을 창작하는 과정에 우연의 요소를 도입하여, 음의 높이나 강약 또는 악기나 음악 형식을 작곡가의 의도에 따라 결정하지 않고 ㉠ <u>동전이나 주사위를 던져 결정하는 방법</u>을 사용하였다.

① 작품의 창작 과정에서 자연의 소리를 활용하기 위해
② 작품 전체 형식 구조의 합리성과 조화를 이루기 위해
③ 작품의 음악적 요소들을 동일한 횟수로 반복하기 위해
④ 작품의 의미가 주역 사상과 일치될 수 있도록 하기위해
⑤ 작품 진행 과정에서 작곡가의 의도를 최대한 배제하기 위해

8 다음 단락에서 글쓴이의 핵심 주장으로 가장 적절한 것은?

인간 성장 과정에서 자기 문화에 익숙해지기 때문에 어떤 제도나 관념을 아주 오래 전부터 지속되어 온 것으로 여긴다. 나아가 그것을 전통이라는 이름 아래 자기 문화의 본질적인 특성으로 믿기도 한다. 그러나 이런 생각은 전통의 시대적 배경 및 사회 문화적 의미를 제대로 파악하지 못하게 하는 결과를 초래한다. 여기에서 과거의 문화를 오늘날과는 또 다른 문화로 보아야 할 필요성이 생긴다.

① 신화화된 전통의 실체를 밝힘으로써 과거와 현재를 넘나듦이 가능하다.
② 전통을 올바로 이해하려면 과거의 문화를 낯선 타문화로 볼 필요가 있다.
③ 전통은 근대 국가의 출현 이후 체제를 확립하고 유지하는 역할을 하였다.
④ 전통은 아주 오래 전부터 지속된 것으로서 문화의 본질적 특성을 이룬다.
⑤ 전통은 특정한 사회 문화적 맥락에서 분리해서 보아야 총체적으로 이해할 수 있다.

9 다음 단락이 속한 전체 글의 요지를 예측한 것으로 가장 적절한 것은?

우리 역사상의 모든 인간 사회들이 물질적 풍요라는 가치를 추구했을 것으로 생각한다. 그러나 이러한 상식은 공동체적 유대와 평화로움을 중시하는 칼라하리 사막의 수렵 채집민인 쿵 족에게는 적용되지 않는다. 이들은 최소한의 식욕을 해결하면 각종 놀이와 의례 행위를 통해 정신적인 즐거움과 화목한 사회관계를 유지하고자 노력한다. 이러한 쿵 족의 태도는 사바나 생태계에서 경험적으로 체득한 지혜에서 나온 것이다. 즉 이들은 건기와 우기의 생태적 변화 과정이나 먹잇감의 이동 경로, 식용 식물에 대한 지식 등에 기초하여 노동을 배분한다. 또한 자신이 속한 씨족 집단의 구성원들과 생산물·사냥 도구를 공유함으로써 궁핍을 최소화할 수 있는 적응 체계를 발전시켰다. 인간은 생존하기 위하여 우선 먹어야 하지만, 얼마나 먹을 것인가 하는 것은 문화에 따른다.

① 정신문화의 중요성 강조
② 다양한 문화와 그 가치의 인정
③ 우리 문화의 고유성에 대한 재인식
④ 물질적 풍요의 고유성에 대한 재해석
⑤ 서구적 가치의 지속적 추구에 대한 재평가

10 다음 '석굴암 관음상을 보고' 라는 제목으로 창작을 하기 위한 다음의 구상들 중, 제시된 〈불국사 기행〉의 글쓴이의 느낌과 유사한 것을 고르시오.

> 뒷벽 중앙에 새긴 십일면관음보살은 더할 나위 없는 여성미와 육체미까지 나타내었다. 어디까지나 아름답고 의젓한 얼굴판은 그만두더라도, 곱고도 부드러운 곡선을 그리며 드리운 오른팔, 엄지와 장지 사이로 살며시 구슬 줄을 들었는데, 그 어여쁜 손가락이 곰실곰실 움직이는 듯, 병을 치키어 준 포동포동한 왼쪽 팔뚝! 종교 예술품으로 이렇게 곡선미를, 여성미를 영절스럽게도 나타낼 수 있으랴? 그나 그뿐인가! 수없이 늘인 구슬 밑에 하늘하늘하는 옷자락은 서양 여자의 야회복을 생각나게 한다. 그 아른아른 옷자락 밑으로 알맞게 볼록한 젖가슴, 좁은듯하면서도 슬밋한 허리를 대어 둥그스름하게 떠오른 허벅지, 토실토실한 종아리가 뚜렷이 드러났다. 그는 살아 움직인다! 그의 몸엔 분명히 맥이 뛰고 피가 흐른다. 지금이라도 선뜻 벽을 더나 지그시 감은 눈을 뜨고 빙그레 웃을 듯, 고금의 예술품을 얼마쯤 더듬어 보았지만, 이 묵묵한 돌부처처럼 나에게 감흥을 주고 법열(法悅)을 자아낸 것은 드물었다, 나는 마치 일생을 두고 그리고 그리던 고운님을 만난 것처럼 그 팔뚝을 만지고, 손을 쓰다듬고, 가슴을 어루만지며, 어린 듯 취한 듯, 언제까지고 차마 발길을 돌릴 수가 없었다.

① 관음상은 종교적 대상이 아닐 수 없어, 엄숙함과 경건함이 잘 드러나도록 그림을 그리려고 해.

② 사랑하는 사람을 잃은 사람이 관음보살께 자기의 심정을 하소연하는 내용으로 편지를 쓰려해.

③ 관음상을 만든 석공은 위대한 장인임이 분명해. 그의 일대기를 소재로 한 소설을 쓰고 싶어.

④ 관음상은 단순한 돌덩이가 아니야. 차가운 돌에 뜨거운 생명을 불어넣은 내용을 담은 시를 쓰고 싶어.

⑤ 관음상은 선인들의 얼이 담겨 있는 고위한 문화재이잖아. 여러 곳에 잇는 관음상을 탐방하는 내용의 글을 쓰려고 해.

☞ 정답 및 해설 pp. 341~342.참조

제4부

글 독해 (독해력, 표현력, 추론능력, 논리적 사고력)

제12장 독해력 I (글이 제시하는 세부 정보 파악)

독해력은 직장 및 일상생활에서 접하는 여러 가지 유형의 글 또는 문서의 전체 내용을 이해하고 핵심내용을 파악하는 능력을 말한다. 예컨대, 글 또는 문서에서 다루고 있는 화제, 논쟁점, 주장하는 핵심내용 또는 개념, 논거 등을 식별할 줄 아는 능력을 의미한다.
독해력의 문제는 세부적으로 '세부 정보 파악', '핵심(중심)내용 파악', '개념과 관점의 이해 및 적용'의 세 가지 유형으로 분류할 수 있다.
본 장에서는 글 또는 문단의 전체적인 내용 흐름을 이해하면서 중요한 세부정보를 파악하는 유형에 대해 학습해 보도록 하자.

Ⅰ. 필요지식

1. 독해 능력

독해 능력은 언어논리를 기반으로 하는 언어적인 자료를 해석하는 데 필요한 다양한 능력과 논리력을 의미한다. 독해 능력을 향상하기 위한 가장 기본이 되는 것이 글의 전반적인 흐름을 이해하면서 글쓴이가 언급하는 세부정보를 파악하는 능력이다. 이는 독해의 기본인 만큼 글의 정보를 확인하는 유형은 공직 적성평가에서 광범위하게 출제되고 있다.

2. 세부정보 파악

세부 정보 파악은 지문에서 제시된 정보를 확인하는 활동이자 글을 그대로 이해하는 가장 기본적인 독해능력이다. 따라서 세부정보란 글 또는 지문에서 글쓴이가 전체적으로 무엇에 대하여 어떻게 이야기하고 있는가를 확인하는 과정에서 확인 및 획득되는 주요 내용이다.

3. 문제 및 발문 유형

세부 정보를 파악하는 문제의 유형은 주로 지문의 내용과 주어진 선택지의 일치 또는 불일치를 묻는 형태이며, 발문의 유형은 다음과 같다.

다음 글의 내용과 일치하는 하는 것은? 다음 글의 내용으로 적절한 것은? 다음 글의 내용에서 알 수 있는 것은?	다음 글의 내용과 일치하지 않는 것은? 다음 글의 내용으로 적절하지 않는 것은? 다음 글의 내용에서 알 수 없는 것은
다음 글의 내용과 부합하는 것은?	다음 글의 내용과 부합되지 않는 것은?
다음 글의 내용과 가장 가까운 것은?	다음 글의 내용과 가장 거리가 먼 것은?

지문의 세부 정보와 관련된 선택지는 지문에 제시된 정보와 반대의 내용 또는 다른 의미 등으로 왜곡시키거나, 정보의 범위를 확대 또는 축소하는 등 다양한 형태로 제시되며, 선택지의 대표적인 유형은 다음과 같다.

가. 정반대(긍정→부정, 부정→긍정) 내용의 선택지

지문에서 언급 또는 적시하고 있는 정보를 정반대의 내용이나 개념으로 바꾼 선택지를 제시하는 유형이다. 선택지는 글의 긍정적인 내용을 부정적으로 바꾸어 놓거나 부정적인 내용을 긍정적인 내용으로 왜곡되어 제시된다. 예를 들면 '총 질량의 불변'을 '총 질량의 가변'으로 언급하는 형태이다. 이 유형은 제시된 글의 전체적인 내용 또는 특정한 화제의 내용과 연계하여 선택지가 긍정하고 있는지 부정하고 있는지를 확인하는 것이 중요하다.

나. 일반적으로 확대하거나 특수한 상황으로 한정된 선택지

지문에서 언급하고 있는 상황 · 대상 · 범위 등을 확대하거나 한정하여 선택지를 서술하는 유형이다. 선택지는 해당하는 상황 · 대상 · 범위에 관한 내용을 일반적인 것에서 특정한 경우로, 특정한 경우를 일반적으로 왜곡되어 제시된다. 예를 들면 '거의 이익이 없다'를 '이익이 없다'로 변경하거나, '국민 대다수 의견'을 '국민 전체 의견'으로 기술하는 형태이다. 따라서 이 유형은 지문에서 제시하고 있는 내용의 상황 · 대상 · 범위가 어디까지 인가를 정확하게 확인하는 것이 중요하다.

다. 특정 어휘가 왜곡된 선택지

지문의 내용 중 특정어휘를 유의어(類義語)가 아닌 다른 어휘로 바꾸어 선택지를 서술하는 유형이다. 예를 들면 '관념적(觀念的)'이라는 용어를 공상적(空想的) 또는 추상적(抽象的)이 아닌 '철학적(哲學的)' 또는 '사변적(思辨的)'이라는 어휘로 바꾸어 놓은 경우이다. 이럴 때 독자가 철학적 또는 사변적인 의미를 정확히 이해하지 못할 경우 제시된 선택지가 옳은지 아니면 그른지 파악하기 어렵게 된다. 이런 유형은 독자의 기본적인 어휘력이 있어야 해결할 수 있다.

라. 상식에 의한 판단 유도 선택지

독자는 스스로가 가지고 있는 일반적인 지식이나 상식에 기초하여 지문을 읽고 이해하는 경향이 강하다. 그러나 문제는 지문에 제시된 내용을 바탕으로 선택지가 일치하는지 아니면 일치하지 않는지를 식별해야 한다. 따라서 지문에 언급되지 아니한 지식이나 상식을 적용해서 문제를 해결할 경우 틀리는 경우가 많다. 따라서 이러한 유형은 글쓴이의 관점에서 선택지의 일치 여부를 판단해야 한다.

4. 문제 해결 전략

일반적으로 사람들은 세부 정보를 정확하게 파악할 때 전체적인 내용을 이해할 수 있다고 생각한다. 그러나 이러한 생각은 자칫 "숲을 보지 못하면서 나무만 보게 되는 결과"를 초래하기 쉽다. 글의 전체적인 흐름을 이해하지 못한 채 세부 정보에 집착하게 된다면 글 전체를 이해할 수 없게 된다. 전체 글의 내용을 이해하지 못한 채 세부 정보만을 파악했다면 이는 독해의 기본적인 목적을 망각한 것이나 다름없다.

세부정보 파악은 글 또는 지문의 전체적인 흐름을 파악하는 과정에서 세부 정보를 확인해야 하며, 단락별 핵심적인 정보가 무엇인지를 확인해야 한다. 그래야만 글의 맥락적인 관점에서 전체적인 흐름과 연계된 세부 정보를 파악이 가능해진다.

세부정보를 파악하는 문제는 지문과 선택지에 제시된 정보들 사이의 일치 여부를 따지는 문제이다. 지문의 정보들을 정확하게 파악하기 위해서는 글을 읽을 때 우선 꼼꼼하게 읽는 것도 중요하지만 선택지의 내용에 해당하는 정보가 지문의 어디에서 제시된 것인지를 찾아내는 것이 중요하다고 할 수 있다.

이런 유형의 문제를 해결할 때는 다음과 같은 순서로 해결하는 것도 유용한 방법이다. 먼저 선택지를 읽고 선택지에서 제시된 정보를 파악하도록 한다. 이어 지문을 읽으면서 선택지와 관련 있는 정보를 식별한다. 그리고 찾은 지문의 정보를 토대로 선택지의 내용과 대조하여 일치 여부를 확인한다.

세부 정보를 묻는 문제에서는 '서술어, 부사어, 강조(긍정/부정, 전체/부분, 비판/옹호)' 부분을 집중적으로 파악하되, 먼저 상식선에 맞지 않은 선택지의 내용은 틀릴 확률이 높다. 아울러 '꼭, 전부, 전혀, 반드시, 필히, -만, 오직' 등과 같은 극단적 표현이 있는 선택지도 틀릴 확률이 높다는 점을 고려하는 것도 고려할 필요가 있다.

Ⅱ. 활동

1 다음에 제시된 기초적인 지문을 읽고 세부정보의 일치 또는 부합 유무 등 토의 사항을 토의해 보자

【활동 1. 다음의 지문을 읽고 토의사항을 해결하시오】

구분	내용
지문	현대 대중문화의 첫 번째 특징은 현대인의 삶을 심미적인 것으로 만든다는 데 있다.
선택지	현대 문화의 첫 번째 특징은 현대인의 삶을 심미적인 것으로 만든다는 데 있다.
토의 사항	지문과 선택지의 세부정보와의 일치유무를 식별하고 그 이유를 기술하시오

【활동 2. 다음의 지문을 읽고 토의사항을 해결하시오】

구분	내용
지문	지난 20세기 과정을 통해 진행된 한국의 산업화 과정은 조선시대에 이미 관습화 되어 있던 '가족 중심의 가치 지향성'아래 진행되었다.
선택지	한국의 산업화 과정은 조선시대에 이미 관습화 되어 있던 '가문 중심의 가치 지향성' 아래 진행되었다.
토의 사항	지문과 선택지의 세부정보와의 일치유무를 식별하고 그 이유를 기술하시오

【활동 3. 다음의 지문을 읽고 토의사항을 해결하시오】

구분	내용
지문	사물인터넷(Iot)은 ICT 분야의 가장 유망한 기술로 부각되면서 전 세계적으로 주목을 받고 있다.
선택지	사물인터넷(Iot)은 인공지능 분야의 가장 유망한 기술로 부각되면서 전 세계적으로 주목을 받고 있다.
토의 사항	지문과 선택지의 세부정보와의 일치유무를 식별하고 그 이유를 기술하시오

【활동 4. 다음의 지문을 읽고 토의사항을 해결하시오】

구분	내용
지문	일탈 개념의 범위는 대단히 넓다. 일탈은 공동체나 사회에서 많은 사람들에 의해서 받아들여지는 규범에 순응하지 않은 행위라고 정의될 수 있다. 어떤 사회도 규범에 순응하는 사람들과 규범에 순응하지 않는 사람들을 구분할 수 있는 간단한 방법을 가지고 있지는 않다. 우리 대부분은 때때로 일반적으로 받아들여지는 행위규범들을 위반한다. 많은 사람들이 어떤 순간에 값을 지불하지 않고 물건을 갖는다든지 혹은 일터에서 사무실 종이와 같은 작은 물건들을 사적으로 사용하는 것과 같은 사소한 일을 저지른다. 많은 사람들이 마리화나를 사용하고 미성년자 이면서도 술을 사서 마시고 마약을 복용하는 금지된 행위를 한다.
선택지	① 공동체나 사회에서는 규범에 순응하지 않는 일탈행위를 구분할 수 있는 기준을 가지고 있다. ② 일탈 행위는 사회적으로 받아들여지지 않은 위반된 행동이므로 일탈 행위자는 사회적으로 지탄의 대상이 된다.
토의사항	가. 지문과 ①의 선택지 세부정보와의 일치유무를 식별하고 그 이유를 기술하시오 나. 지문과 ②의 선택지 세부정보와의 일치유무를 식별하고 그 이유를 기술하시오

【활동 5. 다음의 지문을 읽고 토의사항을 해결하시오】

구분	내용
지문	역사는 열린사회와 닫힌사회의 투쟁의 과정으로 볼 수 있으며, 합리주의와 비합리주의의 대립으로 표현될 수 있다. 이 주장의 대립이야 말로 우리 세대가 해결해야 할 최대의 지적 과제이기도 한다. 열린사회가 추구하는 합리주의의 태도는 진리의 추구에 있어서 우리가 상호 협력할 필요가 있고, 논증의 도움으로 우리가 언젠가는 객관적인 진리에 도달할 수 있다고 믿는 과학적 태도이다. 이것은 근본적으로 “내가 틀리고 당신이 옳을지도 모르며 노력에 의해서 우리는 진리에로 보다 가까이 접근할 수 있다.”는 것을 인정하는 태도이다. 열린사회의 지주가 되는 ‘비판적 합리주의’는 어떠한 사람도 그 자신의 심판자일 수 없다는 공평의 사상에 기초해 있다. 이성에 대한 신뢰는 그 자신의 이성에 대한 신뢰만이 아니라 다른 사람의 이성에 대한 신뢰도 포함된다. 그러므로 합리주의는 다른 사람도 말할 권리를 가지고 있고 그의 주장을 변론할 권리를 가진다는 사상이다.
선택지	① 다른 사람도 말할 권리를 가지고 있다고 생각하는 사람은 열린 사회의 구성원이다. ② 열린사회에서 추구하는 합리적인 태도에는 논증의 역할에 대한 신뢰감이 들어 있다. ③ 열린사회를 지향하는 사람은 비합리적인 태도를 가진 사람의 견해를 반박할 수 있다고 생각한다.
토의사항	가. 지문과 ①의 선택지 세부정보와의 일치유무를 식별하고 그 이유를 기술하시오 나. 지문과 ②의 선택지 세부정보와의 일치유무를 식별하고 그 이유를 기술하시오 다. 지문과 ③의 선택지 세부정보와의 일치유무를 식별하고 그 이유를 기술하시오

【활동 answer】

토의 1. 일치하지 않음, 현대 대중문화 → 현대 문화로 확대해석
토의 2. 일치하지 않음, 가족 중심 → 가문 중심으로 왜곡
토의 3. 일치하지 않음, ICT(Information and Communication Technology)→ AI(Artificial Intelligence)로 인식(상식에 의한 함정)
토의 4.
가. 일치하지 않음, 간단한 방법을 가지고 있지 않다. 가지고 있다고 일반적으로 확대함.
나. 일치하지 않음, 지문은 "일탈 행위를 사회에서 ---규범에 순응하지 않은 행위 정의하고 있다." '사회적 지탄의 대상'으로 적시하고 있지는 않음(상식/함정)
토의 5.
가. 일치하지 않음, "다른 사람도 말할 권리를 가지고 있다."라고 생각하는 것은 '합리주의'로 평가할 수 있다는 것이지 반드시 열린사회의 구성원은 아님(왜곡)
나. 일치함, 지문에 '논증의 도움으로 우리가 언젠가는 객관적인 진리에 도달할 수 있다고 믿는 과학적 태도'라고 언급하고 있음
다. 일치함, 지문에 '다른 사람도 말할 권리를 가지고 있고 그의 주장을 변론할 권리를 가진'라고 언급하고 있음. 이는 열린사회의 지주가 되는 비판적 합리주의를 의미한다.

Ⅲ. 평가

1 다음 내용과 일치하지 않는 것을 고르시오.

우리나라에서 중산층 연구는 여러 학문 분야에서 중간계급, 중간소득계층 또는 거주지역 및 주택 규모를 기준으로 현 중간계층 등 서로 다른 대상을 가리키면서 이들의 성격을 규명하고자 했다. 실제로 각각의 연구 대상은 상당 부분 중첩되지만, 계층 연구에서는 중산층의 실체에 대해 좀 더 체계적이고 분석적으로 접근 할 것이 요구되고 있다.
이제 '중산층'이란 말은 '중간 계급'도 아니고, '중간소득계층'도 아니면서 이들의 속성을 함께 아우르는 대중적 용어로 정착되고 있다. '민중'이라는 말을 서구어로 번역하기가 쉽지 않듯이 '중산층'이라는 말도 마찬가지다. 그 구성원을 다시 세분할 수는 있겠지만, 이 용어가 궁극적으로 가리키는 것은 포괄적이고 총체적인 하나의 계층 집단이다.

① 중산층 연구에 있어서 각 계층의 실체를 명확하게 파악할 필요가 있다.
② '중산층'이란 용어는 포괄적이고 총체적인 하나의 집단 계층이다.
③ 다양한 속성을 지닌 대중적 용어는'중산층'이라 할 수 있다.
④ 민중'이라는 용어 역시 포괄적이고 총체적인 의미를 지니고 있어 서구어로 번역하기가 쉽지 않다.
⑤ 우리나라 중산층 연구는 동일한 대상을 가지고 여러 학문 분야에서 이루어졌다.

2 다음 글의 내용과 일치하는 것을 고르시오.

우리 속담에'울다가도 웃을 일이다'라는 말이 있듯이 슬픔의 아름다움과 해학의 아름다움이 함께 존재한다. 이것은 우리네의 곡절 많은 역사 속에서 밴 미덕의 하나라고 할 만하다. 울다가도 웃을 일이라는 말은 물론 어처구니가 없을 때 하는 말이기도 하지만 애수가 아름다울 수 있고 또 익살이 세련되어 아름다울 수 있다면 그 사회의 서정과 조형미에 나타나는 표현에도 의당 이러한 것이 반영되어 있어야 한다. 이러한 고요의 아름다움과 슬픔의 아름다움이 조형 작품 위에 옮겨질 수 있다면 이것은 바로 예술에서 말하는 적조미의 세계이며 익살의 아름다움이 조형 위에 구현된다면 물론 이것은 해학미의 세계일 것이다.

① 익살은 우리 민족만이 지닌 특성이다.
② 익살은 풍속화에서 가장 잘 표현된다.
③ 익살이 조형 위에 구현된다면 적조미다.
④ 익살은 우리 민족의 삶의 정서를 반영한다.
⑤ 익살은 예술 작품을 통해서만 표현될 수 있다.

3 다음 글의 내용과 일치하지 않는 것을 고르시오.

우리나라 재벌들은 경제성과와 자선활동에 있어서 훌륭한 역할을 수행해 왔다. 그러나 높은 경제성과와 왕성한 자선활동에도 불구하고, 이들이 연루된 수많은 불법행위나 비윤리적 행동은 강한 반 기업 정서를 갖게 하였다. 그런데 경제성과나 자선활동은 반 기업 정서를 해소하는데 미치는 영향이 미약한 반면, 불법행위나 비윤리적 행동은 반 기업 정서를 생성하는 데 직접적이고도 강력한 영향을 미친다.

① 우리나라에서는 재벌에 대한 반 기업 정서가 강하다.
② 반 기업 정서는 긍정적인 측면보다 부정적인 측면에서 생성된다.
③ 우리나라 재벌은 긍정적인 측면과 부정적인 측면을 동시에 갖고 있다.
④ 경제성과를 높이고 자선 활동을 많이 하는 것만으로 반 기업 정서가 해소될 수 있다.
⑤ 반 기업 정서에 큰 영향을 미치는 것은 불법행위와 비윤리적인 행동이다.

4 다음 글의 내용에 부합하지 않는 것을 고르시오.

생명의 구조를 이용하여 인간생활에 도움을 주고자 하는 기술을 생명 공학 기술이라 한다. 이 중 최근에 가장 주목을 받고 있는 것은 유전자 재조합 기술을 이용하여 새로운 유전자 조성(組成)을 가진 생물, 즉 유전자 변형 생물을 인공적으로 만들어내는 유전공학 기술이다.
유전자를 재조합하기 위해서는 DNA를 절단하는 가위와 이를 접착하는 풀이 필요하다. 가위의 구실을 하는 것은 '제한 효소'라는 단백질인데, 이것은 DNA의 각기 다른 위치에서 작용한다. 풀 구실을 하는 것은 '리가아제'라고 부르는 효소인데, 이것은 절단된 DNA를 결합시키는 역할을 한다. 그리고 일단 시험관 내에서 제한 효소와 리가아제에 의해 재조합된 DNA는 다른 생물체 내로 이식되어 유전자 변형 생물을 만들어 내는데, 이를 위해서는 '벡터'라고 불리는 운반체가 이용된다.
유전자 변형 생물을 이용하는 방법은 크게 세 가지로 나누어 볼 수 있다. 첫째는 유전자 변형 생물 그 자체를 이용하는 경우이다. 둘째는 유전자 변형 생물이 만들어 내는 부산물을 이용하는 경우이다. 셋째는 유전자의 기능 및 발현 패턴을 연구하기 위한 수단으로 유전자 변형 생물을 이용하는 경우이다. 가령 최근에 인간 게놈 프로젝트에 의해 알려진 수많은 유전자의 기능을 연구하고자 할 때, 바로 유전자 변형 생물이 이용될 수 있는 것이다.

① 유전자 재조합은 DNA를 대상으로 한다.
② 백터는 재조합된 DNA의 운반체로 사용된다.
③ 유전자 재조합에는 제한 효소와 리가아제가 필수적이다.
④ 유전자 변형 생물을 만드는 기술은 생명 공학의 한 분야이다.
⑤ 인간 게놈 프로젝트의 목적은 유전자 변형 생물을 만드는 것이다.

5 다음 글의 내용에 부합하지 않는 것을 고르시오.

역사학은 구체적인 과거의 사실을 추구하는 것으로써 만족한다고 할 수가 있을까? 예컨대 광개토대왕이 어디어디를 언제 정복하고 한군(漢軍)과 왜군(倭軍)을 어디서 격파하고 하는 등의 구체적 사실들을 기록함으로써 역사학의 임무가 끝났다고 할 수가 있을까? 또 화백(和白)의 경우에, 법흥왕 14년에 불사(불사)를 건립하겠다는 것을 반대하여 왕을 궁지에 몰아넣고 끝내는 이차돈을 사형에 처하게 했다든가, 혹은 또 진지왕을 몰아내고 진평왕을 새로 왕으로 추대했다든가 혹은 진덕여왕 때 알천공(閼川公) 등이 남산 우지암에서 회의를 하였다든가 하는 구체적 사실만을 나열해 놓았다면 그것이 바람직한 화백에 대한 서술일 수가 있는 것일까? 지난날에는 단순한 사실의 나열만 가지고서도 역사라 했었다. 그러나 이것은 하나의 기록은 되겠지만 학문일 수는 없는 일이다. 학문으로서의 역사학은 물론 기록 이상의 것이어야 한다. 즉 역사학은 과거의 사실에서 어떤 의미를 찾아보는 데 가치가 있는 것이다.

① 역사학은 과거의 사실에 대한 기록을 포함한다.
② 현재의 역사학은 개별적인 정보에 대한 기록을 배제한다.
③ 광개토대왕이 정복한 지역에 대한 나열이 역사로 여겨지던 때가 있었다.
④ 역사학은 개별적인 사실을 통해 보편적인 의미를 밝히는 데 의의가 있다.
⑤ 단순한 사실의 나열은 하나의 기록은 되지만 학문일 수는 없다.

6 다음 글의 내용과 일치하지 않는 것은?

관용 구절의 생성 유래로 먼저 사회·문화적 배경의 변화를 들 수 있다. 즉, 문자 그대로의 의미로 쓰이던 일반 구절이 사회·문화적 배경의 변화에 의하여 관용 구절이 되는 것이다. 또, 이른 시기에 생성된 우리 고유의 관용 구절은 역사적 사건이나 옛 이야기, 고(古)기록, 근원설화, 만담 등에서 유래된 경우가 많다.

① 여자가 시집을 간다는 의미를 지닌 '머리를 얹다'
② 장한종의 어면신화에서 유래된 '학질을 떼다'
③ 벼슬자리나 높은 지위에 오름을 의미하는 '감투를 쓰다'
④ 지역 사회에서 있었던 특별한 이야기를 연원으로 하여 생성된 '남산골 샌님'
⑤ 이란투석(以卵投石)에서 유래된 '계란으로 바위치기'

7 다음 글의 내용에 부합하지 않는 것을 〈보기〉에서 고르시오.

불행이란 사물의 결핍 상태에서 오는 것이 아니라, 결핍감을 느끼게 하는 욕구에서 온다. 현실 세계에는 한계가 있지만 상상의 세계에는 한계가 없다. 현실 세계를 확대시킬 수는 없는 일이므로 상상의 세계를 제한할 수밖에 없다. 왜냐하면 우리를 진정으로 불행하게 하는 모든 고통은 오로지 이 두 세계의 차이에서만 생겨나는 것이기 때문이다. 체력과 건강과 스스로가 선한 사람이라는 확신을 제외한 그 밖의 인간 생활의 모든 행복은 모두 사람들의 억측에 불과한 것이다. 신체의 고통과 양심의 가책을 제외한 그 밖의 모든 불행은 공상적인 것이다.
인간은 약하다고 하는데 그것은 무엇을 뜻하는 것이겠는가? 이 약하다고 하는 말은 하나의 상대적 관계로서 그 말이 적용되는 자의 어떤 관계를 나타내는 것이다. 능력이 모든 욕구보다 넘치고 있는 경우에는 곤충이든 벌레든 간에 모두 강자임에 틀림이 없다. 욕망이 그것을 능가할 경우에는 그것이 코끼리든 사자이든, 또는 정복자든 영웅이든, 심지어 신이라 할지라도 모두 약자이다. 자신의 본분을 깨닫지 못하고 반항한 천사는 자신의 본분에 따라서 평화롭게 산 지상의 행복한 인간보다 더 약한 존재였다. 인간은 지금 있는 그대로 만족할 때는 대단히 강해지고 인간 이상이고자 할 때는 대단히 약해진다.
그러므로 마치 거미가 거미줄 한가운데 있듯이 그 범위의 중심에 머물러 있도록 하자. 그렇게 하면 우리는 항상 우리 자신에게 만족하고 자신의 약함을 한탄하는 일이 없게 될 것이다. 왜냐하면 허약하다는 것을 새삼스레 느끼게 되는 일이 없을 것이기 때문이다.
모든 동물들은 자기 보존에 필요한 만큼의 능력만을 지니고 있다. 인간만이 오직 그 이상의 능력을 가지고 있다. 그 여분의 능력이 인간의 불행을 만들어 내고 있으니 참으로 기이한 일이 아닌가? 어느 나라에서나 인간의 팔은 생활필수품 이상의 것을 만들어 낼 수 있다. 만약 인간이 상당히 현명하여 이 여분의 능력이란 것에 무관심해진다면 결코 지나치게 많은 것을 손에 넣지 않게 될 것이기 때문에 항상 필요한 것만을 갖고 있게 될 것이다.

〈보기〉

㈀ 현실 세계의 한계에 대한 인식이 불행의 시작이다.
㈁ 인간의 모든 행복과 불행이란 주관적인 것이다.
㈂ 상상력이 없는 곤충들은 항상 행복하다.
㈃ 인간만이 자기 보존에 필요한 능력 이상의 능력을 갖고 있기에 인간의 불행은 필연적이다.

① ㈀, ㈁, ㈂, ㈃　② ㈃　③ ㈂
④ ㈀, ㈁, ㈂　⑤ ㈁, ㈂, ㈃

8 다음 글의 내용과 일치하지 않는 것은?

엘리스에 따르면, 인간의 심리적 문제는 개인의 비합리적인 신념의 산물이다. 엘리스가 말하는 비합리적 신념의 공통적 특성은 다음과 같다. 첫째, 당위적 사고이다. 이러한 사고방식은 스스로에게 너무나 많은 것을 요구하게 하고, 세상이 자신의 당위에서 조금만 벗어나 있어도 그것을 참지 못하는 경직된 사고를 유발하게 된다. 둘째, 지나친 과장이다. 이는 문제 상황을 지나치게 과장함으로써 문제에 대한 차분하고 객관적인 접근을 가로막는다. 셋째, 자기 비하이다. 이러한 사고방식은 자신의 부정적인 한 측면을 기초로 자신의 인격 전체를 폄하하는 부정적 사고방식을 낳게 된다.

① 당위적 사고는 경직된 사고를 유발한다.
② 지나친 과장은 객관적 사고를 가로 막는다.
③ 비합리적 신념에는 공통적 특징들이 존재한다.
④ 심리적 문제가 비합리적인 신념의 원인이 된다.
⑤ 자기 비하는 자신의 인격 전체를 부정하게 만든다.

9 다음 글의 내용과 일치하지 않는 것을 고르시오.

글을 잘 쓸 수 있는 능력, 특히 주어진 문제에 대하여 논리적으로 사고를 전개하여 독자를 설득할 목적으로 텍스트를 생산하는 논술 능력은 교육을 받은 사람들이 갖추어야 할 가장 기본적인 능력 중의 하나이다. 주어진 문제에 대해 글쓰기는 의사소통으로서의 문제 해결 행위이다. 글 쓰는 사람은 글을 읽을 사람에게 어떤 영향을 미치기 위하여 글을 쓴다. 즉, 필자는 독자의 지적 상태를 변화시키기 위하여 주장을 하기도 하며, 정보를 제공하기 위하여 설명을 하기도 한다. 의사소통 행위로서의 글쓰기가 갖는 여러 가지 특성은 실제로 글을 써 가는 과정에서 중요한 기능을 담당한다. 만약, 정보사회 또는 고급 기술 문명사회의 특성을 지니게 될 미래 사회에 대비하여 젊은 세대들이 의사소통 능력으로서의 글쓰기 능력을 제대로 갖추지 못한다면, 미래 사회에서 각 개인이 직면할 다양한 문제 사태를 능동적으로 대처할 수 없을 것이다. 뿐만 아니라 미래 사회의 주역으로서 인간다운 삶을 영위하기도 힘들 것이다. 자신의 생각을 체계적으로 조직하여 자신의 언어로 효과적으로 표현하지 못하는 전문직 종사자, 정확하고 간결하게 보고서 하나 제대로 못 쓰는 회사원, 자신의 생각을 명료하고 정확하게 전달하지 못하는 정치가, 일상생활과 관련된 다양한 의사소통 상황에서 상대방에게 자신의 의사를 효과적으로 전달하지 못하는 사람들이 겪게 될 고충을 생각해 보면, 의사 표현 행위로서의 논술의 중요성을 쉽게 이해할 수 있다.
의사소통 행위로서의 논술이 지닌 실용적인 측면에서의 중요성 이외에도 논술은 교육 상황에서 학생들의 논리적 사고력과 창의적 사고력의 신장을 촉진시킨다는 측면에서 중요하다. 논술

활동을 함으로써 학생들은 논리적으로 생각하는 힘을 기를 수 있다. 논술 활동은 학생들로 하여금 사물들 사이의 관계를 바르게 인식하게 하고, 사물을 깊이 있게 이해하며, 자신의 다양한 경험에 질서를 부여할 수 있게 해 준다. 또한, 논술 활동을 함으로써 학생들은 사람, 사물, 주요 현상, 주요 문제들에 관하여 자신이 어떻게 생각하고 있는지, 혹은 자신이 어떻게 생각해야하는 지에 관한 통찰을 얻게 된다. 문화심리학자의 연구에 의하면 문식 사회의 사람들이 문맹 사회의 사람들에 비해 논리적 사고력과 창의적 사고력의 측면에서 앞선다고 한다. 다시 말하면, 글쓰기 능력을 습득함으로써 사람들은 생각을 보다 논리적으로 전개하고, 문제를 창의적으로 해결하며 현상을 비판적으로 이해할 수 있게 된다는 것이다. 따라서 논술 능력을 제대로 갖춘다면 정보 지식 사회에서 직면하게 될 다양한 문제 사태에 대처할 수 있는 창의적인 문제해결 능력을 획득하게 될 것이다.

의사소통 행위로서의 논술이 갖는 중요성은 논술의 과정이 곧 의사결정의 과정이라는 데서 찾을 수 있다. 논술의 과정에서 필자는 자신이 표현하고자 하는 정확한 의미를 발견하고 그것을 효과적으로 전달하기 위해서 논술의 목적, 예상 독자, 논술의 내용 등에 관해 끊임없이 의사결정을 해야 한다. 이러한 의사 결정의 경험이 학문을 하거나 사회생활을 영위하는 데 매우 가치 있는 경험이 된다. 글 쓰는 이는 논술의 과정에서 표현하고자 하는 내용과 목적이 무엇인지를 결정해야 하고, 예상 독자가 누구인지, 자신의 글을 읽을 사람이 어떻게 전달 내용을 이해하게 될 것인지를 결정해야 하며, 전달하고자 하는 내용을 예상 독자가 보다 정확하게 이해할 수 있도록 하기 위해 내용을 조직하고 표현하는 방식을 결정해야 한다. 또한, 글쓰기 과정에서 자신이 지금까지 쓴 글의 내용, 내용의 조직방식, 표현 방식이 적절한지를 검토하여 고쳐 쓰는 방법도 결정해야 한다. 이처럼 논술의 과정은 대단히 복잡한 의사결정과정이기 때문에 논술활동을 함으로써 의사결정 능력을 매우 효과적으로 신장시켜 나갈 수 있다.

① 글쓰기 과정을 통해 학생들은 논리적 사고와 창의적 사고를 할 수 있다.
② 글쓰기 과정에서는 기본적으로 내용을 조직하고 문장을 작성하는 능력을 배우 게 된다.
③ 정보사회에서는 정보의 전달이 중요하므로 글쓰기가 중요한 역할을 하게 될 것이다.
④ 논술은 논술의 과정에서 끊임없는 의사결정과정이자 의사소통행위로서 중요하다.
⑤ 논술훈련은 단순한 글쓰기 훈련이 아니라 실제 생활에서 일어나는 다양한 문제를 해결하는데 도움이 되는 훈련이다.

10 다음 글의 내용과 일치하지 않는 것을 고르시오.

지난 17일, 북한군이 11년 만에 대남 확성기 방송을 재개한 것으로 알려졌다. 우리군이 북한의 비무장지대(DMZ) 지뢰 도발에 대한 보복 조치로 대북 확성기 방송을 재개한 데 따른 맞불 작전으로 풀이된다. 앞서 남북한은 지난 2004년 6월 남북 장성급 군사회담을 열고 군사분계선 지역에서의 선전활동 중지 및 선전수단 제거에 합의하며 상호간 확성기 방송을 중단한 바 있다.

북한의 대남 방송 내용은 북한 체제 선전과 남측에 대한 비방이 주로 담겨 있는 것으로 알려졌다. 다만 북한의 대남 방송용 스피커의 경우 출력이 약하고 노후화돼 남측에서는 알아듣기 쉽지 않을 정도의 수준이라고 한다.

군 관계자는 "북한의 대남 확성기 방송은 대남 심리전 성격보다는 남측의 대북 방송을 북한군이나 일반 주민들이 듣지 못하도록 상쇄하기 위한 목적이 크다"고 전했다. 우리 군은 대북 방송을 재개한 지난 일주일간 주로 국내외 뉴스와 날씨정보, 가요 등을 방송했다. 김정은 북한 노동당 제1비서나 북한체제에 대한 직접적 비방을 담은 내용은 나가지 않은 것으로 전해졌다.

이와 관련, 북한은 지난 14일 '전선서부지구사령부' 명의의 전통문을 통해 우리 측의 대북 확성기 방송 재개를 "무모한 군사적 도발 행위"로 규정하고 "우리와 맞설 용기가 있다면 전장에 나와 군사적 결판을 내보자"고 위협했다

① 남한이 북한보다 먼저 확성기 방송을 재개했다.

② 남한이 방송을 재개한 이유는 북한의 지뢰 도발 때문이다.

③ 북한과 남한의 방송은 모두 서로에 대한 비방의 내용이 들어가 있다.

④ 북한의 방송은 시설 낙후로 제대로 들리지 않는다.

⑤ 북한의 방송은 심리전 보다는 남한 방송에 대한 상쇄의 목적이 강하다.

☞ 정답 및 해설 pp. 343~344.참조

제13장 독해력Ⅱ(글이 제시하는 핵심(중심) 내용 파악)

글의 독해는 앞에서 학습한 '세부정보 파악'에 이어 추가로 중요한 활동이 핵심내용을 파악하는 일이다.
글을 읽는 목적은 필자가 그 지문에서 의도하는 핵심 또는 중심내용이 무엇인지를 파악하는 것이라 할 수 있다. 따라서 제시된 지문에서 필자가 무엇을 말하고 있는지를 이해하고 이를 요약정리 할 수 있어야 한다.
본 장에서는 필요지식, 활동, 평가 등을 핵심(중심)내용을 파악하는 방법에 대해 학습해 보도록 하자.

Ⅰ. 필요지식

1. 핵심(중심) 내용의 의미

'핵심내용'과 '중심내용'유사한 뜻이며, '요지(要旨)', '논지(論旨)'라는 뜻과 같은 의미로서 글에서 필자가 이야기하고자 하는 주요 내용을 뜻한다. 읽기 능력의 결과는 핵심(중심)내용의 파악으로 나타나며, 독해의 매우 중요한 부분이다. 핵심 내용을 파악하기 위해서는 문단의 조건과 형식에 대한 이해가 필요하다.

2. 문단의 조건과 형식

문단은 하나의 중심 생각을 담은 글 덩어리이며, 문단을 나누는 목적은 필자가 자기의 생각을 효과적으로 전달하기 위해서이다. 이러한 목적을 달성하기 위해서는 문단의 조건을 충족해야 한다.

문단의 조건은 다루어지는 주제가 하나라는 것이다. 따라서 문단은 하나의 중심문장(주제문)과 여러 개의 뒷받침 문장으로 구성된다. 즉, 중심내용인 '중심문장(주제문)'이 있으며, 이를 구체적으로 설명하는 '부연(敷衍) 문장(뒷받침문장)[58]'이 적절하게 제시되어야 한다. 아래

58) 주제문을 뒷받침하는 문장은 의미설명(즉, 다시 말해서), 예시(예를 들어, 예컨대), 비유(비유하자면), 인용(인용하자면) 등으로 기술된다.

의 예문을 통해 문단의 조건을 확인해 보자.

① 지조를 지키기란 참으로 어려운 일이다. ② 자기의 신념에 어긋날 때면 목숨을 걸고 항거하여 타협하지 않고, 부정과 불의한 권력 앞에는 최저의 생활, 최악의 곤욕을 무릅쓸 각오가 없으면 섣불리 지조를 입에 담아서는 안 된다. ③정신의 자존자시(自尊自恃)를 위해서는 자학과도 같은 생활을 견디는 힘이 없이는 지조는 지켜 지지 않는다. ④ 그러므로 지조의 매운 향기를 지닌 분들은 심한 고집과 기벽(奇癖,기이한 성벽)까지도 지녔던 것이다. ⑤ 신채호 선생은 망명 생활 중 추운 겨울에 세수를 하는데 꼿꼿이 앉아서 두 손으로 물을 움켜다 얼굴을 씻기 때문에 찬물이 모두 소매 속으로 흘러 들어갔다고 한다. ⑥어떤 제자가 그 까닭을 물으매, 내 동서남북 어느 곳에도 머리 숙일 곳이 없기 때문이라고 했다는 일화가 있다.

위 예문에서 주제문장은 ①이며, 뒷받침문장은 ②~⑥이다. 뒷받침문장 중에서 ②~④은 상술 문장이며, ⑤와 ⑥은 예시 문장이다.

문단의 유형은 아래 그림과 같이 문단에서 소주제문이 나타나는 위치에 따라 두괄식, 미괄식, 양괄식, 병렬식으로 구분되며, 일반적으로 두괄식 또는 미괄식의 경우가 대부분이다.

두괄식	미괄식	양괄식	병렬식
주제문장 뒷받침문장1 · · · 뒷받침문장n	뒷받침문장1 · · · 뒷받침문장n **주제문장**	**주제문장** 뒷받침문장1 · · · 뒷받침문장n **주제문장**	**주제문장1** 뒷받침문장1 · · · **주제문장n** 뒷받침문장n

3. 문단 간의 구조

일반적으로 글은 주제 문단과 뒷받침 문단으로 구성이 된다. 이러한 문단의 관계는 상·하, 시간적·공간적, 비교와 대조, 열거, 인과(원인과 결과), 문제해결 등의 논리 구조로 구성이 된다.

가. 상·하 관계

이 논리 구조는 상위개념의 문단을 제시하고 이어 그 상위개념과 연계된 다양한 하위개념들을 문단별로 제시하는 방법이다. 이런 구조의 글은 아래 표와 같이 대부분 주제 문단에서 제시되는 하위개념들이 다음 문단으로 언급됨으로써 이해하기가 쉽다.

천연자원의 마지막 보고로 알려진 북극에 대한 '쟁탈전'이 속도를 내고 있다. 유엔해양법은 개별 국가들이 북극해에 대해 주권을 주장할 수 없도록 규정하고 있다. 그러나 세계 각국들은 저마다의 영유권을 주장하고 있으며, 이들 국가 중 러시아와 덴마크가 대표적이다.
러시아는 ……………………………………………………………………………………………… 있다.
덴마크는 ……………………………………………………………………………………………… 있다.

나. 시간 · 공간적 관계

시간 · 공간적 관계는 '시간적 흐름에 따라 서술하는 방식'과 '공간에 따라 내용을 서술하는 방식' 두 가지 형태가 있다.

먼저 시간적 흐름에 따라 서술하는 방식이다. 이는 기술하고자 하는 내용을 시간의 흐름에 따라 차례로 기술하거나 아니면 그 역순으로 기술하는 방법이다. 이에 대한 예문은 다음과 같다.

> 클리어 레이크는 샌프란시스코 북쪽에 위치하고 있는 관광도시이다. 이 도시는 날 파리가 많아 관광객들로부터 늘 많은 불만이 제기되었다. 관광객의 불만을 해소하기 위한 날파리 제거 노력의 시작은 시간이 경과함에 따라 생태계를 파괴하는 결과를 초래했다.
> 관광객의 요구에 따라 주민들은 날 파리를 제거하기 위해 DDT보다 독성이 약한 DDD를 소량(0.02ppm)을 호수에 살포하였다. 그러나 효과는 잠시 있었을 뿐 시간이 지나자 날 파리는 더욱 극성을 부렸다. 이에 주민들은 매년 DDT 농도를 높이기 시작했다.………………………
> 그렇게 몇 년이 지나자 논병아리가 죽어나가기 시작했고 점차 그 수가 증가하였다.…………
> 죽은 논병아리들의 사인을 분석한 결과 조직에 DDD가 무려 1600ppm이나 농축되어있었다. 그것은 환경파괴의 시작이었다.

'공간에 따라 내용을 서술하는 방식'은 위-아래 또는 '동-서-남-북'과 같은 형태로 특정한 공간을 설명하거나 공간적인 차이를 나타내기 위해 하나의 공간을 묘사하고 이어 새로운 공간을 기술하는 방식이며, 그 예는 다음과 같다.

> 가을을 맞아 기획바우처 행사가 전국 곳곳에서 마련된다. 기획바우처는 문화소외계층을 상대로 '모셔오거나 찾아가는' 맞춤형 예술 체험 프로그램이다.……………………………………
> 서울지역의 '함께하는 역사 탐방'은 독거노인을 모셔 와서 역사 현장을 찾아 연극을 관람하고 체험하는 프로그램이다.………………………………………………………………………………
> 경기도지역에서는 '가족과 함께'라는 행사를 통해 외롭게 생활하는 노인들에게 가족이라는 따뜻하고 평안함을 느낄 수 있도록 하는 다양한 문화행사 ……………………………………
> 강원도 강릉과 영월에서는 저소득층 자녀를 대상으로 ……………………………………………

다. 비교 · 대조 관계

비교(Comparison)와 대조(Contrast)는 문장에 나타나는 대상을 서로 관계를 맺게 함으로써 성립되는 기술(記述)양식이다. 이는 기술하고자 하는 대상이 지닌 특성을 다른 대상과 견주어 설명하고자 하는 방식으로서 대상의 특성(特性)을 명확히 드러내고자 하는 데 목적(目的)이 있다.

이때 비교(比較)는 어떤 대상 간의 유사점(類似點) 또는 공통점(共通點) 강조하며, 대조(對照)는 대상 간의 차이점(差異點)을 두드러지게 하여 기술하는 방식이다. 이 방식이 적용되는 대상들은 공통점과 차이점을 동시에 지니고 있음을 알 수 있다. 다만 중점을 어디에 두느냐가 다를 뿐이다. 결과적으로 비교 · 대조는 어떤 특정한 개념이나 복잡한 사물을 아주 단순하고도 친숙한 다른 개념이나 사물에 비유하여 설명하고자 할 때 적용되는 설명 방식이다.

먼저 비교 방식을 적용한 "텔레비전과 라디오의 주요 기능 중의 하나는 정보전달이다."라는 문장은 대상이 텔레비전과 라디오이며, 이들이 '정보전달'이라는 공통점을 가지고 있다고 설명하고 있다. 다음은 사회에서 법의 기능에 대한 이해를 돕기 위해 집 주변에 설치된 울타리를 끌어들여 비교한 글이다.

> 법은 필요악이다. 법은 우리의 자유를 막고 때로는 신체적 구속을 하는 식으로 강제력을 행사하는 일이 많다. 이런 점에서 법은 달가운 존재가 아니며 기피와 증오의 대상이 되기도 한다. 그러나 법이 없으면 완전한 생활을 할 수 없게 되는 것이 우리의 사회 현실이고 보면 법은 없어서는 안 될 존재이다. 이와 같은 법의 양면성은 울타리와 비교될 수 있다. 울타리는 우리의 시야를 가리고 때로는 바깥 출입의 자유를 방해하는 점에서 답답한 존재다. 그러나 부질없는 낯선 사람의 눈총을 막아 주고 악의에 찬 침입자를 막아서 가정의 안전하고 포근한 삶을 보장하는 점에서 울타리는 고마운 존재이다. 법은 이런 울타리처럼 달갑지 않은 면이 있으면서도 우리 사회에 없어서는 안 되는 필요성을 지닌 것이다.

윗글은 법이 내재하고 있는 인간의 자유를 구속하는 역기능과 인간의 삶을 보호하는 순기능적 가치를 설명하고자 울타리의 역기능과 순기능의 공통점을 비교하면서 설명하고 있다.

대조(對照)는 둘 이상의 사물을 견줄 때 차이점(대소, 장단, 명암, 선악 등)을 맞세워 설명하는 방법이다. 예를 들면 '식성은 민족마다 다르다. 한국인은 채식을 좋아하는데, 중국인은 육식을 좋아한다.'라는 진술은 전형적인 대조의 방법이다. 다음은 차이점 중심인 대조 방식으로 '활자인간'과 '영상인간'에 기술하고 있는 예문이다.

> 활자인간과 영상인간의 세대차에 대해 맥루한, 토플러, 드러커 등 석학들이 열거한 것을 취합해 보면 대충 이렇다. 활자인간은 일하는 것을 중심으로 해서 사는데 영상인간은 여가를 중심으로 해서 산다. 전자는 매사에 논리나 이치를 세우려 드는데 후자는 지배적 논리를 거부한다. 전자는 사고나 행동에 선택과 매듭을 짓는데 후자는 마치 텔레비전이 던져주는 대로 받아들이듯이 선택 없이 다양하게 수용하고 매듭을 지으려들지 않는다. 전자는 전문 인간을 우선하는 수직사고를 한다면 후자는 보통 인간을 우선하는 수평사고를 한다. 또 활자인간은 어른이 수범이 되는 상하 서열감각이 발달하는데, 영상세대는 젊은이를 수범으로 삼은 좌우평등 감각이 발달한다.

라. 열거 관계

열거(列擧)는 여러 가지 사실이나 내용을 구체적인 예(특정 사실)를 들어가면서 설명하는 방식이다. 이 과정에서 설명하고자 하는 내용의 종류와 예시가 나열되면서 그 내용을 좀 더 명확하게 이해할 수 있게 해준다. 이러한 전개 방식은 본론을 이루는 각 문단의 상호 관계가 상하 관계 또는 대등한 지위를 갖게 하여 펼쳐나가는 형태로서, 첫째(먼저, 우선),………, 둘째(다음, 또한),………, 셋째(마지막),………와 같은 형식에 의해 전개해 나가는 방법이다. 열거의 방법은 ① 구성요소로 나누어 열거 ② 원인을 열거 ③ 나타나는 영향이나 사례를 열거 등 다양하다.

마. 인과적 관계

이 유형은 인과적(因果的) 서술방식으로 어떤 결과의 원인을 분석한다든지 또는 어떤 원인에 관한 결과를 예측하는 것과 같이 '원인-결과'의 관계로 내용을 전개하는 방법이다. 전개 방식은 '원인을 제시하고 그에 관한 결과를 제시(원인-결과)'하거나 '결과를 제시한 다음 원인을 제시(결과-원인)'하기도 한다. 다음 예문은 인간이 비합리적인 신념의 결과로 심리적인 문제가 발생한다며, 그 원인으로서 3가지 내용을 기술하고 있다.

> 엘리스에 따르면, 인간의 심리적인 문제는 개인의 비합리적인 신념의 산물이다. 엘리스가 말하는 비합리적인 신념의 공통적인 원인은 다음과 같다.
> 첫째, 당위적 사고이다. 이러한 사고방식은 스스로에게 너무나 많은 것을 요구하게 하고, 세상이 자신의 당위에서 조그만 벗어나 있어도 그것을 참지 못하는 경직된 사고를 유발하게 된다.····
> 둘째, 지나친 과장이다. 이는 문제 상황을 지나치게 과장함으로써 문제에 대한 차분하고 객관적인 접근을 가로막는다. ··
> 셋째, 자기 비하이다. 이러한 사고방식은 자신의 부정적인 측면을 기초로 자신의 인격 전체를 폄하하는 부정적 사고방식을 낳게 한다.···

다음의 예문은 현대사회가 엘리트층과 대중으로 양극화되어 서로 불신하며 갈등할 가능성을 내재하고 있으며, 사회 질서는 허약해질 수밖에 없다는 결과를 제시하고 있으며, 두 번째 문단에서는 사회 질서가 허약해질 수밖에 없는 이유(원인)를 설명하고 있다.

> 현대사회를 대중사회로 규정하여 이것을 정치적·경제적으로나 문화적으로 양극화된 사회를 볼 때, 그 비극적 성격은 더욱 두드러진다. 정치적, 경제적 엘리트층과 대중 사회에서 이 두 축을 조화시키는 중간 조직이 존재하기 않기 때문에 이 두 층은 서로 불신하며 갈등할 가능성을 안고 있다. 현실 문제를 보는 시각도 다르기 때문에 두 층 간의 긴장은 지속된다. 이러한 상황에서 강자 쪽이 약자인 대중을 강압하기 쉽다. 그리고 그만큼 사회 질서는 허약해진다.
> 이러한 결과는 사회 질서의 기초가 자발적인 동조에 의해 구축된 것이 아니라 공포에 의해 형성된 것이기 때문이다. 즉, 사회 질서의 본질은 그 사회 구성원들이 핵심적인 사회 규범에 동조할 때 형성되는 것임을 의미하는데, 강자와 약자간의 힘의 논리에 의해 형성된 사회 질서는 강요된 것으로 그 만큼 허약할 수밖에 없다.

바. 문제-해결 관계

이 유형은 문제에 대한 여러 원인이나 현상 등을 제시한 후 그 해결 방안을 제시하는 방식이다. 이 방식은 일반적으로 직장생활에서 요구되는 보고서의 대다수가 문제 해결이라는 사실을 고려할 때 매우 중요한 기술방식이다.

> 국경 없이 누구나 자유롭게 정보를 주고받을 수 있는 인터넷의 확산은 한편으로 청소년에게 유해한 환경을 조성하고 있다. 예를 들면 성인 인터넷 방송의 급속한 확산은 청소년들에게 해로운 매체가 될 수 있다는 것이며, 이는 선진 국가 에서도 공감하고 있는 사실이다.
> 그러므로 인터넷 등급제를 만들어 유해한 환경으로부터 청소년들을 보호하고, 이를 어긴 사업자는 엄격한 처벌로 다스리는 것이 제도화 되어야 한다.

4. 문제 및 발문 유형

핵심(중심)내용의 파악에 관한 문제는 크게 한 문단의 내용을 묻는 문제와 전체 내용을 묻는 문제로 구분된다. 한 문단의 중심내용을 파악하는 문항은 지문에 제시된 1개 문단 또는 여러 개의 문단 중에서 1개의 문단에 한정하여 핵심내용을 확인하는 문제이다. 전체 내용을 묻는 문항은 주제 문단의 시별을 요구하거나 전체 문단의 핵심내용에 관해 묻는 문제이다. 선택지 유형은 부분적이거나 부차적인 내용을 부각해 중심내용을 혼동시키거나, 중심 화제는 맞는 내용으로 하면서 세부내용을 틀리게 진술하는 경우, 지문 상 비유나 사례를 처음 또는 마지막 문단에 배치하고 이를 선택지로 제시함으로써 중심내용으로 왜곡시키는 유형이 있다는 것에 유의할 필요가 있다 발문의 유형은 다음 글의 중심 내용으로 '가장 적절한 것은 또는 '적절하지 않은 것은', '핵심 주장(내용)으로 적절한 것은 또는 적절하지 않은 것은', '논지(논제)로 적절한 것은 또는 적절하지 않은 것은' 등의 형태가 대표적이다.

5. 문제 해결 전략

핵심내용을 파악하기 위해서는 주제문을 식별하고 그 핵심어를 파악하면 된다. 핵심어는 주어와 반복되는 어휘에 유의하고 핵심 대상의 성격을 확인하는데 이런 요소들은 주로 글의 앞이나 뒤에 있다. 특히 요약 정리하는 접속어인 '그래서, 요컨대, 결론적으로' 등에 주목하면 핵심내용 파악에 효율적이다.

사실적인 사고 능력을 측정하는 '핵심 정보 파악'의 유형에서는 '주어나 반복되는 어휘'에 유의하고 '그러나, 그러므로' 등의 접속어 뒤 문장에 집중하며 '내용 파악'의 유형에서는 '주어, 부사어, 조사, 부정 서술어나 강조문'에 주안점을 두는 것이 좋은 방법이다.

II. 활동

1 제시된 지문을 읽고 핵심(중심)내용에 대한 식별 및 토의를 해보자.

【활동 1. 아래 글을 읽고 토의사항을 해결하시오】

구분	내용
지문	㉠ 우리는 판매 전략을 수립할 때 기발한 아이디어를 얻기 위해 '브레인스토밍(brainstorming) 이라는 토론 방식을 사용한다. ㉡ 나는 다른 사람들이 내 시를 '당(唐) 시와 같다.', '송(宋) 시와 같다.' 고들 말하게 될까 두렵다. 오직 '그의 시다.'라는 말을 듣고 싶다.
토의사항	가. ㉠과 ㉡이 공통적으로 의미하는 단어를 기술하시오 나. ㉡ 문장의 논리관계를 식별하시오

【활동 2. 다음 지문을 읽고 토의사항을 해결하시오】

구분	내용
지문	옛날에는 외국 오랑캐로서 중국에 자제를 보내어 입학시킨 자가 매우 많았다. 근세에도 유구(琉毬) 사람들은 중국의 태학(太學)에 들어가서 10년 동안 전문적으로 새로운 문물과 기예를 배웠으며, 일본은 강소성과 절강성을 왕래하면서 온갖 공장의 섬세하고 교묘한 기술을 배워 가기를 힘썼다. 이 때문에 유구와 일본은 바다의 한복판인 먼 지역에 위치해 있으면서도 그 기능이 중국과 대응하게 되었다. 그리하여 백성은 부유하고 군대는 강하여 이웃 나라가 감히 침범하지 못하게 되었으니, 나타나는 효과가 이처럼 뚜렷하다. 마침, 지금은 중국이 규칙이 탁 트여서 좁지 않은데, 이런 기회를 놓쳐 버리고 도모하지 않았다가 만일 하루아침에 소식과 같은 자가 나와서 '중화(中華)와 이적(夷狄)의 한계를 엄격히 하여 금지하는 명령을 내리도록' 건의한다면, 비록 예물을 가지고 폐백을 받들어 그 기술의 찌꺼기나마 배우려 하더라도 어찌 뜻을 이룰 수 있겠는가.
토의사항	가. 위 지문의 전개 방식은 식별하시오 나. 위 지문의 중심내용을 기술하시오

【활동 3. 다음 지문을 읽고 토의사항을 해결하시오】

구분	내용
지문	사회와 격리된 인간을 상상할 수 없듯이 언어와 격리된 인간도 상상하기 어렵다. 인간이 사회적인 그물망으로 엮어 있는 동물이고 그 사회적 그물망을 연결시켜 주는 역할을 하는 것이 언어이기 때문이다. 이는 사회를 떠난 인간이 존재할 수 없듯이 사회와 유리된 언어가 존재할 수 없다는 것으로 의미하는 동시에 사회가 달라지면 언어 사용 양상도 달라진다는 것을 의미한다.
토의사항	가. 위 지문의 전개 방식은 식별하시오 나. 위 지문의 중심내용을 기술하시오

【활동 4. 다음 지문을 읽고 토의사항을 해결하시오】

구분	내용
지문	우리나라의 세시 풍속은 우리 민족사회의 구조적 변화를 전제로 고찰되어야 한다. 세시 풍속에 대한 이러한 고찰은 우리나라의 문화 변용에 관한 사회학적 또는 문화인류학적인 측정에 크게 기여할 것으로 기대된다. 그리고 전통문화의 연구를 위해서는 민속학적 자료의 광범위한 수집과 면밀한 검토가 필요한데, 세시 풍속 연구는 여기에도 이바지하는 바가 클 것으로 생각된다.
토의사항	가. 위 지문의 전개 방식은 식별하시오 나. 위 지문의 중심내용을 기술하시오

【활동 5. 다음 지문을 읽고 토의사항을 해결하시오】

구분	내용
지문	사회학자나 심리학자들은 인류가 기계에 적응하게 되는 상황을 우려하고 있다. 컴퓨터 통신에 푹 빠져든 사람들은 이미 인간성 달라지고 있다. 사회성을 잃고 개인주의화되며, 얼굴이 드러나지 않는 특징 때문인지 언어 사용이 난폭해지기도 한다. 그래서 심한 경우에는 지킬 박사와 하이드 처럼 이중인격이 형성되기도 한다. 누구나 정도의 차이는 있지만 실제 생활에서의 '나'와 통신망 속에서의 '나'가 다르다는 것을 느낀다. 아마 여기에는 컴퓨터 통신으로 사용하는 ID가 실제 이름과 다르기 때문이기도 할 것이다. 통신망은 동명이인을 허용하지 않으므로 이건 어쩔 수 없는 노릇이다. 컴퓨터 통신망은 이제 지구상에 존재하는 하나의 사회가 되어 버렸다. 그 사회에는 이용자들이 가면을 쓴 채로 범죄자, 경찰, 사기꾼, 법관 등이 되어 존재한다. '사이버 스페이스'라고 불리는 이 사회가 실제 사회와 연결되어 버리는 순간 인류는 한 차례의 혼란을 겪을 것이다.
토의사항	가. 위 지문의 전개 방식은 식별하시오 나. 위 지문의 중심내용을 기술하시오

【활동 answer】

토의 1.
가. 독창성 또는 창의성
나. 비교('시'라는 공통점을 들어 설명)
토의 2.
가. 시간적(옛날, 근세, 현재)/나열
나. 부강한 나라를 위해 문물과 기예를 배우자
토의 3.
가. 사회-인간-언어의 관계
나. 인과적 관계, 비교
토의 4.
가. 세시 풍속 연구의 의의
나. 열거
토의 5.
가. 인과적 관계(결과-이유)
나. 유명무실한 재해 대책(농어업 재해 대책의 한계)

III. 평가

1 다음 내용과 가장 관계 깊은 속담은?

기부문화가 변하고 있다. 성탄절과 연말에만 등장하던 '기부'가 이제 자신의 재능을 담보로 연중 사회 곳곳에서 이루어진다.
여름이면 떠나던 '농활'도 육체노동 대신 자신의 전공에 맞춘 전문적 재능기부 활동으로 변모하고 있다. 지난주에는 장애인을 포함한 곰두리 봉사단이 농어촌 재능기부에 나섰고, 00대 한의대 대학생들도 전남 나주에서 의료봉사를 펼치기도 했다. 뿐만 아니라 농림식품부 소속 공무원들도 강원도 평창군을 찾아 '농어촌 집 고쳐주기'재능기부에 동참하는 등 각계각층의 재능기부 활동도 늘어나고 있다.

① 티끌 모아 태산이다.
② 공든 탑이 무너지랴
③ 백지장도 맞들면 낫다.
④ 쥐구멍에도 볕들 날이 있다.
⑤ 흘러가는 물도 떠 주면 공이다.

2 다음 글의 제목(화제)로 적절한 것을 고르시오.

> 우아함이 지나치면 고독을 면치 못하고 소박함이 지나치면 생활에 활기가 떨어진다. 활기란 흥이 있는 곳에서 나오는데, 흥이란 없는 것도 있는 척할 때 더 난다. 겸손이 지나치면 비굴함이 되고, 긍지가 지나치면 교만이 된다. 겸손이란 여유 있는 것이어야 하고, 긍지는 남이 매겨주는 가치라야 한다.
> 엄격한 예의는 방색(防塞) 같은 것이나 우정이 오가지 않고 소탈함이 지나치면 대면하는 사람의 심정을 예민하게 파악하지 못하여 폐가 되는 경우도 있다. 욕심이 많으면 만족하는 일이 없고, 욕심이 너무 없으면 이름이 적다. 만족의 덕을 익히지 않으면 계급이 아무리 높아도 불만이요, 그래서 권력자는 폭군이 되고 폭군은 이웃까지 지배하려 한다.

① 인생살이의 요령　② 지나침을 대하여　③ 편안한 생활을 위하여
④ 안빈낙도(安貧樂道)의 삶　⑤ 추구해야 하는 삶

3 다음 글의 제목(화제)로 적절한 것을 고르시오.

> 유명 제약사 전 아시아 태평양 총괄 사장은 "아시아 태평양 지역 내에서 전체 직원을 우리 사람처럼 서로 활용하자"고 주장했다. 모든 사람, 모든 시스템, 모든 성공을 공유하자는 것이다. 글로벌 기준으로 보면 많이 처지는 후발국가나 못사는 나라일지라도 반드시 배울 지식이 있다는 그의 평소 지론에서 나온 말이었다.

① 선진국과 후진국의 지식 갈등　② 글로벌 경영
③ 애국심을 통한 민족주의　④ 경계를 없앤 지식경영
⑤ 정보공유의 중요성

4 다음 글의 주제로 적절한 것을 고르시오.

동영상 압축 기술인 MPEG는 일반적으로 허프만 코딩 방식을 사용한다. 허프만 코딩은 데이터 발생빈도수에 따라 서로 다른 길이의 부호를 부여하여 데이터를 비트로 압축하는 방식이다. 예를 들어 데이터 abccdddddd를 허프만 코딩 방식으로 압축해 보면, 먼저 데이터 abccdddddd를 발생빈도와 발생확률에 따라 정리한다. 그리고 발생확률이 0.1로 가장 낮은 문자 a와 b를 합하여 0.2로 만들고, 이것을 S1으로 표시한다. 이 S1을 다음으로 발생확률이 낮은 C의 0.2와 합한다. 그리고 이를 S2라고 표시한다. 다시 S2의 발생확률 0.4을 d의 발생확률 0.6과 더하고 그것을 S3라고 표시한다. 이런 방식으로 만들면 발생확률의 합은 1이 된다. 이와 같은 과정을 이어가며 나타낸 것을 허프만 트리라고 한다. 허프만 트리는 맨 위 S3를 기준으로 왼쪽으로 뻗어나가는 줄기는 0으로 표시하고, 오른쪽으로 뻗어나가는 줄기는 1로 표시한다. 이렇게 원래의 데이터를 0과 1의 숫자로 코드화한다. 그러면 a는 000, b는 001, c는 01, d는 1이 된다. 이렇게 발생빈도에 따라 데이터의 부호 길이는 달리 표시된다. 이런 과정을 거치면 코딩 이전의 원래 데이터 abccdddddd는 0000010101111111로 표현된다.

① MPEG의 종류　② 허프만 코딩 방식의 정의
③ 허프만 코딩 방식의 과정　④ 데이터 트리의 표현 양상
⑤ 데이터의 표현 방법

5 다음 글에서 다루고 있는 내용과 일치하지 않는 것은?

근대화는 전통사회의 생활양식에 거의 혁명적인 변화를 가져온다. 특히, 급속한 근대화로 인해 전통사회의 해체과정이 급격해진 만큼 문화도 급격한 변화를 일으킨다. 급격한 생활양식의 변화는 전통사회문화의 해체과정이라고 보아도 무방할 정도이다. 그와 같은 과정에서 전통사회의 문화는 대체로 모든 후진과 낙후의 책임을 둘러쓰게 되고, 봉건의 잔재(殘滓)나 누습(陋習)으로 규탄되는 등 일단은 급속한 해체과정을 밟게 되는 것이 일반적이다.

① 근대화가 전통사회에 미치는 영향
② 근대화에 따른 사회변동
③ 근대화의 성격과 전통사회와의 관계
④ 근대화가 전통사회의 문화에 미치는 영향
⑤ 근대화가 전통사회를 갈등 속으로 몰아갔다

6 다음 글의 주제로 적절한 것을 고르시오?

인간은 본래 사회적 존재인 까닭에 개인적 욕구는 사회의 공동생활을 통하여 이루어지는 것이 보통이다. 다시 말하면 한 개인의 욕구가 만족스럽게 충족되느냐 안 되느냐 하는 문제도 그 한사람의 행동 여하에만 달려 있는 것이 아니라 그와 사회적 관계를 맺고 있는 다른 사람들의 행동에 크게 영향을 받는다. 따라서 사람들은 항상 남의 행동에 대해서도 서로 깊은 관심을 갖게 되며 이 깊은 관심은 곧 평가와 간섭으로 발전한다.
일반적으로 말해서 한 사회의 공동 목표의 달성 및 그 사회의 여러 구성원들의 욕구 충족을 위해서 적합하다고 판단되는 행위에 대해서는 찬양의 반응을 보이고 그 반대되는 행위에 대해서는 비난의 반응을 보이게 되는데, 이러한 찬양과 비난의 반응이 어떤 고정관념을 만들어 내기에 이르렀을 때 관습이 성립하게 된다.

① 개인적 욕구와 사회적 요구의 차이 ② 관습의 필요성
③ 관습의 형성 과정 ④ 관습, 법 도덕의 상호 관련성
⑤ 관습의 성립과 공동생활

7 다음 글의 중심 화제로 적절한 것을 고르시오?

이상으로서의 사회주의적 사상, 즉 복지사상은 자본주의 체제보다 훨씬 전에 있었다. 동양에서는 2,500년 전에 이미 이 사상이 극명하게 겉으로 드러내어 밝혀진 바 있었다. 예기(禮記) 예운(禮運)편에는 '큰 도(道)가 행하여지면 천하는 공공(公共)을 위주로 한다(大道之行也, 天下爲公).'고 하고, 그런 때가 오면 '홀아비, 홀어미, 부모 없는 어린이, 자식 없는 늙은이, 병들고 일 못하는 사람들을 사회가 길러준다.'고 되어 있다. 이런 이상 사회를 대동 사회(大同社會)라 했다.
손문은 그의 민생주의(民生主義) 곧 대동주의이며, 그것이 곧 사회주의라고 규정했다. 곧, 그는 소련 공산주의는 옳지 않는 사상이라고 못 박았지만 그의 경제 사상의 이념을 이상으로서의 사회주의에 두었던 것이다.

① 사회주의 ② 대동주의 ③ 민생주의
④ 복지사상 ⑤ 이상으로서의 사회주의

8 다음 글의 중심 내용으로 가장 적절한 것을 고르시오?

화이트는 19세기의 역사 관련 저작들에서 역사가 어떤 방식으로 서술되어 있는지 연구했다. 그는 특히 '이야기식 서술'에 주목했는데, 이것은 역사적 사건의 경과 과정이 의미를 지닐 수 있도록 서술하는 양식이다. 그는 역사적 서술의 타당성이 문학적 장르 내지는 예술적인 문제에 의해 결정된다고 보았다. 이러한 주장에 따르면 역사적 서술의 타당성은 결코 논증에 의해 결정되지 않는다. 왜냐하면 논증은 지나간 사태에 대한 모사로서의 역사적 진술의 '옳고 그름'을 사태 자체에 놓여 있는 기준에 의거해서 따지기 때문이다.
이야기식 서술을 통해 사건들은 서로 관련되면서 무정형적 역사의 흐름으로부터 벗어난다. 이를 통해 역사의 흐름은 발단, 중간, 결말로 인위적으로 구분되어 인식 가능한 전개 과정의 형태로 제시된다. 문학 이론적으로 이야기하자면, 사건 경과에 부여되는 질서는 구성(plot)이며 이야기식 서술을 만드는 방식은 '구성화'(emplotment) 이다. 이러한 방식을 통해 사건은 원래 가지고 있지 않던 발단, 중간, 결말이라는 성격을 부여 받는다. 또 사건들은 일종의 전형에 따라 정돈 되는데, 이러한 전형은 역사가의 문화적인 환경에 의해 미리 규정되어 있거나 경우에 따라서는 로맨스, 희극, 비극, 풍자극과 같은 문학적 양식에 기초하고 있다.
따라서 이야기식 서술은 역사적 사건의 경과 과정에 특정한 문학적 형식을 부여할 뿐만 아니라 의미도 함께 부여한다. 우리는 이야기식 서술을 통해서야 비로소 이러한 역사적 사건의 경과 과정을 인식할 수 있게 된다는 말이다. 사건들 사이에서 만들어지는 관계는 사건들 자체에 내재하는 것이 아니다. 그것은 사건에 대해 사고하는 역사가의 머릿속에만 존재한다.

① 이야기식 역사서술의 의미는 온고이지신(溫故而知新)이다.
② 역사는 이야기식 서술방식에 의해 기술되어야 '옳고 그름'의 논증이 가능하다.
③ 이야기식 역사 서술은 사건들 자체의 인과적 내용을 실증하는 작업이다.
④ 이야기식 역사 서술은 문학적 예술적 방식을 기반으로 역사적 사건의 경과 과정에 의미를 부여한다.
⑤ 역사의 의미는 절대적인 것이 아니라 현재 시점에서 새롭게 재조명되고 규정되는 것이다.

9 다음 글의 주제로 알맞은 것을 고르시오?

'새'는 하나의 범주이다. [+동물][+날 것]과 같이 성분 분석을 한다면 우리 머릿속에 떠오른 '새'의 의미를 충분히 설명했다고 보기 어렵다. 성분 분석 이론의 의미자질 분석은 단순할 뿐이다. 이것이 실망스런 이유는 성분 분석 이론의 '새'에 대한 의미 기술이 고작해야 다른 범주, 즉 조류가 아닌 다른 동물 범주와 구별해 주는 정보밖에 되지 못했기 때문이다.
아리스토텔레스 이래로 하나의 범주는 경계가 뚜렷한 실재물이며, 구성원은 서로 동등한 자격을 가지고 있다고 믿어 왔다. 그리고 범주를 구성하는 단위는 자질들의 집합으로 설명될 수 있다고 생각해왔다. 앞에서 보여 준 성분 분석 이론 역시 그런 고전적인 범주 인식에 바탕을 두고 있다. 어휘의 의미는 의미 성분, 곧 의미자질들의 총화로 기술될 수 있다고 믿는 것, 그것은 하나의 범주가 필요·충분조건으로 이루어져 있다는 가정에서만이 가능한 것이었다. 그러나 '새'의 범주를 떠올려 보면, 범주의 구성원들끼리 결코 동등한 자격을 가지고 있지 않다. 가장 원형적인 구성원이 있는가 하면, 덜 원형적인 것, 주변적인 것도 있는 것이다. 이렇게 고전 범주화 이론과 차별되는 범주에 대한 새로운 인식은 인지 언어학에서 하나의 혁명으로 간주되었다.

① 고전 범주화 이론의 한계
② '새'가 갖는 성분 분석의 이론적 의미
③ '새'의 성분 분석 결과
④ 성분 분석 이론의 바탕
⑤ '새'의 범주의 필요·충분조건

10 다음 글의 제목으로 가장 적절한 것은?

만공탑에서 다시 돌계단을 오르면 정혜사 능인선원이 나온다. 정혜사 앞뜰에 서서 담장을 앞에 하고 올라온 길을 내려다보면 홍성 일대의 평원이 일망무제로 펼쳐진다. 산마루와 가까워 바람이 항시 세차게 불어오는데, 살면서 쌓인 피곤과 근심이 모두 씻겨지는 후련한 기분을 느낄 수 있을 것이다. 자신도 모르게 물 한 모금을 마시며 이 호탕하고 맑은 기분을 오래 간직하고 싶어질 것이다. 정혜사 약수는 바위틈에서 비집고 올라오는 샘물이 공을 반으로 자른 모양의 석조에 넘쳐흐르는데 이 약수를 덮고 있는 보호각에는 '불유각(佛乳閣)' 이라는 현판이 걸려 있다. '부처님의 젖'이라! 글씨는 분명 스님의 솜씨다. 말을 만들어낸 솜씨도 예사롭지 않다. 누가 저런 멋을 가졌던가, 누구에게 묻지 않아도 알 것 같았고 설혹 틀린다 해도 상관할 것이 아니었다. (훗날 다시 가서 확인해보았더니 예상대로 만공의 글씨였다.) 나는 그것을 사진으로 찍어 그만한 크기로 인화해서 보며 즐겼다. 그런데 우리 집엔 그것을 걸 자리가 마땅치 않았다. 임시방편이지만 나는 목욕탕 문 쪽에 압정으로 눌러 놓았다.

- 유홍준, 『나의 문화유산답사기1』 중에서

① 돌계단을 오르면서
② 정혜사 능인선원
③ 정혜사의 불유각
④ 약수 보호각
⑤ 일망무제 평원

☞ 정답 및 해설 p. 345.참조

제14장 독해력Ⅲ(개념과 관점의 이해 및 적용)

개념과 관점의 이해는 글을 읽고 필자가 전달하고자 하는 내용을 수동적으로 받아들이는 활동을 의미하며, 개념과 관점의 적용은 글 읽기의 최종적인 과정이라고 할 수 있다. 따라서 '개념과 관점의 이해와 적용'은 독해력 부분에서 가장 중요하고 창의적인 활동이라 할 수 있다. 본 장에서는 필요지식, 활동, 평가 등을 통해'개념과 관점의 이해와 적용'에 대해 학습해 보도록 하자.

Ⅰ. 필요지식

1. 개념

개념(概念)이란 특정한 사물, 사건, 상징적인 대상들에 대한 공통된 속성을 종합한 보편적인 관념을 말하며, 이는 사람들의 생각, 언어와 사고의 기본단위이다. 예컨대 '개'라는 언어로 지칭되는 대상은 품종, 색깔, 용도 등에 따라 매우 다양하다. 그럼에도 불구하고 우리가 의사소통 과정에서 말하는 사람이 생각하는 '개'와 듣는 사람의 '개'는 암묵적으로 동일한 '개'로 가정하고 대화를 이어갈 수 있는 것이다. 이렇게 일반화되고 추상화된 '생각'을 개념이라 한다.

개념

특정한 사물, 사건, 상징적인 대상들에 대한 공통된 속성을 종합한 보편적인 관념

(개=암묵적으로 동일한 개, 인간 생각 · 언어 · 사고 기본단위)

이를 정리해 보면 독해에 있어서 개념의 범주는 특정 어휘, 구절, 문장 등에서 나타나는 사전적 의미, 문맥적 의미, 함축적 의미 등을 망라하고 있다. 따라서 개념의 이해는 어휘, 구절, 문장, 문단 등에 나타난 사전적 의미, 문맥적 의미, 함축적 의미[59]를 찾아내는 일이라 할 수 있다.

59) 사전적 의미는 일상적으로 우리가 쓰고 있는 의미를 말한다. 문맥적 의미는 그 글 속에서 어휘나 구절이 나타내고 있는 의미를 말하며, 함축적 의미는 주로 문학작품에서 어휘, 구절, 문장 등이 다양한 의미를 내포할 수 있는데 그 글에서 내포하고 있는 의미를 말한다. 하지만 문맥적 의미와 함축적 의미는 굳이 구별할 필요가 없다.

2. 관점

관점(觀點)이란 일반적으로 사물이나 현상을 관찰할 때, 그 사람이 보고 생각하는 태도나 방향 또는 처지를 의미한다. 독해력에서는 글쓴이가 대상(중심 화제)을 어떻게 바라보는지에 대한 태도나 시각을 말한다. 예컨대, 물이 1/2 정도 들어있는 컵의 동일한 상황에 대해 바라보는 관점은 '물이 반밖에 안 남았네.', '물이 반이나 남았네.'와 같이 다르게 나타날 수 있다. 관점이라는 단어를 활용한 예문으로 '인간에 대한 개념 규정은 관점에 따라 다양하다.', '작가는 그 대상을 어떤 관점으로 보았는가?' 등을 생각해 보면 이해가 용이해진다.

관점

일반적으로 사물, 현상을 관찰할 때 그 사람이 보고 생각하는 태도나 방향 또는 시각

(물이 반이나 남았네, 물이 반 밖에 안 남았네)

관점은 사람마다 경험, 인식 수준, 가치관이 다르므로 매우 다양하다. 개인에 따라 어떤 사물, 대상, 현상을 볼 때 부정적 또는 긍정적으로 바라보거나, 철학적 또는 윤리적으로 분석, 아니면 과학적 또는 비과학적으로 접근할 수 있다. 따라서 독해 과정에서 필자의 관점을 이해하는 것이 매우 중요하다. 필자의 관점을 이해하게 되면 글의 흐름이나 내용의 파악이 쉬워진다.

3. 개념과 관점의 적용

적용이란 하나의 개념이나 관점을 다른 상황이나 구체적 상황에 알맞게 맞추어 쓰거나 활용하는 것을 의미한다. 따라서 적용이라는 활동은 독해의 최종적인 과정이라 할 수 있다. 이와 같은 적용 활동은 지문에서 요구하는 문제의 유형에 있어서 '개념의 적용'과 '관점의 적용'으로 구분된다.

개념과 관점의 적용은 다른 상황에 적용될 때와 구체적인 상황에 적용되는 때에 따라 다르다. 다른 상황에 적용될 경우에는 지문상의 개념이나 관점의 의미가 선택지의 내용에 유추적(유사한 의미, 성질 또는 관계)으로 사용이 가능하다. 그러나 구체적 상황에 적용이 될 경우에는 지문에 나타난 개념과 관점이 선택지의 내용에 그대로 적용되어야 한다.

4. 문제 및 발문 유형

개념의 이해와 적용에 관한 문제 유형은 지문의 밑줄 친 개념에 대한 설명으로 제시된 선택지에서 '적절한 것은 또는 부적절한 것', '밑줄 친 부분의 문맥적 의미로 적절한 것 또는 부적절한 것', '다음 글의 특정 부분의 의미로 가장 적절한 것은?' 등의 형태가 대표적이며 세부 유형은 아래와 같다

• 다음 글의 ㉠의 의미로 가장 적절한 것을 고르시오 • 다음 글의 밑줄 친 부분에 부합하는 의미로 적절한 것을 고르시오	• 다음 글의 ㉠의 의미로 부적절한 것을 고르시오 • 다음 글의 밑줄 친 부분에 부합하는 의미로 부적절한 것을 고르시오?
• 다음 글에 제시된 개념과 부합하는 것을 고르시오	• 다음 글에 제시된 개념과 부합되지 않는 것을 고르시오
• 다음 글에서 나타난 글쓴이의 인과적 설명의 개념에 해당되는 것을 고르시오	• 다음 글에서 나타난 글쓴이의 인과적 설명의 개념에 해당하지 않는 것을 고르시오

5. 문제 해결 전략

개념의 이해와 적용에 관한 선택지의 유형은 '개념의 왜곡', '적용의 왜곡', '관련성 제한' 등의 3가지 형태로 구분할 수 있으며, 그 세부내용은 아래와 같다.

유형	세부 내용
개념의 왜곡	지문에 기술된 개념의 의미를 왜곡하여 진술된 경우이다. 따라서 지문에 제시된 개념의 의미를 정확하게 파악해야 한다.
적용의 왜곡	개념 의미의 적용이 부적절하거나 올바르지 못한 경우이다.
관련성 제한	지문과 관련이 없는 개념의 의미로 진술된 경우이다.

관점의 이해와 적용에 관한 문제의 유형은 지문 일부에 대한 관점을 묻거나, 지문 전체에 대한 관점을 묻는 형태가 대부분이다. 지문 일부에 대한 관점을 묻는 유형은 비교적 관점의 파악이 쉽다. 그러나 전체적인 관점을 묻는 경우에는 우선 필자가 대상(논제)을 어떻게 서술하고 있는지를 빨리 파악하는 것이 중요하다. 즉, 지문에서 이야기하고자 하는 대상에 대해 부정적인지, 긍정적인지, 비판적인지, 의문을 제기하고 있는지 등에 관해 빨리 캐치해야 한다. 그래야 필자가 중심 화제에 대해 어떤 시각에서 바라보고 있는지를 이해할 수 있다. 문제의 세부 유형은 "다음 글을 보고 글쓴이의 관점과 거리가 먼 것을 고르시오.", "다음 글을 읽고 〈보기〉에서 잘못된 진술을 고르시오,", "다음 글들의 평가 내용으로 적절하지 않은 것을 고르시

오.”, “다음 글에 나타난 글쓴이의 견해와 가장 거리가 먼 것을 선택하시오.” 등이 대표적이다.

관점의 이해와 적용에 관한 선택지의 유형은 ‘관점의 왜곡’, ‘배경지식 및 상식의 함정’ 등 2가지 형태이며, 세부내용은 다음과 같다.

유형	세부 내용
관점의 왜곡	지문상에 나타낸 관점을 왜곡하여 진술된 경우이다.
배경 지식 및 상식의 함정	지문에 나타나 있지 않은 배경지식이나 상식적인 관점의 선택지를 제시한 경우이다. 따라서 지문에 제시된 정보를 중심으로 접근해야 한다.

Ⅱ. 활동

다음에 제시된 개념과 관점의 토의사항을 해결하고 그 내용을 토의해 보자.

【활동 1. 다음 지문을 읽고 토의사항을 해결하시오】

구분	내용
지문	민란(民亂) 이란 용어는 관아의 입장에서 민중들이 난동을 일으켰다는 뜻으로 쓰인 것이다. 그런데 특이한 것은, 당시의 정부 기록에는 민란이 일어났다고 하는 용례가 거의 보이지 않고 작변(作變), 사변(事變), 민요(民擾) 등으로 기록하고 있다. 물론, 그 의미도 관아의 입장에서 백성들이 변을 일으켰다는 것이라 할 때 큰 차이는 없다. 그러나 농민의 입장에서 보면 그들의 움직임은 생존을 위한 불가피한 활동이었다고 할 때, 부정적으로만 인식하고자 함에도 문제가 있다. 근래의 역사 이해가 기층 사회의 주체적 움직임을 토대로 내재적 발전을 추구하는 방향이라고 한다면, 용어의 사용은 주의를 요한다.
토의사항	가. 지문분석 결과 주제문과 키워드를 식별하고 중심 내용을 기술하시오 나. 위 지문에서 언급한 민란의 개념에 비추어 볼 때 아래 제시된 진술 “1”, “2”의 적절성 유무를 식별하고 그 이유를 제시하시오 - 진술 “1”, 동일한 사건을 ‘동학란’이라고 인식하기도 하고, ‘동학농민전쟁’이라고 인식하기도 할 때, 인식주체의 가치판단이 선행한다. - 진술 “2”, 기층사회는 지배층과 대립하는 과정에서 그 구성원의 주체적 활동을 적절하게 결집하여 전체 사회의 내적 발전을 도모한다.

【활동 2. 다음 지문을 읽고 토의사항을 해결하시오】

구분	내용
지문	일반적으로 경제주체들의 시장 활동은 불확실성의 상태에서 이루어지고 있다. 이때의 불확실한 상태 가운데 어떤 상태가 실현될 것인가를 인지하여 의사 결정에 따른 위험을 줄이는 데 절대적으로 필요한 것은 정보 신호이다. 이와 관련하여 개별 경제주체가 확보하게 되는 정보의 양과 질은 서로 다르기 마련이며, 그 정보는 한 정보 신호가 주어지면 어떠한 상태가 실현될지 확실하게 알 수 있는 완전정보일 수도 있지만 몇 개의 상태 가운데 어떤 상태가 실현될지를 알 수 없는 불완전 정보일 가능성이 더 크다.
토의 사항	가. 지문분석 결과 주제문과 키워드를 식별하고 중심 내용을 기술하시오 나. 위 지문에서 언급한 "완전정보'의 개념에 비추어 볼 때 아래 제시된 진술 "1", "2"의 적절성 유무를 식별하고 그 이유를 제시하시오 - 진술 "1", 정보의 객체에 대하여 존재하는 모든 정보를 포괄할 수 있는 정보이다. - 진술 "2", 해당 경제 범위 내에서 경제활동을 하는 경제주체들이 만들어내는 이상적인 정보이다.

【활동 3. 다음 지문을 읽고 토의사항을 해결하시오】

구분	내용
지문	**왕도정치**(王道政治)란 임금이 솔선수범하여 윤리 도덕을 지킴으로써 정치를 공명정대하게 이끌어 가는 것을 의미하는 것으로 맹자에 의해 제시되었다. 왕도정치론에서는 왕권의 지나친 비대화를 특히 경계하였다. 성리학을 정치 철학으로 내세운 조선의 사대부들은 왕도정치의 구현이라는 하나의 목표를 지향하고 있었다. 그것은 왕도정치를 이해하고 있던 세종에 의해 어느 정도 수용되었다. 그리하여 의정부의 기능이 다시 강화되고, 여론이 국정에 제대로 반영되었으며, 사헌부, 사간원, 등에 의해 왕권이 견제되기도 하였다. 왕도정치에서는 민심을 이반하거나 천리(天理), 천도(天道)에 어긋나는 정치를 펴는 국왕은 혁명에 의해 추방되는 것이 정치 논리로 정당화되고 있었다. 의정부의 재상권이 강화되고 실제로도 문종, 단종과 같이 국왕이 병약하거나 나이가 어려 15세기 중엽에는 한때 국왕권은 유명무실해지기도 하였다. 이에 왕실측에서는 신하의 권력을 억제하고 왕권을 강화하기 위한 움직임을 전개하였는데, 그것은 세조의 집권으로 구체화되었다. 그는 자신의 집권을 반대하는 세력을 강압적으로 처단하고 모든 권한을 국왕에 집중시켰다. 이는 전제 왕권의 형성으로, 왕도정치와는 대립되는 패도(覇道)정치의 한 모습이었다. 왕도정치가 다시금 강조되고 추구된 것은 16세기 후반 사림이 정계를 주도하면서부터였다. 특히 조광조는 왕도정치를 강조하였다. 조선 후기에도 사람들은 누누이 왕도정치를 표방하였으나, 현실적으로 그것이 제대로 시행되지는 못하였다.
토의 사항	가. 지문분석 결과 키워드를 식별하고 중심 내용을 기술하시오 나. 위 지문의 "왕도정치"의 개념에 비추어 볼 때 아래 제시된 진술 "1", "2"의 적절성 유무를 식별하고 그 이유를 제시하시오 - 진술 "1", 왕도정치는 역성혁명의 가능성을 배제하지 않는다. - 진술 "2" 시대에 따라 왕도정치에 대한 정의가 달라 왕도정치에 대한 태도가 달랐다.

【활동 4. 다음 지문을 읽고 토의사항을 해결하시오】

구분	내용
지문	기업은 상품의 사회적 마모를 촉진시키는 주체이다. 생산과 소비가 지속되어야 이윤을 남길 수 있기 때문에, 하나의 상품을 생산해서 그 상품의 물리적 마모가 끝날 때까지를 기다렸다가는 그 기업은 망하기 십상이다. 이러한 상황에서 늘 수요에 비해서 과잉 생산을 하는 기업이 살아남을 수 있는 길은 상품의 사회적 마모를 짧게 해서 사람들로 하여금 계속 소비하게 만드는 것이다. 그래서 기업들은 더 많은 이익을 내기 위해서는 상품의 성능을 향상하기 보다는 디자인을 변화시키는 것이 더 바람직하다고 생각한다. 산업이 발달하여 **<u>상품의 성능이나 기능, 내구성이 이전보다 더욱 향상되었는데도 불구하고 상품의 생명이 이전보다 더 짧아지는 것</u>**은 어떻게 생각하면 자본주의 상품이 지닌 모순이라고 할 수 있다.
토의 사항	가. 지문분석 결과 키워드를 식별하고 중심 내용을 기술하시오 나. 위 지문의 밑줄 친 부분을 관점에 비추어 볼 때 아래 제시된 진술 "1", "2"의 적절성 유무를 식별하고 그 이유를 제시하시오 - 진술 "1", 같은 가격이라면 남들이 많이 가지고 있는 것을 산다. - 진술 "2", 휴대전화를 가지고 있으면서도 새로운 모델의 휴대전화를 사기 위해 돈을 모은다.

【활동 5. 다음 지문을 읽고 토의사항을 해결하시오】

구분	내용
지문	(가) 언어와 사고의 관계를 연구한 사피어(E. Sapir)에 의하면, 흔히 생각하듯이 우리는 객관적인 세계에 살고 있는 것이 아니다. 우리는 언어를 매개로 하여 살고 있으며, 언어가 노출시키고 분절(分節)시켜 놓은 세계를 보고 듣고 경험한다. 워프(B. Whorf) 역시 사피어와 같은 관점에서 언어는 우리의 행동과 사고의 양식을 결정하고 주조(鑄造) 한다고 말한다. 사피어와 워프의 말에 비추어 우리말의 경우를 생각해 보자. 우리말에서는 초록, 청색, 남색을 '푸르다'고 한다. '푸른 숲', '푸른 바다', '푸른 하늘' 등의 표현이 그러한 경우로, 우리는 이 다른 색들에 대한 한 가지 말을 쓰고 있다. 사피어와 워프에 따른다면 이러한 현상 때문에 우리는 숲, 바다, 하늘을 한 가지 색깔로 생각하게 된다. 언어가 사고를 결정하는 것이다. (나) 어떤 색깔에 해당되는 어휘가 없다고 해서 그 색깔을 인식할 수 없는 것은 아니다. 해당 어휘가 있으면 인식하기가 쉽고 또 오래 기억할 수 있겠지만 어휘가 없다고 해서 인식이 불가능한 것은 아니다. 그 밖에도, 우리가 분명히 어떤 생각을 갖고 있으되 그 생각을 표현할 적당한 말을 갖고 있지 못할 뿐이거나 말을 잊어서 표현에 곤란을 느낄 뿐인 경우가 얼마든지 있다. 문법의 경우를 보아도 그렇다. 예를 들어 프랑스어의 명사나 형용사에는 남성을 나타내는지 여성을 나타내는지를 변별해서 사용하도록 해주는 문법적 장치가 있다. 이에 비해 우리말은 그러한 장치를 갖고 있지 않은데 그렇다고 해서 우리말을 쓰는 사람들이 성을 구별하지 못한다고 할 수는 없다. 이러한 경우들을 볼 때, 인간의 사고가 언어에 의해 많은 제약을 받고 있는 것을 사실이지만 그 점이 얼마나 중요한지는 확실히 알 수 없다.

구분	내용
토의 사항	가. 지문분석 결과 키워드를 식별하고 중심 내용을 기술하시오 나. (가)의 논지에 대한 (나)의 태도로 비추어 볼 때 아래 제시된 진술 "1"과 "2"의 적절성 유무를 식별하고 그 이유를 제시하시오 - 진술 "1", 언어와 사고는 서로 영향을 주고받는다는 점을 주장한다. - 진술 "2", 언어가 사고에 영향을 준다는 점을 부분적으로만 인정한다.

【활동 answer】

토의 1.

가. 키워드 → 민란, 관아입장, 난동, 농민입장, 생존, 역사 이해, 중심내용 → 민란의 관점(난동이라는 관아의 입장 부적절)

나. 진술 "1", 적절, 정부와 농민의 입장에 따라 달라짐. 진술 "2", 부적절, 기층 사회의 인식을 설명하고 있는 반면 기층 사회의 특성은 지문에 언급이 없다.

토의 2.

가. 키워드 → 시장 활동, 불확실성, 정보 신호, 완전 정보, 불안전 정보. 중심내용 → 경제주체의 시장활동과 정보의 신뢰성

나. 진술 "1", 부적절, 어떤 상태가 실현되도록 하는 정보이지 모든 정보를 포괄하는 것은 아님. 진술 "2" 부적절, 경제주체가 확보하는 정보이지 경제주체가 만들어낸 것이 아님

토의 3.

가. 키워드 → 왕도정치, 공명정대, 경계, 유명무실, 패도정치, 중심내용 → 왕도정치의 이상과 현실

나. 진술 "1", 적절, 진술 "2" 부적절, 왕도정치에 대한 태도가 달랐지, 정의가 달랐던 것은 아님.

토의 4.

가. 키워드 → 기업, 상품의 사회적 마모, 이윤, 수요, 과잉생산, 소비, 디자인 변화, 모순. 중심내용 → 기업의 이윤과 사회적 마모 촉진

나. 진술 "1", 부적절, 가격문제 아님. 진술 "2", 적절, 더 사용이 가능함에도 상품을 구매하는 행위(사회적 마모)

토의 5.

가. 키워드 → 언어, 사고, 결정, 제약. 중심 내용 → 언어와 사고의 관계

나. 진술 "1", 부적절, 영향을 주지만 그것이 얼마나 중요한지는 알 수 없다. 진술 "2", 적절

Ⅲ. 평가

1 다음 글의 서술상의 특징으로 적절한 것은?

법조문도 언어로 이루어진 것이기에, 원칙적으로 문구가 지닌 보편적인 의미에 맞춰 해석된다. 일상의 사례로 생각해 보자. "실내에 구두를 신고 들어가지 마시오."라는 팻말이 있는 집에서는 손님들이 당연히 글자 그대로 구두를 신고 실내에 들어가지 않는다. 그런데 팻말에 명시되지 않은 '실외'에서 구두를 신고 돌아다니는 것은 어떨까? 이에 대해서는 금지의 문구로 제한하지 않았기 때문에, 금지의 효력을 부여하지 않겠다는 의미로 당연하게 받아들인다. 이처럼 문구에서 명시하지 않은 상황에 대해서는 그 효력을 부여하지 않는다고 해석하는 방식을 '반대해석'이라 한다.
그런데 팻말에는 운동화나 슬리퍼에 대해서는 쓰여 있지 않다. 하지만 누군가 운동화를 신고 마루로 올라가려 하면, 집주인은 팻말을 가리키며 말릴 것이다. 이 경우에 '구두'라는 낱말은 본래 가진 뜻을 넘어 일반적인 신발이라는 의미로 확대된다. 이런 식으로 어떤 표현을 본래의 의미보다 넓혀 이해하는 것을 '확장 해석'이라 한다.

① 현실의 문제점을 분석하고 그 해결책을 제시하고 있다.
② 비유의 방식을 통해 상대방의 논리를 반박하고 있다.
③ 일상의 소재를 통해 개념을 비교하여 설명하고 있다.
④ 기존 견해를 비판하고 새로운 견해를 제시하고 있다.
⑤ 하나의 현상에 대한 관점을 대조하며 제시하고 있다.

2 다음 글 중 밑줄 친 내용에 나타난 필자의 관점으로 가장 적절한 것은?

한국의 바람직한 미래상의 그림을 시도함에 있어서, 우리가 완전히 백지 상태를 출발점으로 삼기는 어려울 것이다. <u>역사라는 것은 과거로부터의 연속일 수밖에 없는 까닭에, 지금까지 걸어온 길을 완전히 무시하고 새로 출발한다는 것은 가능하지도 않고 바람직하지도 않다</u>. 오랜 역사를 가진 한국의 전통 속에 살려야 할 유산이 적지 않다는 사실을 감안할 때, 우리의 미래상이 과거와 현재를 존중해야 할 이유는 더욱 뚜렷하다.

① 인간은 역사의 관찰자이기 이전에 역사적 존재이다.
② 역사는 과거와 현재와의 끊임없는 대화이다.
③ 역사는 덧붙여지는 것이 아니라 다시 쓰여 지는 것이다.
④ 역사를 논할 때 가정(假定)을 고려하는 것은 경계해야 한다.
⑤ 역사는 보는 이의 관점에 따라 다르므로, 정확한 역사인식의 자세가 중요하다.

3 다음 글의 밑줄 친 내용의 관점으로 가장 적절한 것은?

> 텔레비전 방송 시간의 상당 부분을 차지하는 문화·연예물이라는 것이 부유층 중심의 소비문화적인 측면이 매우 강하다. 어떤 나라에서는 모든 면에서 도시와 농촌의 격차를 해소하려는 노력이 사회의 작동원리로 내세워지고 있는데 반해 우리의 경우는 각종 매체를 통해 그것을 오히려 넓히고 깊게 하려는 결과를 초래하고 있다고 평가할 수 있다. 모두가 누릴 수 없는 소수의 문화 형식을 마치 그 사회의 발전이자 사회 전체를 대표하는 듯 나타내려는 의도에는 반감이 앞선다. 한마디로 우리의 텔레비전 문화는 전체 사회를 식민지화한 **소수의 식민 수혜자 문화**를 대변하는 것 같아서, 그것을 보면서 기뻐지기 보다는 슬퍼지는 마음이 든다.

① 지구의 나머지 사회를 문화적 식민지로 만든 서구 사회의 문화
② 일정 지역 주민들이 배타적으로 누리는 문화
③ 특정 계층만이 주도적으로 누리는 특수한 문화
④ 시청자들에게 큰 영향을 미치는 스타들이 누리는 문화
⑤ 도시 중심으로 향유되는 배타적인 도시중심의 문화

4 다음 두 글에서 '이것'에 대한 개념으로 가장 적절한 것은?

> (가) 00대학교 심리 연구팀은 본교 여대생을 대상으로 식품 산업 전반에 대한 의견 조사를 실시했다. 'TV에 등장하는 음식 광고가 10년 전에 비해 줄었는지 아니면 늘었는지'를 중심으로 한 조사였다. 조사가 끝난 후 설문에 참가한 여대생들에게 다이어트 여부에 대한 추가 질문을 했다. 식사량에 신경을 쓰고 있는지, 지방이 많은 음식을 피하려고 노력하고 있는지 등에 대한 질문들이었다. 그 결과 다이어트에 신경을 쓰고 있는 여대생들은 그렇지 않은 여대생보다 TV의 식품 광고가 더 늘었다고 인식하는 것으로 나타났다. 이들은 서로 다른 TV 프로그램을 봤기 때문일까? 물론 그렇지 않다. 그 이유는 다이어트를 하는 여대생들은 음식에 대한 **'이것'**으로 TV프로그램을 보고 있었기 때문이다.
>
> (나) 00대학교 심리 연구팀은 한 초등학교 교사와 교직원을 대상으로 아동들이 직면하고 있는 위험요소가 5년 전에 비하여 증가했는지 감소했는지 조사했다. 그 5년 사이에 부모가 된 교사와 교직원들은 그렇지 않은 사람들에 비해 아이들의 위험요소가 훨씬 증가했다고 답했다. 부모가 되는 순간 세상을 위험한 곳으로 인식하기 시작한 것이다. 이처럼 우리가 매일 보고 듣는 말이나 그 내용은 개개인의 **'이것'**에 의해 결정된다.

① 자기 자신에 의존하여 자신이 모든 것을 결정하려는 경향이나 욕구
② 특정한 부분에 순간적으로 집중하여 선택적으로 지각하는 능력이다.
③ 자기 자신의 경험과 인식을 정확하고 객관적으로 믿는 입장이다.
④ 어떤 일을 깊이 몰입해서 자기 자신을 분명하게 자각하려는 태도이다.
⑤ 자기 자신의 관심에 따라 세상을 규정하는 사고방식이다.

5 다음 연구결과를 활용하고자 할 때, 〈보기〉의 분야와 적절하게 연결된 것은?

(가) 한국의 한 연구자는 심하게 말을 더듬고 그것을 매우 부끄럽고 수치스럽게 여기는 25명의 사람들을 대상으로 실험하였다. 연구자는 피실험자들에게 이어폰을 주고 자신이 말하는 목소리가 들리지 않을 정도로 시끄러운 음악을 들려주었다. 그리고 책을 큰 소리로 읽게 했다. 실험 결과 심하게 말을 더듬던 사람들이 눈에 띄게 읽기와 말하기 능력이 개선되었다. 연구자는 이러한 결과가 말하는 소리를 스스로 들을 수 없는 것뿐만 아니라 말을 더듬는 자신에 대한 낮은 평가와 관련이 있다고 발표했다.

(나) 미국의 한 연구자는 뇌졸중으로 한 쪽 팔이 마비된 환자 222명을 두 집단으로 나누었다. 이때 한 집단은 표준 물리치료를 실시하였고, 나머지 한 집단은 성한 팔을 부목으로 묶어 사용하지 못하게 한 채 마비된 팔만을 사용하게 하는 재활 훈련을 실시했다. 그 결과 성한 팔을 묶어 놓고 재활 훈련을 한 집단이 회복 정도가 훨씬 높다는 것을 알게 되었다. 연구자는 이 결과가 뇌의 회로 재구성이 촉진되어 보다 많은 회복 신호를 보냈기 때문이라고 발표했다.

〈보기〉

㉠ 자신에 대한 철저한 관리만이 능사는 아니라고 말하는 상담 심리사
㉡ 자신의 사소한 게으름을 너무 심각하게 고민하는 학생에게 완벽한 자기 통제가 능사가 아니라고 설명하는 학생 상담 센터 연구원
㉢ 상처나 두려움 때문에 정신적 장애를 그대로 둔다면, 자기 변화가 있을 수 없다고 주장하는 자기 계발 프로그램 운영자
㉣ 자기비판과 감시가 강화되면 표현 능력이 개선된다고 말하는 웅변 학원 강사
㉤ 회복을 위해 깁스를 막 푼 왼쪽 팔을 자주 움직이라고 환자에게 말하는 정형외과 의사

	(가)	(나)
①	㉠	㉢
②	㉠	㉤
③	㉡	㉢
④	㉡	㉣
⑤	㉡	㉤

【6-7. 다음 글을 읽고 아래의 물음에 답하시오?】

민족 문화의 전통을 말하는 것은 반드시 보수적이라는 멍에를 메어야만 하는 것일까? 이 문제에 대한 올바른 해답을 얻기 위해서는, 전통이란 어떤 것이며, 또 그것이 어떻게 계승되어 왔는가를 살펴보아야 할 것이다.

연암 박지원은 영·정조 시대 북학파의 대표적 인물 중 한 사람이다. 그가 지은 '열하일기'나 '방경각외전'에 실려 있는 소설이 몰락하는 양반 사회에 대한 신랄한 풍자를 가지고 있을 뿐 아니라, 문장 또한 기발하여, 그는 당대의 허다한 문사들 중에서도 최고봉을 이루고 있는 것으로 추앙되고 있다. 그러나 그의 문학은 패관 기서를 따르고 고문을 본받지 않았다 하여, 하마터면 '열하일기'가 촛불의 재로 화할 뻔한 아슬아슬한 때도 있었다. 말하자면, 연암은 고문파에 대한 반항을 통하여 그의 문학을 건설한 것이다. 그러나 오늘날 우리는 민족 문화의 전통을 연암에게서 찾으려고 할지언정, 고문파에서 찾으려고 하지는 않는다. 이 사실은 우리에게 민족 문화의 전통에 관한 해명의 열쇠를 제시해 주는 것은 아닐까?

전통은 물론 과거로부터 이어 온 것을 말한다. 이 전통은 대체로 그 사회 및 그 사회의 구성원인 개인의 몸에 배어 있는 것이다. 그러므로 스스로 깨닫지 못하는 사이에 전통은 우리의 현실에 작용하는 경우가 있다. 그러나 과거에서 이어 온 것을 무턱대고 모두 전통이라 한다면, 인습이라는 것과 구별이 서지 않을 것이다. 우리는 인습을 버려야 할 것이라고는 생각하지만, 계승해야 할 것이라고는 생각하지 않는다. 여기서 우리는 과거에서 이어 온 것을 객관화하고, 이를 비판하는 입장에 서야 할 필요를 느끼게 된다. 그 비판을 통해서 현재의 문화 창조에 이바지할 수 있다고 생각되는 것만을 우리의 전통이라고 불러야 할 것이다. 이와 같이, 전통은 인습과 구별될뿐더러 또 단순한 유물과도 구별되어야 한다. 현재에 있어서의 문화 창조와 관계가 없는 것을 우리는 문화적 전통이라고 부를 수가 없기 때문이다.

6 윗글에 나타난 글쓴이의 관점과 일치하는 것은?

① 과거에서 이어온 것은 모두 살릴 필요가 있다.
② 과거보다 현재의 것을 더 중요시할 필요가 있다.
③ 현재의 관점에서 과거의 것은 청산할 필요가 있다.
④ 과거의 것 중에서 가치 있는 것을 찾을 필요가 있다.
⑤ 과거를 불식하고 미래지향적 태도를 지닐 필요가 있다.

7 윗글을 바탕으로 '전통'을 정의할 때 가장 적절한 것은?

① 전통은 과거에서 이어온 것
② 전통은 오늘날 삶에 막대한 영향을 주는 것
③ 전통은 오늘날 널리 퍼져 있는 것
④ 전통은 후대에 높이 평가되는 것
⑤ 전통은 과거에서 이어와 현재 문화 창조에 이바지할 수 있는 것

8 다음 글과 가장 잘 어울리는 속담은?

국립국어원의 "청소년 언어실태 및 언어의식 전국조사" 결과에 따르면 조사 대상 초등학생의 97%, 중·고등학생의 99%가 '짱'. '찌질이', '깝치다', '존나' 등의 비속어를 사용한 경험이 있다고 답하였다. 또 '안습', '죽빵치다', '헐', '레알' 등의 은어는 중·고등학생의 100%가 사용한 경험이 있으며, 많은 학생들이 정도가 심한 욕설, 저주 등의 공격적 은어를 사용한다고 한다. 청소년들의 언어사용에 가장 부정적인 영향을 미치는 요인은 부모의 언어폭력으로 인한 스트레스로 조사되었다. 부모가 자녀의 거친 말을 제재하고 가족 응집성이 높을 때 공격적 언어 표현 및 비속어 사용이 줄어드는 것으로 분석되었다.

① 초록이 동색이다.
② 소 잃고 외양간 고친다.
③ 윗물이 맑아야 아랫물이 맑다.
④ 안에서 새는 바가지는 밖에서도 샌다.
⑤ 도랑 치고 가재 잡는다.

9 다음에 제시된 문장의 밑줄 친 부분과 같은 의미로 사용된 것을 고르시오?

경제적 생산 과정 안에서 벌어지는 여러 가지 유형의 노동 통제 외에 생산 과정 바깥에서도 전 사회적으로 냉전·반공·승미(勝美) 이데올로기에 의한 국가관의 확산, 가부장적 이데올로기의 강조, 질서와 능력 및 이성과 합리의 <u>이름</u>으로 은폐된 국가 권력의 공고화, 저항 세력에 대한 억압이 행해진다.

① 선생님은 딸아이의 <u>이름</u>을 순수한 우리말로 지었다.
② 저기 있는 식당은 전부비빔밥으로 <u>이름</u>난 식당이다.
③ 문제의 단체는 수재민 구호라는 <u>이름</u>으로 사기를 쳤다.
④ 그러한 행동은 제 <u>이름</u>을 스스로 깎아내리는 것이다.
⑤ 예수 그리스도의 <u>이름</u>으로 기도합니다.

10 다음에 제시된 문장의 밑줄 친 부분과 의미상 가장 비슷한 것을 고르시오?

> 지난여름 하면 떠오르는 건 단연 장마였다. 불볕더위로 온 대지가 말라붙었고 사람들도 생기를 잃고 시름시름 지쳐 있을 때 느닷없이 장마가 <u>**진**</u> 까닭에 사람들은 미처 적응할 여유를 갖지 못했다. 햇볕이 축축한 비로 바뀌었으니 사람들의 몸과 마음은 균형을 잃을 수밖에 없었다.

① 지난 주말에 경기에서 <u>졌다</u>.　　② 아기가 보채서 젖이 <u>질</u> 새가 없다.

③ 어느새 그늘이 <u>졌다</u>.　　④ 그렇다면 내가 <u>진</u> 걸로 하자.

⑤ 그 일의 책임을 <u>지고</u> 물러났다.

☞ 정답 및 해설 pp. 346~347.참조

제15장 표현 능력(문단의 조직화와 적절한 표현 선택)

표현 능력은 글을 쓰는 기본능력이다. 이를 위한 주요활동은 설정된 주제에 필요한 글의 재료를 수집 · 선정하여 개요를 구성하고, 문단을 조직하며, 퇴고 과정을 통해 글을 완성하는 것이다.
본 장에서는 문단 구성의 원리를 바탕으로 문장 · 문단의 배열, 적절한 내용을 식별하는 표현 능력에 대해 학습해 보도록 하자.

Ⅰ. 필요지식

1. 표현 능력

표현 능력은 일반적으로 말하는 사람이 자기 생각, 감정을 듣는 사람에게 음성, 신체 언어로 표현하는 능력을 말한다. 그러나 언어논리에서 표현 능력은 글을 통해 자신의 능력 표현하기 위한 능력으로서 글을 쓰는 기본 능력을 의미한다. 즉, 적절한 어휘나 내용을 선택하고 문장과 문단을 적절하게 배열하며, 글을 통일성, 연결성, 강조성의 원리에 부합하도록 완성하는 능력이다

2. 글의 구성 및 내용 전개 원리

무릇 모든 일을 효과적으로 이루기 위해서는 그 근본 원리나 원칙을 알고 따라야 하듯이, 단락을 작성하는 데도 전통적으로 알려진 기본 원리를 익혀 두어야 한다. 논술에 있어 글 또는 문단의 전개는 주제 문단(주제문)을 중심으로 뒷받침 문단(문장)인 세부적인 내용을 덧붙여 나가는 일이며, 글 전체에서 그 문단의 내용이 차지하는 비중에 맞게 길이를 조절하는 것이다.

글의 내용 전개의 원리는 통일성, 연결성, 강조성의 원리이다. 이 3가지 원리는 상호보완작용을 통해 주제를 명확하게 드러내어 알찬 글(문단)을 만드는 기본이 된다.

가. 통일성

통일성은 '내용의 생성 차원'에서 소주제와 그것을 뒷받침하는 서술이 하나가 되어야 한다는 것이다. 따라서 문단의 주제 하나이며, 뒷받침 문장들은 주제와 관련성이 있어야 한다. 통일성을 유지하려면 다음의 3가지 기준을 지켜야 한다.

첫째	둘째	셋째
단일 개념의 소주제문을 정해야 한다. 만약 복합 개념의 주제문을 설정하고 글을 쓰면 초점이 분산되어 내용이 산만하게 된다.	한정된 범위의 소주제문을 선택해야 한다. 너무 넓은 범위의 소주제문을 정하고 글을 쓰면 뒷받침해야 할 내용이 많아져서 통일성을 기하기 어렵다	뒷받침 문장은 목표하는 주제문단(문)을 집중적으로 부각되도록 해야 한다. 주제문과 관련이 없는 내용이 뒷받침 될 경우 통일성은 무너진다.

통일성의 원리의 관점에서 적절한 문단과 부적절한 문단을 비교 분석해 보자.

통일성이 부적절한 문단	통일성이 적절한 문단
① 우리는 독서를 많이 해야 한다. ② 독서는 우리에게 많은 지식과 많은 즐거움을 가져다준다. ③ 예를 들면 독서는 우리에게 조상들의 숨결을 느끼게 해주며, 인류가 지금까지 쌓아 온 지혜를 접할 수 있게 해 준다. ④ 가을은 독서를 하기에 좋은 계절이다.	① 우리는 독서를 많이 해야 한다. ② 독서는 우리에게 많은 지식과 많은 즐거움을 가져다준다. ③ 예를 들면 독서는 우리에게 조상들의 숨결을 느끼게 해주며, 인류가 지금까지 쌓아 온 지혜를 접할 수 있게 해 준다.
위 문단은 주제문 ①, 뒷받침문장 ②~④로 구성되어 있다. 그러나 뒷받침문장 ④는 주제문과 무관한 문장으로 이를 삭제하면 통일성이 적절한 문단이 된다.	

나. 연결성

연결성(coherence)의 원리는 글을 이루고 있는 모든 재료가 주제를 가장 효과적으로 드러날 수 있도록 배열되어야 함을 뜻한다. 그러니까 연결성은 글의 조직 차원에서 주제를 떠받드는 문장들이 순리적으로 배열되어야 한다는 것이다. 따라서 통일성이 알맞은 재료를 선택하는 원리라면, 연결성의 원리는 그 선택된 재료를 적재적소에 배치하는 원리가 된다.

연결성이 유지되려면 문장의 적절한 배열, 적절한 접속어 · 지시어 사용이 매우 중요하다. 이러한 측면에서 뒷받침 문단(문장)의 배열은 ① 시간적 순서에 따른 배열 방식 ② 공간적 순서에 따른 배열 방식 ③ 논리적 순서에 따른 뒷받침 문장들의 배열 방식이 있다.

(1) 시간적 순서에 따른 배열 방식

문단의 소주제를 전개하기 위한 뒷받침 문장들을 시간적 선후 관계에 따라 배열하는 것을 말한다. 이 방식은 시간적 변화에 따라 움직이는 사물에 관해서 서술하는 문장들을 차례로 이어 가는 것이다. 곧, 사람의 행동, 사건, 또는 기계 등의 움직이는 모습을 나타내는 문장들을 시간적 선후 관계를 따라 차례로 늘어놓은 것이다.

(2) 공간적 순서에 따른 배열 방식

문단의 소주제를 전개하기 위한 뒷받침 문장들을 일정한 공간적 순서에 따라 차례로 늘어놓는 것을 말한다. 공간적 순서는 위치에 따른 멀고 가까움, 방향에 따른 전후좌우 순서, 높이나 깊이에 따른 배치 순서 등을 말한다. 유의할 점은 한번 정한 순서를 일관성 있게 따라야 하고, 일정한 소주제에 초점을 맞추어 뒷받침 문장들이 나열되어야 한다는 점이다.

(3) 논리적 순서에 따른 뒷받침 문장들의 배열 방식

시간적, 공간적 배열을 제외한 모든 배열 관계를 가리킨다. 어떤 사물에 대해서 풀이하거나 이치에 따라 따지거나 예시하는 문장들을 순리적으로 늘어놓는 배열이다. 문단(글)을 어떻게 구성할 것인가라는 문제는 주제를 향해 각각의 내용을 어떻게 논리적으로 배치할 것인가 하는 '논리적 배열'을 의미한다.

이러한 논리적 배열은 ① 구체화의 순서로 펼치는 방법 ② 일반화의 순서로 전개하는 방법 ③ 찬-반 또는 반전의 순서가 되도록 연결하는 방법 등이 있다.

먼저, 구체화의 순서로 펼치는 방법이다. 다음에 제시되고 있는 예문은 "미술이 생활을 고양한다."라는 주제문을 뒷받침 문장을 통해 점차 구체화하고 있다.

> 미술은 생활을 고양시킨다. 모든 사람은 아름다움에 대한 공통적 욕구를 지니며 미술은 그러한 사람들의 욕구를 충족시킨다. 미술은 인간 생활의 많은 면과 관련되어 있으며 그 생활을 훨씬 더 아름답고 편하게 해 준다. 우리의 실제적 삶의 요구와 관련된 의복이나 가구나 자동차도 미술의 대상으로서 우리의 삶을 아름답게 해주는 구실을 하기도 한다. 더구나 지적, 정서적 요구를 직접 충족시키는 미술품들, 회화, 조각, 디자인, 영화 등은 인간의 본성적 심미적 쾌감을 고양시킨다. 미술가는 미술 활동을 통하여 자신의 환경을 아름답게 바꾸려고 노력함과 아울러 전체 사회 환경을 풍족하고 아름답게 가꾸어 그 수준을 높이는 것이다

두 번째, 일반화 순서로 전개하는 방법이다. 아래 예문의 첫 문단은 도입부, 두 번째 문단은 "마음"에 관한 서술, 세 번째 문단은 "마음과 바쁨"에 관한 서술, 마지막 문단은 두 번째와 세 번째 문단에서 언급된 서술을 바탕으로 "마음과 바쁨"을 일반화 하고 있다.

> 방송사 아나운서 면접시험을 치를 때의 이야기이다. 한 심사위원이 이런 당부 겸 주문을 했다. "모든 일은 마음으로 하는 것이야, 평생 명심토록 · · ·" 학생 시절 은사-선배 등으로부터 이 같은 얘기를 한두 번 듣지 않은 사람이 없겠지만 "마음"이 무엇인가를 다시 한번 생각하는 계기가 됐다. 마음(心)-혼(魂)-정신(精神), 이 세 가지는 형체가 없다. 그러나 이 셋은 모든 것을 조정하고 지배한다. 사랑도, 진실도 이 셋에 달렸다고 한다. 그렇다면 "마음"은 어디에 있을까? "내 마음 나도 몰라"하는 유행 가사가 있지만, 따지고 보면 "내 마음은 나만이 안다." 우리는 이런 마음을 잘 다스리고, 따라야 하는데 현실은 그렇지 않다. 요새 사람들은 너나 할 것 없이 바삐 뛴다. 그래서 인지 "바쁘다"는 말이 입에 붙어 다닌다. "차 한잔 어떠세요?", "지금 좀 바빠서 · · ·" 부모에게도 마찬가지이다. "이번 연휴에 올 수 있겠니?", "요즘 좀 바빠서요 · · ·" 어쩌다 이렇게 되었을까. 어쩌다 이렇게 "마음"이 바빠졌을까. 의리도, 인정도 모두 "바쁘다"는 한마디 속에 흘려버리고 말 것인가. 화합(和合)은 차 한 잔을 함께 나눌 여유에서 출발하는 것일 터인데 · · · 우리가 바쁜 것(忙)은 마음(心)을 잃었기(亡) 때문이다. 마음(心)이 푸르러야(青) 정(情)이 솟아난다. 마음(心)이 시들어 "아니야"(非)하고 부인하면 슬플(悲) 뿐이다.

세 번째, 찬-반의 순서로 전개된 방법이다. 아래 예문의 첫 문단은 법과 문학이 다르다는 찬성의 문단이며, 두 번째 문단은 법과 문학이 서로 무관하지 않다는 반대의 내용으로 서술되어 있다

> 가끔 듣는 이야기다. 무슨 연유로 "법하는 사람"이 문학에 관심을 갖게 되었느냐고. 더 자주 들리는 이야기도 있다. "법 공부나 제대로" 할 것이지 왜 주제넘게 문학의 문전을 기웃거리느냐고. 둘 다 이름 있는 식자들의 이야기이고 보면 우리 사회에서 법과 문학 사이가 멀기는 먼 모양이다. 법이면 법, 문학이면 문학이지 "과"는 무슨 놈의 "과"냐는 것이 우리 사회의 상식인 것 같다.
>
> 그러나 이렇듯 법과 문학이 서로 무관하다고 단정하는 것은 인간 공동생활의 본질에 대한 성찰이 부족하기 때문이다. 문학의 대상은 사회생활에서 인간 간에 발생하는 갈등이라면 법은 이러한 갈등을 공적으로 해결하는 수단이다. 양자는 같은 현상을 대상으로 삼고 있다. 곧이 차이가 있다면 문학은 실험이고 법은 이러한 실험을 통해 검증된 내용을 공적으로 채택한 제도라는 점일 뿐이다.

연결성을 유지하기 위한 추가적인 방법은 ① 접속사 활용 ② 대명사, 지시어, 유사어 활용 ③ 반복 등 3가지가 있다. 먼저, '그리고', '그러나', '요컨대', '말하자면' 등의 접속어를 활용 문장들의 전이를 조성하는 것이며 이를 적용한 예문은 다음과 같다.

> 요즘 제가 마음속으로 되새기는 말은 "헌헌장부(軒軒丈夫)가 되자"입니다. 저는 어렸을 적부터 한 살 위인 누나와 많이 어울리다 보니, 다소 소극적이고 내성적인 성격이었습니다. **그런데** 대학에 들어와서 보니, 세상을 사는 데는 소극적이고 내성적인 성격이 단점이 될 수 있다는 것을 알았습니다. **그래서** 생각한 것이 "헌헌장부가 되자"입니다. **요컨대** 제 자신이 행동이나 말투 등에 있어서 준수하다는 느낌을 받을 수 있는 직업군인 되고자 하는 것입니다. **이를 위해** 독서 동아리 참여, 웅변학원 수강 외에도 반대표를 맡아 임무를 수행하고 있습니다. **이와 같은** 저의 노력은 향후 군 간부로서 모범적인 리더십으로 이어질 것입니다.

둘째는 대명사, 지시어, 유사어 등을 활용하여 앞의 내용과 후술하는 내용과의 일관성을 조성하는 것이다. 이를 적용한 예문은 다음과 같다.

을	으로
요즘 제가 되새기는 말은 "헌헌장부(軒軒丈夫)가 되자"입니다. 저는 어려서 부터 누나와 많이 어울리다 보니, 다소 소극적이고 내성적이었습니다. **그런데** 대학에 들어와서 보니 소극적이고 내성적인 성격이 단점이 될 수 있다는 것을 알았습니다. **그래서** 생각한 것이 "헌헌장부가 되자"입니다. **요컨대** 저의 행동이나 말투가 준수하다는 느낌을 받을 수 있는 직업군인 되고자 하는 것입니다.	요즘 제가 되새기는 말은 "헌헌장부(軒軒丈夫)가 되자"입니다. 저는 어려서부터 누나와 많이 어울리다 보니, 다소 소극적이고 내성적이었습니다. **그런데** 대학에 들어와서 보니 **이런**(소극적이고 내성적인) 성격이 단점이 될 수 있다는 것을 알았습니다. **그래서** 생각한 것이 **앞의 말**(헌헌장부가 되자)입니다. **요컨대,** 저의 행동이나 말투 등에 있어서 준수하다는 느낌을 받을 수 있는 직업군인 되고자 하는 것입니다.

셋째는 동일어, 유사어, 지시어 등의 반복으로 문장의 연결성을 강화하는 것으로 이를 적용한 예문은 다음과 같다.

을	으로
요즘 제가 되새기는 말은 "헌헌장부(軒軒丈夫)가 되자"입니다. 저는 어려서부터 누나와 많이 어울리다 보니, 다소 소극적이고 내성적이었습니다. **그런데** 대학에 들어와서 보니 소극적이고 내성적인 성격이 단점이 될 수 있다는 것을 알았습니다. 그래서 생각한 것이 "헌헌장부가 되자"입니다. **요컨대** 저의 행동이나 말투가 듬직한 느낌을 받을 수 있는 직업군인 되고자 하는 것입니다.	요즘 제가 되새기는 말은 "헌헌장부(軒軒丈夫)가 되자"입니다. 저는 어려서부터 누나와 많이 어울리다 보니, 다소 소극적이고 내성적이었습니다. **그런데** 대학에 들어와서 보니 **이런**(소극적이고 내성적인) 성격이 단점이 될 수 있다는 것을 알았습니다. **그래서** 생각한 것이 **요즘 제가 되새기는 말 "헌헌장부가 되자"** 입니다. **요컨대,** 저의 행동이나 말투 등에 있어서 듬직한 느낌을 받을 수 있는 직업군인 되고자 하는 것입니다.

다. 강조성

강조성은 주제나 강조해야 할 내용을 두드러지게 표현해야 한다는 것으로 이는 표현 차원에서 작용하는 원리이다. 강조성의 원리를 적용하기 위한 구체적인 방법은 ① 주제문에 대해 상술, 예시, 정의, 유추, 인과관계, 비교와 대조 등의 논리 관계를 활용한 뒷받침문장을 통해 충분히 설명한다. ② 주제문을 단락의 맨 첫머리나 마지막에 두는 것이 바람직하다. ③ 반복법 등 수사법을 활용하여 주제문을 강조한다. 등의 3가지가 있다. 다음의 예문은 강조성의 원리를 잘 적용한 경우로서 ①⑦은 소주제문, ②~⑥ 뒷받침문장, ②~④ 상술 문장, ⑤⑥ 예시 문장으로 구성되어 있다.

① 지조를 지키기란 참으로 어려운 일이다. ② 자기의 신념에 어긋날 때면 목숨을 걸고 항거하여 타협하지 않고, 부정과 불의한 권력 앞에는 최저의 생활, 최악의 곤욕을 무릅쓸 각오가 없으면 선불리 지조를 입에 담아서는 안 된다. ③ 정신의 자존자시(自尊自恃)를 위해서는 자학과도 같은 생활을 견디는 힘이 없이는 지조는 지켜 지지 않는다. ④ 그러므로 지조의 매운 향기를 지닌 분들은 심한 고집과 기벽(奇癖,기이한 성벽)까지도 지녔던 것이다. ⑤ 신채호 선생은 망명 생활 중 추운 겨울에 세수를 하는데 꼿꼿이 앉아서 두 손으로 물을 움켜다 얼굴을 씻기 때문에 찬물이 모두 소매 속으로 흘러 들어갔다고 한다. ⑥어떤 제자가 그 까닭을 물으매, 내 동서남북 어느 곳에도 머리 숙일 곳이 없기 때문이라고 했다는 일화가 있다. ⑦ 이런 사실들로 보면, 지조를 지키기란 참으로 어려운 일이다.

3. 문제 및 발문 유형

표현 능력과 관련된 문제의 유형은 '문장 배열', '문단 배열', '적절한 내용 찾기' 등이 있다. 발문의 유형은 문장과 문단의 배열에 관한 문제는 '논리적 순서에 따라 바르게 배열한 것은?', 적절한 표현 서택의 문제는 '빈칸에 들어갈 알맞은 단어 또는 내용으로 가장 알맞은 것은?' 등이 대표적이며 세부내용은 다음과 같다.

다음 글의 문장을 글의 논리적 순서에 따라 바르게 배열한 것은? 다음 글의 순서를 가장 올바르게 배열한 것을 고르시오	다음 글에 제시된 문단의 순서로 가장 적절한 것은? 다음 글을 읽고 논리적 흐름에 맞게 배열한 것은?
다음 글의 ㉠에 들어갈 알맞은 단어는? 다음 글의 내용과 연관 되는 것을 밑줄 친 부분에서 고르시오? 다음 글의 통일성을 고려시 부적절한 내용은?	다음 중 각 괄호에 들어갈 말로 알맞게 연결된 것을 고르시오 다음 밑줄 친 표현들이 올바르지 않게 쓰인 것은?

4. 문제 해결 전략

표현 능력의 문제를 해결하기 위해서는 제시된 지문의 주제문이나 핵심 문단을 통해 중심내용이 무엇인지에 대한 글의 흐름을 파악하고, 지문에서 언급된 특정 개념의 연결성이나 언급된 접속어·지시어 등의 단서를 활용해야 한다.

가. 문장 배열

이것은 문단의 주제문과 뒷받침 문장이 적절하게 배치하는 문제이다. 따라서 앞에서 살펴본 '문단의 조건'과 '구성원리 및 배열'을 이해하는 것이 필수적이다. 이를 바탕으로 주제문과 뒷받침 문장이 어떤 관계에 있는지에 대한 '논리적 관계'를 파악한다. 그리고 연결성의 원리에 의해 문장을 배열하면 된다.

나. 문단 배열

문단의 배열 문제는 지문에서 제시된 문단의 앞뒤 순서를 정하는 것이 대부분이다. 이 문제는 먼저 지문의 전반적인 화제(개념, 중심내용)를 제시하는 단락을 확인하고 지문의 전체적인 내용과 순서의 흐름을 파악해야 한다. 그리고 문단별 핵심내용을 이해하며, 접속어 또는 논리적 관계를 따져서 순서를 정한다.

다. 적절한 내용 찾기

이 유형의 문제는 주어진 지문에 들어갈 적절한 어휘나 내용을 식별하는 것이다. 어휘는 주로 사전적 의미보다는 맥락적 의미나 함축적 의미를 내포하고 있는 낱말이나 구를 선택하는 것이다.

Ⅱ. 활동

다음 제시된 표현능력에 관한 기초문제 해결 및 토의를 해보자.

【활동 1. 다음 지문을 읽고 토의사항을 해결하시오】

구분	내용
지문	가. 40대 직장인이　　나. 끝내 숨졌다.　　다. 구토증세를 보이고 라. 의식을 잃어　　마. 병원으로 옮겼으나　　바. 직장 동료들과 사. 회식을 하던
토의사항	위 지문을 적절한 문장으로 배열하시오

【활동 2. 다음 지문을 읽고 토의사항을 해결하시오】

구분	내용
지문	㉠ 가령 영어로 글을 쓰거나 말을 할 때는 논리적으로 정확하게 표현하게 되는데 우리말을 사용할 때에는 그렇게 되지 않는다는 것이다. ㉡ 그러나 우리가 느끼는 바가 하나의 심리적, 주관적 사실로서 인정될 수 있다 하더라도 그것이 곧 객관적, 일반적 사실인지에 대해서는 의문을 가질 수 있는 것이다. ㉢ 그런 사람들은 우리말을 어떤 외국어와 비교하면서 우리말 자체가 논리적 표현을 위해서는 부족하다고 주장한다. ㉣ 우리말은 논리적 표현에 부적합하다고 생각하는 사람들이 있다. ㉤ 이러한 체험적 견해는 사용하는 사람 자신이 그렇게 느끼는 것이기 때문에 어느 정도는 수긍할 수 있다.
토의사항	가. 지문분석 결과 주제문을 식별하고 핵심내용을 기술하시오 나. 문장의 배열 순서를 기술하시오

【활동 3. 다음 지문을 읽고 토의사항을 해결하시오】

구분	내용
지문	가. 정보보호를 위해 나. 다양한 보안장치와 다. 인터넷 사이트는 라. 개발하고 있다. 마. 암호기술을
토의사항	위 지문을 적절한 문장으로 배열하시오

【활동 4. 다음 지문을 읽고 토의사항을 해결하시오】

구분	내용
지문	㉠ 제도를 중시하는 경제학자들은, 지리적 조건이 직접적인 원인이라면 경제 성장에 더 유리한 지리적 조건을 가진 나라가 예나 지금이나 소득 수준이 더 높아야 하지만 그렇지 않은 예가 많다는 사실에 주목하였다. 이들은 '지리적 조건과 소득 수준 사이에 상관관계'와 함께 이러한 '소득 수준의 역전 현상'을 동시에 설명하려면, 제도가 경제 성장의 직접적인 원인이고 지리적 조건은 제도의 발달 방향에 영향을 주는 간접적인 경로를 통해 경제 성장과 관계를 맺는 것으로 보아야 한다고 주장한다. 다시 말해 지리적 조건은 지금의 경제 성장의 직접적인 원인이 아니라는 것이다. 오히려 유리한 방향으로 제도가 발달하게 된 '제도의 역전'이라는 역사적 과정에 영향을 끼쳤다는 것이다. ㉡ 전통적으로 많은 경제학자들은 제도의 발달이 경제 성장의 중요한 원인이라고 생각해 왔다. 예를 들어 재산권 제도가 발달하면 투자나 혁신에 대한 보상이 잘 이루어져 경제 성장에 도움이 된다는 것이다. 그러나 이를 입증하기는 쉽지 않다. 제도의 발달 수준과 소득 수준 사이에 상관관계가 있다 하더라도, 제도는 경제 성장에 영향을 줄 수

<table>
<tr><th>구분</th><th>내용</th></tr>
<tr><td></td><td>도 있지만 경제 성장으로부터 영향을 받을 수도 있으므로 그 인과관계를 판단하기 어렵기 때문이다.
㉢ 그런데 최근에 각국의 소득 수준이 위도나 기후 등의 지리적 조건과 밀접한 상관관계를 가진다는 통계적 증거들이 제시되었다. 제도와 달리 지리적 조건은 소득 수준의 영향을 받지 않는다. 이 때문에 지리적 조건이 사람들의 건강이나 생산성 등과 같은 직접적인 경로를 통해 경제 성장에 영향을 끼친다는 해석이 설득력을 얻게 되었다.
㉣ 이제 지리적 조건의 직접적인 영향을 강조하는 학자들도 간접적인 경로의 존재를 인정하게 되었다. 하지만 직접적인 경로가 경제 성장에서 더욱 중요하고 지속적인 영향을 끼친다는 입장에는 변함이 없다.</td></tr>
<tr><td>토의사항</td><td>가. 문단별 중심내용을 요약 기술하시오
<table><tr><th>㉠</th><th>㉡</th><th>㉢</th><th>㉣</th></tr><tr><td></td><td></td><td></td><td></td></tr></table>나. 위 지문의 문단을 논리적 흐름에 맞게 배열하시오</td></tr>
</table>

【활동 5 다음 지문을 읽고 토의사항을 해결하시오】

<table>
<tr><th>구분</th><th>내용</th></tr>
<tr><td>지문</td><td>㉠ 규칙을 따르고자 하는 이러한 마음은 일종의 정의감의 발로라고도 할 수 있는데, 이는 자신이 규칙을 잘 지키고자 하는 의지요 결의일 뿐만 아니라 타인이 규칙을 위반할 경우에도 그러한 불의를 지적하고 용납하지 않으려는 정신이기도 하다.
㉡ 경기가 공정한 것이 되기 위해서는 우선 경기의 규칙이 공정한 절차에 의해 정해진 공정한 규칙이어야 한다.
㉢ 그 규칙은 성원 누구에게도 불편부당(不偏不黨)한 것이어야 하며, 기회의 균등과 더불어 공평무사한 것이어야 한다.
㉣ 그리고 비록 공정하게 정해진 규칙에 따라 각자 공정한 경기를 했다 하더라고 때로는 양편의 의견이 상충할 경우가 있을 수도 있으므로 그러한 상황을 위해 공정한 심판이 필요하게 된다.
㉤ 또한 경기에 참가하는 선수 모두가 그러한 공정한 규칙을 잘 알고서 그것에 충실히 따르고자 하는 신사적 의지의 소유자일 필요가 있다.</td></tr>
<tr><td>토의사항</td><td>가. 지문분석 결과 주제문을 식별하고 핵심내용을 기술하시오
나. 위 지문을 읽고 논리적 흐름에 맞게 문장을 배열하시오</td></tr>
</table>

【활동 6. 다음 지문을 읽고 토의사항을 해결하시오】

구분	내용
지문	㉠ 하지만 몇 가지는 예측할 수 있다. ㉡ 주택가격의 하락 폭과 속도가 어느 정도일지 지금 예측하기는 어렵다. ㉢ 주택건설은 이미 쟁점에 비해 15% 떨어졌으며 앞으로 이 정도는 더 떨어져야 안정수준에 이를 것이다. ㉣ 주택건설과 판매규모가 잠재적인 수준으로 되돌아갈 것이다. ㉤ 또 기존 주택판매는 정점에 비해 30~40% 하락할 것이다.
토의사항	가. 지문분석 결과 주제문을 식별하고 핵심내용을 기술하시오 나. 위 지문을 읽고 논리적 흐름에 맞게 문장을 배열하시오

【활동 7. 다음 지문을 읽고 토의사항을 해결하시오】

구분	내용
지문	㉠ 인터넷을 이용하지 않고도 이와 같은 일을 할 수 있다. ㉡ 유감스럽게도 인터넷도 예외가 아니다. ㉢ 그러나 순식간에 전 세계에 정보를 전달할 수 있는 인터넷의 힘이 악질적인 정보로 피해를 수없이 퍼뜨려 버릴 위험성을 초래한다는 것이다. ㉣ 더구나 발신자를 알려주는 것이 불가능한 발신 방법도 기술적으로 가능하다. ㉤ 강력한 도구일수록 남용되었을 때 위험성은 크다. ㉥ 누구의 조정도 받지 않고 불특정 다수의 사람에게 정보를 보낼 수 있는 능력을 악용하게 되면 명예 훼손이나 사생활 침해, 잘못된 정보의 제공 등을 쉽게 할 수 있게 된다.
토의사항	가. 지문분석 결과 주제문을 식별하고 핵심내용을 기술하시오 나. 위 지문을 읽고 논리적 흐름에 맞게 문장을 배열하시오

【활동 8. 다음 지문을 읽고 토의사항을 해결하시오】

구분	내용
지문	언어의 습득은 인종이나 지능에 관계없이 누구에게나 비슷한 수준으로 이루어진다. 그리고 하나의 언어를 일단 배우고 난 뒤에는 그것을 일상생활에서 자유자재로 구사할 수 있게 된다. 마치 (　　　　　　)과 같다.
선택지	① 바이올린을 어느 정도 익히게 되면 보다 좋은 바이올린을 찾는다. ② 자전거를 한번 배운 뒤에는 별다른 신경을 쓰지 않고 탈 수 있다. ③ 칭찬을 자주 받다 보면 자신이 칭찬을 받는 것을 당연하게 여긴다. ④ 컴퓨터에 한번 빠지면 모든 것을 컴퓨터와 연관 지어 생각한다. ⑤ 숙제를 한번 미루다 보면 그 뒤에는 숙제를 하고 싶은 마음이 생기지 않게 된다.
토의사항	가. 위 지문의 핵심내용을 기술하고 논리적 관계를 설명하시오 나. (　　　　)안에 들어갈 적절한 내용을 선택지에서 고르시오

【활동 9. 다음 지문을 읽고 토의사항을 해결하시오】

구분	내용
지문	논제: 고용 없는 성장의 원인과 대응방안 서론: 고용 없는 성장이 현실이다 · ① 본론: 1. 고용 없는 성장의 원인 1) 기업의 이익을 위해 고용 창출보다는 고용 없는 성장을 추구해야 한다. · · ② 2) 고용 없는 성장은 기업의 생존 전략이다. · · · · · · · · · · · · · · · · · · ③ 2. 고용 없는 성장의 대응 방안 1) 고용 없는 성장을 추구하는 기업의 생존 기반을 약화시킨다. · · · · · · · · ④ 결론: 고용 창출은 사회의 유지를 위해 반드시 필요한 조건이다. · · · · · · · · · · · ⑤
토의 사항	가. 위 지문의 논리관계를 설명하시오 나. 위 지문을 읽고 글의 통일성에 부합되지 않는 문장을 고르시오

【활동 answer】

토의 1. 직장동료들과 회식을 하던 40대 직장인이 구토증세를 보이고 의식을 잃어 병원으로 옮겼으나 끝내 숨졌다.

토의 2.
가. 주제문 → ㉣, 중심내용 → 우리말의 '논리적 표현의 부적합 주장'에 대한 견해
나. ㉣ - ㉢ - ㉠ - ㉤ - ㉡

토의 3. 인터넷 사이트는 정보보호를 위해 다양한 보안장치와 암호기술을 개발하고 있다.

토의 4.
가. ㉠ 제도 중시 경제학자들의 주장(경제성장의 직접원인 → 제도, 간접원인 → 지리적 조건) ㉡ 전통적 경제학자들의 견해(제도와 경제 성장) ㉢ 지리적 조건과 경제성장의 상관성(밀접한 관계) ㉣ 제도가 경제성장의 직접적인 경로
나. ㉡ - ㉠ - ㉢ - ㉣

토의 5.
가. 주제문 → ㉡, 핵심내용 → 공정한 경기의 요건(규칙, 신사적 의지, 심판)
나. ㉡ - ㉢ - ㉤ - ㉠ - ㉣

토의 6.
가. 주제문 → ㉡, 핵심내용 → 주택가격의 예측(주택건설, 판매규모)
나. ㉡ - ㉠ - ㉣ - ㉢ - ㉤

토의 7.
가. 주제문 → ㉤, 핵심내용 → 인터넷을 통해 본 도구 남용의 위험성
나. ㉤ - ㉡ - ㉥ - ㉣ - ㉠ - ㉢

토의 8.
가. 핵심내용 → 언어의 습득과 구사의 특징, 논리적 관계 → 유추.
나. ②

토의 9.
가. 논리적 관계 → 문제-해결
나. ②, "기업 · · · · 해야 한다."는 대안을 말하는 것으로 대응방안 형식이다.

Ⅲ. 평가

1 다음 제시된 글의 순서를 가장 올바르게 배열한 것을 고르시오.

가. 북한 관계자들의 미국비자가 회의 이틀 전에야 발급되어 참석 예정자 모두가 가슴을 졸였고, 북쪽 전문가들의 워싱턴 DC 숙박은 끝내 허락 되지 않아 인근 도시인 볼티모어에 묵으면서 회의에 참석해야 했다.
나. 그 뒤에는 많은 이들의 헌신이 있었다.
다. 그럼에도 회의는 성공적으로 끝났다.
라. 물론 모임이 이루어지기까지 우여곡절도 많았다.
마. 특별히, 이 과정에서 유진벨재단의 스티븐 린튼 박사의 노력은 눈물겨웠다.

① 라-다-가-마-나 ② 가-라-다-마-나 ③ 나-라-가-다-마
④ 라-가-다-나-마 ⑤ 다-나-가-마-라

2 다음 문장을 논리적 순서에 맞게 배열한 것은?

(가) 과거에는 종종 언어의 표현 기능 면에서 은유가 연구되었지만, 사실 은유는 말의 본질적 상태 중 하나이다.
(나) '토대'와 '상부 구조'는 마르크스주의에서 기본 개념들이다. 즉, '토대'는 생산력과 그에 따른 생산관계라는 경제적 요인을 의미하며, 이러한 경제적 토대위에 구축된 정치제도 · 법률 · 사상 · 종교 · 문화 등은 상부구조(上部構造)를 의미한다. 심지어 철학에도 은유가 스며들어 있는데 단지 인식하지 못할 뿐이다.
(다) 어떤 이들은 기술과학 언어에는 은유가 없어야 한다고 역설하지만, 은유적 표현들은 언어 그 자체에 깊이 뿌리박고 있다.
(라) 언어는 한 종류의 현실에서 또 다른 현실로 이동함으로써 그 효력을 발휘한다, 따라서 본질적으로 은유적이다.
(마) 예컨대 우리는 조직에 대해 생각할 때 습관적으로 위니 아랫니 하며 공간적으로 생각하게 된다. 우리는 이론을 마치 건물인 양 생각하는 경향이 있어서 기반이나 기본구조 등을 말한다.

① (가) - (나) - (마) - (라) - (다) ② (가) - (다) - (나) - (마) - (라)
③ (라) - (마) - (다) - (가) - (나) ④ (가) - (라) - (다) - (마) - (나)
⑤ (라) - (가) - (다) - (나) - (마)

3 다음 ㉠~㉢을 가장 자연스럽게 배열한 것은?

어떤 문화의 변동은 결코 외래문화의 압도적 영향이나 이식에 의해 일방적으로 이루어지는 것이 아니라, 수용 주체의 창조적·능동적 측면과 관련되어 이루어지는 매우 복합적인 성격의 것이다.
㉠ 그리하여 외래문화 중에서 이러한 결핍 부분의 충족에 유용한 부분만을 선별해서 선택적으로 수용하게 된다.
㉡ 이러한 수용 주체의 창조적·능동적 측면은 문화 수용과 변동에서 무엇보다도 우선하는 것인데, 이것이 외래문화 요소의 수용을 결정짓는다.
㉢ 즉, 어떤 문화의 내부에 결핍 요인이 있을 때, 그 문화의 창조적·능동적 측면은 이를 자체적으로 극복하려 노력하지만, 이러한 극복이 내부에서 성취될 수 없을 때, 그것은 외래 요소의 수용을 통해 이루고자 한다. 다시 말해서 외래문화는 수용 주체의 내부 요인에 따라 수용 또는 거부되는 것이다.

① ㉠ - ㉡ - ㉢ ② ㉠ - ㉢ - ㉡ ③ ㉡ - ㉠ - ㉢
④ ㉡ - ㉢ - ㉠ ⑤ ㉢ - ㉡ - ㉠

4 다음 글의 문맥상 ㉠에 들어갈 가장 적절한 표현은?

아파트에서는 부엌이나 안방이나 화장실이나 거실이 다 같은 높이의 평면위에 있다. 그것보다 밑에 또는 위에 있는 것은 다른 사람의 아파트이다. 좀 심한 표현을 쓴다면 아파트에서는 모든 것이 평면적이다. 깊이가 없는 것이다. 사물은 아파트에서 그 부피를 잃고 평면 위에 선으로 존재하는 그림과 같이 되어 버린다. 모든 것은 한 평면 위에 나열되어 있다. 그래서 한눈에 들어오게 되어 있다. 아파트에는 사람이나 물건이다 다 같이 자신을 숨길 데가 없다. 땅집에서는 사정이 딴판이다. 땅집에서는 모든 것이 자기 나름의 두께와 깊이를 가지고 있다. 같은 물건이라도 그것이 다락방에 있을 때와 안방에 있을 때와 부엌에 있을 때는 거의 다르다. 아니, 집 자체가 인간과 마찬가지의 두께와 깊이를 가지고 있다. 집이 아름다운 이유는 (㉠) 다락방은 의식이며 지하실은 무의식이다.

① 세상을 조망할 수 있기 때문이다. ② 인간을 닮았기 때문이다.
③ 안정을 뜻하기 때문이다. ④ 어딘가로 떠날 수 있기 때문이다.
⑤ 휴식과 안락을 제공하기 때문이다.

5 다음 ㉠~㉣의 빈칸에 들어갈 접속어로 알맞은 것은?

1948년 한국정부의 공권력, (㉠) 경찰이나 안보 기구의 등장은 해방 이후 필연적으로 발생하게 된 힘의 공백, '아노미 상태'에 대처하는 데에는 나름의 기여를 했다고 볼 수 있을 것이다. (㉡) 이 힘이 워낙 강력하다 보니까 다양한 세력의 경쟁을 통해 정의로운 체제나 이념을 도출하는 데는 무리가 있었다. (㉢) 강한 세력이 약한 세력을 억압하면서 그들의 목소리는 철저하게 배제 될 수밖에 없었기 때문이다. (㉣) 해방 이후 한국정부의 공권력은 정의로운 체제를 만드는 것이 아니라 강자의 이익을 중심으로 체제를 형성하게 되는 악영향을 끼치게 되었다.

① 그러나–왜냐하면–즉–결과적으로
② 그러나–하지만–즉–다시 말해
③ 즉–또는–왜냐하면–결과적으로
④ 즉–그러나–왜냐하면–결과적으로
⑤ 즉–그러나–특히–결과적으로

6 다음 글의 흐름상 필요 없는 문장은?

가을을 맞아 기획바우처 행사가 전국 곳곳에서 마련된다. (가) 기획바우처는 문화소외계층을 상대로 모셔오거나 찾아가는 맞춤형 예술 체험 프로그램이다. (나) 서울지역의 '함께하는 역사탐방'은 독거노인을 모셔 와서 역사 현장을 찾아 연극을 관람하고 체험하는 프로그램이다. (다) 경기도지역에서는 '가족과 함께'라는 행사를 통해 외롭게 생활하는 노인들에게 가족이라는 따뜻하고 평안함을 느낄 수 있도록 하는 다양한 문화행사를 준비하고 있다. (라) 강원도 강릉과 영월에서는 저소득층 자녀를 대상으로 박물관 관람 프로그램을 준비하고 있다. (마) 부산지역의 '어울림'은 방문 공연 서비스로서 지역예술가들이 가난한 동네를 돌아다니며 직접 국악, 클래식, 미술 등 재능을 기부한다.

① (가) ② (나) ③ (다) ④ (라) ⑤ (마)

7 다음 중 밑줄 친 부분이 뜻하는 것을 고르시오?

어떤 운동선수가 경기에 이기기 위해 시합 전에 머리를 깎지 않는다고 하면 그런 생각은 지극히 비과학적이고 미신적이라고 단정하기 쉽다. 그러나 그 선수의 그런 결론이 오랫동안의 통계를 근거로 하고 있다면 그가 얻은 결론을 비과학적이라고 할 수 없을 것이다. 왜 머리를 깎지 않으면 승률이 올라가는지를 밝히는 것은 <u>과학에게 맡겨진 실타래</u>일 것이다.

① 해결해야 할 과제
② 멀고 험한 과정
③ 의미 있는 작업
④ 흥미로운 업무
⑤ 숙명적인 과업

8 다음 글의 빈칸에 들어갈 내용으로 가장 알맞은 것을 고르시오?

> 아리스토텔레스는 인간은 그 스스로 결정하는 일에 참여할 뿐만 아니라 그런 기회를 실제로 가짐으로써 비로소 결정하는 법을 배우게 되는 사회적 동물이라고 했다. 따라서 도덕적 결정을 어떻게 하는지 알기 위해서는 ( ) 훌륭한 시민은 태어나는 것이 아니라, 사회 교육적으로 만들어 지는 것이다.
> 그리스 도시는 그리스 청소년에게 전인격적 인간을 만들어 주는 사회 교육의 장이었으며, 문명의 장이었던 것이다. 물론 도시를 학교화 시키는 그리스의 사회 교육적 노력은 궁극적으로는 소수 시민이나 정치적 지배자를 양성하기 위한 정치 교육적 노력이었다는 점은 비판되어야 하지만 사회가 교실이라는 논리만큼은 현대의 산업사회에서도 적용 될 수 있다고 판단한다.

① 그와 관계되는 교육적 프로그램을 다양하게 개발해야 한다.
② 그런 일에 직접 참여해 보는 경험보다 더 중요한 것은 없다.
③ 그 방면의 권위자의 견해를 학습하는 것이 선행되어야 한다.
④ 우선 사회와 개인에 대한 깊은 이해가 선행되어야 할 것이다.
⑤ 시민 정신을 키우고, 그에 따른 학문적 수양을 게을리 해서는 안 된다.

9 학생들 봉사활동 내실화라는 주제에 대해 내용을 정리한 것이다. 논지 과정으로 보아 (A)에 들어갈 내용으로 적절하지 않은 것은?

전개 과정	주요내용
현상 및 문제 제기	00대학교에서는 학생들의 인성을 제고시키기 위해 봉사활동을 적극 권장하고 있다. 그러나 학생들의 봉사활동 결과에 대한 분석 결과 도출된 문제점의 핵심은 '학생들이 봉사활동을 형식적으로 하고 있다.'는 것이다.
문제의 원인	• 봉사활동을 평가하는 기준에 문제점이 있다. • 학생들이 봉사활동의 가치를 알지 못하고 있다.
문제 해결 방향	• 기존의 봉사활동 평가가 가지고 있는 문제점을 보완한다. • 학생들이 스스로 봉사활동의 가치를 깨닫도록 한다. • 봉사활동의 가치를 알리는 홍보활동과 교육활동을 전개한다.
구체적인 방안	(A)

① 봉사활동을 시간 위주로 평가하던 것을 봉사활동 내용도 함께 평가한다.
② 학교와 지역 봉사활동 기관이 함께 학생에 대한 봉사활동 교육을 강화한다.
③ 봉사활동 장소를 늘려 학생들이 손쉽게 봉사활동에 참여토록 한다.
④ 공익 광고 캠페인을 통해 봉사활동에 대한 학생들의 인식을 개선한다.
⑤ 다양한 체험 봉사활동 프로그램을 보급한다.

10 다음 글의 ( ) 안에 들어갈 내용으로 적절한 것은?

신화는 상상적 이야기의 방식으로 세계를 해석한다. 창조 신화는 세계(우주)가 어떻게 만들어졌는가를 이야기하고, 기원 신화는 인간, 부족, 죽음 등의 기원을 이야기 한다. 신들의 이야기로서의 신화는 자연 현상의 뒤에 초자연적 조종 세력들을 설정하고 이 세력들에 갖가지 신의 이름을 갖다 붙임으로써 ( ) 즉, 인간은 신화를 통하여 해는 어째서 매일 동쪽에서 뜨고, 파도는 왜 치며, 사계절은 왜 있는가와 같은 질문의 해답을 얻게 되는 것이다. 인간은 이야기의 그물로 세계를 낚아 올림으로써 그 세계에 동기, 목적, 의미를 부여하고 생존의 조건들과 화해한다. 인간은 이야기로 세계를 인간화한다.

① 자연을 신비스러운 공간으로 바꾼다.
② 자연을 불가사의한 공간으로 바꾼다.
③ 자연을 이해 가능한 공간으로 바꾼다.
④ 자연을 통제 불가능한 공간으로 바꾼다.
⑤ 자연을 접근할 수 없는 공간으로 바꾼다.

☞ 정답 및 해설 pp. 348~349.참조

제16장 추론 능력 I (전체 및 세부내용 추론하기)

추론능력은 지문에 제시된 정보나 내용을 파악하는 분석적 이해에서 한 걸음 더 나아가 지문 속에 명시되어 있지 않은 그 이상의 정보나 숨은 의도를 도출하는 것을 의미한다. 여기에는 지문 전체 또는 구체적인 내용을 통해 새로운 경향, 추세, 내용 등을 추론하는 것이 대표적이다.
본 장에서는 추론의 개념을 바탕으로 '전제 정보 추론하기'와 '세부 정보 추론하기'에 대해 학습해 보도록 하자.

I. 필요지식

1. 추론(推論)이란

추론은 '어떠한 판단을 근거로 삼아 다른 판단을 끌어내는 것'으로서 일반적으로 이미 알려진 정보를 근거로 하여 새로운 정보를 끌어낸다는 의미이다. 엄밀하게 말하면 특정한 명제에서 다른 명제를 끌어내는 사고과정을 말한다.

언어논리 관점에서의 추론은 이미 알고 있는 것으로부터 전제나 결론, 추세 등의 논리적 결론을 도출하는 행위 또는 과정을 의미한다. 즉, 논거와 주장을 타당하게 연결하는 과정으로 '논증'이라고 하기도 한다. 이러한 추론은 언어의 표현과 이해 과정에서 추리를 통하여 더 깊고 수준 높은 언어를 사용을 가능하게 한다. 추론의 예를 들면 다음과 같다.

알려진 정보	추론
오늘 급식에는 간식으로 바나나가 나왔다. 점심을 먹고 운동장으로 놀러 나가려던 정훈은 식당 바닥에 주르륵 미끄러져 엉덩방아를 찧었다.	• 추론 "1", 어느 학생이 간식 바나나를 먹고 껍질을 바닥에 버린 것 같다. • 추론 "2", 정훈은 바나나 껍질을 밟고 미끄러진 것 같다.

추론의 방법은 미리 제시된 하나의 명제(판단)에서 직접 하나의 새로운 명제를 추출하는 추론을 직접추론(直接推論)과 미리 제시된 두 개 이상의 명제에서 간접으로 하나의 새로운 명제

를 이끄는 추론을 간접추론(間接推論)이 있다. 전자에는 대당관계(對當關係)에 의한 경우와 명제의 변형에 의한 경우가 있으며, 후자에는 연역 · 귀납 · 유추(類推) 등이 속한다. 추론의 방법에 대해서는 '전제와 결론 추론하기'에서 세부적으로 학습하도록 하겠다.

2. 전체 및 세부내용 추론하기

전체 및 세부내용의 추론은 지문을 통해 다양한 정보나 내용을 유추 또는 추리하는 활동으로서, 나타나 있는 정보나 내용을 바탕으로 하여 글 속에 드러나 있지 않은 중심내용이나 주제, 개념, 그리고 새로운 정보 등을 파악하는 것이다.

추론(推論)은 추리의 범위에 따라 '전체 정보 추론하기'와 '세부 정보 추론하기' 두 가지로 구분할 수 있다.

가. 전체 정보 추론하기

제시된 지문의 전반적인 내용을 통해 새로운 정보나 내용 등을 유추 또는 추리하는 것을 말한다. 다음의 예문은 '선진국과 후진국의 산업화 부작용'에 대한 내용을 제시하고 있다. 예문에서 드러난 내용을 통해 추론이 가능한 내용이 무엇인지 생각해 보자.

> 선진국에서는 산업혁명 이후 수백 년에 걸쳐 산업화가 진행되어 왔기 때문에, 산업화로 인한 부작용이나 문제점을 시간을 두고 해결해 왔다. 그러나 개발도상국은 짧은 기간에 급속한 산업화를 겪었기 때문에 점진적으로 문제를 해결해 나갈 시간적 여유가 없었다. 따라서 개발도상국에는 산업화가 되지 못한 지역과 산업화가 된 지역이 동시에 존재하기에 각종 사회문제가 한꺼번에 폭발하는 경우가 많다.

위 예문에 나타나 있는 내용을 바탕으로 전체 정보를 추론해 보면 '산업화의 부작용은 선진국보다 개발도상국에서 더 심각하다.'는 추리가 가능하다.

나. 세부 정보 추론하기

세부 정보 추론하기는 지문에 제시한 특정 구절이나 문장에 대해 맥락적으로 내재된 정보나 내용, 전제, 의미 등을 유추 또는 추리하는 것을 말한다. 예문을 통해 '세부 정보 추론'을 접근해 보자. 아래 예문의 내용은 '현재의 열역학 법칙은 초보적 지식이지만 과학사적 험난한 과정의 결과'임을 언급하고 있다.

고고학자인 글루크만은 다음과 같이 말한 적이 있다. "과학은 지금 세대의 바보가 이전 세대의 천재보다 더 우수해질 수 있는 분야이다." 현재 열역학 제1법칙과 제2법칙은 일반 물리나 일 화학 등의 초보 강의에서 교수되고 있다. 이 법칙들이 제시하고 잇는 내용은 일견 간단하고 상식적으로 보인다. 그러나 현재와 같은 문맥의 내용에 이르렀던 과학사적 과정은 우여곡절을 거친 험난한 것이었고, 당대 석학들의 복잡한 이론과 심사숙고와 추론으로 점철된 것이었다.

위 예문에서 밑줄 친 문장에 내재되어 있는 전제는 '과학의 지식이 빠른 속도로 누적되면서 발전되었다.'라는 내용을 추론할 수 있다. 다음의 예문은 '계층적 명분관과 사회질서의 유지'에 관해 언급하고 있다.

계층적 명분관은 사회 내에 엄격한 계층 구조를 형성함으로써 안정된 사회의 질서를 유지할 수 있게 하는 기능을 하였다. 가령, 부모와 자녀, 부부, 형제 등 가족 구성원 사이에서 나타나는 계층적 성격에 따라 각자에게 명분을 부여함으로써 가족적인 질서를 지탱해 주었던 것이다. 이 경우 명분이 계층적이라 하여, 이것이 윗사람에게는 관대하고 아랫사람에게는 억압적이었다는 것은 아니다. 그러나 현실적으로 우리는 어떤 공동체 안에서 흔히 일어나는 억압적인 현상은 힘 있는 강자가 명분을 경시 또는 무시하는 데서 기인하는 것으로 볼 필요가 있다.

위 예문의 밑줄 친 부분은 '강자의 억압적인 행위는 명분을 짓밟는 경우가 존재한다.' 또는 '힘 있는 강자도 명분의 제약을 받아야 한다.'라는 의미를 내포하고 있음을 추론할 수 있다.

3. 문제 및 발문 유형

'전체 및 세부내용 추론하기'의 발문 유형은 제시된 지문을 통해서 '추론할 수 있는 진술로 가장 옳은 고르시오'와 같이 타당성 유무를 식별하는 형태가 대표적이다. 세부적인 발문 유형은 아래와 같다.

• 다음 글로부터 타당하게 추론된 것은? • 다음 지문에서 추론(유추)할 수 있는 것은? • 다음 글에서 추론할 수 있는 진술로 가장 옳은 것은? • 다음 밑줄 친 부분으로부터 추론한 내용으로 옳은 것은?	• 다음 글로부터 타당하지 않는 추론은? • 다음 지문에서 추론(유추)할 수 없는 것은? • 다음 글에서 추론할 수 있는 진술로 가장 거리가 먼 것은? • 다음 밑줄 친 부분으로부터 추론한 내용으로 옳지 않는 것은?

4. 문제해결 전략

전체 및 세부 내용 추론하기의 문제를 해결하기 위해서는 먼저 지문에 제시된 핵심내용이나 정보를 파악하고 내용을 이해해야 한다. 이를 근거로 도출이 가능한 추론 내용을 판단한 후 제시된 선택지의 추론내용이 타당한지를 식별한다.

선택지는 다음과 같은 유형의 진술을 제시함으로써 독자들에게 혼동 또는 오답을 유도해 내는 경향이 있음을 주지할 필요가 있다.

가능성을 확정으로	확대해석	일반화
지문에서 나타난 예측이나 가능성을 확정 내용으로 제시	지문과 달리 상식적 판단을 근거로 한 진술을 제시	특정 지역 및 범위의 문제를 전체로 일반화한 진술 제시

가. 가능성이나 예측을 확정으로 제시된 선택지

지문에서는 "화석연료의 사용은 미세먼지의 농도를 악화시킨 하나의 요인이다."라고 제시되었다. 그러나 선택지에서는 추론의 진술로 "최근 00 지역의 미세먼지 농도 악화의 요인은 화석연료의 사용이다."라고 제시된 경우이다. 이는 가능성의 문제를 단정해 버린 잘못된 추론이다.

나. 확대해석

지문에서는 "홍길동이라는 사람이 길을 가다가 살인을 저질렀다."라고 제시되었다. 그러나 선택지에서는 추론의 진술로 "홍길동이라는 사람은 살인죄로 징역형을 선고받았다."라고 제시된 경우이다. 이는 정당방위로 무죄로 선고될 수 있는 경우를 무시하고 확대하여 해석한 것이다.

다. 일반화

지문에는 "교과서에 실린 순수 문학 몇 편을 읽어보니 매우 딱딱하다."라고 제시됐지만 선택지는 추론의 진술로 "순수 문학은 대부분 딱딱한 글뿐이다."라고 제시된 경우이다. 이는 교과서 범위를 모든 순수 문학의 범위로 일반화해 버린 것이다.

Ⅱ. 활동

다음의 전체 및 세부내용 추론하기 기초문제 해결 및 토의를 해보자.

【활동 1. 다음 지문을 읽고 토의사항을 해결하시오】

구분	내용
지문	철학적 관점에 국한해서 볼 때 사회적 배경과 천부적 재능의 차이에서 발생하는 부당한 불평등을 감소시키기 위한 방책은 주로 세금 징수를 통해 개인의 경제적 활동을 간섭하고 정부는 어떤 사람에게서 돈을 가져다가 다른 사람들을 돕는 데 쓰는 것이다. 단순히 기회를 균등하게 보장해 주는 것만으로는 안 된다. 사람들이 도둑질이나 차별 행위와 같이 그 자체로의 잘못된 일을 했기 때문이 아니라 불공평한 결과를 낳기 때문에 이것을 시정하기 위해 정부가 물리적 힘을 사용하여 개인의 행위를 간섭해야 한다.
토의사항	가. 지문분석 결과 키워드를 식별하고 중심 내용을 기술하시오 나. 위 지문을 전제로 한 추론 "1", "2"의 타당성 유무를 식별하시오 - 추론 "1", 철학적 관점에서 볼 때 불평등이 무조건 교정해야 할 대상은 아니다. - 추론 "2", 기회를 균등하게 해 주기 위해서는 결과에 따른 불평등을 시정해야 한다.

【활동 2. 다음 지문을 읽고 토의사항을 해결하시오】

구분	내용
지문	계층적 명분관은 사회 내에 엄격한 계층 구조를 형성함으로써 안정된 사회의 질서를 유지할 수 있게 하는 기능을 하였다. 가령, 부모와 자녀, 부부, 형제 등 가족 구성원 사이에서 나타나는 계층적 성격에 따라 각자에게 명문을 부여함으로써 가족적인 질서를 지탱해 주었던 것이 그 예이다. 이 경우 명분이 계층적이라 하여, 이것이 윗사람에게는 관대하고 아랫사람에게는 억압적이었다는 것은 아니다. 그러나 현실적으로 <u>우리는 어떤 공동체 안에서 흔히 일어나는 억압적인 현상은 힘 있는 강자가 명분을 경시하거나 무시하는 데서 기인하는 것으로 볼 필요가 있다</u>.
토의사항	가. 지문분석 결과 키워드를 식별하고 중심 내용을 기술하시오 나. 위의 밑줄 친 부분을 전제로 한 추론 "1", "2"의 타당성을 식별하시오 - 추론 "1", 힘 있는 강자도 명분의 제약을 받아야 한다. - 추론 "2", 개인의 자유를 보장하되 특정한 경우에는 간섭이 필요하다.

【활동 3. 다음 지문을 읽고 토의사항을 해결하시오】

구분	내용
지문	일탈을 일괄해서 부정적인 시각으로 보는 것은 중대한 오류이다. 인간이 다양한 가치와 관심을 가지고 있다는 것을 인정하는 모든 사회에서는 다수에 의해서 추종되는 가치에 순응하지 않는 개인이나 집단의 활동을 위한 공간이 마련되어야 한다. 전통적인 방식으로 살아가는 사람들은 정치, 과학, 예술, 혹은 다른 분야에서 새로운 사고를 발전시키는 사람들을 의심과 적대심을 가지고 본다. 예를 들어, 개인의 자유와 기회의 균등이라는 미국 혁명에서 발전된 이념은 그 당시 많은 사람들에 의해서 극렬한 저항을 받았지만, 이제 전 세계에서 받아들여지고 있다. 사회의 지배적인 규범으로부터 벗어나는 것은 용기와 결단이 요구되지만, 변화 과정을 안전하게 확보하는 것이 필수적이다.
토의사항	가. 지문분석 결과 키워드를 식별하고 중심 내용을 기술하시오 나. 위의 지문을 전제로 한 추론 "1", "2"의 타당성을 식별하시오 - 추론 "1", 특정인의 행위가 타인에게 해를 끼지는 경우에도 사회 전체적인 발전을 위해서는 인정되어야 한다. - 추론 "2", 규범을 지키는 일이 사회의 발전을 위하여 반드시 필요한 것은 아니다.

【활동 4. 다음 지문을 읽고 토의사항을 해결하시오】

구분	내용
지문	우아함이 지나치면 고독을 면치 못하고 소박함이 지나치면 생활에 활기가 떨어진다. 활기란 흥이 있는 곳에서 나오는데, 흥이란 없는 것도 있는 척할 때 더 난다. 겸손이 지나치면 비굴함이 되고, 긍지가 지나치면 교만이 된다. 겸손이란 여유 있는 것이어야 하고, 긍지는 남이 매겨 주는 가치라야 한다. 엄격한 예의는 방색(防塞) 같은 것이나 우정이 오가지 않고 소탈함이 지나치면 대면하는 사람의 심정을 예민하게 파악하지 못하여 폐가 되는 경우도 있다. 욕심이 많으면 만족하는 일이 없고, 욕심이 너무 없으면 이름이 적다. 만족의 덕을 익히지 않으면 계급이 아무리 높아도 불만이요, 그래서 권력자는 폭군이 되고 폭군은 이웃까지 지배하려 한다.
토의사항	가. 지문분석 결과 키워드를 식별하고 논리관계를 설명하시오 나. 위의 지문을 전제로 추론이 가능한 필자의 화제 또는 중심내용을 기술하시오

【활동 5. 다음 지문을 읽고 토의사항을 해결하시오】

구분	내용
지문	<u>'제3자 효과(third-person effect)' 이론의 핵심은 사람들이 대중 매체의 영향력을 차별적으로 인식한다는 데에 있다</u>. 곧 사람들은 수용자의 의견과 행동에 미치는 대중 매체의 영향력이 자신보다 다른 사람들에게서 더 크게 나타나리라고 믿는 경향이 있다는 것이다. 제3자 효과는 대중 매체가 전달하는 내용에 따라 다르게 나타난다. 예컨대 대중 매체

구분	내용
	가 건강 캠페인과 같이 사회적으로 바람직한 내용을 전달할 때보다 폭력물이나 음란물처럼 유해한 내용을 전달할 때, 사람들은 자신보다 다른 사람들에게 미치는 영향력을 더욱 크게 인식한다는 것이다. 이러한 인식은 수용자의 구체적인 행동에도 영향을 미쳐, 제3자 효과가 크게 나타나는 사람일수록 내용물의 심의, 검열, 규제와 같은 법적 · 제도적 조치에 찬성하는 성향을 보인다.
토의사항	가. 지문분석 결과 키워드를 식별하고 중심 내용을 기술하시오 나. 위의 밑줄 친 부분을 전제로 한 추론 "1", "2"의 타당성을 식별하시오 - 추론 "1", 제3자 효과가 크게 나타나는 사람은 대중 매체가 대중에게 미치는 영향력을 과대평가하기 때문이다. - 추론 "2", 제3자 효과가 크게 나타나는 사람은 그렇지 않은 사람보다 대중 매체의 영향을 더 많이 받기 때문이다.

【활동 6. 다음 지문을 읽고 토의사항을 해결하시오】

구분	내용
지문	우리의 교육열이 높다는 것은 학교 교육에 한할 뿐이고 그마저도 대학 입학을 위한 것이 전부인 셈이다. 평균 수명이 길어지고 사회가 정보통신기술(ICT)를 기반으로 한 4차 산업혁명의 시대로 진화해 감에 따라 평생 교육의 중요성은 날로 높아지고 있다. 더구나 4차 산업혁명 시대에 산업분야의 융 · 복합이 일상화되는 가운데 구조 조정이 빈번한 이 시대에는 재취업 훈련이 매우 긴요하다. 국민들이 ICT 기반 4차 산업혁명의 급속한 변화에 적응해야 국가 경쟁력도 확보가 가능하다.
토의사항	가. 지문분석 결과 키워드를 식별하고 중심 내용을 기술하시오 나. 위의 지문을 전제로 한 추론 "1", "2"의 타당성을 식별하시오 - 추론 "1", 4차 산업혁명 시대에는 평생교육이 중요하다. - 추론 "2", 4차 산업혁명의 변화에 적응하는 것이 경쟁력이다.

【활동 answer】

토의 1.

가. 키워드 ⟶ 부당한 불평등, 세금 징수, 기회 균등, 불공평한 결과, 간섭, 중심 내용 ⟶ 부당한 불평등 감소 방책

나. 추론 "1", 철학적 관점에서 볼 때 불평등이 무조건 교정해야 할 대상은 아니다.(적절)
추론 "2", 기회를 균등하게 해 주기 위해서는 결과에 따른 불평등을 시정해야 한다.(부적절), 그 이유는 결과에 따른 불평등을 시정하는 것이 기회균등을 보장하는 것은 아님.

토의 2.

가. 키워드 ⟶ 계층적 명분관, 질서 유지, 억압적 현상 중심 내용 ⟶ 계층적 명분관의 순기능과 역기능(문제점)

나. 추론 "1", 적절, 추론 "2", 적절

토의 3.

가. 키워드 ⟶ 일탈, 중대한 오류, 의심(적대심), 용기와 결단, 중심 내용 ⟶ 일탈의 인식과 대책

나. 추론 "1", 부적절, 추론 "2", 적절

토의 4.

가. 키워드 → 지나침(우아함, 활기, 겸손, 예의, 욕심, 만족), 논리관계 → 예시, 나열

나. 중심내용 → 지나침에 대한 경제(과유불급)

토의 5.

가. 키워드 ⟶ 제3차 효과, 대중매체의 영향력, 법적 제도적 조치, 핵심내용 → 제3차 효과 이론과 행동경향

나. 추론 "1", 적절, 추론 "2", 부적절

토의 6.

가. 키워드 ⟶ 4차 산업혁명(변화), 평생교육, 재취업 훈련, 국가 경쟁력, 핵심내용 → 4차 산업혁명과 국가경쟁력

나. 추론 "1", 부적절, 추론 "2", 적절

Ⅲ. 평가

1 다음 제시된 글에서 추론할 수 있는 진술이나 중심 내용으로 가장 타당한 것을 고르시오.

진나라 때 완적이라는 사람이 있었다. 완적에게는 한 가지 괴상한 취미가 있었는데, 아무 볼일도 없이 여기저기 말을 타고 돌아다녔다고 한다. 좁은 길을 선택하지 않았고 언제나 넓은 길만을 골라 다녔다고 한다. 그렇게 매일같이 길을 다니다가 어디에선가 길이 끊기면 문득 통곡을 하고 한참 통곡을 한 뒤에 되돌아 왔다고 한다.

완적은 왜 그런 괴상한 일화를 남겼을까. 길이란 곧 인생이요, 길이 끊긴다는 것은 인생이 다한다는 말과 같은 말이지만 아무 볼일 없이 길을 헤매고 다니다가 길이 끊기면 통곡했다는 이야기는 인생의 한없는 부조리를 느끼게 해 준다. 사람은 항상 어느 길이든 선택해서 가야하고, 험난한 길, 구불구불한 길, 번화한 길, 고적한 길, 옆길, 모퉁이 길, 어수선한 길 등 어느 길이든지 희망을 품고 가야만 한다. 그것이 삶이다. 그 숱한 길, 수많은 사람이 때로는 뜻을 품고 꿈을 꾸고 얻을 것을 생각하면서 지나갔을 길들이 사실은 한없이 힘든 길이라는 어려움을 완적은 극적으로 보여주고 있는 것이다. 모든 길은 그렇게 끊어지게 되어 있다. 그러므로 우리 인간은 그렇게 모든 길을 애도해야 한다는 것을 완적의 행위는 의미하는 것이 아닐까? 완적이 통곡을 하고 집으로 되돌아온 것처럼 우리의 삶도 결국은 죽음이라는 원점으로 회귀해 가는 것이지만 그렇다 하더라고 이리저리 길을 찾아 헤매고 어느 길을 선택해서 길을 가는 것은 참으로 더할 나위 없이 아름다운 길이다. 비극적인 아름다움이라고 해야 하리라.

① 좁은 길보다는 넓은 길을 선택해서 가야한다.
② 많은 길이 있으며, 모든 길은 끊어지게 되어 있다.
③ 어떤 길이든 희망만 품고 가면 한없이 힘들지 않다.
④ 사람은 길을 찾아 헤매고 어느 길을 선택해서 가야 한다.
⑤ 길을 찾아 헤매 다니다가 끊기면 다시 출발해야 한다.

2 다음 제시된 글에서 추론할 수 있는 중심 내용으로 적합한 것을 고르시오.

실재(實在)하는 형상들은 일정한 법칙에 따라 움직인다. 이것은 누가, 어디서 보든 똑같은 보편타당한 것이다. 그러므로 누구나 실험 등으로 이를 찾아낼 수 있으며, 이것이 과학자의 일이다.

① 법칙의 인과성 ② 법칙의 특수성 ③ 법칙의 객관성
④ 법칙의 동시성 ⑤ 법칙의 통속성

3 다음 개요에 따라 작성된 본론의 내용을 추론해 볼 때 본론의 빈칸에 들어갈 내용으로 가장 알맞은 것을 고르시오.

Ⅰ. 개요

- 서론: 윤리원칙은 역사에 따라 변모한다고 주장
- 본론: 미래의 '생존 윤리원칙'을 예상한 후, 이것이 함축되는 도덕적 난관을 장기이식 사례를 통해 보여 줌.
- 결론: 생존 가치가 최고 가치가 아니라고 주장

Ⅱ. 본론

현재 우리가 고수하고 있는 원칙들은 미래의 달라진 상황에 맞게 새로운 원칙들로 대체될 것이다. 미래 세계는 환경 위기, 자원 고갈, 인구 증가 등으로 인간의 생존이 가장 중요한 가치가 될 것이다. 미래 세계는 아마도 다음과 같은 '생존 윤리원칙'을 채택할지 모른다.

첫째, 최대 다수의 최대 생존이 도덕의 기초이다. 둘째, 행위는 생존율의 증가에 도움이 될수록 '선하다'고 평가되며 생존율을 감소시킬수록 '악하다'고 평가된다.

이런 원칙의 관점에서 장기이식의 경우를 생각해 보자. 현재에도 소생할 가능성이 없는 뇌사자에게서 장기를 제공 받아 다른 환자에게 이식하여 그의 생명을 살리곤 한다. 미래 사회에는 장기이식 의료기술이 극도로 발전하여 장기만 있다면 금방 죽을 환자를 살릴 가능성이 매우 높아질 것이다. 미래에는 생존 윤리원칙에 부합하기만 한다면 온갖 장기 공급 제도를 허용할 것이다.

(　　　　　　　　　　　　　　　　　　　　　　　　　　　　)

① 하지만 장기 공급 제도라고 모두 허용해야 하는 것은 아니다. 다른 사람에게 장기를 제공할 목적으로 인간배아를 배양하는 행위는 악하므로 생존 윤리원칙을 어긴 셈이다.

② 생존 윤리원칙을 준수하는 모든 장기 공급 제도는 선하다. 제도가 생존 윤리원칙을 준수한다는 것은 그것이 인간 생존율을 높이는데 도움이 된다는 것을 뜻하기 때문이다.

③ 전통적 윤리원칙을 고수하는 이들은 대부분의 장기 공급 제도를 반대할 것이다. 우리는 윤리원칙의 역사성을 깨닫고 생존 가치가 윤리원칙을 가장 중요한 요소임을 인정해야 한다.

④ 가령 뇌사자의 장기를 본인 동의 없이 적출하여 다른 환자에게 이식함으로써 생명을 연장할 수 있다면, 이 행위는 선하다. 따라서 우리는 뇌사자의 장기를 본인 동의 없이도 적출하는 행위를 허용해야 한다.

⑤ 예컨대 다음과 같은 생존 제비뽑기 제도를 승인해야 한다. 시민 중에서 장기 제공자를 제비뽑기로 고른 뒤, 그의 모든 장기를 적출하여 여러 환자에게 이식한다. 이 제도로 사회의 생존율은 비약적으로 높아질 것이다. 이것은 생존 윤리원칙에 따르면 선하지만, 우리의 도덕적 직관에 따르면 악하다고도 볼 수 있다.

4 다음 글에서 추론할 수 있는 ㉠과 ㉡의 의미관계가 유사한 것을 고르시오.

> 어떤 탐구 분야든지 정확한 공식화가 가능한 지식을 산출하면 곧 과학이라 일컫는다. 과학은 철학에서 시작하여 기술(技術)로 끝나고, 또한 과학은 가설의 ㉠ 샘에서 발원(發源)하여 성취의 ㉡ 바다로 흘러간다. 철학은 미지의 것 또는 부정확한 것에 대한 가설적 해석이다. 철학이 진리의 세계를 탐구하는 최전선이고 과학이 점령 지대라고 한다면, 우리의 삶은 지식과 기술로 건설된 후방의 안전지대라고 할 수 있다.

① 싹 : 열매　② 빛 : 그림자　③ 비 : 구름

④ 휘발유 : 자동차　⑤ 바위 : 이끼

5 다음 글에서 추론할 수 있는 내용으로 부적절한 것을 고르시오.

> 다음과 같은 세계를 상상해 보자. 이 세상의 모든 사람들은 A, B, C라는 세 지역에 분리되어 살고 있는데, 이들 지역은 지형지물에 의해 분리되어 있기 때문에 이 세 지역 간의 왕래는 그리 빈번하지 않다. 하지만 왕래가 전혀 없는 것은 아니며, 다른 지역에서 무슨 일이 발생하는지도 관찰할 수 있다. 그런데 이 세계에는 주기적으로 '국소 냉각'이라고 할 수 있는 현상이 발생한다. 예컨대, 국소 냉각이 A지역에서 일어난다고 하면, 이 지역의 모든 것들은 완벽하게 정지하게 된다. 어떠한 움직임도 없고 나아가 의식 활동도 정지되는 것이다. 국소 냉각이 일어나는 동안에는 다른 지역의 사람들이 국소 냉각이 진행되는 지역에 들어갈 수 없다. 국소 냉각은 정확히 1년 동안 진행되는데, 이 국소 냉각이 끝나자마자 A지역에 들어가 보면, 1년 전 모습과 그 어떤 차이도 찾아볼 수 없다. 맥주잔에 입을 대다가 멈춰 버린 사람은 1년 후 자연스럽게 그 맥주잔을 들이킨다. 그런데 이런 국소 냉각은 시간차를 두고 나타났고 앞으로도 그럴 것이다. A 지역은 매 3년마다, B 지역은 매 4년마다. 그리고 C 지역은 매 5년마다 국소 냉각이 일어난다.

① 국소 냉각이 막 끝난 지역의 사람은 국소 냉각 이전에 자신이 관찰하던 다른 지역이 갑자기 달라졌음을 발견할 수 있다.

② 국소 냉각이 진행되지 않는 다른 지역으로의 왕래는 가능하므로 모든 사람의 의식 활동이 정지되는 때는 없다.

③ 2000년에 A 지역과 C 지역이 국소 냉각을 겪었다면 2015년에 C 지역 사람은 국소 냉각을 겪을 것이다.

④ 국소 냉각이 있었다고 할지라도 그것을 경험적으로 느끼지 못한 사람도 있을 수 있다.

⑤ 다른 지역을 관찰해 보지 않은 사람은 국소 냉각 현상을 보지 못할 것이다.

6 다음 글에서 추론할 수 있는 내용으로 가장 적절한 것을 고르시오.

천하에는 두 가지 큰 기준이 있는데, 옳고 그름의 기준이 그 하나요, 다른 하나는 이로움과 해로움에 관한 기준이다. 이 두 가지 큰 기준에서 네 단계의 큰 등급이 나온다. 첫 번째는 옳음을 고수하고 이익을 얻는 것으로 가장 높은 단계이고, 두 번째는 옳음을 고수하고도 해를 입는 경우이다. 세 번째는 그름을 추종하고도 이익을 얻음이요, 마지막 낮은 단계는 그름을 추종하고도 해를 보는 경우이다. 너는 편지에서 필천에게 편지를 해서 나를 잘 봐달라고 하고 강씨와 이씨에게 꼬리치며 동정을 받도록 애걸해 보라는 이야기를 했는데, 이것은 앞서 말한 세 번째 등급을 택하는 일이다. 그러나 그러다가는 마침내 네 번째 등급으로 떨어지고 말 것이 명약관화하니, 무엇 때문에 내가 그 짓을 하겠느냐.

① 그릇된 일을 좇다 보면 갈수록 큰 해를 얻을 수 있다.
② 매사에 옳음을 고수하면 해를 얻을 수 있다.
③ 인생에서 이익을 좇는 것보다 중요한 것이 많다.
④ 사람은 항상 자신의 처지를 겸허하게 받아들여야 한다.
⑤ 행동에 대한 옳고 그름의 판단 기준은 이해와 관련이 있다.

7 다음 글에서 추론할 수 있는 내용으로 가장 적절한 것을 고르시오.

서로 공유하고 있는 이익의 영역이 확대되면 적국을 뚜렷이 가려내기가 어려워진다. 고도로 상호 작용하는 세계에서 한 국가의 적국은 동시에 그 국가의 협력국이 되기도 한다. 한 예로 소련 정부는 미국을 다루는 데 있어서 양면성을 보였다. 그 이유는 소련에게 미국은 최대의 경쟁국이면서 한편으로 무역 협력국이자 첨단 기술의 원천이었기 때문이다.

만일 중복되는 국가 이익이 계속 증가하게 되면 결국에 한 국가의 이익과 다른 국가의 이익이 같아질까? 그건 아니다. 고도로 상호 작용하는 세계에서 이익과 이익의 충돌은 사라지는 것이 아니라, 단지 수정되고 변형될 뿐이다. 이익이 자연스럽게 조화되는 일은 상호 의존과 진보된 기술로부터 나오지는 않을 것이다. 상호 작용 또는 기술 연속체를 한없이 따라가는 것만으로는 유토피아를 발견할 수 없다. 공유된 이익의 영역이 확장될 수는 있겠지만, 가치와 우선순위의 차이 그리고 중요한 상황적 차이 때문에 이익 갈등은 계속 존재하게 될 것이다.

① 주요 국가들 간의 상호 의존적 국가 이익은 미래에 빠른 속도로 증가할 것이다.
② 국가 간에 공유된 이익의 확장은 이익 갈등을 변화시키기는 하지만 완전히 소멸시키지는 못한다.
③ 국가 이익은 기술적 진보의 차이와 상호 작용의 한계를 고려할 때 궁극적으로는 실현 불가능할 것이다.

④ 세계 경제가 더 많은 상호 작용이 이루어지고 기술이 발전함에 따라 국가 이익들은 자연스럽게 조화된다.

⑤ 국가 이익이 보다 광범위하게 정의됨에 따라, 한 국가의 이익은 점차 다른 국가들이 넓혀 놓았던 이익과 충돌하게 될 것이다.

8 다음 글에서 추론할 수 있는 내용으로 가장 적절한 것을 고르시오.

> 노자(老子)는 도덕경에서 '성(聖)을 절(絕)하고 지(智)를 버리면 민리(民利)가 백배(百倍)하리라'고 하여 지식이니 학문이니 하는 것의 불필요함을 말하였다. 그러나 딱한 것은 지식이 불필요하다고 아는 것도 하나의 '앎'이요, 후세 사람들이 '도덕경'이라는 책을 읽음으로써 이 노자의 사상을 알게 마련이니, 노자의 말은 오히려 지(知)의 지(知)라고 하겠다. 소크라테스는 자기의 무지(無知)를 아는 사람은 그 무지조차 알지 못하는 다른 사람들과 다름직도 하다고 하였거니와, 노자는 지(知)의 불필요를 아는 지(知)를 가지고 있었던 것이다.

① 학문의 효용성은 무엇인가?
② 학문의 필요성은 무엇인가?
③ 학문의 본질은 무엇인가?
④ 학문의 목적은 무엇인가?
⑤ 학문의 방법론의 접근

9 다음 글에서 추론할 수 있는 내용으로 가장 적절한 것을 고르시오.

> 우리나라에 현존하는 지도는 조선시대 이후에 제작된 것이다. 조선 초기에는 조선 건국의 에너지가 각종 지도로 표현되었다. 한 예로, 1402년에 제작된 '혼일강리역대국도지도(混一疆理歷代國都地圖)'는 중국, 일본에서 유럽과 아프리카까지 당시의 세계를 종합적으로 나타낸 지도였다. 이 지도는 실제로 측량을 해서 만든 것이 아니라 당대의 기존 지도를 조합하여 제작한 것으로, 신흥 국가 조선을 세계 속에서 확인하고 싶어 했던 당시 사람들의 소망을 담고 있다. 조선 후기에는 목판 인쇄술의 발달로 목판본 지도가 많이 제작되었는데, 지도의 크기가 대형화 되었으며 지도에 표시되는 정보도 상세하고 풍부해졌다. 그런데 조선시대에 제작된 지도들의 대부분은 관(官) 중심으로 만들어져 통치와 행정의 수단으로 주로 활용되었다.

① 우리나라 최초의 지도는 조선시대 이후에 제작된 것이다.
② '혼일강리역대국도지도'는 실제로 측량해서 만든 것이다.
③ 조선시대에 제작된 지도들의 대부분은 조선의 통치 및 행정 수단으로 활용하고 제작되었다.
④ 조선 후기에는 중국, 일본의 지도 제작 기술을 도입하였다.
⑤ 조선 전기에는 금속 인쇄술을 이용하여 지도를 제작하였다.

10 다음 글에서 추론할 수 있는 내용으로 가장 적절한 것을 고르시오.

미국 오리건 보건대학 백신-유전자요법연구소의 안코 니콜리치-주지치 박사는 국립과학원회보(PNAS) 최신호에 발표한 연구논문에서 칼로리 섭취를 줄이면 질병과 싸우는 대표적인 면역세포인 T세포의 생산과 기능이 개선된다고 밝힌 것으로 헤스데이 뉴스가 보도했다. 니콜리치-주지치 박사는 T세포는 나이가 들수록 그 수가 줄어들고 활동력이 떨어져 질병에 취약해진다고 밝히고 칼로리 섭취를 줄이면 T세포의 활동이 개선된다는 것은 칼로리 제한에 의한 수명연장설을 뒷받침하는 것인지도 모른다고 말했다. 니콜리치-주지치 박사는 칼로리를 줄인 그룹은 염증유발 물질도 감소되었다고 밝히고 이 결과는 칼로리 제한이 면역체계의 노화를 지연시킨다는 사실을 보여주는 것이라고 말했다.

① 칼로리를 늘리면 염증유발 물질도 감소된다.
② 면역체계를 강화시키기 위해서는 칼로리 섭취를 증가시켜 T세포의 생산력을 개선시켜야 한다.
③ 칼로리 제한은 면역체계의 노화 지연으로 수명연장설을 뒷받침하고 있다.
④ T세포의 활동력은 오랜 세월이 지나도 그 면역력이 떨어지지 않는다.
⑤ 칼로리 제한은 면역체계의 노화 지연으로 수명연장설을 뒷받침할 가능성이 있다.

☞ 정답 및 해설 pp. 350~351.참조

제17장 추론 능력Ⅱ (전제와 결론 추론하기)

전제와 결론의 추론은 지문 속에 드러나 있지 않은 전제나 예상되는 결론을 찾아내는 활동이다. 따라서 지문에 제시된 다양한 사실이나 정보를 바탕으로 그 글이 전제하고 있는 내용이나 그 글을 통해 끌어낼 수 있는 결론을 도출해 내야 한다.
이러한 전제와 결론을 추론하는데 요구되는 필요한 지식, 활동, 평가 등을 통해 학습해 보도록 하자

Ⅰ. 필요지식

1. 논증, 전제와 결론(주장)

가. 논증

논증이란 일반적으로 '일정한 근거를 들어 주장을 펼치는 것', '어떤 판단의 진리성 이유를 분명히 하는 일'로서 '논변(論辯)' 또는 '입증'이라고도 불린다. 어떤 주장의 타당성에 대한 진리임이 알려진 명제나 이미 확정된 명제를 근거로 하여 밝히는 과정이라고 할 수 있다.

논증(論證)은 옳고 그름을 이유를 들어 밝히는 것으로, 입증 또는 추론이라고도 한다. 논증의 요소는 '주장(명제)[60]'과 '논거(근거)로 구성된다. 따라서 논증이란 아래 그림과 같이 어떤 주장의 타당 유무를 이미 입증된 명제 또는 논거를 근거로 밝히는 과정이라고 할 수 있다.

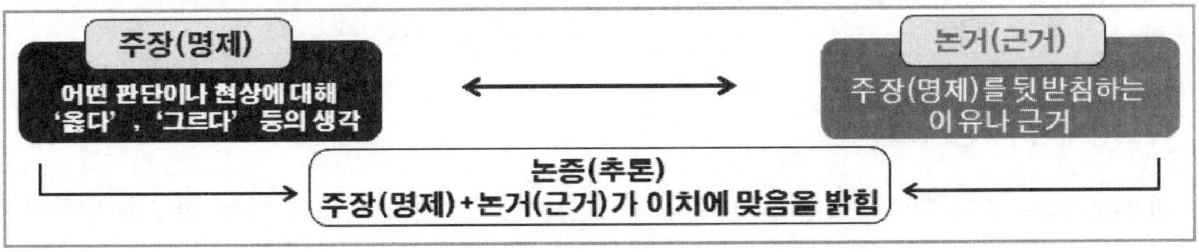

60) 주장(claim)이란 청중이 받아들였으면 하고 바라는 것을 말로 표현한 것을 가리킨다. 주장이라는 표현 대신 명제 또는 결론이라고 부르기도 한다.

논증에서 어떤 글이나 명제가 내세우는 것이나 증명하고자 하는 바를 '주장', '결론'이라고 부르며, 그것들의 근거를 '논거' 또는 '전제'라고 주로 부른다. 각각의 명제는 논증의 과정에서 논거가 될 수도 있으며 주장이 될 수도 있다.

논증이 제대로 되려면 주장(결론)에 이르기까지의 과정이 논리적으로 증명되어야 한다. 따라서 논증이 성립되려면 반드시 전제(premise)와 결론(conclusion)[61]이 있어야 한다. 논증자가 근거로 제시하는 것이 전제이며, 주장하고자 하는 것이 결론이다. 논증은 흔히 전제와 결론에 해당하는 문장들의 집합으로 정의되곤 하는데 예를 들면 아래 표와 같다.

논증(論證) 또는 논변((論辨) = 전제 + 주장(결론)		
(전제)		주장(결론)
① 기초과학이 발전하지 않으면 과학기술 발전이 어렵다. ② 현재 우리나라 기초과학 R/D사업비 규모는 후진국 수준이다.	**그러므로 또는 따라서**	우리나라의 과학기술이 발전할 가능성이 매우 낮다.

논증은 추론의 타당성을 밝히는 것을 뜻하기도 하고 경우에 따라서는 주장의 설득력을 따지는 것으로서 그 형태는 귀납 논증(inductive argument)과 연역 논증(deductive argument) 두 가지로 분류된다.

귀납 논증	연역 논증
• 전제 1. A 지역의 백조는 하얗다. • 전제 2. B 지역의 백조는 하얗다. • 전제 3. C 지역의 백조는 하얗다. · · • 결 론 "모든 백조는 하얗다."	• 전제 1. 모든 사람은 언젠가 죽는다. • 전제 2. 철수는 사람이다. • 전제 3. 영희도 사람이다. · · • 결 론 "철수와 영희는 언젠가 죽는다."
전제가 결론을 100% 지지하지 않는 논증임.(새로운 지식 확충 가능)	전제가 참이면 결론은 필연적으로 참이다.(전제에 담겨있던 진리 보존적)

나. 전제와 결론(주장)

전제(前提)는 추리에서 새로운 결론(주장)이 도출(導出)될 때의 기초가 되는 판단을 말한다.

61) 논리학에서 결론은 사실상 주장과 동일한 의미로 해석해도 무리가 없다. 왜냐하면 '전제'는 논리에서 추리할 때 '결론의 기초가 되는 판단'이다. 한편으로 논증에서 주장을 정당하게 만들어주는 '논거'와는 차이가 있지만 주장을 할 때 그 기초가 되는 진술이 '전제'이다. 따라서 결론과 주장은 '전제'를 필요로 한다는 관점에서 같은 의미로 이해해도 된다.

일상적으로 모두가 다 잘 알고 있는 것에 대한 전제는 생략되는 경우가 많다.

만약 논증자가 '차기 정부에서는 여성가족부를 폐지하고 양성평등부를 신설해야 한다.'라고 주장하거나 결론을 제시했다면 '지금은 가정이나 일반 직장에서 남성이 약자의 입장이다'라는 내용이 전제된 것이다.

그런데 이와 같은 전제는 논거와 차이점이 있다. 논증에서 어떤 주장을 할 때는 반드시 논거가 드러나야 그 주장은 정당성을 인정받을 수 있다. 그러나 전제는 논증을 할 때 필수적인 것이 아니며, 반드시 드러날 필요는 없다.

2. 전제와 결론(주장) 추론하기

전제와 결론(주장)의 추론하기는 '전제 추론하기'와 '주장 또는 결론 추론하기' 두 가지로 구분할 수 있다.

가. 전제 추론하기

전제 추론하기는 말 그대로 지문을 통해 드러나 있지 않은 전제를 추리한 것을 의미한다. 다음에 제시된 예문을 통해 대화에 등장하는 아버지, 딸, 어머니의 주장 속에 공통적으로 전제되고 있는 것이 무엇인지 생각해 보자.

아버지 :	저 TV 좀 봐, 요란한 옷차림하며, 문제야! 애들에게 모범적인 모습을 보여야 할 연예인들이, 옷차림이 저렇게 선정적이잖아, 저기서 어린 학생들이 뭘 보고 배우라는 거야
딸 :	아버지 두! 저게 어때요. 요즘 애들이 얼마나 좋아 하는데요. 때론 저런 걸 보면서 스트레스도 풀고, 저게 요즘 유행이에요. 아빠가 너무 고지식 하신 거죠.
어머니 :	얘는! 저걸 보고 배울 게 뭐 있니? 그리고 그 말버릇이 뭐야? 아빠더러 고루하다니, 그리고 여보! 연예인들이 꼭 나쁜 것만은 아니잖아요, 이해할 것은 이해해하죠.

위의 세 사람의 대화 내용 속에는 드러나 있지 않은 공통된 전제는 'TV의 영향력이 매우 크다'라는 것이다. 다음의 예문을 읽고 깔린 논리적인 전제가 무엇인지 생각해 보자.

> 베짱이는 여름 내내 노래만 부르면서 놀았다. 그러나 겨울이 오자 굶어 죽었다. 한편 개미는 여름 내내 열심히 일했다. 그리고 겨울이 오자 공한기(空閑期)에 배부르게 먹으면서 여유 있는 시간을 즐겼다.

위 예문에는 '베짱이는 겨울 준비를 하지 못했다.' 또는 '여름에는 겨울나기 준비를 해야 한다.'라는 전제가 숨어있음을 알 수 있다.

나. 주장 또는 결론 추론하기

주장 또는 결론 추론하기는 진술된 전제 내용을 기초로 주장이나 결론을 추리해 내는 것이다. 다음의 예문을 통해 필자의 주장이 무엇인지 생각해 보자.

양식(良識)은 세상에서 가장 공평하게 분배되어 있는 것이다. 누구나 그것을 충분히 지니고 있다고 생각하므로, 모든 일에 있어서는 만족할 줄 모르는 사람들도 자기가 가지고 있는 이상으로 양식을 가지고 싶어 하지는 않으니 말이다. 이 점에 있어서 모든 사람이 잘못 생각하고 있다고 볼 수는 없다. 오히려 이것은 양식 혹은 이성(理性)이라 일컬어지는 것이 모든 사람에게 있어서 나면서부터 평등함을 보여 주는 것이다. 또한 우리들의 의견이 다양한 것은 어떤 사람들이 다른 사람들 보다 이성을 더 많이 가지고 있음을 보여 주는 것이 아니라, 우리가 살아가면서 경험하고 느끼는 것이 동일한 것이 아님을 보여주는 것이다. 무릇 좋은 정신을 가지는 것으로는 충분하지 못하고, 그것을 잘 쓰는 것이 중요하다. 가장 위대한 마음을 가진 사람들은 가장 큰 덕행을 할 수도 있고, 가장 큰 악행을 할 수도 있다. 그리고 아주 느리게 걷는 사람들도 언제나 곧은길을 따라가기만 하면, 뛰어가되 곧은길에서 벗어나는 사람들보다 훨씬 더 많이 전진할 수 있다.

상기 예문의 전제(내용)는 "누구에게나 존재하는 양식 또는 이성은 평등하다.", "의견이 다양한 것은 사람이 살아가면서 경험과 느낌이 다르기 때문이다.", "좋은 정신을 가지는 것으로는 충분하지 못하고, 그것을 잘 쓰는 것이 중요하다."라는 것이다.

이러한 전제를 기초로 필자가 이야기하고자 하는 주장 또는 결론을 추론해 보면 "양식과 이성은 선천적이다.", "경험은 이성에 우선한다.", "올바른 생각을 하는 것도 필요하지만 그것을 실천에 옮기는 것이 더욱 중요하다."라는 것이다.

3. 문제 및 발문 유형

'전제 · 결론(주장) 추론하기'의 문제의 종류는 세 가지이다. 첫째, 제시된 문장 단위의 진술을 통해 전제를 찾는 문제, 둘째, 제시된 문단의 글을 읽고 전제를 추론하는 문제, 셋째, 단일 문단 또는 여러 개의 문단의 글을 읽고 전제 또는 주장을 추론하는 문제이다.

발문의 유형은 '다음 글에서 끌어낼 수 있는 주장 또는 결론으로 가장 적절한 것은?, '다음 글의 전제로 가장 적절한 것은?' 등이 대표적이다. 세부적인 문제의 유형은 아래와 같다.

• 다음 글에서 이끌어 낼 수 있는 필자의 주장으로 가장 알맞은 것은 ? • 다음 글에서 주장하는 바로 적절한 것은? • 다음 글의 핵심적인 전제로 적절한 것을 고르시오?	• 다음 글에서 이끌어 낼 수 있는 필자의 주장으로 부적절한 것은 ? • 다음 글에서 주장하는 바와 거리가 먼 것은? • 다음 글의 핵심적인 전제로 부적절한 것을 고르시오?

4. 문제 해결 전략

'전제' 또는 '주장(결론)'을 식별하는 문제는 제시된 선택지와 지문에 제시된 필자의 주장 또는 결론을 연결해 의미가 통하는지 분석해 보면 쉽게 해결할 수 있다. 아래와 같이 전제와 주장 또는 결론 사이에 '그러므로' 또는 '따라서'라는 접속부사를 넣어 보면 전제가 타당한지 식별할 수 있다.

선택지의 **전제**	→	**그러므로** 또는 **따라서**	→	지문의 제시된 **주장(결론)**

한편 글 전체의 전제나 주장을 식별하는 문제는 지문에 제시된 '전제 또는 주장'을 제대로 파악하는 것이 핵심이다. 이어서 선택지의 '주장 또는 전제'의 타당성을 식별해야 한다.

Ⅱ. 활동

전제와 결론(주장)의 추론하기에 대한 기초문제 해결 및 토의를 해보자.

【활동 1. 다음 지문을 읽고 토의사항을 해결하시오】

구분	내용
지문	한 가정이나 지역 또는 국가적으로 새 세대의 가치관과 의식의 수준이 구세대의 그것보다 한 단계 높아질 때, 그 가정이나 지역 또는 국가는 밝은 미래를 갖게 된다. 그러나 새 세대의 가치관과 의식의 수준을 끌어올린다는 일은 어려운 과제이다. 이 과제는 나라 전체의 정치, 경제, 과학, 종교, 교육, 예술 등의 모든 분야가 망라된 매우 광범위한 문제이다. 따라서 가정을 지키는 부모는 그것이 자신의 문제라는 것을 실감하기 어려운 것이 사실이다. <u>그러나 부모는 다음 세대를 바람직한 인간으로 성장시키는 과정에 있어서 자신들이 중요한 역할을 맡고 있음을 망각해서는 안 된다</u>. 가정생활은 삶의 과정 전체의 출발점이며, 출발이 잘못되면 삶의 과정 전체의 발전이 어두운 전망을 갖게 된다.
토의 사항	가. 지문분석 결과 키워드를 식별하고 중심 내용을 기술하시오 나. 위의 밑줄 친 주장을 전제로 진술된 추론 "1", "2"의 타당성 유무를 식별하고 이유를 설명하시오 - 추론 "1", 부모가 가정교육의 책임을 다하지 못하면 자녀가 잘못되기 쉽다. - 추론 "2", 한 가정의 부모는 나라 전체의 정치와 경제, 과학과 종교, 교육과 예술 등의 분야에 별 영향을 주지는 못한다.

【활동 2. 다음 지문을 읽고 토의사항을 해결하시오】

구분	내용
지문	옛날에는 외국 오랑캐로서 중국에 자제를 보내어 입학시킨 자가 매우 많았다. 근세에도 유구 사람들은 중국의 태학에 들어가서 10년 동안 학문적으로 새로운 문물과 기예를 배웠으며, 일본은 강소성과 절강성을 왕래하면서 온갖 공장이들의 섬세하고 교묘한 기술을 배워 가기를 힘썼다. 이 때문에 유구와 일본은 바다의 한복판인 먼 지역에 위치해 있으면서도 그 기능이 중국과 대등하게 되었다. 그리하여 백성은 부유하고 군대는 강하여 이웃나라가 감히 침범하지 못하게 되었으니, 나타나는 효과가 이처럼 뚜렷하다. 마침 지금은 중국의 규칙이 탁 트여서 좁지 않은데, 이런 기회를 놓쳐 버리고 도모하지 않았다가 만일 하루아침에 소식과 같은 자가 나와서 '중화와 이적의 한계를 엄격히 금지하는 명령을 내리도록' 한다면 비록 예물을 가지고 폐백을 받들어 그 기술의 찌꺼기나마 배우려 하더라도 어찌 뜻을 이룰 수 있겠는가? -기예론, 정약용-
토의사항	가. 지문분석 결과 키워드를 식별하고 중심 내용을 기술하시오 나. 위 지문에서 글쓴이의 주장을 전제로 진술된 추론 “1”, “2”의 타당성 유무를 식별하고 이유를 설명하시오 - 추론 “1”, 중국 문화를 적극적으로 수용하자. - 추론 “2”, 새로운 문물과 기예를 적극 수용하여 부강한 나라를 만들자

【활동 3. 다음 지문을 읽고 토의사항을 해결하시오】

구분	내용
지문	흔히들 ‘과학이냐 아니냐’ 하는 것은 그 주장하는 내용이 진실이냐 아니냐에 따라 구별하는 것으로 판단하고 있다. 다시 말해 주장하는 바가 진실이면 과학이고 주장하는 바가 거짓이면 비과학이라고 생각하는 것이다. 이러한 구분은 매우 설득력이 있어 보인다. 그러나 과학에 대한 이러한 정의가 의미를 가지기 위해서는 어떤 것이 참이고 어떤 것이 거짓인지를 가려낼 수 있는 능력이 선행되어야 한다. 무엇이 궁극적으로 진리인지를 가려내는 능력과 방법이 없다면 과학이냐 아니냐 하는 것을 결론이 참이냐 거짓이냐에 의해 결정할 수는 없다. 따라서 과학이냐 아니냐 하는 것은 결론에 의해서가 아니라, 그 결론을 이끌어 내는 과정에 의해서 구분되어야 한다.
토의사항	가. 지문분석 결과 키워드를 식별하고 중심 내용을 기술하시오 나. 위 지문에서 글쓴이의 주장을 전제로 진술된 추론 “1”, “2”의 타당성 유무를 식별하고 이유를 설명하시오 - 추론 “1”, 과학은 진리탐구를 목적으로 한다. - 추론 “2”, 과학은 항상 완벽한 것이다.

【활동 4. 다음 지문을 읽고 토의사항을 해결하시오】

구분	내용
지문	어느 특정 개인의 사회화 과정은 그가 구체적으로 어떤 사회적 상황을 겪어 왔는가를 살펴보지 않고서는 알 수가 없다.
토의사항	위 지문에서 글쓴이의 주장을 전제로 진술된 추론 "1", "2"의 타당성 유무를 식별하고 이유를 설명하시오 - 추론 "1", 사회화란 항상 집단적으로 이루어지는 것이다. - 추론 "2", 개인이 겪는 사회화 과정은 시대와 장소에 따라 다르다.

【활동 5. 다음 지문을 읽고 토의사항을 해결하시오】

구분	내용
지문	일찍이 가야국의 가실왕은 "각 지방의 언어도 각각 다른데 음악이 어찌 한결같으랴."라고 말했다고 한다. 한나라의 음악은 그 민족의 고유한 얼을 담고 있다는 의미이다. 한국의 음악이라고 예외는 아니다. 그것이 정악이든 민속악이든, 국악에는 한국인의 특성이 살아 숨 쉬게 마련이다. 우리 삶의 깊이와 애환이 서려 있는 음악인 국악에 대한 이해는 여기서부터 출발되어야 한다.
토의사항	가. 지문분석 결과 키워드를 식별하고 중심 내용을 기술하시오 나. 위 지문에서 글쓴이의 주장을 전제로 진술된 추론 "1", "2"의 타당성 유무를 식별하고 이유를 설명하시오 - 추론 "1", 각 나라 음악의 차이는 언어생활의 차이에서 나온다. - 추론 "2", 음악도 언어와 같이 민족의 고유한 정서나 얼을 담고 있다.

【활동 6. 다음 지문을 읽고 토의사항을 해결하시오】

구분	내용
지문	점쟁이는 어떤 사람에게 그 사람의 운명을 보여 주며, 그러한 운명에 대처하는 행동 방침을 일러 준다. 마찬가지로 철학도 궁극적으로 인간 사회가 나아갈 운명을 보여 주는 것이며, 그에 대처한 행동 지침을 제공하려고 한다. 이렇게 본다면 철학을 점과 같이 보는 말들은 철학의 한 본질적 측명을 보여 주는 동시에 철학에 대한 기대를 보여 주기도 하는 셈이다. 그러나 그렇다고 철학을 점과 그야말로 똑같은 것이라고 생각한다면 그것은 엄청난 오해다. 점쟁이는 어떤 신비한 능력에 의존한다. 사실 가끔 이 신비한 능력에 의해 얻은, 운명에 대한 예측이 맞는 경우가 있다. 거꾸로 틀리는 경우도 매우 많다. 그렇기 때문에 우리는 이런 신비한 능력에 전적으로 의존할 수는 없다. 하지만 철학은 그렇지 않다. 철학은 누구나 가지고 있는 인간 이성의 능력 외에는 어떤 것에도 의지하지 않는다. 거기에는 신비한 어떤 것도 없다. 누구나 가지고 있는 매우 평범한 능력인 인간 이상의 능력밖에 필요한 것이 없다.

구분	내용
토의사항	가. 지문분석 결과 키워드를 식별하고 중심 내용을 기술하시오 나. 위 지문에서 글쓴이의 주장을 전제로 진술된 추론 "1", "2"의 타당성 유무를 식별하고 이유를 설명하시오 - 추론 "1", 점과 철학이 추구하는 목표와 본질이 모두 다르다. - 추론 "2", 점과 철학은 본질적으로 차이가 있다.

【활동 7. 다음 지문을 읽고 토의사항을 해결하시오】

구분	내용
지문	언어는 인간만이 배울 수 있다. 비교적 지능이 발달해 있다는 침팬지 같은 짐승들을 대상으로 언어를 가르치려는 실험을 많이 하였지만, 이들이 습득하는 수준은 인간이 성취해 내는 수준과는 비교가 되지 않는다. 어린이가 언어를 습득하는 과정을 보면 정말로 이해하기 어려울 정도로 신비하다. 인간이라면 대부분 만 세 살 정도밖에 안 되는 나이에 전화까지 받을 수 있을 정도로 모어(母語)에 유창해 진다. 나이가 든 뒤에 외국어를 배우기 위해서 쩔쩔맨 경험을 생각해 본다면, 어린이의 언어 습득 능력이 얼마나 신비한 능력인지를 알 수 있을 것이다.
토의사항	가. 지문분석 결과 키워드를 식별하고 중심 내용을 기술하시오 나. 위 지문을 전제로 진술된 추론 "1", "2"의 타당성 유무를 식별하고 이유를 설명하시오 - 추론 "1", 인간은 언어를 습득할 수 있는 특별한 능력이 있다. - 추론 "2", 언어 습득 능력은 연령에 따라 차이가 있다.

【활동 8. 다음 지문을 읽고 토의사항을 해결하시오】

구분	내용
지문	음악은 이미 우리의 신체성으로 표현될 수 있는 공간으로 가지고 있다. 춤과 음악을 분리함으로써 기악의 음악으로 출발시켰던 서양의 관현악 음악은 역설적이게도 그 춤을 지휘자를 통해 보여주고 있다. 관현악과 합창을 지휘하는 지휘자의 몸짓 역시 이러한 관점에서 보자면 엄격한 규칙을 가지고 있는 춤이라고 말할 수 있다. 다르게 말하면 음악의 속성에 철저하게 종속된 춤이다. 지휘자를 어떻게 무용수라고 부를 수 있느냐고 반론을 제기하는 사람이 있을지 모르지만 그럼에도 불구하고 지휘자는 춤이라고 말할 수 있다. 지휘는 관현악이 반주하는 춤이다.
토의사항	가. 지문분석 결과 키워드를 식별하고 중심 내용을 기술하시오 나. 위 지문을 전제로 진술된 추론 "1", "2"의 타당성 유무를 식별하고 이유를 설명하시오 - 추론 "1", 춤은 욕망을 신체적 움직임을 통해 드러내고자 하는 표현하는 행위이다. - 추론 "2", 춤은 인간의 마음속에서 느껴지는 음악적 느낌을 신체적 움직임으로 표현하는 행위이다.

【활동 answer】

토의 1.
가. 키워드 ⇢ 가치관과 의식의 수준, 밝은 미래, 광법위한 문제, 부모, 망각, 중심 내용 ⇢ 가치관 및 의식 수준과 부모의 역할
나. 추론 “1”, 적절, 추론 “2”, 부적절
토의 2.
가. 키워드 ⇢ 배움(문물과 기예, 기술), 부유, 중심 내용 ⇢ 배움과 부유한 나라
나. 추론 “1”, 부적절, 추론 “2”, 적절
토의 3.
가. 키워드 ⇢ 과학, 비과학, 진실, 거짓, 능력, 방법, 과정, 중심 내용 ⇢ 과학의 속성(진실과 거짓을 가려낼 수 있는 능력과 방법)
나. 추론 “1”, 부적절, 추론 “2”, 적절
토의 4. 추론 “1”, 부적절, 추론 “2”, 적절
토의 5.
가. 키워드 ⇢ 음악, 고유한 얼, 한국인의 특성, 핵심내용 → 음악의 특성(국악과 한국민의 특성)
나. 추론 “1”, 부적절, 추론 “2”, 적절
토의 6.
가. 키워드 ⇢ 점쟁이, 운명, 철학, 행동 지침, 신비한 능력, 이성의 능력, 핵심내용 → 점과 철학의 공통점과 차이점
나. 추론 “1”, 부적절, 추론 “2”, 적절
토의 7.
가. 키워드 ⇢ 언어, 인간, 습득 능력, 핵심내용 → 인간의 언어 습득 능력
나. 추론 “1”, 적절, 추론 “2”, 적절
토의 8.
가. 키워드 ⇢ 음악, 공간, 춤, 관현악, 지휘자, 핵심내용 → 음악과 춤의 상관성(관현악과 지휘자의 춤)
나. 추론 “1”, 부적절, 추론 “2”, 적절

Ⅲ. 평가

1 다음 글로부터 이끌어 낼 수 있는 주장을 〈보기〉에서 모두 고르시오.

양식(良識)은 세상에서 가장 공평하게 분배되어 있는 것이다. 누구나 그것을 충분히 지니고 있다고 생각하므로, 모든 일에 있어서는 만족할 줄 모르는 사람들도 자기가 가지고 있는 이상으로 양식을 가지고 싶어 하지는 않으니 말이다. 이 점에 있어서 모든 사람이 잘못 생각하고 있다고 볼 수는 없다. 오히려 이것은 양식 혹은 이성(理性)이라 일컬어지는 것이 모든 사람에게 있어서 나면서부터 평등함을 보여 주는 것이다. 또한 우리들의 의견이 다양한 것은 어떤 사람들이 다른 사람들 보다 이성을 더 많이 가지고 있음을 보여 주는 것이 아니라, 우리가 살아가면서 경험하고 느끼는 것이 동일한 것이 아님을 보여주는 것이다.
무릇 좋은 정신을 가지는 것으로는 충분하지 못하고, 그것을 잘 쓰는 것이 중요하다. 가장 위대한 마음을 가진 사람들은 가장 큰 덕행을 할 수도 있고, 가장 큰 악행을 할 수도 있다. 그리고 아주 느리게 걷는 사람들도 언제나 곧은길을 따라가기만 하면, 뛰어가되 곧은길에서 벗어나는 사람들보다 훨씬 더 많이 진전할 수 있다.

〈보기〉

ⓐ 참과 거짓을 판별하는 인간의 능력은 선천적이다.
ⓑ 경험은 이성에 우선한다.
ⓒ 의견 차이는 후천적이다.
ⓓ 진리 추구에서 신속함이 신중함보다 중요하다.
ⓔ 좋은 정신을 잘 사용하는 것보다 소유하는 것이 중요하다.

① ⓐ, ⓑ, ⓒ ② ⓐ, ⓒ, ⓔ ③ ⓐ, ⓒ
④ ⓑ, ⓒ, ⓔ ⑤ ⓐ, ⓒ, ⓓ

2 다음 글로부터 추론할 수 있는 주장으로 가장 알맞은 것을 고르시오.

지금 대두하고 있는 이 문명에는 낡은 전통적 산업문명과 모순되는 것이 많다. 그것은 동시에 고도로 기술적이고 반산업적인 성격을 띠고 있다. 제3물결은 전혀 새로운 생활방식을 수반한다. 이 생활방식은 다양하고 재생 가능한 에너지 자원, 대부분의 조립라인을 구식으로 만드는 새로운 생산방식, 새로운 비핵가족제도, 가내 전자근무체계라고 불리는 새로운 제도, 그리고 근본적으로 달라진 미래의 학교와 기업체 등에 기반을 둔다. 특히 제3물결의 문명은 후술하는 바와 같이 생산자와 소비자 간의 역사적 불화를 해소하고 장차 생산소비자 경제학이 형성될 길을 열어 줄 것이다. 바로 이 이유만으로도 이 문명은 우리가 조금만 현명하게 협력한다면 역사상 최초의, 진실로 인간적인 것이 될 것이다.

① 가치관의 혼란 속에서 전통이 갖는 의의
② 다가오는 미래 세계에서 지식인의 역할에 관한 강조
③ 문명의 전환기를 맞이한 인류 공동의 협력에 관한 필요성
④ 새로운 문명의 이질적 성격에 대한 학문적 탐구의 중요성
⑤ 오늘날 변화를 정확하게 인식하기 위해 과거를 탐구할 필요성

3 다음 글로부터 추론할 수 있는 주장으로 거리가 먼 것을 고르시오.

조선 중기에 이르기까지 상층문화와 하층문화는 각기 독자적인 길을 걸어왔다고 할 수 있다. 각 문화는 상대 문화의 존재를 그러 묵시적으로 인정만 했지 이해하려고 하지는 않았다. 말하자면 상·하층 문화가 평행선을 달려온 것이다. 그러나 조선 후기에 이르러 사회가 변하기 시작했다. 두 차례의 대외 전쟁에서의 패배에 따른 지배층의 자신감 사실, 민중층의 반감 확산, 벌열(閥閱)층의 극단 보수화와 권력층에 탈락한 사대부 계층의 대거 몰락이라는 기존 권력 구조의 변화, 농·공·상업의 질적 발전과 성장에 따른 경제력 구조의 변화, 재편된 경제력 구조에 다른 중간층의 확대 형성과 세분화 등 등 조선 후기 당시의 사회 변화는 국가의 전체 문화 동향을 서서히 바꿔 상·하층 문화를 상호교류하게 하였다. 상층문화는 하향화하고 하층문화는 상향화하면서 기존의 문예 양식들은 변하거나 없어지고 새로운 문예 양식이 발생하기도 하였다. 양반 사대부의 장르인 한시가 민요 취향을 보여주기도 하고, 민간의 풍속과 민중의 생활상을 그리기도 하였다. 시정의 이야기들이 대서 야담으로 정착하기도 했고, 하층의 민요가 잡가의 형성에 중요한 역할을 하였으며, 무가는 상층 담화를 수용하기도 하였다. 당대의 예술 장르인 회화와 음악에서도 변화가 나타났다. 풍속화와 민화의 유행과 빠른 가락인 삭대엽과 고음으로의 음악적 이행이 바로 그것이다.

① 국가의 전체 문화 동향이 바뀌면서 기존 권력 구조에 변화를 가져다주었다.
② 조선 후기에는 문학 외에 회화·음악 분야에서도 양식의 변화를 보여주었다.
③ 상층·하층문화가 서로 영역에 스며들면서 새로운 장르나 양식이 발생했다.
④ 시조의 장편화와 이야기화는 무가의 상층 담화 수용과 같은 맥락이다.
⑤ 조선 중기까지 상층문화와 하층문화의 교류가 잘 이루어지지 않았다.

4 다음 글에서 결론을 가장 적절히 추론한 것을 고르시오.

물의 오염 또한 대기오염 못지않게 심각하다. 농약 사용의 증가, 합성세재의 과다 사용, 무분별한 산업 폐수의 방출 등으로 인해 물은 심하게 위협받고 있다. 하천은 하나의 생태계를 이루고 있으며, 물질의 순환에 의해 자정작용(自淨作用)을 한다. 그러나 각종 공해물질로 심각하게 오염된 하천은 이런 기능을 제대로 못하게 된다. 특히, 산업용 폐수 속에는 각종 중금속과 화학 물질이 다량으로 함유되어 물속 생태계의 존속마저 위협하고 있다. 그런가 하면, 생활하수에 포함된 다량의 영양 물질은 조류(藻類)와 같으니 미생물을 대량으로 번식시켜 물속에 함유된 용존 산소를 과다하게 소비함으로써, 미생물은 물론 다른 생물마저 산소 결핍 때문에 모두 죽어 버리는 부영양화 현상을 발생시키기도 한다. 이것은 인간에 의해 생태계의 평형이 파괴되는 또 하나의 예이다.
토양의 오염도 물이나 대기오염에 못지않게 심각하다. 생태계의 1차 생산자인 식물은 대부분 토양에서 성장한다. 그러므로 토양을 오염시키는 물질은 자연히 식물에 흡수되어 남아 있고, 다시 소비자에게 옮겨져서 각종 질병의 원인이 된다. 중금속이 함유되어 있는 과한 농약 사용, 각종 생활쓰레기와 산업폐기물의 부적절한 매립 등은 토양을 심각하게 오염시키는 대표적인 예이다.

① 환경 파괴와 관련된 문제를 해결하는 것은 쉬운 일이 아니다.

② 환경 파괴의 문제는 근본적으로 인간의 무지와 이기심에서 비롯되는 것이다.

③ 경제 성장을 위해 환경 문제를 소홀히 다루어 온 정책도 환경 보존의 문제를 우선적 과제로 다루는 정책으로 변화되어야 한다.

④ 공기와 물, 토양의 오염으로 인한 환경 파괴는 일류를 비롯한 모든 지구 생물의 생존을 위협하는 심각한 문제로 대두되었다.

⑤ 인간에 의해 생태계의 평형이 파괴되고 있다.

5 '독서와 인생'의 제목으로 글을 쓸 때 다음 (　　)에 들어갈 적절한 내용은?

Ⅰ. 서론 : 인간은 이상을 추구한다.
Ⅱ. 본론 : 이상을 실현하려면 지식이 필요하다.
(　　　　　　　　　　　　　　　　)
Ⅲ. 결론 : 따라서 인생에는 독서가 필요하다.

① 지식과 함께 노력도 있어야 한다.
② 책은 인생에서 등불과 같은 존재이다.
③ 지식은 체험을 통해 얻을 수 있다.
④ 지식은 독서를 통해 얻을 수 있다.
⑤ 이상과 지식은 적절히 조화를 이루어야 한다.

6 다음 글은 어느 연설문의 서론이다. 이 연설문의 결론부분으로 적절한 것은?

미용사는 처음에는 저의 왼쪽 머리를 마구 자르기 시작하더니, 염색과 퍼머까지도 전혀 마음에 들지 않게 하였습니다. 제 머리 모양은 완전히 망가지고 말았습니다. 그런데 이러한 과정을 처음부터 끝까지 지켜보았던 저 자신은 막상 아무 말도 하지 못했던 것입니다. 제 자신의 머리였지만, 아무런 말도 꺼내지 못했던 것입니다.

① 낙선운동에 동참합시다.
② 부정부패를 척결합시다.
③ 국민 여러분, 여러분의 소중한 한 표가 우리의 미래를 결정합니다.
④ 정치공방만을 일삼는 국회의원들은 각성해야 합니다.
⑤ 이제 친일파 청산에 우리 모두가 나서야 할 때입니다.

【다음 글을 읽고 물음에 답하시오, (문제 7~8)】

지구상에서는 매년 약 10만 명 중의 한 명이 목에 걸린 음식물 때문에 질식사하고 있다. 이러한 현상은 인간의 호흡기관과 소화기관이 목구멍 부위에서 교차하는 구조로 되어 있기 때문에 발생한다. 인간과 달리, 곤충이나 연체동물 같은 무척추동물은 교차 구조가 아니어서 음식물로 인한 질식의 위험이 없다. 인간의 호흡기관이 이렇게 불합리한 구조를 갖게 된 원인은 무엇일까?
바다 속에 서식했던 척추동물의 조상형 동물들은 체와 같은 구조를 이용하여 물속의 미생물을 걸러 먹었다. 이들은 몸집이 아주 작아서 물속에 녹아 있는 산소가 몸 깊숙한 곳까지 자유로이 넘나들 수 있었기 때문에 별도의 호흡계가 필요하지 않았다. 그런데 몸집이 커지면서 먹이를 거르던 체와 같은 구조가 호흡 기능까지 갖게 되어 마침내 아가미 형태로 변형되었다. 즉, 소화계의 일부가 호흡 기능을 담당하게 된 것이다. 그 후 호흡계의 일부가 변형되어 허파로 발달하고, 그 허파는 위장으로 이어지는 식도 아래쪽으로 뻗어 나갔다. 한편, 공기가 드나드는 통로는 콧구멍에서 입천장을 뚫고 들어가 입과 아가미 사이에 자리 잡게 되었다. 이러한 진화 과정을 보여 주는 것이 폐어(肺魚) 단계의 호흡계 구조이다.
이후 진화 과정이 거듭되면서 호흡계와 소화계가 접하는 지점이 콧구멍 바로 아래로부터 목 깊숙한 곳으로 이동하였다. 그 결과 머리와 목구멍의 구조가 변형되지 않는 범위 내에서 호흡계와 소화계가 점차 분리되었다. 즉, 처음에는 길게 이어져 있던 호흡계와 소화계의 겹친 부위가 점차 짧아졌고, 마침내 하나의 교차점으로만 남게 된 것이다. 이것이 인간을 포함한 고등 척추동물에서 볼 수 있는 호흡계의 기본 구조이다. 따라서 음식물로 인한 인간의 질식 현상은 척추동물 조상형 단계를 지나 자리잡게 된 허파의 위치 때문에 생겨난 진화의 결과라 할 수 있다.

이처럼 진화는 반드시 이상적이고 완벽한 구조를 창출해 내는 방향으로만 이루어지는 것은 아니다. 진화 과정에서는 새로운 환경에 적응하기 위한 최선의 구조가 선택되지만, 그 구조는 기존의 구조를 허물고 처음부터 다시 만들어 낸 최상의 구조와는 차이가 있다. 그래서 진화는 불가피하게 타협적인 구조를 선택하는 방향으로 이루어지며, 순간순간의 필요에 대응한 결과가 축적되는 과정이라고 할 수 있다. 질식의 원인이 되는 교차된 기도와 식도의 경우처럼, 진화의 산물이 (   ) 이유가 바로 여기에 있다.

7 괄호 안에 들어갈 말로 알맞은 것은?

① 좀처럼 진화 이전의 형태를 짐작하기 어려운
② 결국은 퇴화를 불러일으키는
③ 진화를 거듭할수록 오히려 생존에 불리해지는
④ 우기가 보기에는 납득할 수 없는 불합리한 구조를 지니게 되는
⑤ 필요 이상으로 복잡한 구조를 가지게 되는

8 위 제시문을 읽고 추론한 것으로 옳지 않은 것은?

① 구강호흡이 가능한 것은 기도와 식도에서 교차하고 있기 때문이다.
② 포유류와 어류는 같은 조상형 동물로부터 진화했을 것이다.
③ 음식물을 먹다가 질식하는 것은 인간뿐일 것이다.
④ 폐어는 허파와 아가미를 모두 가지고 있을 것이다.
⑤ 척추동물의 조상형 동물들도 산소가 필요했을 것이다.

9 다음 글을 통해 알 수 없는 사실은?

고려와 조선은 국가적으로 금속화폐의 통용을 추진한 적이 있다. 화폐주조권을 장악하여 세금을 효과적으로 징수하고 관리하려는 목적이었다. 그러나 물품화폐에 익숙한 농민들은 금속화폐를 불편하게 여겼으므로, 금속화폐의 유통은 삼베를 비롯한 물품화폐에 압도당하고 말았다. 조선 태종 때와 세종 때도 동전의 유통을 시도하였지만 실패하였다. 조선 전기 은화는 서울을 중심으로 유통되었고, 주로 왕실과 관청, 지배층과 상인, 역관 등이 이용한 '돈'이었다. 그러나 은화는 고액 화폐였다. 그 때문에 서민의 경제생활 에서는 여전히 무명이 화폐의 기능을 담당하였다. 그러한 가운데 농업생산력의 발전과 인구의 증가, 17세기 이후 지방 시장의 성장은 금속화폐의 통용을 위한 경제적 여건이 마련되었음을 뜻하였다. 17세기 전반 이미 개성에서는 모든 거래가 동전으로 이루어지고 있었다. 이러한 진전된 여건 아래에서 1678년(숙종 4년)부터 이전의 실패를 거울로 삼아 보다 세심하고 강력한 통용책이 추진된 결과, 금속화폐가 널리 보급될 수 있었다. 동전인 상평통보 1개는 1푼이었다. 10푼이 1전, 10전이 1냥, 10냥이 1관이다. 대원군이 집권할 때 주조된 당백전과 1883년 주조된 당오전은 1개가 각각 100푼(1냥)과 5푼의 가치를 가지게끔 규정된 동전이었다. 동전 주조가 늘면서 그 유통범위가 경기, 충청지방으로부터 점차 확산되어 18세기 초에는 전국에 미칠 정도였다. 동전을 시전에 무이자로 대출하고, 관리의 녹봉을 동전으로 지급하고, 일부 세금을 동전으로 거두어들이는 등의 국가 정책도 동전의 통용을 촉진하였다. 화폐경제의 성장은 상업적 동기를 촉진시키고 경제생활, 나아가 사회생활에 상당한 변화를 초래하였다. 이러한 가운데 일부 위정자들은 화폐경제로 인한 부작용을 우려했는데 특히 농촌 고리대금업의 성행을 가장 심각한 문제로 생각했다. 그래서 동전의 폐지를 주장하는 이도 있었다. 1724년 등극한 영조는 마침내 이 주장을 받아들여 동전 주조를 정지하였다. 그런데 당시에 동전의 지역적 확산과 일상생활로의 침투가 현저하였기 때문에, 동전의 수요에 비하여 공급이 부족한 현상이 일어나 동전주조의 정지는 화폐 유통질서와 상품경제에도 타격을 가하였다. 돈이 매우 귀하여 농민과 상인의 교역에 불편을 초래한 것이다. 또한 소수의 부유한 상인이 동전을 집중적으로 소유하여 고리대금업 활동을 강화함에 따라서 오히려 농민 몰락이 조장되었다. 결국 영조 7년 이후 동전은 다시 주조되기 시작했다.

① 조선시대 화폐가 통용되기 위한 여건은 무엇인가?
② 조선시대 사람들은 무엇으로 물건 값을 지불했을까?
③ 조선시대 화폐 사용에 대한 국가정책은 무엇인가?
④ 조선 후기 화폐가 통용되면서 나타난 현상은 무엇인가?
⑤ 조선 후기 국가는 화폐는 어떤 과정으로 주조하였는가?

10 다음 글을 읽고 답할 수 있는 질문이 아닌 것은?

감자 칩이 인기 있는 까닭 중 가장 중요한 것은 그것이 바삭한 음식이라는 점이다. 음식의 식감에 대해 과학적으로 그리고 예술적으로 연구하는 사람들은, 진정 바삭한 음식이 가져야 할 몇 가지 필수 조건들을 정리했다. 시끄러운 소리를 내야 한다는 것은 그중 제일 중요한 조건이다. 하지만 그냥 시끄럽기만 해서는 충분치 않다. 바삭한 음식이라면 훨씬 높은 음역의 소리를 내야 한다. 고주파의 파열음을 발생시켜야 하는 것이다.
칩 생산자들은 청각적으로 만족스러운 결과를 위해 다각도의 전략을 구사했다. 첫 번째 장치는 개중에서도 가장 근사한 아이디어다. 감자 칩은 한입에 넣기에는 지나치게 크게 만든 것이다. 단순하지만 실로 대단한 발상이다. 칩을 입에 넣기 위해서는 앞니를 사용해 작은 조각으로 베어 내야 하는 것이다. 통째로 우겨 넣으려면 우스꽝스러울 정도로 커다랗게 입을 벌려야 한다. 그야말로 천재적인 작품이라 할 만하지 않은가? 입안에서 씹히는 음식의 고주파 소음을 듣기 위해서는 씹는 사람의 입이 벌어져 있어야 한다.
식품 공학자들은 관찰 결과를 십분 활용하여 현재의 감자 칩 설계를 완성했다. 일단 수분은 제외하였다. 선반에 몇 달이고 보관될지 모르는 제품이라 눅눅해지면 곤란하기 때문이다. 하지만 작은 세포들의 파열이라는 기본적인 개념은 차용되었다. 식물의 뿌리처럼 물이 가득한 세포를 만드는 대신, 공장에서 공기가 가득한 세포를 만들어 내는 것이다. 그래서 당신이 구입하는 칩의 부피 중 80퍼센트 가량은 공기다. 공장 회계 담당자의 입장에선 만족스런 결과가 아닐 수 없다. 대기업들이 감자 칩 시장에 뛰어들지 못해 안달하고, 일단 시장에 진입한 후에는 점유율을 높이기 위해 막대한 광고비를 쓰는 것도 이 때문이다. 정말이지 수지에 맞는 장사이다.
그렇다면 공기를 압축하고 있는, 딱딱한 세포벽은 어떻게 만들까? 풀을 먹이면 된다. 감자 속의 녹말 알갱이들은 셔츠 깃이 딱딱하도록 먹이는 풀과 동일한 성분이다. 우리가 먹는 칩이 대부분 감자를 주성분으로 삼는 것은 이 때문이며, 실제로 감자에서 추출한 녹말이 사용된다. 그렇지만 녹말 하나로는 부족하다. 녹말은 바스러져 버리기 때문에 칩 역시 산산이 가루로 부서질 것이다. 그래서 생산자들은 칩에 지방을 섞어 넣는다. 지방이 응고되면 흐느적거리던 것은 딱딱해진다. 감자 칩에 꼭 필요한 단단함이 보장되는 것이다

① 감자 칩의 세포벽은 어떻게 만드는가?
② 감자 칩의 성공적인 소리 실현의 조건은 무엇인가?
③ 감자 칩이 인기 있는 가장 중요한 요인은 무엇인가?
④ 청각적으로 좋은 결과를 얻기 위해 구사한 전략은 무엇인가?
⑤ 감자 칩 시장에 대기업이 가담하지 못하는 이유가 무엇인가?

☞ 정답 및 해설 pp. 352~353.참조

제18장 추론 능력Ⅲ(주장의 논거에 대한 타당성 식별하기)

논거의 타당성 식별하기는 논리적 관점에서 지문에서 필자가 주장하는 논리적 근거를 파악하는 활동이다. 즉, 필자의 주장과 그 근거를 파악하고, 논리적 관점에서 근거가 적절한지, 근거와 주장과의 관계가 타당한지를 식별하는 것이다.
주장의 논거에 대한 타당성 식별하기와 관련하여 요구되는 필요한 지식, 기초문제 중심의 활동, 평가 등을 통해 학습해보자

Ⅰ. 필요지식

1. 명제(proposition, 命題)

가. 명제의 개념 및 요건

명제(命題)는 논리학적으로 뜻이 분명한 문장을 말한다. 즉, 논리학에서 판단을 언어로 표현한 것이며, '참' 혹은 '거짓'임을 검증할 수 있는 '객관적 사태'가 포함된 문장을 말한다. 언어논리에서 명제는 어떤 사실에 대한 자신의 주장, 의견, 신념 등을 언어적으로 판단하여 표현한 것이라 할 수 있다. 따라서 명제는 대부분의 인간들이 공통적으로 인정할 수 있는, 즉 '맞다', '틀리다'라고 말할 수 있는 조건이 충족되어야 한다.

명제가 갖추어야 할 요건에는 다음의 4가지가 있다. 첫 번째, 하나의 명제는 한 가지 문제만을 다루어야 한다. 즉 단일한 명제여야 한다. 예를 들면 '학생들에 대한 체벌은 강화하되, 자율적 생활 태도도 길러야 한다.'라는 형식은 명제가 아니다.

두 번째, 하나의 명제는 의미가 명확해야 한다. 모호하거나 비유적인 어휘는 곤란하다. 예를 들면 '사랑은 눈물의 씨앗이다.'라는 형식은 명제가 될 수가 없다.

세 번째, 하나의 명제는 객관적이고 공정해야 한다. 편견이나 독단이 없어야 한다.

예를 들면 '전과자들에게 일을 맡기면 위험부담이 크다.'는 명제가 아니다.

네 번째, 참과 거짓의 구분이 가능한 문장이어야 한다. 의문문이나 청유문, 명령문, 감탄문

의 형식은 피해야 한다. 예를 들면 '21세기는 우리 청소년의 힘으로!'와 같은 형식은 명제가 아니다.

이처럼 명제의 요건을 고려하여 명제의 성립 여부를 정리해 보면 다음과 같다.

명제가 성립되는 경우	명제가 성립되지 않는 경우
• 소크라테스는 사람이다.(참) • 모든 직사각형은 정사각형이다.(거짓) • 파리는 일본의 수도이다.(거짓)	• 베토벤은 음악의 천재이다. • 노인들은 공경을 해야 할 대상이다. • 전쟁은 끔찍한 일이다.
참 또는 거짓을 명확하게 판별이 가능	참 또는 거짓을 명확하게 판별이 불가능[62]

나. 명제의 종류

명제는 '사실 명제', '정책 명제', '가치 명제'로 구분할 수 있으며, 그 세부내용은 다음과 같다.

구분	세부내용
사실 명제	• 객관적인 사실을 제시하거나 어떤 것이 진실이라고 주장하며 내세우는 명제 • 예를 들면, '삼각형의 내각의 합은 180도이다.', '고래는 포유 동물이다.', '민주 국가에서는 언론의 자유가 보장된다.'
정책 명제	• 어떤 상태나 행동이 바람직하다고 주장하거나 어떤 대상에 대한 의견을 내세운 명제 • 예를 들면, '인간의 자유는 폭력으로 억압되어서는 안 된다.', '사람은 법을 지켜야 한다.', '인간이라면 모름지기 자신의 부모를 공경해야 한다.'
가치 명제	• 인간, 사상, 윤리, 예술 작품, 시비, 선악 등 어떤 대상에 대한 가치 판단을 내린 명제 • 예를 들면, '태평천하는 채만식의 탁월한 현실 인식을 보여 주는 뛰어난 작품이다.', ' 자신의 일에 최선을 다하는 삶이야말로 가장 보람 있는 삶이다.', '사람은 존귀한 존재다.'

2. 논거(warrant, 論據)

논증 과정에서 주장이나 명제를 뒷받침해 주는 근거[63] 또는 명제를 논거라고 한다. 단 근거로서 제시되는 명제는 다시 이미 입증이 끝난 것이어야 한다. 다시 말해서 논거란 아래 그림

62) '천재'의 기준이 명확하지 않아 참인지 거짓인지 알 수 없다. 또한 '노인은 공경의 대상이다.'는 사회적으로 인정받는 도덕적 판단이기는 하나 이를 참이라고 논리적으로 증명할 수 있는 근거는 없다. 그리고 '끔찍하다'는 인간의 주관적인 생각으로 참/거짓 판단이 곤란하다.

63) 근거(ground)란 청중으로 하여금 자신의 주장을 받아들일 수 있도록 객관적인 자료 형태로 제시하는 증거를 말하며, 대표적인 증거에는 사례, 통계 자료, 증언 등이 있다.

에서 알 수 있듯이 제시된 근거에서 주장이나 결론을 도출하기 위해서 이 두 관계를 연결해 주고 설명하는 기준을 말한다. 일반적으로 추론 과정에서는 생략되는 경우가 많다.

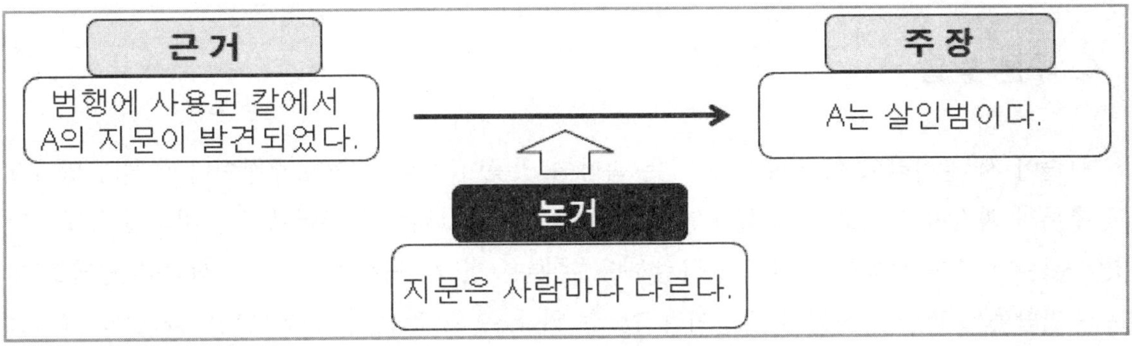

위 그림의 '주장'은 "A는 살인범이다."이다. 이러한 주장의 근거는 "범행에 사용된 칼에서 A의 지문이 발견되었다."이다. 따라서 주장과 근거를 연결시켜주는 논거는 "지문이 사람마다 다르다"라는 논거이다.

이러한 논거는 그 성격에 따라 ① 사실논거 ② 소견논거 ③ 선험논거로 구분된다.. 주장(명제)와 연계된 논거의 종류에 대해 예를 들어 보면 다음과 같다.

주장(명제)	'대중교통 수단 이용률을 높여야 한다.'
사실논거*	'나 홀로 출퇴근 자가용이 운행 자가용의 70%를 넘고 있다.'
소견논거**	'대중교통 이용률이 증가하면 도로 소통이 높아진다고 한다.'
선험논거***	'운행 차량이 많아지면 교통 혼잡이 심해진다.'

*사실논거: 직접적인 경험, 통계, 실험의 결과처럼 객관적으로 검증되는 사실
**소견논거: 전문가나 권위 있는 사람의 의견이나 주장, 증언 등
***선험논거: 경험적으로 미루어 볼 때 인정되는 이론, 윤리, 상식 등의 사실

3. 논증이란?

논증이란 어떤 주장이 진리임이 알려진 명제나 이미 확정된 명제를 근거로 하여 밝히는 과정이며, 이러한 논증은 언어 기호로 이루어진 명제와 논고와 추론으로 구성된다. 따라서 주장이나 결론은 논증에서 어떤 글이나 명제가 내세우는 것 또는 증명하고자 하는 것이 된다. 한편 명제는 논증의 과정에서 논거 또는 주장이 될 수도 있다.

논증 과정에서 추론이란 '논거'와 '주장'을 타당하게 연결하는 것으로 비약이나 모순 및 오

류가 있어서는 안 된다. 다시 말해서 한 개 또는 여러 개의 판단을 근거로 새로운 판단을 도출하는 사고과정이다. 이러한 추론의 방법에는 연역 추론과 귀납 추론이 있다.

4. 추론 방법

"구슬이 서 말이라도 꿰어야 보배"라는 속담이 있듯이 아무리 좋은 주장이나 명제가 있더라도 추론의 과정이 제대로 되지 않으면 논증할 수 없다. 그러므로 추론에서는 비약이나 모순이 있어서는 안 되며 오류가 생겨서도 곤란하다. 추론은 한 개 또는 여러 개의 판단을 근거로 새로운 판단을 드러내는 사고의 과정이라 할 수 있다. 이와 같은 추론에는 연역과 귀납 그리고 유비 추론 방법이 있다.

가. 연역 추론

연역 추론은 모든 사람이 믿고 있는 일반적이고 보편적인 원리를 근거로 해서 새롭고 특수한 하나의 명제를 끌어내는 추론 방법이다. 이 추론은 전제가 참일 경우 그로부터 얻어진 결론은 항상 참이다. 대표적인 연역 추론에는 직접 추론과 간접 추론(삼단 논법)이 있다.

먼저 직접 추론은 하나의 전제로부터 결론을 이끌어 내는 방식을 말한다. 즉, 하나의 명제 또는 판단을 전제로 하며, 다른 개념의 매개 없이 새로운 결론을 이끌어 내는 추론이다.

【전제】		【결론】
모든 군인은 용감하다.	⇨	용감하지 않는 사람은 군인이 아니다.

【전제】		
모든 포유류는 허파로 호흡하는 동물이다.	⇨	【결론 1】 허파로 호흡하는 동물에는 포유류가 아닌 것도 있다. 【결론 2】 허파로 호흡하는 동물이 아니면 포유류가 아니다.

간접 추론은 둘 이상의 전제(대전제, 소전제)로부터 새로운 결론을 이끌어 내는 방식을 말하며, 삼단 논법이 대표적이다.

【대전제】	사람은(P) 죽는다.(Q)	"P"는 "Q"이다.
【소전제】	소크라테스는(R) 사람이다.(P)	"R"은 "P"이다.
【결론】	소크라테스는(㉰) 죽는다.(㉯)	"R"은 "Q"이다.

나. 귀납 추론

귀납 추론은 여러 개별적인 사실 즉 특수 명제들로부터 일반적인 원리 즉 일반 명제를 도출해내는 추론 방법이다. 귀납 추론에서는 충분한 개별 사례들을 근거로 삼아야 하며 가능한 모든 사례를 검토하는 것이 타당하다. 귀납 추론에는 충분한 수효의 개별적인 사례에 비추어, 같은 종류의 나머지 모든 사례도 같으리라는 결론에 이르는 일반화와, 두개의 사례가 일정 수의 면에 있어서 비슷하므로 다른 나머지 면에서도 비슷하리라고 추측하는 유추가 있다.

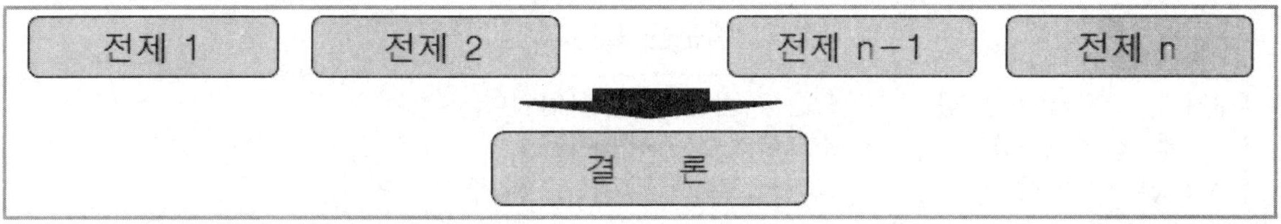

갑돌이도 죽는다(**전제1**), 갑순이도 죽는다(**전제2**), 소크라테스도 죽는다(**전제3**)
⇩
【결론】 그러므로 모든 인간은 죽는다.

다. 유비 추론

귀납 추론의 특수한 형태이다. 두 대상의 몇 가지 속성이 동일하다는 것을 전제로 하여 나머지 속성도 동일하다고 결론을 이끌어 내는 방식이다.

• A는 a ,b, c의 성질이 있다. 그리고 성질 d가 있음이 발견되었다. • B도 a, b, c의 성질이 있다.	⇨	그러므로 B에도 성질 d가 발견될 것이다.

• 원숭이의 뇌는 중량이 크고 복잡한 피질에 덮여 있다. 그리고 영리하다. • 돌고래의 뇌는 중량이 크고 복잡한 피질에 덮여 있다.
⇩
【결론】 그러므로 돌고래도 영리할 것이다.

5. 논증 구조 분석

논증 구조는 전제와 주장으로 이루어지기도 하지만, 다양한 하위 논거를 바탕으로 주장이 이루어지는 경우도 많다. 논증의 타당성을 식별하기 위해서는 논증 구조의 분석이 필요하다. 논증 구조 분석을 위해서는 제시된 지문에서 주장(명제)과 논거를 식별할 수 있어야 한다.

먼저 '주장'과 '근거'에 의한 논증 구조에 대해 다음의 예문을 통해 확인해 보자

> 매클린톡은 1940년대 후반, 한 염색체가 다른 염색체의 위치로 움직이는 '유전자 자리바꿈' 현상을 발견했을 때, 유전자가 움직인다는 황당한 생각을 한 사람은 메클린톡 혼자였습니다. 그래서 그의 주장은 30여 년 동안 학계에서 철저하게 무시되고 조롱당했습니다.

위 예문을 정리해 보면 '주장'은 ① "30여 년 동안 무시되고 조롱당했다."이며, 그 '근거'는 ② "매클린톡이 발견한 '유전자 자리바꿈' 현상은 당시로써는 황당한 생각이었다." 것이다. 따라서 ①은 주장(명제)이며, ②는 ①을 뒷받침하는 논거이다.

다음은 3단 논법으로서 연역 추론의 예문을 통해 논증 구조를 이해해 보자

【대전제, 일반적인 법칙】	모든 사람은 죽게 마련이다.
【소전제, 전제 명제】	소크라테스는 사람이다.
【주장(결론), 명제】	그러므로 소크라테스는 죽게 마련이다.

위 예문은 【대전제】와 【소전제】를 통해 "소크라테스는 죽게 마련이다."는 주장(결론)이 지지되고 있다. 따라서 【대전제】+【소전제】는 【주장(결론)】의 논거이다.

6. 논거의 타당성 식별 절차

주장에 대한 논거의 타당성을 식별하기 위해서는 지문을 통해 논제가 무엇인지(논제 파악), 어떤 주장을 하고 있는지(주장 파악), 그리고 그 근거 또는 논거는 무엇인지(근거 파악)를 확인해야 한다. 이 과정이 논증 구조의 분석이며, 이를 토대로 주장 또는 명제와 관련된 지지 근거나 반대하는 근거를 찾으면 된다. 그 세부적인 절차와 내용은 아래와 같다.

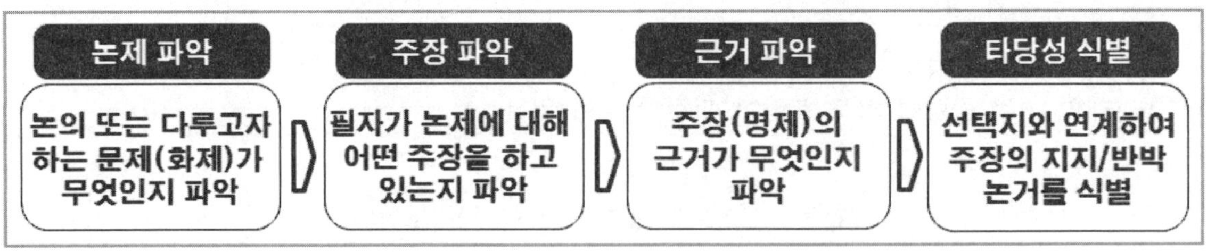

7. 문제 및 발문 유형

'주장의 논거에 대한 타당성 식별하기'와 관련된 문제의 유형은 크게 '주장의 지지 또는 비판'과 '논증 구조 분석' 두 가지로 구분할 수 있다.

가. 주장의 지지 또는 비판

주장에 대한 지지와 비판에 대한 문제는 지문 전체 또는 특정 문단을 대상으로 주장과 논거의 타당성 유무를 식별하는 것이다. 대표적인 발문의 유형으로는 '주장을 강화하거나 약화하는 것으로 적절한 것 또는 부적절한 것을 고르시오'가 대표적이다.

• 다음 글의 주장에 부합하는 가장 적절한 것을 고르시오. • 다음 중 밑줄 친 주장의 논거로 타당한 것은? • 다음 글의 주장을 뒷받침하는 근거로 타당한 것을 모두 고르시오.	• 다음 글의 주장에 부합하지 않는 것을 고르시오. • 다음 중 밑줄 친 주장의 논거로 타당하지 않은 것은? • 다음 글의 주장을 뒷받침 하는 근거로 타당하지 않은 것을 모두 고르시오.

나. 논증 구조 분석

논증 구조 분석에 대한 문제의 유형은 '논증 구조를 바르게 분석한 것은?' 또는 '논증 구조를 바르게 분석한 것이 아닌 것은?'이 대표적이다.

• 다음 글에서 논리적 관계가 적절한 것을 고르시오 • 다음 글에서 논증의 짜임새를 옳게 분석한 것은? • 다음 글의 논증 구조를 분석한 것으로 가장 적절한 것은?	• 다음 글에서 논리적 관계가 부적절한 것을 고르시오 • 다음 글에서 논증의 짜임새가 부적절한 것은? • 다음 글의 논증 구조를 분석한 것으로 부적절한 것은?

8. 문제 해결 전략

주장의 논거에 대한 타당성 식별하기는 종합적인 독서 활동을 다루는 문제이다. '주장의 지지 또는 비판' 유형은 먼저 지문의 주장을 파악하고 그 주장을 지지하거나 비판하는 논거를 찾아야 한다. 그리고 제시된 선택지가 주장을 지지 또는 비판하는 논거와 관련성을 파악해야 한다.

'논증 구조 분석' 유형은 지문에서 가장 중요한 것은 명제와 논거를 식별하는 것이다. 그리고 접속부사, 지시어, 논리적 관계 등에 유의하면서 논증 구조를 분석해야 한다.

Ⅱ. 활동

주장의 논거에 대한 타당성 식별하기에 관한 문제를 해결하고 토의해 보자.

【활동 1. 다음 지문을 읽고 토의사항을 해결하시오】

구분	내용
지문	① 개미는 머리, 가슴, 배로 이루어져있다. ② 나는 참으로 잘생겼다. ③ 봄이 오면 꽃이 핀다. ④ 그 분은 나의 어머니이다. ⑤ 내일은 맑은 날이다.
토의사항	위 지문의 ①~⑤에 대해 명제 유무 식별하고 명제가 아닌 이유를 기술하시오

【활동 2. 다음 지문을 읽고 토의사항을 해결하시오】

구분	내용
지문	① 대한민국은 민주 공화국이다. ② 남을 돕고 사는 일은 좋은 일이다. ③ 사람은 정직해야 한다. ④ 학생은 열심히 공부해야 한다.
토의사항	위 지문의 ①~④에 대해 명제 유무 식별하고 명제가 아닌 이유를 기술하시오

【활동 3. 다음 지문을 읽고 토의사항을 해결하시오】

구분	내용
지문	① 약물을 허용하면 국가 간 지원능력, 약물의 개발 수준 및 효능의 차이로 공정한 조건이 될 수 없다. ② 공정한 경기를 위해서 운동선수에게 약물복용을 허용하지 말아야 한다. ③ 예를 들면 선진국의 약물 수준은 후진국의 수준보다 훨씬 높기 때문에 선진국 운동선수들은 더 좋은 약물을 지원받을 수 있다. ④ 특히 약물 복용은 선수들의 건강을 심각하게 해치기 때문이다. ⑤ 국제 스포츠 기구는 약 200종 이상의 금지 약물 목록을 정하고 엄격하게 규제하고 있다.

구분	내용
토의사항	가. 위 지문에서 명제를 식별하시오. 나. 위 지문의 주장에 대한 논거인 것을 식별하시오. 다. 위 지문의 주장에 대한 근거인 것을 식별하시오.

【활동 4. 다음 지문을 읽고 토의사항을 해결하시오】

구분	내용
지문	㉠ 사람이란 신체적·정신적으로 시간이나 공간의 제약을 받는다. ㉡ 도구는 모든 시간이나 공간의 제약으로부터 인간을 해방시켜 준다. ㉢ 망원경이나 현미경은 눈의 제약에서, 농기구는 손의 제약에서 사람들을 해방시켰다. ㉣ 그러나 책은 신체의 일부가 아닌 정신적인 제약에서 벗어나게 했다. ㉤ 인간은 책을 통하여 기억을 확장하고, 상상의 공간을 넓혔다. ㉥ 그러므로 책은 인간으로 하여금 과거와 현재, 미래를 자유롭게 넘나드는 초월적인 삶을 누리게 하였다.
토의사항	가. 지문분석결과 키워드를 식별하고 중심내용을 기술하시오 나. 주제문을 식별하고 중심문장을 직접적으로 구체화한 문장을 선택하시오 다. 위 구체화한 문장을 부연 설명하는 뒷받침 문장을 식별하시오 라. 위 지문의 ㉤, ㉣의 결론을 식별하시오.

【활동 5. 다음 지문을 읽고 토의사항을 해결하시오】

구분	내용
지문	㉠ 한 민족의 전통은 고유한 것이다. 그러나 고유하다, 고유하지 않다 하는 것도 상대적인 개념이다. ㉡ 어느 민족의 어느 사상(事象)도 완전히 동일한 것이 없다는 점에서는 모두가 다 고유하다고 할 수 있다. ㉢ 한 종교나 사상(思想)이나 정치제도가 다른 나라에 도입된다 하더라도, 꼭 동일한 양상으로 발전되는 법은 없으며, 문화, 예술은 물론이고 과학 기술조차도 완전히 동일한 발전을 한다고는 볼 수 없다. ㉣ 이런 점에서는 조상으로부터 물려받은 모든 유산이 다 고유하다고 할 수 있다. ㉤ 그러나 또 한편, 한 민족이 창조하고 계승한 문화나 관습이나 물건이 완전히 고유하여, 다른 민족의 문화 내지 전통과 유사점을 전연 찾을 수가 없고, 상호의 영향이 전연 없는 그런 독특한 것은, 극히 원시시대의 몇몇 관습 외에는 없다고 할 것이다.
선택지	① ㉠은 ㉡의 근거이다. ② ㉡은 ㉢의 근거이다. ③ ㉢은 ㉣의 근거이다. ④ ㉣은 ㉤의 근거이다. ⑤ ㉤은 논증의 결과이다.

구분	내용
토의 사항	가. 지문분석결과 키워드를 식별하고 중심내용을 기술하시오 나. 주제문(주장 또는 명제)을 식별하시오 다. 지문의 논리적 관계가 바른 것을 선택지에서 고르시오

【활동 answer】

토의 1. 명제인 것은 ①, ③, ④, ⑤, 명제가 아닌 것은 ②이다. 그 이유는 진위여부 가능여부 고려 시 ②는 '잘 생겼다.'의 기준이 불명확하므로 명제가 아니다.

토의 2. 모두가 명제이다. ① 어떤 사실에 대한 진위 판단이 가능한 사실명제, ② 대상에 대한 가치판단인 '옳고 그름, 좋고, 나쁨' 등에 대한 주장인 가치명제, ③과 ④ 바람직하다는 주장('반드시 ~ 해야 한다', '~해서는 안 된다')는 형식의 당위(정책)명제

토의 3.

가. ② 당위(정책)명제

나. ② (주장)의 논거는 ①, ③, ④.

다. ② (주장)의 근거는 ⑤

토의 4.

가. 키워드 → 제약, 도구, 해방, 책, 기억, 공간, 초월적인 삶, 중심내용 → 인간 삶의 제약과 해방(초월적인 삶)

나. 주제문 → ㉠, 중심문장을 직접적으로 구체화한 문장 → ㉡, ㉣

다. 구체화한 문장을 부연 설명하는 뒷받침 문장, ㉡ → ㉢, ㉣ → ㉤

라. ㉤, ㉣의 결론 → ㉥

토의 5.

가. 키워드 → 전통, 고유한 것, 상대적 개념, 중심내용 → 전통의 고유성과 희소성

나. 주제문(주장 또는 명제) → ㉠

다. ③, ㉢의 내용 다음에 ㉣에서 '이런 점에서'라며 언급되고 있음은 ㉢이 ㉣의 근거가 됨을 입증하고 있다.

Ⅲ. 평가

1 다음 글의 근거가 될 수 있는 문장으로 가장 적절한 것을 고르시오?

중세 유럽은 철저한 기독교적인 사회였다. 성경을 부정하거나 신을 부정하는 일은 상상조차 할 수 없는 시대였다. 그러나 코페르니쿠스, 갈릴레오 등이 '지구는 우주의 중심이 아니다.'라는 과학적 명제를 밝혀냄으로써 사람들의 가치관은 흔들리기 시작했다. 이후 다윈의 '종의 기원' 등을 통하여 사람들의 마음속에 더는 성경이 진리가 아닐 수도 있다는 생각을 심어주게 되었고 이는 '신이 존재하지 않을 수도 있다'라는 결론을 도출하게 되었다. 몇 세기 전만 해도 유럽 사회에서 신에 대한 부정은 매우 불경스런 행위였다. 사형에 처하게 될 수도 있을 만큼 도덕적으로 옳지 않은 행위로 간주하였던 것이다. 그러나 현대 유럽 사회에서 자신을 무신론자라고 드러내는 것은 어떠한 문제도 되지 않는다.

① 새롭게 밝혀지는 과학 지식으로 인해 사람들의 가치관이 변할 수 있다.
② 종교는 무지의 산물이며 현대인이 극복해내야 할 과거의 산물이다.
③ 기독교는 과학과 양립할 수 없다.
④ 유럽 문명의 근간에는 기독교적 가치관이 깔렸다.
⑤ 현대 사회는 과거의 가치를 부정하는 과정을 통해 성립되었다.

2 다음은 2018년 소비트렌드로 선정된 '플라시보 소비'에 대한 글이다. 그 사례로 거리가 먼 것은?

플라시보 소비란 속임약을 뜻하는 '플라시보'와 '소비'가 결합된 말로, 가격 대비 마음의 만족이란 의미의 '가심비(價心費)'를 추구하는 소비를 뜻한다. 플라시보 소비에서의 '플라시보(Placebo)'란 실제로는 생리 작용이 없는 물질로 만든 약을 말한다. 젖당·녹말·우유 따위로 만들며 어떤 약물의 효과를 시험하거나 환자를 일시적으로 안심시키기 위한 목적으로 투여한다. 환자가 이 속임약을 진짜로 믿게 되면 실제로 좋은 반응이 생기기도 하는데 이를 '플라시보 효과'라고 한다. 즉, 가심비를 추구하는 소비에서는 소비자가 해당 제품을 통해서 심리적으로 안심이 되고 제품에 대한 믿음을 갖게 되면, 플라시보 효과처럼 객관적인 제품의 성능과는 상관없이 긍정적인 효과를 얻게 된다. 이러한 효과는 소비자가 해당 제품을 사랑하는 대상에 지출할 때, 제품을 통해 안전에 대한 심리적 불안감과 스트레스를 해소할 때일수록 강해진다. 따라서 상품의 가격과 성능이라는 객관적인 수치에 초점을 두었던 기존의 가성비에 따른 소비에서 소비자들이 '싸고 품질 좋은 제품'만을 구매했다면, 가심비에 따른 소비에서는 다소 비싸더라도 '나에게 만족감을 주는 제품'을 구매하게 된다.

① 안00씨는 딸아이를 위해 비싸지만 천연 소재로 제작된 유치원복을 구매했다.
② 최00씨는 옷 만드는 것을 좋아해 자수틀과 실, 바늘 등의 도구를 사고 있다.
③ 손00씨는 계절이 바뀔 때면 세일 기간을 공략해 필요한 옷을 구입하고 있다.
④ 이00씨는 평소 좋아하는 캐릭터의 피규어를 비싸게 구매하였다.
⑤ 한00씨는 최근 향기가 나는 샤워필터를 구매하여 기분 좋게 샤워하고 있다.

3 다음 주장을 뒷받침하는 근거로 가장 적절한 것은?

> 새로 개발된 어떤 약이 인간에게 안전한지를 알아보기 위한 동물 실험이 우리가 필요로 하는 정보를 다 제공하지는 못한다.

① 신약개발이 신약을 안전하게 생산하는 기술로 곧바로 연결되는 것은 아니다.
② 쥐에게 효과가 있는 약이 인간에게 부작용을 일으키는 경우가 있다.
③ 동물 실험보다 위약(僞藥) 실험이 신약 검증에 더 도움이 된다.
④ 동물 실험이 신약의 안정성 확보에 도움이 된 경우가 많다.
⑤ 동물도 고통을 느끼며 생명을 가지고 있다.

4 다음 글에 대한 설명으로 옳은 것을 고르시오?

> ㉠ 전통은 물론 과거로부터 이어 온 것을 말한다. ㉡ 이 전통은 대체로 그 사회 및 그 사회의 구성원(構成員)인 개인(個人)의 몸에 배어 있는 것이다. ㉢ 그러므로 스스로 깨닫지 못하는 사이에 전통은 우리의 현실에 작용(作用)하는 경우(境遇)가 있다. ㉣ 그러나 과거에서 이어 온 것을 무턱대고 모두 전통이라고 한다면, 인습(因襲)이라는 것과의 구별(區別)이 서지 않을 것이다. ㉤ 우리는 인습을 버려야 할 것이라고는 생각하지만, 계승(繼承)해야 할 것이라고는 생각하지 않는다. ㉥ 여기서 우리는, 과거에서 이어 온 것을 객관화(客觀化)하고, 이를 비판(批判)하는 입장에 서야 할 필요를 느끼게 된다.

① ㉠은 이 글의 주지 문장이다.
② ㉡은 ㉠을 부연 설명한 문장이다.
③ ㉡과 ㉢은 전환관계이다.
④ ㉣은 ㉤에 대한 이유를 제시한 문장이다.
⑤ ㉤은 전체 내용을 요약한 문장이다.

5 다음 중 제시된 주장을 반박하기 위한 사례로 적절한 것을 고르시오?

어떤 수학자는 "컴퓨터에서 얻은 결과를 불가피하게 이용하는 이런 과정은 사람의 손으로 점검해 볼 수 없다는 점에서 수학적 증명으로 간주할 수 없다."라고 주장했다.

① 사람은 주식 시장의 변수들을 모두 점검할 수 없다. 그에 반해 주식 매매 소프트웨어를 활용하면 더 착실하고 빠르게 판단할 수 있다.
② 자동 항법 장치는 급변하는 상황에 대처하기 어렵다. 조종사가 직접 운전하는 것이 제일 안전하다.
③ 이대로 컴퓨터가 계속 발전해 나간다면, 언젠가는 사람들이 컴퓨터의 지배를 받을 것이다.
④ 컴퓨터로 원주율을 정확하게 계산할 수는 없다. 물론 사람도 마찬가지이다.
⑤ 사람이 실수를 하는 것처럼, 컴퓨터도 오류를 일으키기도 하므로 완전히 믿을 수 없다.

6 다음 제시된 글의 논증 구성을 바르게 분석한 것을 고르시오.

㉠ 문제는 선행학습이 본디 뜻과 달리 사용되면서 오히려 교육을 망치는 원흉으로 지적되고 있다는 사실이다.
㉡ 하지만 선행학습은 매우 중요하고 반드시 갖추어야 할 학습 능력이다.
㉢ 왜냐하면 선행학습은 미리 학습하는 것이 아니라 이전에 반드시 학습되어 있어야 하는 것이기 때문이다.
㉣ 이러한 선행학습은 학원이 아닌 학교에서 충실하게 다루어져야 한다.
㉤ 그런데 선행학습을 마치 공교육 붕괴의 원인으로 보고 책임을 외부 탓으로 돌리는 것은 너무 무책임하다.

① ㉠은 ㉢의 원인이다.
② ㉠은 ㉣의 결과이다.
③ ㉢은 ㉡의 이유이다.
④ ㉣은 ㉠의 결과이다.
⑤ ㉤이 전체의 주제이다.

7 다음 제시된 글을 논증 구성을 바르게 분석한 것을 고르시오.

㉠ 두 가지 언어가 문학적으로 대등한 관계에 놓여 있지 않아서, 한 언어가 다른 언어로부터 여러 가지 어휘를 차용하는 일은 반드시 나쁜 일만은 아니다. ㉡ 국어만으로는 충족될 수 없는 여러 가지 표현을 외래어를 활용하여 이루어 낼 수 있고, 외래어의 유입으로 국어의 어휘는 더욱 풍부해질 수 있다. ㉢ 그런데 일어계 외래어는 모어(母語)인 국어를 쓰지 못하는 상황에서 외국어인 일본어만을 쓰도록 강요당한 결과로 익히게 된 어휘들이다. ㉣ 우리가 같은 외래어라고 하더라도 하루바삐 일어계 외래어를 될 수 있는 대로 쓰지 않도록 노력해야 한다고 주장하는 근거가 여기에 있다. ㉤ 일어계 어휘는 외래어로서가 아니라 외국어로서 너무나도 강하게 우리의 언어생활에 영향을 끼쳤다.

① ㉠과 ㉡은 ㉢의 뒷받침 문장이다.
② ㉠과 ㉡은 대조적 관계이다.
③ ㉣은 ㉠을 재 진술한 것이다.
④ ㉤은 글 전체의 주지이다.
⑤ ㉢과 ㉤은 ㉣의 근거이다.

8 다음 제시된 예문에서 사용하고 있는 논증을 고르시오?

고양이는 잠을 잔다. 강아지는 잠을 잔다. 송아지도 잠을 잔다. 고양이, 강아지, 송아지는 모두 동물이다. 그러므로 모든 동물은 잠을 잔다.

① 연역법
② 귀납법
③ 변증법
④ 연역법과 귀납법
⑤ 귀납법과 유추

9 각 문장 간의 논리 구조를 바르게 분석한 것을 고르시오.

㉠ 말이 겨레의 얼의 상징이며 민족 결합의 원동력이라는 데에서 말이 얼마나 소중한 것인가를 깨닫게 된다.
㉡ 이처럼 소중한 말의 순화를 들고 나올 때 문제되는 것의 하나가 들어온 말이다.
㉢ 이 들어온 말은 우리 겨레의 참된 삶이나 정신이 투영된 것이 결코 아니다.
㉣ 그것은 마땅히 우리말에서 솎아 내야 할 말의 잡풀에 지나지 않는다.
㉤ 밭의 잡풀은 뽑아내는 것으로 끝나지만, 말의 잡풀은 뽑아 낸 빈자리에 반드시 다른 말을 갈아 심어야 한다.

① ㉡은 ㉠의 결과이다.
② ㉢은 ㉣의 근거이다.
③ ㉣은 ㉤의 근거이다.
④ ㉢은 ㉡의 결과이다.
⑤ ㉠은 ㉤의 전제이다.

10 다음 중 빈칸에 들어갈 문장으로 가장 논리적인 것은?

> 철수와 민종이의 몸무게는 같다. 하늘이와 숙희의 몸무게도 같다.
> 그러므로 (   )

① 남자의 몸무게는 여자의 몸무게보다 많다.

② 여자의 몸무게는 남자의 몸무게보다 많다.

③ 네 사람의 몸무게는 모두 같다.

④ 네 사람의 몸무게가 같은지 알 수 없다.

⑤ 네 사람 중 세 사람의 몸무게가 같을 수 있다.

☞ 정답 및 해설 p. 354.참조

제19장 논리적 사고력

직장인들은 업무수행과정에서 대부분 '공적인 말하기와 글쓰기' 또는 '논리적인 말하기와 글쓰기'를 통해 자신의 업무를 수행한다. 이 과정에서 요구되는 능력이 바로 논리적인 사고력이다. 논리적인 사고력은 '추론 방법 식별하기'와 '논리적 오류 식별하기'를 기반으로 한다. 논리적 사고력에 관해 필요한 지식, 활동, 평가 등을 통해 학습해보도록 하자

Ⅰ. 필요지식

1. 논리적 사고력

논리적 사고는 직장생활 중에서 지속해서 요구되는 능력이다. 논리적인 사고력이 없다면 아무리 다양한 지식을 가지고 있더라도 자신이 만든 계획이나 주장을 주위 사람들에게 이해시켜 실현하기 어려울 것이며, 이때 다른 사람들을 설득하여야 하는 과정에 필요로 하는 것이 논리적 사고이다.

일반적으로 사고력은 창의적 사고력, 비판적 사고력, 논리적 사고력 등 세 가지로 나뉜다. 창의적 사고력은 기존의 정보를 근거로 특정 상황 또는 미래에 유용한 새로운 아이디어를 산출하는 능력이다.

비판적 사고력은 논증, 추론, 아이디어 등의 수용 여부를 판단하는 능력을 말한다. 한편 학습하고자 하는 논리적 사고력은 사고의 전개에 있어 논리적 흐름의 타당성 여부를 판단하고 아이디어를 평가하는 사고능력이다.[64)]

논리적 사고력은 일반적으로 제시된 글의 타당성 일관성, 적절성 등을 비판하는 능력이다. 글에 담긴 다양한 주장들이 어떤 논리적 관계에 있는지, 글을 구성하고 있는 문장들 사이의 논리적지지 관계의 타당성 유무를 식별하고, 논증 사이의 차이 및 유사점을 구별하며, 추론에 어떤 오류가 있는지를 식별하는 능력을 말한다.

64) 「법률저널」, http://www.lec.co.kr/news/articleView.html?idxno=50682(검색일: 2020. 8. 25)

2. 명제 논리

명제논리(propositional logic) 혹은 문장 논리(sentential logic)는 명제 혹은 문장 간의 논리적 관계를 다루는 것이다. 논리적 사고력과 관련하여 가장 많이 등장하는 것은 바로 명제 논리에 관한 것들이다.

제17장에서 살펴본 바와 같이 명제는 논리학적인 판단을 참인지 거짓인지 판별할 수 있도록 하거나, 가정과 결론의 형태의 언어로 표현한 것을 의미한다. 따라서 명제 논리형 문항에서는 '단순화'가 필요하다. 이를 위해 각 개념을 간단하게 기호로 표시하고 개념 간의 관계를 화살표 또는 집합기호를 사용하여 정리한 후 참이냐 거짓을 따지는 것이다.

명제는 "~이면 ~이다.(P이면 Q이다.)"의 형태로 나타낼 수 있다. 예를 들면 "서울 시민은 대한민국 국민이다."라는 문장을 명제논리 정리하면 "서울 시민이면 대한민국 국민이다."로 정리가 가능하며, 이 명제가 참인지 거짓인지 검증할 수 있다.

논리학에서 명제의 조건 p, q를 가정과 결론으로 결합 만들어 낸 명제는 네 가지가 있으며, 그 경우의 수를 역, 이, 대우라 한다. 이들의 관계를 도식해 보면 다음과 같다.

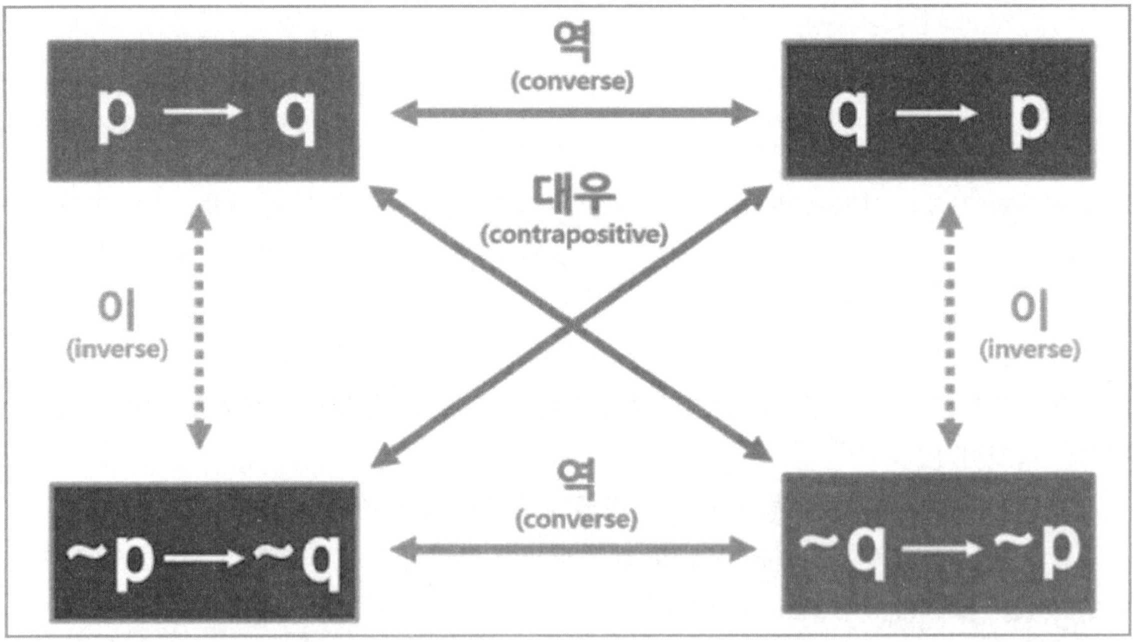

먼저, 어떤 조건 명제의 역(逆, converse)은 그 조건 명제의 가정과 결론을 뒤바꿔 얻는 명제이다. 예를 들어, 'p이면 q이다'라는 명제의 역은 'q이면 p이다'이다.

두 번째, 어떤 조건 명제의 이(裏, 영어: inverse)는 그 조건 명제의 가정과 결론에 각각 부정을 취하여 얻는 명제이다. 예를 들어, 'p이면 q이다'라는 명제의 이는 'p가 아니면 q가 아니다'이다.

세 번째, 어떤 조건 명제의 대우(對偶, contrapositive)는 그 조건 명제의 가정과 결론을 뒤바꾼 뒤 각각 부정을 취하여 얻는 명제이다. 다시 말해, 명제의 대우는 그 명제의 역의 이 또는 이의 역과 같다. 예를 들어, 'p이면 q이다'라는 명제의 대우는 'q가 아니면 p가 아니다'이다. 고전 논리에서 한 쌍의 명제가 서로 대우라면, 이 둘은 항상 논리적 동치이다. 즉, 서로 대우인 명제는 둘 다 참이거나 둘 다 거짓이다.

"9의 배수이면(조건 또는 가정) 3의 배수이다.(결론)"의 명제를 가지고 명제의 '역, 이, 대우'에 대한 개념을 정리해 보면 다음과 같다.

역	조건과 결론의 위치를 바꾼다.	3의 배수이면 9의 배수이다.
이	조건과 결론을 부정한다.	9의 배수가 아니면 3의 배수가 아니다.
대우	조건과 결론을 부정하고 위치를 바꾼다	3의 배수가 아니면 9의 배수가 아니다.

3. 논리적 오류

논리학에서 오류(誤謬, Fallacy or Error]) 또는 허위(虛僞)는 일반적으로는 옳지 않은 추리를 가리키나, 특히 옳은 듯이 겉으로만 보이려는 옳지 않은 추론(推論)을 의미한다.[65] 여기에는 형식적인 오류 추론과 비형식적인 오류 추론이 있다.

가. 형식적인 오류 추론[66]

형식적 오류는 논변(논증) 자체의 내용 때문이 아니라 그 형식 때문에 범하게 되는 오류를 말한다. 여기에는 순환논증의 오류, 전건 부정의 오류, 후건 긍정의 오류, 선언지 긍정의 오류 등이 있다.

65) https://ko.wikipedia.org/wiki/%EB%85%BC%EB%A6%AC%EC%A0%81_%EC%98%A4%EB%A5%98(검색일: 2017. 7. 9)

66) http://terms.naver.com/entry.nhn?docId=2829748&cid=42251&categoryId=55766(검색일: 2017. 7. 9)

(1) 순환 논증의 오류는 논증이 되어야 할 명제를 논증의 근거로 하는 잘못된 논증이다. 즉, 결론에서 주장하고자 하는 바를 전제하는 오류이다.

예시 1	예시 2
성경은 하나님의 말씀이다. 성경에 그렇게 적혀 있기 때문이다	그는 정직하다. 왜냐하면 그는 사람을 속이지 않기 때문이다.

(2) 전건 부정의 오류

'만일 p이면, q이다'의 전건(前件)을 부정(~p이면)하여 후건(後件)을 부정(~q)한 것을 결론으로 도출하는 경우다. 예를 들면 다음과 같다.

예시 1	예시 2
만일 그 동물이 사자라면 그 동물은 포유동물이다. 그 동물이 사자가 아니다. 따라서 그 동물은 포유동물이 아니다	컴퓨터 게임에 몰두하면 눈이 나빠진다. 아무개는 컴퓨터 게임에 몰두하지 않는다. 그러므로 아무개는 눈이 나빠지지 않는다.

(3) 후건 긍정의 오류

'만일 p이면, q이다'의 후건을 긍정하여 전건을 긍정한 것을 결론으로 도출하는 경우다. 예를 들면 다음과 같다.

예시 1	예시 2
만일 비가 오면, 땅이 젖는다. 땅이 젖었다. 따라서 비가 왔다	그것이 고양이라면 죽는다. 그것은 죽는다. 그러니까 그것은 고양이다.

(4) 선언지 긍정의 오류

포괄적 의미의 '또는'과 배타적 의미의 '또는'을 혼동하여 발생하는 오류다. 예를 들면 다음과 같다.

예시 1	예시 2
그는 기독교인이든지 마르크스주의자일 것이다. 그는 기독교인이다. 따라서 그는 마르크스주의자가 아닐 것이다.	성실하면 부자가 되거나 이름을 날린다. 그는 성실해서 부자가 되었다. 그러니까 그는 이름을 날리지 못했을 것이다.

나. 비형식적인 오류 추론67)

비형적인 오류 추론은 논리적 오류의 일종이다. 추리의 형식적 규칙을 범하는 것을 의미하는 형식적 오류와 구별되는 것으로서, 논제(論題)에 대한 주의나 엄격성의 결함, 혹은 논증에

67) https://namu.wiki/w/%EB%B8%94%EB%A6%AC%EC%B8%A0%20%EB%B8%8C%EB%A6%AC%EA%B2%8C%EC%9D%B4%EB%93%9C(검색일: 2017. 7. 9)

사용되는 언어의 애매성에 의해서 야기되는 오류를 뜻한다.68) 여기에는 언어적 오류, 자료적 오류, 심리적 오류 등이 있다.

(1) 언어적 오류69)

언어적 오류는 언어를 잘못 써서 논증의 타당성이 떨어지는 오류이다. 언어적 오류에는 애매어의 오류, 은밀한 재정의의 오류, 강조의 오류, 비유의 오류 등이 있다.

(2) 애매어의 오류

발음이나 표기상의 문제로 두 가지 이상의 의미로 사용되는 모호한 낱말, 즉 동음이의어, 다의어, 그리고 말을 구성하는 단어의 원래 의미들과 다르게 쓰이는 속담과 관용구 등의 관용적 표현으로 인해 정확한 의미가 드러나지 않을 때를 애매어의 오류라 한다.

예시 1	예시 2
모든 인간은 죄인이다. 모든 죄인은 감옥에 가야 한다. 그러므로 모든 인간을 감옥에 가야한다.	죄를 지으면 벌을 받고, 벌을 받으면 꿀을 얻어서 그걸로 돈을 벌 수 있다. 그러므로 죄를 지으면 돈을 벌 수 있다

(3) 은밀한 재정의의 오류

은밀한 재정의의 오류는 주장하는 쪽이 자기 혼자서 일부러 애매성을 만든 경우이다. 즉, 용어의 의미를 자의적으로 정의하여 사용함으로써 생기는 오류를 말한다.

예시 1	예시 2
신은 공평하다. 왜냐하면 누군가에게는 공평하고, 다른 누군가에게는 공평하지 않은 것이 아니라, 모두에게 똑같이 불공평하기 때문이다.	미친 사람은 정신병원에 수용해야 해. 그런데 요즘 세상에 뇌물 주는 것을 물리치다니, 미치지 않고서야 그럴 수 있어? 그 친구 정신병원에 보내야겠어.

(4) 강조의 오류

특정한 단어나 구, 문장을 강조 또는 은폐함으로써 성급한 판단이나 추리를 유도하는 경우를 말한다.

예시 1	예시 2
잔디를 밟지 마시오. 그럼 밟지 않고 불태우는 것은 상관없겠군!	내 물건에 손대기만 해봐. 발은 대도 된 단 소리지?

68) http://terms.naver.com/entry.nhn?docId=510930&cid=42126&categoryId=42126(검색일: 2017. 7. 9)
69) http://blog.naver.com/quantumkim?Redirect=Log&logNo=220769389871(검색일: 2017. 7. 9)

(5) 비유의 오류

수사적인 뜻을 논리적이고 사실적인 뜻과 혼동했을 때 빠지는 오류를 '비유의 오류'라 한다.

예시 1	예시 2
• 목사: 거듭나지 않으면 천국을 보지 못하리라는 말이 있음을 명심해야 한다. • 청년: 에이, 우리 인간들은 다시 천국을 보기는 틀렸군.	• 장군: 우리가 졌어, 승기가 꺾였다고. • 병사: 무슨 소리십니까? 깃발이야 다시 만들면 되는 거 아닙니까?

(6) 자료적 오류

자료에 대한 그릇된 판단에 근거를 두어 결론을 도출해 내는 오류를 '자료적 오류'라고 한다. 이것은 자료의 과대 · 과소평가에서 빚어진다.

(가) 무지에 호소하는 오류

어떤 명제가 거짓임이 증명되지 않음을 근거로 참이라고 주장하거나, 반대로 참이라는 것이 증명되지 않았기 때문에 그 명제는 거짓이라고 주장하는 경우이다. 즉, 어떤 주장의 근거를 밝히지 못하여 그 반대의 주장이 옳다는 오류이다.

예시 1	예시 2
신이 없다고? 없다는 걸 증명해 봐. 못 하지? 그러므로 신은 존재한다.	완전범죄가 존재한다는 것이 밝혀진 적은 없다. 그러므로 완전범죄는 없다

(나) 의도 확대의 오류

이 오류 논증은 '의도한다.', '바란다.', '희망한다.', '믿는다.', '생각한다.' 등과 같은 지향적 태도와 관련된 오류다

예시 1	예시 2
골목에서 야구하는 것은 곧 남의 집 유리창을 깨기 위한 행동이다.	• 의사: 담배 좀 그만피세요. • 환자: 아니 금연이 그렇게 쉽게 되는 일이 아니잖아요. • 의사: 아니 죽으려고 작정을 했나요.

(다) 원칙 혼동의 오류

예외의 경우에도 법칙(원칙)을 적용하게 되면 논리적으로 오류가 발생하게 되는데 이를 원칙 혼동의 오류라고 한다.

예시 1	예시 2
당신들 내가 그 짓을 했다고 왜 몰아붙이는 건데? 무죄추정의 원칙이 있잖아!	살인은 나쁜 짓이다. 그러므로 자신을 죽이려고 총을 쏘는 상대를 정당방위로 죽이는 일도 나쁜 짓이다.

(라) 논점 무시의 오류

자신에게 불리한 증거를 의도적으로 무시하는 방법으로 논지를 받아들이게 하면 오류로 이어진다. 대개 주장에 대한 반박을 예외적인 경우나 특수한 상황의 특이케이스로 치부해버린다. 심리학에서는 이를 확증편향이라고 부른다.

예시 1	예시 2
성공은 대부분 우연에 의한 산물이다. 노력하여 성공하는 것은 극히 드물다	나는 돈을 받지 않았다. 최순실이나 안종범이 알아서 한 일이다. 나는 한 순간도 나라와 국민을 잊어 본적이 없다.

(마) 결합의 오류

합성의 오류라고도 한다. 전체에 속하는 부분적 속성으로부터 전체 자체의 속성을 잘못 추리하는 것을 말한다. 즉, 결합했을 때 성격이나 속성이 변화하는 데 이를 인정하지 않고 결합 전 속성이나 성격이 그대로 유지된다고 추론하는 오류이다.

예시 1	예시 2
모래알 한 알은 매우 가볍다. 그러므로 한 트럭에 담긴 모래더미도 가벼울 것이다.	산삼, 녹용, 스쿠알렌, 알로에, 로얄제리, 웅담을 합치면 틀림없이 좋은 약이 될 거야.

(바) 성급한 일반화의 오류

가장 잘 알려진 오류의 유형, 사람들이 가장 많이 범하는 오류, 가장 많은 논란을 불러올 수 있는 오류이다. 즉, 제한된 정보, 불충분한 자료, 대표성을 결여한 사례 등 특수한 경우를 근거로 하여 성급하게 일반화하는 오류를 뜻한다.

예시 1	예시 2
한국인들 몇몇이 일본을 비판했다. 한국은 국수주의에 찌든 나라다.	초등학생은 덜 배워서 모르는 게 많다. 고로 모든 초등학생은 개념이 없다.

(사) 거짓 원인의 오류

어떤 사건이나 사물의 원인이 아닌 것을 그것의 원인으로 여기는 경우를 말한다. 보통은 원인으로 간주되는 사건이 문제의 사건보다 앞서 발생하는 경우에 이 오류가 흔히 발생한다.

예시 1	예시 2
새벽이 올 때는 꼭 닭이 울더라. 닭 목을 비틀어버리면 새벽도 안 올테니 늦잠을 자도 상관이 없겠지!	세월호 침몰과 같은 사고를 막기 위해서는 수학여행을 없애야 한다.

(아) 분할의 오류

분해의 오류라고도 한다. 전체 또는 집합이 어떤 성질을 가지고 있기 때문에 그 부분 또는 원소도 그와 같은 성질을 가지고 있다고 추론하는 오류추리, 또는 어떤 집합의 속성에서 원소 자체의 속성을 논증하는 것을 말한다.

예시 1	예시 2
소금은 먹을 수 있으니 나트륨과 염소도 먹을 수 있겠지?	이씨는 부자야. 그러니까 입고 있는 옷이랑 자동차, 집도 틀림없이 비쌀 거야.

(자) 흑백논리의 오류

논리학에서는 흑백사고의 오류라고 하는데, 잘못된 이분법, 잘못된 대안의 오류라고도 한다. 이것은 반대 관계와 모순 관계를 혼동하는 오류이다. 어떤 대상이 희지 않다는 것으로부터 그것이 검다는 결론은 나오지 않음에도 불구하고 검다고 생각하는 오류이다.

예시 1	예시 2
기부를 하는 것은 착한 일이다. 따라서 기부를 하지 않는 것은 나쁜 일이다.	문과생은 수학을 못하고, 이과생은 국어를 못한다.

(차) 논점일탈의 오류

논리학에서는 논리를 펼 때 해서는 안 되는 오류 중 하나이다. 즉 쓸데없는 말로 곁가지를 쳐나가다 스스로의 논증에 차질이 생기고, 결국 논쟁이 흐지부지 되는 오류이다.

예시 1	예시 2
학생: 아주머니 옷이 아주 예쁘시네요. 아주머니: 옷 어디가 예쁜데? 학생: (잠시 생각하다가..) 음.. 맞다 저번에 임대료 제가 드렸죠?	회사 생활은 스트레스를 받게 한다. 스트레스는 나에게 담배를 피우게 만든다. 담배는 몸에 좋지 않다. 그러므로 담배는 없어져야 한다.

(7) 심리적 오류

어떤 논지를 객관적으로(논리적으로) 설득되어서가 아니라 주관적으로(심리적으로) 영향을 받아 수용할 경우 심리적 오류가 범해진다. 동정, 공포, 증오, 사랑 등의 심리적 요인이 발생하며, 그 심리적 요인은 어떤 사실판단을 유발시킬 수 있는 것이다.

(가) 연민(동정)에 호소하는 오류

감정에 호소하는 것은 동정심 등에 호소해서 결론을 받아들이게 하려고 할 때 범하는 오류이다.

예시 1	예시 2
교수님 한과목이라도 F학점을 받게 되면 저는 군 장학생에서 탈락하게 됩니다. 군 장학생에서 탈락하게 되면 저희 부모님은 큰 충격을 받을 것입니다.	저는 과속을 하였습니다. 하지만 경찰관님 저는 이미 딱지를 떼였는데 또 딱지를 떼면 벌금만 50만 원이 넘습니다. 저는 자동차로 생계를 유지해야하는 저의 형편을 생각해서라도 이번만은 그냥 눈감아 주세요.

(나) 군중에 호소하는 오류

말 그대로 결론을 뒷받침하는 전제 부분에 군중들을 끌어들이는 것으로, 오류는 많은 군중이 그렇게 생각하고 있으므로 그것이 옳거나 좋다고 결론을 내리는 형태를 띠고 있다. 본질적 문제는 '모든 사람이 옳다고 생각하므로 옳다', '그런데 너는 뭐라고 다른 소리를 하느냐'라는 머릿수로 누르는 형태이기 때문이다.

예시 1	예시 2
○○햄버거는 세계에서 가장 많이 팔린다. 그러므로 세계에서 가장 맛있는 음식이다.	여론조사 결과 90%의 사람들이 ○○발언은 ××라고 생각한다. 그러므로 ○○발언은 ××이다

(다) 부적합한 권위에 호소하는 오류

전문가의 전문영역을 벗어난 문제에 대해 전문가의 의견에 호소하는 경우를 말한다. 해당 분야에 공신력 있고 전문적인 권위가 있는 정보출처가 아님에도 불구하고 단지 유명하다는 이유만으로 자신의 주장을 뒷받침하는 논거로 여기는 오류다.

예시 1	예시 2
00 상품은 000 연예인이 광고했다. 그러므로 좋은 상품이다.	아인슈타인은 '인간은 평생 자기 뇌의 10%만 쓰고 죽는다.'라고 말했다. 아인슈타인이 말했기 때문에 사실이다.

(라) 인신공격의 오류

어떤 사람이 상대방의 성격, 지적 수준, 사상, 인종적 배경 등의 이유로 그 주장이 틀리거나 나쁘다고 일축하는 오류를 말한다.

예시 1	예시 2
소크라테스는 사형을 받은 사람이다. 그러므로 그의 철학은 무가치하다.	저 사람은 인간관계가 매우 좋지 못하고, 여자 관계도 문란하다. 그러므로 저 사람의 주장은 거짓이다.

(마) 피장파장의 오류

어떤 명제의 행위나 더 심한 행위를 상대가 한 적이 있다는 이유로 잘못된 명제라고 일축할 때 발생하는 오류이다.

예시 1	예시 2
프랑스: 터키에서는 아르메니아 학살을 자행했으므로 EU에 가입시켜서는 안 된다. 터키: 그렇게 말한 프랑스는 알제리 전쟁 때 더 한 학살을 한 적이 있다.	선생님 : 얘들아, 선생님 화장실을 사용해서는 안 되는 거야. 학생 출입 금지 구역에는 들어가지 않아야 하겠지? 학생 : 선생님들도 학생 화장실을 자주 이용하시면서 그런 말씀을 하세요?

(바) 원천 봉쇄의 오류

어떤 특정 주장에 대한 반론이 일어날 수 있는 유일한 원천(우물)을 비판(독을 뿌림)하면서 반박 자체를 불가능케 하여 자신의 주장을 옹호하고자 하는 상황에서 발생되는 오류이다.

예시 1	예시 2
나는 오늘날 현대인들은 타락했다고 생각한다. 이 말에 동의하지 않는 자들은 자신들이 이미 타락하였다는 것을 증명하고 있는 것이다.	영세상인 보호를 위해 대형마트 영업 시간 제한 및 의무 휴무제는 반드시 시행해야 한다. 이 말에 이의를 제기하는 사람은 영세상인을 죽이고 대형마트 배를 불려주자는 사람이다.

(사) 힘(공포 또는 협박)에 호소하는 오류

어떤 결론을 받아들이도록 하기 위해 힘에 호소하는 것으로, 힘 있는 사람이 어떤 것을 주장하거나 요구한다고 해서 그 사람이 가진 힘이나 위력 때문에 그것을 올바른 것으로 받아들일 때 발생하는 오류이다. 주로 언어폭력이나 물리적 폭력을 쓰는 경우가 많다.

예시 1	예시 2
만약 내 말을 듣지 않으면 나는 너에게 유산을 한푼도 주지 않겠다.	전 여러분의 의견을 받아들일 수 있습니다. 단, 이치에 맞지 않는 이야기를 하면 당신을 고소하겠습니다.

4. 문제 및 발문 유형

추론의 방식의 문제 유형은 직접 추론과 간접 추론을 식별하거나, 연역 추론 · 귀납 추론 · 유비 추론을 구별하는 것이다. 대표적인 발문의 유형은 "다음 중 논리적 추론의 방법이 다른 것 또는 같은 것을 고르시오" 등이다.

논리적 오류를 묻는 문제는 다양하다. 그러나 대부분 오류를 범하고 있는 지문을 제시하고 동일한 유형의 오류를 범하고 있는 선택지를 고르는 것이다.

발문의 유형은 "다음 명제가 참이라 할 때 항상 참인 것을 고르시오.", "다음 중 보기를 바탕으로 바르게 추론한 것을 고르시오.", "다음 지문과 동일한 유형의 오류를 범하고 있는 것을 고르시오", "다음 보기와 같은 오류와 동일한 유형의 오류인 것을 선택하시오", 등이 있다.

5. 문제 해결 전략

명제 논리에서 참이냐 거짓이냐를 식별하는 문제는 먼저 "서로 대우인 명제는 둘 다 참이거나 둘 다 거짓이다."에 중점을 두고 접근할 필요가 있다.

형식적 오류에 있어서 연역적 추론 문제의 경우 다음의 타당한 논증과 타당하지 않은 논증에 방식은 기억해야 한다. 먼저 타당한 논증은 '전건 긍정'과 '후건 부정'의 경우이다. 예컨대, "전건 긍정(결론 후건 긍정), P→Q, P다. 그러므로 Q다.", "후건 부정(결론 전건 부정), P→Q, ~Q다. 그러므로 ~P다."이다.

타당하지 않은 논증은 '전건 부정'과 '후건 긍정'의 경우이다. 즉, "전건 부정(결론 후건 부정), P→Q, ~P다. 그러므로 ~Q다."와 "후건 긍정(결론 전건 긍정), P→Q, Q다. 그러므로 P다."이다.

비형식적 오류는 먼저 개략적인 오류의 유형에 대해 이해를 하고 있어야 한다. 그리고 제시된 글 또는 보기의 오류가 무엇인지를 정확하게 파악한 뒤 이어 선택지에서 적절한 또는 적절하지 않은 오류의 유형을 식별하는 것이 효율적이다.

Ⅱ. 활동

다양한 지문을 통해 추론 방식과 논리적 오류에 대해 숙달 보도록 하자.

【활동 1. 다음 지문을 읽고 토의사항을 해결하시오】

구분	내용
지문	돈은 많을수록 좋다고 하는 사람이 있는가 하면, 돈이 사람의 마음을 병들게 하므로 돈은 없는 것이 더 낫다고 하는 사람도 있다. 그러나 돈은 사람의 삶에 있어서 하나의 필요악과 같은 것으로 돈은 적당히 있는 것이 좋다.
토의사항	가. 위 지문에서 명제와 논거 식별하시오 나. 위 지문의 추론 방식을 설명하시오

【활동 2. 다음 지문을 읽고 토의사항을 해결하시오】

구분	내용
지문	진영이와 동범이는 성적이 우수하다. 이들은 예습과 복습을 철저히 하고 수업 시간에 열심히 듣는다. 따라서 예습과 복습을 철저히 하고 수업 시간에 열심히 듣는 학생의 성적은 우수해질 것이다.
토의사항	가. 위 지문에서 명제와 논거 식별하시오 나. 위 지문의 추론 방식을 설명하시오

【활동 3. 다음 지문을 읽고 토의사항을 해결하시오】

구분	내용
지문	모든 생명체는 언젠가는 죽는다. 약 천년이 넘게 살았다는 용문사의 은행나무도 싱싱하지만 언젠가는 죽을 것이다.
토의사항	가. 위 지문에서 명제와 논거 식별하시오 나. 위 지문의 추론 방식을 설명하시오

【활동 4. 다음 지문을 읽고 토의사항을 해결하시오】

구분	내용
지문	여러분! 난 지금 퇴근 시간이란 걸 잘 알고 있습니다. 그렇기는 하지만 지금 제시간에 나갔다가는 재미없을 줄 아세요.
토의사항	위 지문의 논리적 오류의 유형은 무엇인지 식별하고 설명하시오

【활동 5. 다음 지문을 읽고 토의사항을 해결하시오】

구분	내용
지문	"우리는 다른 행성에서도 생명이 존재한다는 김 박사의 말을 거부해야해. 너, 그 사람이 어떤 사람인지 알아? 알코올 의존 증 환자야, 그런 사람 말은 아예 들을 필요도 없어."
토의사항	위 지문의 논리적 오류의 유형은 무엇인지 식별하고 설명하시오

【활동 answer】

토의 1.

가. 명제 → "돈은 사람의 삶에 있어서 하나의 필요악과 같은 것으로 돈은 적당히 있는 것이 좋다.". 논거 → ① 돈은 많을수록 좋다고 하는 사람이 있다. ② 돈이 사람의 마음을 병들게 하므로 돈은 없는 것이 더 낫다고 하는 사람도 있다.

나. 추론 방식 → 변증법적 추론이다. 서로 대립되는 두 명제를 근거로 그 모순을 지양하고 이를 종합하여 새로운 주장을 제시하고 있다.

토의 2.

가. 명제 → "예습과 복습을 철저히 하고 수업 시간에 열심히 듣는 학생의 성적은 우수해질 것이다.", 논거 → ① 진영이와 동범이는 성적이 우수하다. ② 이들은 예습과 복습을 철저히 하고 수업 시간에 열심히 듣는다.

나. 추론 방식 → 귀납 추론이다. 논거 ①과 논거 ②를 토대로 인과적으로 결론 ③이 도출 되었다.

토의 3.

가. 명제 → "은행나무도 싱싱하지만 언젠가는 죽을 것이다.", 논거 → ① 모든 생명체는 언젠가는 죽는다. ② 약 천년이 넘게 살았다는 용문사의 은행나무도 싱싱해 보인다.(이 나무도 살아 있다.)

나. 추론 방식 → 연역 추론이다. 논거 ①이 대전제, 논거 ②가 소전제이다.

토의 4. 공포(협박)에 호소하는 오류, 어떤 힘을 전제로 결론을 도출할 때 발생하는 오류

토의 5. 인신공격의 오류, 어떤 주장이나 행위를 한 사람의 인품이나 성격 또는 개인적 특성을 근거로 제시할 때 발생하는 오류

Ⅲ. 평가

1 다음과 같은 추론 방식이 사용된 것은?

원래 제도란 한 사회 구성원의 다수가 합의한 약속이며, 법은 제도적 규범의 하나이다. 그러므로 법은 사회 구성원의 합의 과정이 필요한 것이다.

① 그는 작년에도 해수욕장을 다녀왔고, 금년에도 다녀올 예정이라고 한다. 이로 보아 그는 매년 해수욕장을 다녀오는 사람임에 틀림없다.
② 남자는 아버지를 더 많이 닮는 것이 분명하다. 나만 보더라도 아버지는 활달하고 쾌활한 반면 어머니는 차분하고 조용한 편이신데, 아들인 나는 활달한 성격이니 말이다.
③ 철수와 영희, 현규는 성격이 매우 낙천적이다. 그런데 그들은 모두 몸과 마음이 건강하다. 따라서 성격이 낙천적인 사람은 몸과 마음이 건강함에 틀림없다.
④ 언어는 그 사회상을 반영한다. 그런데 오늘날 우리가 사용하는 언어에는 거친 표현이 늘어 가고 있다. 이로 보아 현재 우리 사회가 거칠어져 가고 있음이 분명하다.
⑤ 맹자는 죽었다. 석가도 죽었다. 이들은 모두 사람이다. 그러므로 사람은 죽는다. 인간이다. 인간은 죽는다.

2 다음 글의 주장을 이끌어 낸 추론 방식과 유사한 것은?

그런 습관을 가진 동물이 어디 강아지뿐인가! 늑대들도 강아지들처럼 나무에다 오줌이나 똥을 누어서 자신의 영토를 만방에 선언한다. 뿐만 아니라 하마는 자신의 똥을 물속에 흩어 놓음으로써 냄새로 자신의 영토를 주상하고, 곰은 두 발로 일어서서 나무에다 발톱으로 상처를 내어 표시를 한다. 자신의 고유 영역에 들어오려고 하면 이 땅을 차지하고 있는 자신과 일전을 각오하라는 준엄한 경고의 뜻을 담고 있다. 이같이 동물들은 수의 균형을 유지하기 위한 영역 수호의 본능을 지니고 있다.

① 공주가 푸른 장미꽃을 가져오는 청년과 결혼을 하겠다고 말했다지? 그렇다면 무슨 수를 써서라도 푸른 장미꽃을 구해야겠어. 그렇게만 된다면 난 공주와 결혼을 할 수 있을 거야.
② 난 아무 생각도 없이 그냥 말을 걸었을 뿐인데, 왜 이 친구가 화를 내지? 맞아. 아까 교무실에 불려갔는데, 그 때 선생님에게 혼났던 게 틀림없다.
③ 아니, 남한테 돋보이려고 고급 시계를 차고 다니는 사람이 있단 말이야? 고급 외제 승용차가 불티나게 팔리는 것도 남들한테 잘 보이려하기 때문이라던데, 그러고 보면 많은 사람들이 자신을 뽐내려고 과소비를 일삼는다는 말이 맞긴 맞는가 봐.

④ 초능력을 지닌 사람이 아니고서야 어떻게 눈빛만으로 숟가락을 휘게 만들 수 있겠니? 그런데 그 사람은 내가 보는 앞에서 눈빛으로 숟가락을 휘게 만들어 보였단 말이야. 그러니까 그 사람은 분명 뛰어난 초능력자이지, 안 그래?

⑤ 영희가 이번 시험을 잘 보게 되면 나와 함께 서울대공원에 놀러 가기로 했는데, 영희 친구의 말을 들어 보니 영희가 시험을 잘 치르지 못했다고 한다. 영희랑 같이 놀러 가기로 한 약속은 다 틀린 것 같다.

3 다음 글과 결론을 이끌어 내는 방식이 적용된 것은?

> 우리 문화를 가장 예민하게 반영하고 있는 것은 국어의 음운, 문법, 어휘 중에서 어휘라고 할 수 있다. 어휘는 당시의 시대상과 문화 수준을 반영한다. 문화 수준이 낮고 시대가 혼탁하고 혼란스러울 때, 어휘만이 우아하고 고상할 수는 없다. 그러므로 국민들이 순수하고 아름다운 어휘 생활을 하고, 우리 어휘를 될 수 있는 대로 다듬어 쓰자는 노력과 함께, 우리 사회가 참으로 바로 서고, 민족정기와 사회정의가 구현될 수 있는 사회가 되어야 한다. 사회가 바로 서지 않았는데 언어생활만이 아름답고 순수할 수는 없다.

① 여러 사람들을 만나 왜 사느냐고 물어보면, 그들은 하나같이 행복을 위해 산다고 한다. 그러므로 인간이 영위하는 삶의 궁극적인 목적은 행복을 추구하는데 있다고 할 수 있다.

② 소리 현상은 직선 전파, 반사, 교란, 파동 등의 속성을 가지고 있다. 빛 현상은 직선 전파, 반사, 교란 등의 속성을 가지고 있다. 그러므로 빛 현상도 파동의 속성을 가지고 있을 것이다.

③ 행동가는 결단을 잘 내리고 이를 신속하게 실천한다. 사색가들은 행동의 지침이 될 수 있는 근거를 여러 곳에서 찾으려하기 때문에 행동의 신속성 또는 행동 자체에 지장을 받는 일이 많다. 따라서 사색가는 대개 행동가가 되기 어렵다.

④ 우리말에서 '값, 글, 옷, 생각'과 같은 고유어에 '가치, 문(文), 의복, 사고'라는 한자어가 대응하고 있다. 이를 볼 때, 한자어들은 고유어보다 더 구체적이면서 분화된 의미를 나타내기도 한다.

⑤ 무지개는 대개 비 온 다음에 해가 났을 경우에 생긴다. 그런데 맑은 날 폭포 옆이나 분수 옆에서도 무지개가 생기는 것을 볼 수 있다. 이 두 경우는 나머지 조건을 다르지만, 물방울과 태양 광선이 존재한다는 점에서 공통점을 지니고 있다. 따라서 무지개가 생기는 원인은 물방울 속을 광선이 통과한 데에 있다.

4 다음 명제가 참일 때, 다음 빈칸에 들어갈 알맞은 문장은?

바이올린을 좋아하지 않는 사람은 플루트를 좋아하지 않는다

____

그러므로 콘트라베이스를 좋아하는 사람은 바이올린을 좋아한다.

① 바이올린을 좋아하는 사람은 콘트라베이스를 좋아하지 않는다.
② 콘트라베이스를 좋아하지 않는 사람은 플루트를 좋아하지 않는다.
③ 바이올린을 좋아하지 않는 사람은 콘트라베이스를 좋아한다.
④ 콘트라베이스를 좋아하는 사람은 플루트를 좋아한다.
⑤ 플루트를 좋아하는 사람은 콘트라베이스를 좋아한다.

5 다음 글의 밑줄 친 ㉠과 추론 방식이 유사하게 적용된 것은?

허버트 스펜서는 ㉠ <u>"생물이 단순한 것에서 복잡한 것으로 진화하는 과정에서 구조와 기능이 분화하는 한편 각 부분이 상호 의존적으로 통합되듯이, 사회도 저급에서 고급으로, 단순한 것에서 복잡한 것으로 진화하는 과정에서 그와 비슷한 분화와 통합이 생긴다."</u>라고 주장했다.

① 예로부터 겨울에 눈이 많이 내리면 이듬해 풍년이 든다고 한다. 지난겨울에 눈이 많이 내렸으니 금년에는 풍년이 들 것임에 틀림없다.
② 당근, 케일, 컴프리는 성인병을 예방하는 효과가 있다. 이들은 모두 녹황색 채소다. 그러므로 녹황색 채소는 성인병을 예방한다고 할 수 있다.
③ 모든 훌륭한 예술품에는 그 작가의 혼이 들어 있다. 이 작품은 작가의 혼이 깃들었다고 볼 수 없다. 그러므로 이 작품은 훌륭한 작품이 아니다.
④ 어느 사회에나 악인이 있듯이 말에도 좋지 않는 말이 있다. 따라서 사회가 제대로 서기 위해서는 악인을 교정하는 것과 같은 이치로 좋지 않는 말도 순화해야 한다.

6 다음 제시문과 동일한 오류를 범하고 있는 것은?

직무수행능력 평가 전에 치즈를 먹었더니 시험점수가 생각보다 잘 나왔다. 다음 직무수행능력 평가 전에도 치즈를 먹으면 시험점수는 잘 받을 거야.

① "나는 이번에 입사될 거야, 지원한 회사의 사장이 나의 사촌 형님이거든"
② "내가 이번 일에 대해 공개해 버리면 그 파장은 엄청날 거야"
③ "잠을 자기 전에 우유를 마셨더니 잠이 잘 왔다. 다음에 잠이 오지 않을 경우에도 우유를 마시면 잠이 잘 올 것이다."
④ "당신은 그런 말 할 자격이 없다. 당신은 입만 열면 거짓 말 하잖아"
⑤ "저는 얼렸을 적부터 홀로 힘들게 살아왔습니다. 어쩔 수 없이 생긴 이니 이번 한 번만 눈 감아 주세요."

7 다음 조건이 참이라고 할 때 항상 참인 것을 고르시오

- A는 수영을 못하지만 B보다 달리기를 잘한다.
- B는 C보다 수영을 잘한다.
- C는 D보다 수영을 잘한다.
- D는 C보다 수영을 못하지만 A보다 달리기를 잘한다.

① C는 달리기를 못한다.
② A가 수영을 가장 못한다.
③ D는 B보다 달리기를 잘한다.
④ 수영을 가장 잘하는 사람은 C이다.
⑤ B는 A보다 수영을 못한다.

8 다음 밑줄 친 문장과 같은 유형의 오류를 범하고 있는 것은?

<u>사드 배치를 반대하면 종북 세력이고, 찬성하면 애국세력이다.</u>

① 아침에 까지가 울었다. 오늘은 필시 반가운 소식이 들릴 것이다.
② 나는 오직 국가와 민족만을 생각한다. 따라서 나의 주장에 반대하는 사람은 종북 세력이다.
③ 약(藥)과 악(樂)은 글자 생김새가 비슷하다. 그러므로 약과 음악은 그 기원이 비슷하다.
④ 너의 개가 공놀이를 한다고 믿을 수 없다. 왜냐하면, 아직까지 어떤 개도 공놀이를 한다는 것을 들어본 적이 없기 때문이다. 따라서 너의 개는 그것을 못할 것이 분명하다.
⑤ 너는 그 애를 좋아하지 않으니까 그 애를 싫어하는 거야

9 다음 글에서 역차별 반대론자들의 주장에 대해서 필자가 지적하고 있는 오류를 고르시오?

> 현실적으로 여성은 고등교육을 받을 기회도 적을 뿐 아니라, 정부, 국회 혹은 법원의 경우 남성의 수가 여성에 비해 압도적으로 많다. 역차별 반대자들이 주장하듯이, 이것이 차별의 산물이 아니라면 남성이 여성에 비해 실력이나 능력이 뛰어나다는 것을 입증해야 한다. 생물학적으로 보면 남성과 여성은 차이가 난다. 그리고 인간의 능력이 생물학적 구조와 연관되어 있다는 점을 받아들이면, 남성과 여성은 능력 면에 있어서도 차이가 있다는 것을 부인할 수 없을 것이다. 그러나 이는 어디까지나 현상적인 설명에 불과하다.
> 다시 말해 남녀의 차이에 대한 이러한 설명은 얼핏 보면 남녀 차별의 근거가 될 수 있는 것처럼 보이지만, 남성과 여성이 왜 그런 차이가 나는지에 대해서는 문제를 제기하지 않고 있다.

① 반론의 가능성을 처음부터 묵살하였다.
② 논점과 관계없는 것을 제시하여 엉뚱한 결론에 이르렀다.
③ 주장을 되풀이하고 있을 뿐 논리적인 근거를 제시하지 못했다.
④ 아무 관련성이 없는 원인과 결과를 관련이 있는 것으로 파악하고 있다.
⑤ 군중심리에 호소해서 자신의 주장에 대한 동의를 얻어 내려 하고 있다.

10 다음 밑줄 친 글과 같은 유형의 오류를 범하고 있는 것은?

> 꿈은 과거에 경험했던 사실을 기억하고 재조합할 뿐이지 미래를 예지하지는 않는다고 생각하는 사람들이 있다. 이들 중에 <u>어떤 사람들은 꿈이 미래를 예지한다는 과학적 근거를 찾을 수 없기 때문에 미래를 알려 주는 꿈은 있을 수 없다고 주장</u>한다.

① 멜라민을 함유한 식품을 생산하는 사람들은 자신의 이익을 위하여 다른 사람이 죽어도 좋다는 생각을 하고 있다. 이런 사람들은 살인의 의사가 있으므로 살인죄를 적용하여 중형에 처해야 한다.
② 제가 기초 의회의원이라고 해서 무시하는 듯한 발언을 하시는 국회의원님을 그대로 두지 않겠습니다. 제가 동원할 수 있는 표는 생각보다 매우 많습니다.
③ 저는 유전자변형식품이 나쁘다는 주장에 동의할 수 없다. 지금까지 유전자 변형 식품이 건강에 바쁘다는 논문은 단 한편도 발표되지 않았습니다.
④ 선거 기간에 선거를 알리는 벽보와 함께 정치인들에게 축의금이나 선물을 주고받지 말라고 명시되어 있다. 선거 기간 외에는 축의금이나 선물을 받아도 된다고 해석할 수 있다.
⑤ 개고기를 먹는 사람들 중에 개고기의 조직이 인체의 조직과 매우 비슷하기 때문에 흡수가 잘 된다고 주장하는 사람들이 있다. 이들은 특히 큰 수술을 한 사람들이나 중환자들이 기력을 회복하는 데 개고기가 아주 훌륭한 보양식이 된다고 주장한다.

☞ 정답 및 해설 pp. 355~356.참조

정답 및 해설

제1장 언어능력 본질과 기초언어 능력 진단평가

문항	정답	문항	정답	문항	정답	문항	정답	문항	정답	문항	정답
1	④	6	④	11	②	16	④	21	③	26	②
2	②	7	②	12	④	17	⑤	22	③	27	②
3	④	8	①	13	③	18	⑤	23	②④	28	①
4	⑤	9	③	14	③	19	④	24	③	29	③
5	⑤	10	①	15	②	20	⑤	25	②	30	③

제2장 언어논리 개념 및 평가 영역

1 정답 : ⑤

해설 : 주마가편(走馬加鞭)은 走(달릴 주) 馬(말 마), 加(더할 가), 鞭(채찍 편)으로 달리는 말에 채찍질한다는 뜻으로 열심히 하고 있는 사람에게 힘을 내어 더 잘 하라고 격려하고 권장하는 것을 의미한다.

2 정답 : ③

해설 : 비유에서 표현하고자 하는 주체를 원관념이라 하고, 원관념에 비유되는 것을 보조관념이라 하는데 '©원부'는 원관념이며 ㉠, ㉡, ㉣, ㉤은 보조 관념이다.

3 정답 : ④

해설 : 입안의 소리는 관용구로서 남이 제대로 알아들을 수 없게 혼자서만 웅얼웅얼하는 소리를 의미한다.

4 정답 : ④

해설 : '구렛나루'는 '구레나룻'의 비표준어이다.

5 정답 : ③, 유언을 좇아(따르다, 추구하다), 쫓아(내몰다)

해설 : ① 개회사로 제 의견을 가름하겠습니다. → 갈음(대신하다)
② 군인으로써(도구의 의미)인 반면 → ~로서는 지위나 신분 또는 자격을 나타내는 격 조사.
④ 쌍둥이도 성격이 틀릴(잘못됨) 수 있다. → 다를(서로 같지 않다)
⑤ 그녀는 다른 사람에 비해 실력이 딸렸다(매이거나, 붙어있다.)의 뜻인 반면 → 달렸다.(기술, 힘 등이 모자라다)

6 정답 : ①, 영어 표기법에서 /ʃ/를 위치에 따라 '시'와 '슈'로 나누어 적는다.(자음 앞의 ʃ는 '슈'로 어말의 ʃ는 '시')

해설 : ② 쉬림프 → 슈림프 ③ 바나너 → 바나나 ④ 텔레비전 → 텔레비전(외래어 표기법상 'ㅈ, ㅉ, ㅊ' 다음에 'ㅑ, ㅕ, ㅛ, ㅠ, ㅒ, ㅖ' 이중 모음 사용이 불가하다. ⑤ 까페 → 카페(파열음 표기에는 된소리를 쓰지 않는 것을 원칙으로 한다.)

7 정답 : ⑤

해설 : ① 할머니께서 책을 읽으시고(읽고) 계십니다.
② 과장님, 정말 수고하셨습니다.(애쓰셨습니다. 노고가 많으셨습니다.)
③ 제가 아버님께 당부드렸어요.(부탁드렸어요)
④ 오늘 선생님께 야단맞았어.(꾸중, 꾸지람)

8 정답 : ④

9 정답 : ③

해설 : '손이 맑다'는 남에게 물건이나 돈을 주는 품이 후하지 못하다는 의미이다.

10 정답 : ③

해설 : 지문의 이성과 합리의 이름으로 명분을 의미한다.

11 정답 : ⑤, 회부 물건이나 사건 따위를 어떤 대상이나 과정으로 돌려보내거나 넘김을 의미한다.

해설 : ① 낙찰은 경매나 경쟁 입찰 따위에서 물건이나 일이 어떤 사람이나 업체에 돌아가도록 결정 ② 응찰은 입찰에 참가하는 행위 ③ 입찰은 낙찰 희망가격 서면으로 제출하는 행위 ④ 상장은 주식이나 어떤 물건을 매매 대상으로 하기 위하여 해당 거래소에 일정한 자격이나 조건을 갖춘 거래 물건으로서 등록하는 일.

12 정답 : ②

13 정답 : ③, 발라내기는 겉에 둘러싸여 있는 것을 벗기거나 헤집고 속의 것을 끄집어내는 것을 의미

해설 : ① 골라내기는 선택의 의미 ② 꺼내기는 끄집어내다 ④ 빼내기는 박혀 있거나 끼워져 있는 것을 뽑아내는 것을 의미 ⑤ 추리기는 섞여있는 많은 것 속에서 여럿을 골라 뽑는 의미.

14 정답 : ③, 정의하는 진술방식

해설 : ① 설명하는 진술방식 ② 문장은 주로 서양에서 가문 · 단체 및 국가의 계보 · 권위를 상징하는 장식적인 마크로서 발달하였다.(유래) ④ 태극기는 흰색 바탕에 가운데에는 태극 문양과 네 모서리의 건곤감리(乾坤坎離) 4괘(卦)로 구성되어 있다.(구성) ⑤ 바구니 안에 든 것 중에 빨간 것은 사과, 노란 것은 바나나이다.(상태 설명)

15 정답 : ③, ㉡은 주장에 대한 증명을 권하는 문장으로 특정오류를 범했다고 보기는 어렵다. ㉣은 제시된 주장이 '논점을 일탈한 진술이네'이라고 언급함으로서 타당하다.

해설 : ㉠ 그 집 할아버지는 돌아기기 전까지 담배를 피웠는데, 오래 사셨어. 그러니 건강을 위해 담배를 굳이 끊을 필요는 없어.(성급한 일반화의 오류) ㉢ 음란물이 청소년의 영혼을 병들게 한다는 사실을 증명할 근거는 없어. 그러므로 음란물은 청소년에게 해가 되지 않아.(무지에 호소하는 오류) ㉤ 당신 우리 생각에 찬성하시는 거죠? 찬성 안하는 사람은 진짜 정신에 문제가 있는 거거든요.(원천 봉쇄의 오류)

16 정답 : ④, 지시어와 접속부사를 제외하면 마. 의 문장이 맨 앞에 올 수 있으며, 이어 종교 · 언어 · 습관 등의 문화를 지칭하는 "그 문화적 풍토"가 언급된 라. 문장이 이어지는 것이 타당하다.

17 정답 : ④

해설 : 문단의 배열에 관한 문제이다. 본 문제 해결의 핵심은 주제문단과 키워드(핵심내용)를 식별하는 것이다. 주제문단은 다문화 정책을 두 가지로 설명하는 ㉣이며 핵심 정책은 '좋은 인력의 선별 입국'하는 것과 '사회 통합'이다. 따라서 ㉣ 다음에 오는 문단의 내용은 좋은 인력의 선별 입국에 관한 내용으로 ㉡ 문단이며, 이어 '사회 통합'과 관련된 ㉢ 문단 그리고 결론의 성격을 가지고 있는 ㉠ 문단을 배열하는 것이 타당하다.

18 정답 : ④

해설 : 우리말이 한자어 보다 그 의미의 폭이 넓은 경우로서 '피'와 '혈액'을 보자. '혈액'은 물질로서의 피만을 가리켜서 의학적 뉘앙스를 가질 뿐, 생명 현상과 관련되는 다양한 뉘앙스를 지니고 있지 않다. '피 끓는 젊음', '피를 나눈 사이' 같은 표현에서 우리말 '피'는 '혈액'이라는 말로 대치할 수 없다.

19 정답 : ⑤

해설 : ㉠의 평가를 틀린 말로 평한 이유는 원인이 아닌 것을 원인으로 이해했기 때문이다.

20 정답 : ①

해설 : 지문에 제시된 바와 같이 "어떤 사물이건 거기에 이름이 붙으면 그 사물의 개념이 형성된다. 다시 말하면 그 사물의 의미가 확정된다."라는 본질적 의미는 언어의 정보적 기능을 설명하고 있다.

21 정답 : ③

해설 : 대왕 단보가 말한 "나는 백성의 아비나 형과 같이 살면서 그 들이나 동생을 죽도록 내버려 두는 일은 차마 견딜 수가 없다. 너희들은 모두 힘써 격려하며 이곳에 살도록 하라. 내 신하가 되던 오랑캐의 신하가 되던 무슨 차이가 있겠느냐. 나는 '사람을 먹여 살리는 땅을 뺏으려고 사람을 해쳐서는 안 된다.'는 말을 들었다."라는 것은 "백성을 보호하는 것이 나라를 지키는 것보다 중요하다."는 뜻을 내포하고 있다.

22 정답 : ②

23 정답 : ①

해설 : 지문에 의하면 기존 권력 구조에 변화가 국가의 전체 문화 동향이 서서히 바뀌게 하는 동력으로 작용하였다고 기술하고 있다.

24 정답 : ⑤

25 정답 : ①

해설 : 첫째~셋째 문장이 전반부 클러스터인데, 셋째 문장이 앞의 두 문장을 근거로 한 주장으로서 이 클러스터의 주제문이다. 한편 넷째 이하의 문장들 전체가 후반부 클러스터인데, 넷째 문장이 주장으로서 주제문이고 나머지는 이를 지지하는 뒷받침 문장들이다. 요컨대 이 글의 주제는 두 클러스터의 주제문을 각각 선택하여 하나로 종합한 ①이 된다.

제3장 언어논리 학습법

1 정답 : ⑤

해설 : (   )의 문맥 단서는 "겉으로는 동작이 거의 없는듯하면서도 그 속에 잠겨 흐르는 미묘한 움직임이 있다."

2 정답 : 대체의 문맥 단서는 "그것은 지구온난화에 미치는 영향이 미미한 재생이 가능한 에너지(풍력, 수력 등)로 바꾸어야 한다."

3 정답 : '치는' 문맥 단서는"버려진 밭", "돌멩이를 파내고, 잡목의 뿌리와 돌을 캐내며 땅을 일구기 시작하였다."

4 정답 : ②, "정면 승부"

해설 : '벌인다' 문맥 단서는"정면 승부"이다. '벌이다'는 어떤 일을 계획해 시작하거나 펼쳐놓다,(사업을 벌이다. 잔치를 벌이다.) 다른 의미로는 여러 가지 물건을 늘어놓다.(좌판을 벌이다.) 그리고 경쟁이나 말다툼(입씨름)의 뜻이 있다. 따라서 '정면 승부를 벌인다'는 경쟁을 하다의 뜻으로 이와 같은 의미로 사용된 것은 ② 친구들과 정치행태에 대한 논쟁을 벌이다.

5 정답 : ②, "문화와 경제", "퓨전 문화",

해설 : (   )의 단어를 의미하는 문맥 단서는 여러 가지로 제시되고 있다. "문화와 경제", "퓨전 문화"를 고려할 때 문화와 경제가 믹스될 수는 없다는 관점에서 (   )에 들어갈 단어는 ② 공생(共生)이 타당하다.

6 정답 : ⑤

해설 : '이르집어'의 문맥 단서는 "줄기차게", "주지 않았다면 이름도 잊어버렸을 거예요", ⑤ '이르집어'는 오래전의 일을 들추어내다.

7 정답 : ③, '꿩먹고 알먹기'의 문맥 단서는 "자신의 취미생활을 즐기면서 은행금리보다 훨씬 높은 수익을 챙기다.", 一石二鳥는 하나의 돌을 던져 두 마리의 새를 잡는다. 즉 하나의 일로 두 가지 이득을 보다.

해설 : ① 약육강식은 "약한 것은 고기(먹이)가 되고, 강한 것이 먹어치운다."의 적자생존(適者生存) 뜻 ② 어부지리(漁父之利)는 "두 사람이 이해관계로 서로 싸우는 사이에 엉뚱한 사람이 애쓰지 않고 득을 취하다." 뜻 ④ 일취월장(日就月將)은 날로 달로 나아가거나 발전해 나간다는 의미 ⑤ 조삼모사(朝三暮四)는 눈앞에 보이는 차이만 알고 결과가 같은 것을 모른다는 뜻.

8 정답 : ④

해설 : '호사가'의 문맥 단서는 "소문이 금방 퍼질 것이다."

9 정답 : ②, ( ) 문맥 단서는 "바람 불고 꽃 지는 봄날", "생자필멸(生者必滅)", "선생님께서 떠나신 아름다운 봄날의 세상이 저는 낯설고 이상하고 외롭습니다." ( )에 들어갈 적절한 사자성어는 회자정리(會者定離)는 만나면 반드시 헤어지게 되어있다는 의미.

해설 : ① 인과응보(因果應報)는 원인과 결과는 서로 물고 물린다는 뜻 ② 거자필반(去者必返)은 헤어진 사람은 언젠가 반드시 돌아오게 된다는 말. ④ 사필귀정(事必歸正)은 모든 일은 결국에 가서는 반드시 바른길로 돌아가게 된다는 의미.

제4장 유의·반의어, 동음이의어· 다의어, 상·하위어

1 정답 : ③, 기탄(忌憚: 꺼릴 기, 꺼릴 탄): 어렵게 여겨 꺼림.

해설 : ① 오해(誤解: 그르칠 오, 풀 해): 그릇되게 해석하거나 뜻을 잘못 앎. ② 지장(支障: 지탱할 지, 막을 장): 일하는 데 거치적거리거나 방해가 되는 장애 ④ 여과(濾過: 거를 여, 지날 과): 걸러내다. ⑤ 경황(驚惶: 놀랄 경, 두려울 황): 놀라고 두려워 허둥지둥함.

2 정답 : ①

해설 : 미쁘게: 믿음직하게

3 정답 : ②, 구속(拘束: 잡을 구, 묶을 속): 행동이나 의사의 자유를 제한하거나 속박함. 억압(抑壓: 누를 억, 누을 압): 자기의 뜻대로 자유로이 행동하지 못하도록 억지로 억누름.

해설 : ① 봉착(逢着: 만날 봉, 붙을 착): 어떤 처지나 상황에 부닥침. 전락(轉落: 구를 전, 떨어질 락): 나쁜 상태나 타락한 상태에 빠짐 ③ 모순(矛盾: 창 모, 방패 순): 앞뒤가 맞지 않음. 모함(謀陷: 꾀할 모, 빠질 함): 나쁜 꾀로 남을 어려운 처지에 빠지게 함. 지장(支障: 지탱할 지, 막을 장): 일하는 데 거치적거리거나 방해가 되는 장애 ④ 섭렵(涉獵: 건널 섭, 사냥 렵): 물을 건너 찾아다닌다는 뜻. 간파(看破: 볼 간, 깨트릴 파): 속내를 꿰뚫어 알아차림. ⑤ 호도(糊塗: 풀 호, 진흙 도): 흐지부지 덮어버림. 날조(捏造: 꾸밀 날, 지을 조): 사실이 아닌 것을 사실인 것처럼 거짓으로 꾸밈.

4 정답 : ①, 혼돈(混沌: 섞을 혼, 엉길 돈)은 마구 뒤섞여 있어 갈피를 잡을 수 없음.

해설 : ② 혼동(混同: 섞을 혼, 같을 동): 구별하지 못하고 뒤섞어서 생각함. ③ 혼란(混亂: 섞을 혼, 어지러울 란): 뒤죽박죽이 되어 어지럽고 질서가 없음. ④ 혼선(混線: 섞을 혼, 줄 선): 줄이 갈피를 잡을 수 없게 뒤섞임 ⑤ 혼잡(混雜: 섞을 혼, 섞일 잡): 여럿이 한데 뒤섞이어 어수선함.

5 정답 : ④, '면(免: 면할 면)하다 - 피(避: 피할 피)하다', '어떤 일을 당하지 않게 되다.'의 의미로 유의 관계

해설 : ①, 위법(違法: 어긋날 위, 법 법)-준법(遵法: 좇을 준, 법 법) ② 여명(黎明: 검을 여, 밝을 명)-황혼(黃昏: 누르 황, 어두울 혼) ③ 분리(分離: 나눌 분, 떠날 리) - 연결(連結: 잇닿을 연, 맺을 결) ⑤ 비관적(悲觀的)-낙관적(樂觀的)

6 정답 : ④, 금(金) - 은(銀), 반의 관계

해설 : ① 명시(明示: 밝을 명, 보일 시)-적시(摘示: 딸 적, 보일 시)는 유의 관계 ② 구속(拘束)-억압(抑壓)는 유의 관계 ③ 상황(狀況)-처치(處置)는 특정관계 아님 ⑤ 양성(養成)-육성(育成)은 유의 관계

7 정답 : ②, 청산(淸算): 채권 · 채무관계를 깨끗하게 해결했다.

해설 : ① '가름했다'는 쪼개거나 나누어 따로따로 되게 하는 일을 의미함. ③ '파산(破産)했다'는 가산(家産)을 모두 잃어버림을 말함. ④ '분류(分類)했다'는 종류에 따라서 가름함을 뜻함. ⑤ '전가(轉嫁)했다'는 잘못이나 책임을 다른 사람에게 넘겨씌움을 의미함.

8 정답 : ②, 여행(旅行: 나그네 여, 행할 행), 일이나 유람을 목적으로 돌아다니는 일. 유의어로 객려(客旅), 정행(征行)

해설 : 여정(旅程): 여행의 과정이나 일정, 여로(旅路) : 여행하는 길. 또는 나그네가 가는 길, 여도(旅途) : 여로(旅路)의 유의어

9 정답 : ⑤, 부질없던(부질): '대수롭지 아니하거나 쓸모가 없다.'의 뜻

해설 : ①~②는 부질없던 뜻과 유사함,

10 정답 : ②, '부쳐'의 문맥 단서는 '우편으로'이며, '편지나 물건 따위를 일정한 수단이나 방법을 써서 상대에게로 보내다.'의 뜻

해설 : ① '나는 아직도 그에게는 실력이 부친다'의 문맥 단서는 '실력'임, 따라서 '부족하다'의 뜻임. ③ '안건을 회의에 부치다'의 문맥 단서는 '회의'임, 따라서 '올리다', '회부하다'의 뜻임. ④ '회의 내용을 극비에 부치다.'의 문맥 단서는 '극비'임 따라서 '함구하기로 했다'의 뜻. ⑤ '삼촌 집에 숙식을 부치다.'의 문맥 단서는 '숙식'임, 따라서 '얹혀살다'의 뜻.

제5장 의미 구조, 중의적 표현, 내포와 상징, 접속어

1 정답 : ⑤, 추상(抽象)은 공통되는 특성이나 속성 따위를 추출하여 파악한 것(일반적인 것)이며, 그 반대어는 구체(具體)

해설 : ① 세분(細分)은 사물을 여러 갈래로 자세히 나누거나 잘게 가름을 뜻함. ② 개략(槪略)은 내용을 대강 추려 줄임(개요). ③ 상세(詳細) 낱낱이 자세하다. ④ 포괄(包括) 일정한 대상이나 현상 따위를 어떤 범위나 한계 안에 모두 끌어넣음. ⑤ 구체(具體)는 사물이 직접 경험하거나 지각할 수 있도록 일정한 형태와 성질을 갖춤을 의미하는 것으로 전체를 통칭함.

2 정답 : ④

해설 : 전형적인 유추 관계로 '고난'을 '극복'했음으로 '질병'을 '치료하다'가 적절하다.

3 정답 : ③

해설 : 자승(自繩: 스스로 자, 노끈 승) : 자박(自縛: 스스로 자, 묶을 박)은 자기 스스로를 옭아 묶음으로써 자신의 언행(言行) 때문에 자기가 속박당해 괴로움을 겪는 일에 비유한 사자성어임. 자업(自業: 스스로 자, 업 업) 자득(自得: 스스로 자, 얻을 득)은 자기가 저지른 일의 과보가 자기 자신에게 돌아감을 뜻하는 한자성어.

4 정답 : ②

해설 : 규명(糾明)은 어떤 사실을 자세히 따져서 바로 밝힘을 의미하며, 해명(解明)은 까닭이나 내용을 풀어서 밝히는 것을 뜻한다. 그리고 변명(辨明)은 어떤 잘못이나 실수에 대하여 구실을 대며 그 까닭을 말하는 것을 의미한다.

5 정답 : ④

해설 : ①, ②, ③, ⑤번은 모두 그 의미가 불확실한 중의적 표현이다.

6 정답 : ⑤, '고의적인 오・폐수'라는 문맥 단서 고려 시 유출(流出)이다.

해설 : ① 추출(抽出): 주로 액체 상태의 용매를 사용하여 혼합물 속에서 어떤 특정한 성분만을 용해하여 분리하는 조작. ② 누출(漏出): 액체나 기체 따위가 밖으로 새어 나옴. ③ 방출(放出): 비축하여 놓은 것을 내놓음. ④ 배출(排出): 안에서 밖으로 밀어 내보냄(주로 생물에 적용) ⑤ 유출(流出): 밖으로 흘러 나가거나 흘려 내보냄.(불법적인 의미 내포)

7 정답 : ⑤

해설 : '인과'에 의한 내용 전개 방식이다. ① 변질(變質): 성질이 달라지거나 물질의 질이 변함. ② 변경(變更): 다르게 바꾸어 새롭게 고침(개조, 개정) ③ 파괴(破壞): 때려 부수거나 깨뜨려 헐어 버림. ④ 침윤(浸潤): 수분이 스며들어 젖음. ⑤ 변형(變形): 모양이나 형태가 달라지거나 달라지게 함.

8 정답 : ③

해설 : ① 감정(感情): 어떤 현상이나 일에 대하여 일어나는 마음이나 느끼는 기분. ② 감상(感想): 마음속에서 일어나는 느낌이나 생각. ③ 감성(感性): 자극이나 자극의 변화를 느끼는 성질.

9 정답 : ④

해설 : 날조(捏造) 사실이 아닌 것을 사실인 것처럼 거짓으로 꾸밈(없는 것 새로 만들어 냄), 변조(變造) 권한 없이 기존물의 형상이나 내용에 변경을 가하는 일. 위조(僞造) 어떤 물건을 속일 목적으로 꾸며 있던 것을 비슷하게 만듦. 표절(剽竊) 시나 글, 노래 따위를 지을 때 남의 작품의 일부를 몰래 따다 씀. 조작(造作) 어떤 일을 사실인 듯이 꾸며 만듦.

10 정답 : ②

해설 : '~말라!' 형태의 문장 뒤에 그에 대한 이야기를 하는 구조가 반복된 뒤, 결론이 제시되고 있다.

11 정답 : ④

해설 : 앞의 문장의 내용을 근거로 하여 결론을 말하고자 하므로 '그러므로'라는 접속부사가 타당하다.

12 정답 : ①

해설 : 앞의 문장과 후속하는 문장이 역접관계이다. 따라서 '그러나'라는 접속부사가 적절하다.

13 정답 : ②

해설 : ⓐ는 앞문장과 뒷문장이 순접관계이므로 '따라서' 또는 '그러므로'가 타당함. ⓑ는 앞 문장 뒷문장이 역접관계이므로 '그러나'가 적절함. ⓒ는 최종적으로 앞 문장들을 근거로 해서 최종 결론을 내리므로 '그러므로'가 타당함.

제6장 관용적 표현, 속담, 한자성어, 생활어휘

1 정답 : ⑤

해설 : '귀가 뚫렸다'는 관용구로서 '말을 알아듣게 되다.'를 의미한다. 따라서 '이해하다'가 가장 적절하다.

2 정답 : ①

해설 : ① 경을 칠 놈: 버릇없이 나쁜 행동을 하는 사람을 나무랄 때 쓰는 말 ② 곱살이 껴서: 남이 하는 일에 곁다리로 끼다. ③ 산통을 깬 것이다: 다 잘되어 가던 일을 이루지 못하게 뒤틀리다. ④ 십 년 감수했다: 몹시 놀라거나 위태로운 일을 겪었을 때 쓰는 말 ⑤ 학질을 떼었다: 괴롭거나 어려운 상황을 벗어나느라 진땀을 빼다.

3 정답 : ⑤, '오금을 박다'는 '다른 사람에게 함부로 말이나 행동을 하지 못하게 단단히 이르거나 으르다'의 뜻이다. 따라서 공박(攻駁), '남의 잘못을 몹시 따지고 공격함'의 뜻

해설 : ① 협박(脅迫: 엽구리 협, 닥칠 박): 겁을 주며 압력을 가하여 남에게 억지로 어떤 일을 하도록 함. ② 고립(孤立): 다른 사람과 어울리어 사귀지 아니하거나 도움을 받지 못하여 외톨이로 됨. ③ 구속(拘束): 행동이나 의사의 자유를 제한하거나 속박함. ④ 견제(牽制: 끌 견, 절제할 제): 일정한 작용을 가함으로써 상대편이 지나치게 세력을 펴거나 자유롭게 행동하지 못하게 억누름.

4 정답 : ④

해설 : '변죽을 울리다.'는 '바로 집어 말을 하지 않고 둘러서 말을 하다.'의 뜻임.

5 정답 : ④

해설 : 망종(芒種)은 24절기의 하나이며, 보리가 익어 먹게 되고 모내기를 해야 하는 시기를 의미함

6 정답 : ②

해설 : '적삼 벗고 가락지 낀다.'는 것은 서로 어울리지 않음을 의미한다. 적삼을 벗는다는 것은 밤에 남편과 같이 잠자리에 들기 위해서이다. 그런데 잠자리에 들 때 가락지를 끼고 자는 건 말이 안 된다. 따라서 선택지에서 어울리지 않음을 뜻하는 '갓 쓰고 오토바이 탄다.'가 맥락적으로 같은 의미이다.

7 정답 : ①, 설상가상(雪上加霜)으로 눈 위에 서리가 덮인다는 의미이며, 이는 난처한 일이나 불행한 일이 잇따라 일어남을 뜻함.

해설 : ② 사면초가(四面楚歌)는 아무에게도 도움을 받지 못하는 외롭고 곤란한 지경에 빠진 형편을 이르는 말
③ 일거양득(一擧兩得)은 한 가지 일을 하여 두 가지 이득을 본다는 뜻으로 '도랑치고 가재 잡는다'는 속담의 뜻과 같다.
④ 일석이조(一石二鳥)는 돌 한 개를 던져 두 마리 새를 잡는다는 뜻
⑤ 수주대토(守株待兎)는 나무그루터기에서 토끼가 나오기를 기다린다는 뜻으로 한 가지 일에만 얽매어 발전을 모르는 어리석은 사람을 비유적으로 이르는 말.

8 정답 : ③, 부정적인 대상을 직설적으로 언급하면 현실로 나타날 것을 우려해서 다른 단어로 사용한다는 의미이다. 따라서 '말이 씨가 된다. - 늘 말하던 것이 마침내 사실대로 되었을 때를 이르는 말.'이 적절하다.

해설 : ① 말로 천 냥 빚을 갚는다 - 말만 잘하면 어려운 일이나 불가능해 보이는 일도 해결할 수 있다는 뜻 ② 말은 보태고 떡을 뗀다 - 말은 퍼질수록 더 보태어지고, 음식은 이 손 저 손으로 돌아가는 동안 없어지는 것이라는 말. ④ 말 많은 집은 장맛도 쓰다 - 입으로는 그럴듯하게 말하지만 실상은 좋지 못하다는 말. ⑤ 말이 많으면 쓸 말이 적다 - 말은 아끼고 가려서 해야 한다는 뜻.

9 정답 : ④, 난형난제(難兄難弟: 어려울 난, 형 형, 어려울 난, 아우 제)는 '누가 더 낫다고 할 수 없을 정도(程度)로 서로 비슷하다.'는 뜻.

해설 : ① 전전반측(輾轉反側: 구를 전, 구글 전, 되돌릴 반, 곁 측) - 이리 뒤척 저리 뒤척인다는 뜻으로 걱정거리로 마음이 괴로워 잠을 이루지 못함을 이르는 말. ② 권토중래(捲土重來: 말 권, 흙 토, 무거울 중, 올 래)-한 번 실패(失敗)에 굴하지 않고 몇 번이고 다시 일어남. ③ 절치부심 (切齒腐心: 끊을 절, 이 치, 썩을 부, 마음 심)-이를 갈고 마음을 썩이다는 뜻으로, 대단히 분(憤)하게 여기고 마음을 썩임. ④ 난형난제(難兄難弟) - 우열을 가리기 어렵다. ⑤ 설상가상(雪上加霜: 눈 설, 위 상, 더할 가, 서리 상)은 "엎친 데 덮친 격이다."는 뜻.

10 정답 : ②, 자중지란(自中之亂: 갈지, 어지러울 란)은 같은 편 사이에서 일어나는 혼란이나 난리가 났다는 뜻.

해설 : ① 자가당착(自家撞着: 스스로 자, 집 가, 칠 당, 붙을 착)은 자기의 언행이 전후 모순되어 일치하지 않는다. ③ 자포자기(自暴自棄: 스스로 자, 사나울 폭, 스스로 자, 버릴 기)는 자신(自身)을 스스로 해(害)치고 버린다. ④ 남가일몽 (南柯一夢: 남녁 남, 자루 가, 한 일, 꿈 몽)은 남쪽 나뭇가지에 걸린 꿈. 헛된 꿈 또는 인생의 덧없음을 가리킴. ⑤ 자수성가 (自手成家: 스스로 자, 손 수, 이룰 성, 집 가)는 물려받은 재산(財産) 없이 스스로의 힘으로 일가(一家)를 이룸.

제7장 우리말 어법

1 정답 : ④, '구렛나룻'은 구레나룻의 오기이다. '구레'는 소나 말의 목에서 고삐에 걸쳐 얽어매는 줄을 나타내는 '굴레'의 옛말이며, '나룻'은 수염을 뜻하는 고유어이다. 따라서 구레나룻은 귀 밑에서 턱까지 잇달아 난 수염을 의미한다.

해설 : ① 넝쿨과 덩굴은 복수표준어이다. '천둥'에 대한 순수한 우리말이 다름 아닌 '우레'이다. 몸가짐을 조심하고 지나치지 않도록 하다를 의미하는 단어는 '삼가하다'가 아니라 '삼가다'이다. ② '널빤지'와 '널판자'는 복수표준어이다. ③ '오랜만'은 '오래간만'의 준말이며, 긴 시간 동안을 뜻하는 단어는 '오랫동안'이다. '어리숙하다'는 '어수룩하다'와 같이 어리석음을 의미하는 표준어이다. ④ '곱빼기'는 된소리대로 적는다. ⑤ '넓다랗다'는 겹받침의 끝소리가 드러나지 않는 것으로 소리 나는 대로 '널따랗다'(널찍하다, 얄따랗다, 짤따랗다')로 적는다. 한편 겹받침의 끝소리가 드러나는 것들은 원형을 밝혀 '굵다랗다, 굵직하다, 넓적하다, 높다랗다'와 같이 적는다. '늙어 가는 무렵'을 뜻하는 말은 '늘그막'입니다

2 정답 : ③, 'ㄹ'의 비음화로 동원령 → [동:원녕], 임진란 → [임:진난], 의견란 → [의:견난]으로 발음된다.

해설 : 유음화 현상에 의해 ① 일 년→ [일련], ② 훑는다 → [훌른다] ④ 산란기 → [살란기] ⑤ 곤란 → [골란]으로 발음한다.

3 정답 : ④

해설 : '치어리더'의 순화어는 '흥돋움'이다.

4 정답 : ④, '옷맵시' → [온맵씨], '옷'의 받침 'ㅅ'은 대표음 [ㄷ]으로 발음하여 [옫]이 됩니다. [ㄷ]은 다시 뒤에 오는 [ㅁ]과 만나 자음 동화 현상이 일어나 [ㄴ]으로 발음한다.

해설 : ① 협의 → [혀븨] 또는 [혀비] ② 흙과 → [흑꽈] 겹받침 'ㄺ, ㄻ, ㄿ'은 어말 또는 자음 앞에서 'ㄹ'이 탈락되고 각각 [ㄱ, ㅁ, ㅂ]으로 발음한다. ③ 넓둥글다 → [넙뚱글다], '넓다'의 경우에도 [ㄹ]로 발음하여야 하나, 다만 파생어나 합성어의 경우에 '넓'으로 표기된 것은 [넙]으로 발음한다. ⑤ 해돋이 → 해돋이, 받침 'ㄷ, ㅌ(ㄾ)'이 조사나 접미사의 모음 'ㅣ'와 결합되는 경우에는, [ㅈ, ㅊ]으로 바꾸어서 뒤 음절 첫소리로 옮겨 발음한다.

5 정답 : ⑤, '제-'는 접두사이기에 뒷말에 붙여 쓴다. 따라서 '제1 회'가 원칙이며 '제1회'로 쓰는 것을 허용하고 있다.

해설 : ① '만큼', '먹을 만큼', ② '대로' ③'지'는 의존 명사이므로 띄어 쓴다. 다만 ④의 경우처럼 어미와 조사는 앞말에 붙여 적는다. 다시 말해서 어미(-는데, -ㅂ니다)와 조사(-만큼, -는커녕) 앞말과 붙여 적는다.

6 정답 : ⑤

해설 : 몸과 마음을 <u>받쳐</u> → '바치다'이므로 '바쳐'로 쓴다.

7 정답 : ⑤

해설 : '바라다'에서 파생된 명사 또한 '바람'으로 쓴다. '바라다'의 뜻으로 사용되는 '바램'은 잘못된 표기이다.

8 정답 : ②

해설 : '날라가다'는 '날아가다'의 잘못된 표기이다. '날다'의 활용형이 '날라'가 되지 않는다. '날다'의 어간에 '-아가다'가 붙은 구성이 한 단어가 되어 '날아가다'가 될 때에 중간에 'ㄹ'이 덧날 이유가 없다.

9 정답 : ②

해설 : '마을에서부터'로 붙여 쓰는 것이 맞다. 이때 '부터'는 조사의 쓰임이므로 앞의 말에 붙여 쓴다.

10 정답 : ⑤

해설 : 기준의 단어(공권+력)에 다른 단어가 겹합된 합성어는 'ㄴ', 'ㄹ'이 만났다 하더라도 [ㄴ]으로 발음한다. 따라서 '공꿘녁'으로 발음한다.(유음화의 예외)

제8장 문장 독해 I (꼬리-머리-필수 요소 찾기)

1 **정답** : 꼬리 → 관리합니다, 머리 → 국가에서

2 **정답** : 꼬리 → 최종 주체라고 생각했다. 머리 → 헤겔은, 필수 요소 → 사회문제를 해결할

3 **정답** : 꼬리 → 달려있다. 머리 → 객관성의 검증은, 필수 요소 → 존재하는 그대로의 실재를 얼마나 정확하게 재현해 내는가

해설 : 필수요소가 내부문장이며, 이 문장을 재정리하면 "그것은(머리) 존재하는 그대로의 실재를(필수 요소) 얼마나 정확하게 재현하는 것이다.(꼬리)"이다.

4 **정답** : 꼬리 → 알게 되었다, 머리 → 태양에는, 필수 요소 → 헬륨이 있다는 것

5 **정답** : 꼬리 → 생각 되었다, 머리 → 핵분열 에너지가, 필수 요소 → 태양의 에너지원으로

6 **정답** : 꼬리 → 주장합니다, 머리 → 저희는, 필수 요소 → 국립공원 내 케이블카 설치를 확대해야 한다고

7 **정답** : 꼬리 → 나타나고 있는 것이다, 머리 → 우리 학교 학생들에게도, 필수 요소 → 인터넷 정보를 무비판적으로 이용하는 양상이

8 **정답** : ① 꼬리 → 주장했다, 머리 → 사장은, 필수 요소 → "아시아 태평양 지역 내에서 전체 직원을 우리 사람처럼 서로 활용하자"
② 꼬리 → 공유하자는 것이다, 머리 → (그것은), 필수 요소 → 모든 사람, 모든 시스템, 모든 성공을
③ 꼬리 → 나온 말이었다, 머리 → 그의, 필수 요소 → 평소 지론에서

9 **정답** : ① 꼬리 → 쓰인다, 머리 → 우리말, 필수 요소 → 두 낱말('국'과 '탕')
② 꼬리 → 붙는다, 머리 → 국거리 종류에는, 필수 요소 → '국'이
③ 꼬리 → 붙는다, 머리 → 먹는 종류에는, 필수 요소 → '탕'이

10 **정답** : ① 꼬리 → 된다, 머리 → 이들은, 필수 요소 → 연기자이자 사건의 관망자가
② 꼬리 → 지배하게 만든다, 머리 → 그것이(가장 효율적인 시스템), 필수 요소 → 우리의 삶을

제9장 문장 독해 Ⅱ(문장 분해, 연결 구조 분석, 끊어 읽기)

1 정답 : 꼬리 → 무시하는. 머리 → 그것은(생략됨), 필수 요소 → 대중의 미적 감상 능력

해설 : 위 문장을 분리하면 "이러한 우려는 편협한 시각이다."(외부 문장)와 "그것은 대중의 미적 감상 능력을 무시하는 것이다."(내부 문장) 이다. 따라서 내부 문장의 머리-필수요소-꼬리는 위와 같다.

2 정답 : 꼬리 → 잡겠다며(잡고자 했다). 머리 → 그는(생략됨), 필수 요소 → 세상의 부정을

해설 : 지문의 문장을 분리하면 "17세기 초반에 창작된 돈키호테에서 주인공 돈키호테는 모험에 나선다."(외부 문장), "(그는) 중세의 기사도 이야기에 빠져 세상의 부정을 바로 잡고자 하였다."(내부 문장) 이다. 따라서 내부 문장의 머리-필수요소-꼬리는 위와 같다.

3 정답 : 꼬리 → 무비판적으로 이용하는 양상이, 머리 → 많은 청소년들이, 필수 요소 → 인터넷 정보를

해설 : 지문의 문장을 분리하면 "많은 청소년들이 인터넷 정보를 무비판적으로 이용하는 양상이 있다."(내부 문장), "(그것이) 우리 학교 학생들에게 나타나고 있는 것이다."(외부 문장)이다. 따라서 내부 문장의 '머리-필수요소-꼬리'는 위와 같다.

4 정답 : ㉡ "신으로부터의 영감에 '사로잡혀' 노래하기 때문이다.

해설 : 지문은 "시인은 문자 이전의 사회에서 축적된 집단 기억의 신화적 표상이다.", "즉 신으로부터의 영감에 '사로잡혀' 노래하기 때문이다."으로 '즉'에 의해 연결된 직렬연결 구조이다. 따라서 뒤 문장에 방점을 두고 독해를 해야 한다.

5 정답 : ㉠의 "오브제를 통해 작품의 의미를 해석", ㉡의 "새로운 의미를 해석해 내는 경험"이다.

해설 : 지문은 분리하면 "㉠ 관객은 오브제를 통해 작품의 의미를 해석해 낸다."와 "㉡ (또한)자신의 삶과 연관시켜 새로운 의미를 생산해 내는 경험을 하게 된다."의 두 문장이다. 따라서 생략된 (또한)의 접속부사에 의해 연결된 병렬연결 구조이다. 따라서 정답에서와 같이 2개 부분에 방점을 두고 독해를 해야 한다.

6 정답 : ㉡의 "본래의 취지를 충분히 살리지 못하고 있다." 이다.

해설 : 지문은 분리하면 "㉠ 현재 시행되고 있는 환경 영향 평가 제도는 제도나 운영상의 문제점을 안고 있다."와 "㉡ (따라서) 본래의 취지를 충분히 살리지 못하고 있다."의 '원인-결과' 형태의 두 문장이다. 생략된 (따라서)의 접속부사에 의해 연결된 직렬연결 구조이므로 정답에서와 같이 ㉡ 결과 문장에 방점을 두고 독해를 해야 한다.

7 정답 : ①

해설 : 지문은 분리하면 "(고대 그리스 이래) 기하학은 자명한 명제인 공리에서 출발하여 증명을 통해 새로운 정리들을 발견해 가는 연역적 방법을 사용해 왔다."와 "(하지만) 이러한 방법(연역적 방법)으로 도형을 다루는 것은 매우 까다로웠다."의 두 문장이다.
고대 그리스 이래 기하학은(머리) [(자명한 명제인 공리에서 출발하여 증명을 통해 새로운 정리들을 발견해 가는) **연역적 방법**을 사용해 왔지만] **이러한 방법**으로 도형을 다루는 것은(필수 요소) 매우 까다로웠다.(꼬리) 그리고 접속부사 '하지만'에 의해 직렬연결 구조이다.

8 정답 : ①

해설 : 지문은 분리하면 " 우리는 이야기의 비본질적인 부분을 배제하는 영화상의 생략을 기꺼이 수용한다."와 "또한 (우리는) 극적인 전개를 위해 극단적인 사건을 설정하거나, 연인이 이별하는 장면에서 작중 현실에는 존재하지 않는 애절한 음악을 삽입하는 것, 카메라의 움직임이 유발하는 현장감과 정서를 자연스럽게 받아들인다."의 두 문장이다.
우리는(머리) 이야기의 비본질적인 부분을 배제하는 영화상의 생략을(필수 요소) 기꺼이 수용한다.(꼬리)" 와 "또한 (우리는)(머리) 극적인 전개를 위해 극단적인 사건을 설정하거나, 연인이 이별하는 장면에서 작중 현실에는 존재하지 않는 애절한 음악을 삽입하는 것, 카메라의 움직임이 유발하는 현장감과 정서를(필수 요소) 자연스럽게 받아들인다.(꼬리)"이다. 그리고 접속부사 '또한'에 의해 병렬연결 구조이다.

제10장 문단 독해 I (문단 구조, 핵심어, 문단 흐름, 비판적 독해)

1 정답 : ④

해설 : 핵심어는 어원 연구(음운, 문법, 어휘, 의미 등), 처지, 역사적 연구성과 축적(체계화), 중심내용은"어원 연구의 처지와 이유" 또는 "어원연구의 기초적인 조건"

2 정답 : 핵심어는 인류 문명의 발전, 직립보행(특징), 두 팔(보행에서 해방), 도구 등이며, 중심내용은 "직립보행(도구제작 및 사용)과 인류 문명 발전" 또는 "인류 문명 발전과 직립보행의 상관성"이다.

3 정답 : 핵심어는 동종 요법과 사용, 중심내용은 "동종 요법의 사용 방법"

4 정답 : ③

해설 : 핵심어는 아름다움, 그 예로 도자기(고려청자와 분청사기)를 나열하고 있다.

5 정답 : ②

해설 : 맨 앞 문장에서 "한자어를 버리기 어렵다"를 주장하고 있다. 그리고 맨 마지막에 필자가 심화하여 발전된 내용을 제시하고 있다.

6 정답 : 2유형, 집합의례, 성과 속

해설 : 집합의례에 대한 개념을 제시하고 맨 마지막에 부족에게 집합의례가 어떤 의미인지 심화 발전된 내용을 제시하고 있다. 핵심어는 집합의례, 성과 속, 재생, 도덕적 의미 등이다.
유의해야 할 접속어는'이로써'이다. 이는 집합의례를 심화 발전시켜 언급하는 결론적 의미를 가지고 있다.

7 정답 : ③

제11장 문단 독해Ⅱ(문단의 전개 방식 5개 유형)

1 정답 : ④, 일반적-구체적 전개 방식

해설 : 일반적 진술이자 첫 문장인 "유전자를 재조합하기 위해서는 DNA를 절단하는 가위와 이를 접착하는 풀이 필요하다." 근거하여 '절단'과 '접착'의 원리에 근거하면 쉽게 '수술용 칼과 봉합용 실'임을 유추할 수 있다.
전개 방식은 유전자 재조합 방법에 대해 첫 문장에서 일반적으로 언급하고 이어 그 유전자 재조합 방법에 대해 구체적으로 기술하고 있다.

2 정답 : ①, "윌슨의 통섭 ~ 환원주의다."

해설 : 윌슨의 주장을 뒷받침하는 사례로서 "그에 의하면 인간 역시 자연과학으로 환원이 가능하기 때문에 인문학은 자연과학으로 완벽히 포섭될 수 있다."는 핵심문장을 근거할 때 선택지의 "인간의 정서적 작용(인문학)은 화학적 작용의 결과(자연과학)임"으로 등치될 수 있다.
일반적 · 추상적 진술의 핵심문장은"윌슨의 통섭~환원주의다."이며 구체적인 문장은"그에 의하면 인간 역시 자연과학으로 환원이 가능하기 때문에 인문학은 자연과학으로 완벽히 포섭될 수 있다."이다.

3 정답 : ②

해설 : ㄱ. 민섭: '대문 앞에 자동차를 세우지 마시오' 라고 쓰여 있네. 담 쪽에 주차해야겠다.(대문만 명시 그래서 금지의 효력을 부여하지 않은 담 쪽에 주차), ㄹ. 유현: 그런데 대문 앞을 오토바이가 막고 있네. 자동차가 아니라서 세워 두었구나.(오토바이는 금지의 효력을 부여하지 않았다)

4 정답 : ③

해설 : 의문-해결의 전개 방식으로 필자가 이야기하는 핵심은 접속부사 그러나 이후부터 중점을 두고 독해를 해야 한다.

5 정답 : ④

해설 : 맹자는 인간의 본성을 "물이 아래로 흐름과 같다"라며 착하다고 주장하고 있다.

6 정답 : ④

해설 : 전개 방식은'결과-원인'으로 원인을 묻고 있다. 새로운 청중이 '순수 기악'을 추구하게 된 원인은 "당시 청중은 언어가 순수 기악이 주는 의미를 담기에 부족하다고 생각했기 때문에 제목이나 가사 등의 음악 외적 단서를 원치 않았다. 그들이 원했던 것은 **말로 형용할 수 없는**, 무한을 향해 열려 있는 '**음악 그 자체**'였다."라고 제시하고 있다.

7 정답 : ⑤

해설 : '원인-결과'의 전개 방식이다. "동양의 주역 사상(**인간의 의도가 배제된 무작위(無作爲)의 상태**가 가장 자연스러운 상태)을 접한 후 음악 형식을 **작곡가의 의도에 따라 결정하지 않고** 동전이나 주사위를 던져 결정하는 방법을 사용"했다는 문구에 근거할 때 그 원인은 '인간의 의도가 무작위의 상태', '작곡가의 의도에 따라 결정하지 않고'와 같은 의미로 작곡가의 의도를 배제하기 위함이다.

8 정답 : ②

해설 : 주장-반박의 전개 방식으로 필자가 이야기하는 핵심은 접속부사 그러나 이후에 중점을 두고 독해를 해야 한다. "과거의 문화를 오늘날과는 또 다른 문화로 보아야 할 필요성이 생긴다."라는 의미와 가장 유사한 것은 "과거의 문화를 낯선 타문화로 볼 필요가 있다."는 것이다.

9 정답 : ④

해설 : 주장-반박의 전개 방식으로 필자가 이야기하는 핵심은 접속부사 그러나 이후부터 중점을 두고 독해를 해야 한다. 필자는 인간의 삶이 물질적 풍요라는 가치를 추구했을 것이라는 일반적 통념을 제시한 뒤 이를 반박하면서 쿵 족의 예를 들면서 결론적으로 "인간은 생존하기 위하여 우선 먹어야 하지만, 얼마나 먹을 것인가 하는 것은 **문화에 따른다**."라고 제시하고 있다. 따라서 다양한 문화와 그 가치를 인정해야 한다는 것이다.

10 정답 : ④

해설 : 나열식 전개 방식으로 필자는 '살아 움직인다.'라는 표현하고 있다. 이는 선택지의 '뜨거운 생명'은 그 맥락이 같다.

제12장 독해력 I (글이 제시하는 세부정보 파악)

1 정답 : ⑤

해설 : 지문에는 어휘의 왜곡으로 중산층 연구는 여러 학문분야에서 중간계급, 중간계층 등 서로 다른 계층을 대상으로 이루어진 반면 선택지 ⑤는 동일한 대상으로 연구가 이루어진 것으로 진술하고 있다.

2 정답 : ④ '슬픔의 아름다움과 해학의 아름다움이 함께 존재한다면 이것은 우리네의 곡절 많은 역사 속에서 밴 미덕의 하나'라는 의미와 일치한다.

해설 : ① 익살은 우리 민족만이 지닌 특성이다(우리 민족으로 한정), ② 지문에 없는 내용, ③ 고요의 아름다움과 슬픔의 아름다움이 조형 작품위에 옮겨질 때 적조미(寂: 고요할 적, 照: 비칠 조, 美: 아름다울 미)라 함 ⑤익살은 그 사회의 서정과 조형미에도 나타날 수 있음 따라서 예술작품에서만 표현되는 것은 아니다.

3 정답 : ④

해설 : 경제성과를 높이고 자선활동을 많이 하는 것만으로 반기업 정서가 해소될 수 없다.

4 정답 : ⑤, 지문에서 적시한 바와 같이 유전자 변형생물은 인간 게놈 프로젝트의 유용한 도구이지 목적이 아니다.

해설 : 첫 번째 문단은 생명공학기술의 정의와 이야기 하고자 하는 '유전 공학 기술(유전자 변형 생물)'을 언급하고 있다. 두 번째 문단은 유전자 재조합을 위해 필요한 '제한 효소', '리가아제'그리고 운반체 '벡터'를 설명하고 있다. 세 번째 문단에서는 유전자 변형 생물을 이용하는 방법 세 가지를 제시하고 있다.

5 정답 : ②

해설 : 본 지문은 역사학이 개별적인 사실의 나열에만 그치는 것을 경계하고 과거의 사실을 통해 보편적인 의미를 찾을 때 가치가 있다고 진술하고 있다. 따라서 선택지 ② '개별정보에 대한 기록을 배제한다.'는 내용은 맞지 않는다.

6 정답 : ⑤는 사자성어이다.

해설 : ① 과거에 여자가 결혼을 하면 처녀 때 풀었던 머리를 쪽을 쪄서 올렸기 때문에 '머리를 얹다'가 일반구절로 사용되었다. ② 어면신화는 고기록으로 '학을 떼다'와 같은 의미이다. 즉 어렵고 힘든 일을 벗어남을 뜻하는 관용구이다.
③ 선비들이 갓을 썼던 사실에서 비롯되어 '감투'라는 용어를 사용하기 시작하였으며, 벼슬을 이르는 말이다.
④ 가난하면서 자존심이 강한 선비를 이르는 관용구이다.

7 정답 : ①

해설 : (ㄱ) 지문에 '현실 세계의 한계로부터 불행이 시작되는 것이 아니라 현실 세계와 상상의 세계의 간극으로부터 불행이 시작된다.'고 진술되어 있음 (ㄴ) '체력과 건강과 스스로 선한 사람이라는 확신을 제외한 그 밖의 모든 행복인간 생활의 모든 행복은 모든 사람들의 억측에 불과'라고 진술됨 (ㄷ) 곤충이 불행을 느끼지 않는 것은 '상상력이 없기 때문'이 아니라 자신의 욕망을 필요 이상으로 확대하지 않기 때문이라고 진술하고 있음 (ㄹ) 불행이'필연적'이라고 진술하고 있지 않음.

8 정답 : ④

해설 : 지문에는 '인간의 심리적 문제는 개인의 비합리적인 신념의 산물이다.'라고 진술하고 있다. 즉 선택지 ④에서 언급된 것처럼 '신념의 원인'이 아니라 신념의 결과이다.

9 정답 : ②

해설 : 지문의 내용에서 확인할 수 없는 선택지이다.

10 정답 : ③

제13장 독해력 Ⅱ (핵심(중심) 내용 파악)

1 정답 : ⑤ 기부라는 것은 자신의 재능을 바탕으로 작은 것부터 나누는 것에서 시작된다는 의미

해설 : ① 작은 것이라도 모으면 큰 것이 된다. ② 힘을 다하고 정성을 다하여 한 일은 그 결과가 반드시 헛되지 아니함을 비유적으로 표현한 말 ③ 협동의 의미를 강조한 말 ④ 몹시 고생을 하는 삶도 좋은 운수가 터질 날이 있음을 의미한 말

2 정답 : ②

해설 : 본 문장은 지나침을 경계해야 함을 열거(나열)하고 있다.

3 정답 : ④

해설 : 후발국가일지라도 반드시 배울 지식이 있고 지식의 공유라는 차원에서 경계를 없앤 지식 경영을 이야기하고 있다.

4 정답 : ③

해설 : 지문은 동영상 압축 기술 중 하나인 허프만 코딩 방식의 과정을 예를 들어 설명하고 있다.

5 정답 : ④

해설 : 근대화가 전통사회의 문화에 미치는 영향

6 정답 : ③

해설 : 관습의 형성과정, 본 지문은 개인의 욕구충족은 사회의 공동생활을 통해 이루어지며 이는 사회적 관계를 맺고 있는 타인의 행동에 크게 영향을 받게 된다. 그리고 이는 찬양과 비난이라는 평가 또는 간섭을 통해 고정관념화 되었을 때 관습이 성립된다고 설명하고 있다.

7 정답 : ⑤

해설 : 이상으로서의 사회주의

8 정답 : ④

해설 : 1, 2문단을 통해 3문단을 주장하고 있으며, 역사의 서술은 이야기식으로 서술되어야 하고, 그 타당성은 문학적 차원에서 결정된다고 보았으며, 이 서술방식을 통해서만 역사적 사건의 경과과정을 인식할 수 있다고 보고 있다.

9 정답 : ①

해설 : 지문은 고전 범주화 이론에 바탕을 두고 있는 성분 분석 이론이 단어의 의미를 충분히 설명하지 못한다는 것을 말하고 있다. 주제는 고전 범주화 이론의 한계이다.

10 정답 : ③

해설 : 지문은 정혜사 능인선원에서 본 경치와 약수에 대해 간략하게 기술하다가, 핵심 제재인 '불유각'이라는 현판이 지닌 멋에 대해 집중적으로 서술하고 있다.

제14장 독해력Ⅲ(개념과 관점의 이해와 적용)

1 정답 : ③

해설 : 지문에 '일상의 사례로 생각해 보자'로 적시된 바와 같이 문구가 지닌 보편적인 의미를 '반대 해석'과 '확장 해석'차원으로 비교하면서 설명하고 있다.

2 정답 : ②

해설 : 지문에 제시된 "오랜 역사를 가진 한국의 전통 속에 살려야 할 유산이 적지 않다는 사실을 감안할 때, 우리의 미래상이 과거와 현재를 존중해야 할 이유는 더욱 뚜렷하다"는 내용은 과거와 현재와의 끊임없는 대화임을 의미하고 있다.

3 정답 : ③

해설 : 지문에 제시된 '소수의 식민 수혜자'란 의미는 비유적인 의미로 특정 계층이 다른 계층의 문화를 지배하는 의미로 사용된 것이다.

4 정답 : ⑤

해설 : 지문에 제시된 개념의 이해에 관한 문제이다. 즉, 다이어트에 관심 있는 학생들은 그렇지 않은 사람보다 음식 광고가 더 늘었다고 보는 사람이 많은 것, 그리고 부모가 되는 순간 아이와 연관시켜 세상을 위험한 곳으로 인식하는 '이것'은 관심을 의미한다.

5 정답 : ⑤

해설 : 지문에 제시된 (가)는 자신을 낮게 평가하는 것과 관련하여 말을 더듬는 결과와 같은 개념은 ⓒ이다. 왜냐하면 사소한 게으름을 너무 심각하게 고민하는 학생은 자신을 너무 낮게 평가하는 것이고 이것 때문에 게으르게 행동할 수도 있기 때문이다.

그리고 (나)의 회로의 재구성이 촉진되어 보다 많이 회복 신호를 보냈기 때문이라는 개념은 '깁스를 막 푼 왼쪽 팔을 자주 움직이라는 것'은 뇌의 회로 재구성 및 촉진으로 더 많은 회복 신호로 연결되기 때문이다.

6 정답 : ④

해설 : 지문에 제시된 내용은 서구화된 우리 문화의 현실 속에서 민족 문화의 전통을 계승하자는 논설문이다. 연암 박지원의 사례를 들면서 전통이란 과거의 것 중에서 현재의 문화 창조에 이바지하는 것이며, 우리 스스로 전통을 찾고 창조해야 한다고 주장하고 있다.

7 정답 : ⑤

해설 : 지문은 전통이란 과거에서 이어와 현재의 문화 창조에 이바지할 수 있다고 생각되는 것이라고 주장하고 있다.

8 정답 : ③, 지문에 부모의 언어 습관이 자녀에 말에 크게 영향을 미치는 것으로 제시되어 있다. 그러므로 윗사람이 잘하면 아랫사람도 따라서 잘하게 된다는 속담으로 '윗물이 맑아야 아랫물이 맑다'이다.

해설 : ① '초록인 동색이다'라는 말은 풀색과 녹색은 같은 색이라는 뜻으로, 상황과 처지가 같음을 비유적으로 이르는 말 ② '소 잃고 외양간 고친다.'라는 말은 일을 그르친 뒤에는 뉘우쳐도 소용없다는 의미이며, 사후약방문(死後藥方文), 망양보뢰(亡羊補牢)와 같은 뜻이다. ④'안에서 새는 바가지 밖에서도 샌다'라는 뜻은 본성(本性)이 나쁜 것은 어디를 가나 그 본색을 감출 수 없음을 이르는 말. ⑤ '도랑치고 가재 잡는다'라는 뜻은 두 가지이다. 하나는 일의 순서가 뒤바뀌어서 애쓴 보람이 나타나지 않는다는 의미이다. 또 다른 의미는 도랑을 치기 위해 돌을 들면 돌에 숨어 있던 가재까지 잡을 수 있다는 의미로, 한 가지 일로 두 가지 이상의 이득을 얻게 됨을 뜻한다.

9 정답 : ③

해설 : 미명(명분)을 뜻과 동일한 것은 '구호라는 이름'이다.

10정답 : ③

해설 : 지문의 '장마가 진'의 의미는 '왔다' 또는 '드리워졌다'의 뜻으로 같은 의미는 '그늘이 졌다'이다.

제15장 표현능력(문장 · 문단의 조직화와 적절한 표현 선택)

1 정답 : ② 모임의 전반적인 흐름을 진술되고 이어 접속사 또는 지시어로 작성된 그 과정의 내용이 제시되어야 한다.

해설 : '가' 항은 모임이 이루어진 전반적인 스토리로 제일 앞에 나와야 한다. '나' 항의 "그 뒤에는"이라는 지시어 고려시 회의가 성공적으로 끝났음을 의미하므로 '다' 항 뒤에 오는 것이 타당하다. '다' 항의 '그럼에도'라는 접속어 고려시 앞에는 "우여곡절"이 포함된 '라' 항이 진술되어야 한다. '마' 항의 '특별히'라는 부사어 고려시 '나' 항의 뒤에 진술되어야 한다.

2 정답 : ④

해설 : 본 지문은 문단의 원리(통일성, 연결성, 강조성)에 관한 문제이다. (가)는 화제의 제시 문으로 맨 앞에 배열되어야 한다. (라)는 (가)의 뒷받침문장으로 '은유는 말의 본질적 상태'를 상술하고 있다. (다)는 (라)의 부연 설명(은유적 표현이 언어 자체에 깊이 뿌리박고 있다.)으로 강조하고 있다. (마)는 예를 들어 언어 그 자체에 뿌리박고 있는 은유로 '조직', '기반', '기본구조'를 들고 있다. (나) 는 철학에도 은유가 스며있음을 부연설명하고 있다.

3 정답 : ④

해설 : 본 지문은 주제문에서 ' 문화 변동은 수용 주체의 창조적 · 능동적 측면에 의해 결정'된다고 진술되어 있다. 따라서 이어서 '수용 주체'를 언급하는 ㉡이 배열되어야 한다. 다음에는 ㉡의 의미를 상술하고 있는 ㉢이 배열되고 이어서 '내부에서 성취될 수 없는' 부분만 설별 수용한다는 ㉠이 배열되어야 한다.

4 정답 : ②

해설 : 본 지문은 아파트와 땅집을 비교한 내용이다. 집이 아름다운 이유로서 (㉠)의 맥락적인 의미는'집 자체가 인간과 마찬가지의 두께와 깊이를 가지고 있다.'에서 '인간'을 도출할 수 있다.

5 정답 : ④

해설 : ㉠은 앞에 있는 '공권력'을 보충 설명하므로 '즉', ㉡의 문장은 앞의 문장과 반대의 의미이므로 '그러나', ㉢의 문장은 앞의 문장의 원인이므로 '왜냐하면', ㉣의 문장은 앞의 문장들의 결론 부분이므로 '결과적으로'라는 접속어가 들어가야 한다.

6 정답 : ⑤

해설 : 기획바우처는 '맞춤형 예술 체험 프로그램'인데 ⑤는 방문공연 서비스 이므로 불필요한 문장이다.

7 정답 : ①

해설 : 과학에게 맡겨진 '실타래'는 해결해야 할 과제를 의미한다.

8 정답 : ②

해설 : 주제문인 첫 문장에서 '참여와 그런 기회를 실제로 가짐으로서 결정을 배우는 사회적 동물'로 언급되었다. 따라서 맥락적으로 (　)들어갈 내용은 ②이다.

9 정답 : ③, 문제 해결 방향과 연계성이 없다.

해설 : 평가의 문제점 보완 ①, 봉사활동의 가치 인식 및 제고 ②④⑤

10 정답 : ③

해설 : (　)의 내용은 '즉, 인간은 ‥‥ 해답을 얻게 되는 것이다.'라는 부연설명에서 알 수 있듯이 '자연현상에 대한 해답'을 얻게 되므로 '자연을 이해 가능한 공간으로 바꾼다.'다는 내용이 타당하다.

제16장 추론 능력 I (전체 및 세부내용 추론하기)

1 정답 : ④

해설 : 삶이 "결국은 죽음이라는 원점으로 회귀해 가는 것이지만 그렇다 하더라고 이리저리 길을 찾아 헤매고 어느 길을 선택해서 길을 가는 것은 참으로 더할 나위 없이 아름다운 길이다."라고 언급하고 있다.

2 정답 : ③

해설 : "이것(법칙)은 누가, 어디서 보든 똑같은 보편타당한 것이다."으로 정의하고 있음으로 이는 '법칙의 객관성'을 의미한다.

3 정답 : ⑤

해설 : 지문의 개요의 결론에서'생존 가치가 최고 가치가 아니라고 주장'이 되려면 무조건적 장기이식의 문제점이 제시되어야 하므로 ⑤이 정답이다.

4 정답 : ①

해설 : 지문의 ㉠ 샘의 문맥 단서는 '발원'(發源)이며, ㉡ 바다의 문맥 단서는 '성취'이므로 정답은 ①이다.

5 정답 : ②

해설 : A 지역 3년, B 지역 4년, C 지역 5년마다의 국소 냉각이 되므로 최소 공배수에 해당되는 60년 마다 동시에 국소 냉각이 발생하므로 이때는 의식 활동이 정지된다.

6 정답 : ①

해설 : 세 번째 등급의 행위가 거듭 될수록 마지막 네 번째 등급의 상황으로 이어짐을 언급하고 있다. 즉, 그른 일을 하기 시작하면 종국에는 그른 일로 큰 해를 보게 된다는 것이다.

7 정답 : ②

해설 : 지문에 "공유된 이익의 영역이 확장될 수는 있겠지만, 가치와 우선순위의 차이 그리고 중요한 상황적 차이 때문에 이익 갈등은 계속 존재하게 될 것이다."라고 언급된 내용을 고려할 때 이익 갈등이 완전히 소멸될 수는 없음을 추론할 수 있다.

8 정답 : ③

해설 : 지문에 언급된 "지식이 불필요하다고 아는 것도 하나의 '앎'이요", "지(知)의 불필요를 아는 지(知)"라는 내용 고려시 '학문의 본질'에 관한 내용임을 추론할 수 있다.

9 정답 : ③

10. 정답 : ⑤

해설 : 지문에 언급된 "칼로리 섭취를 줄이면 T세포의 활동이 개선된다는 것은 칼로리 제한에 의한 수명연장설을 뒷받침하는 것인지도 모른다."라는 내용은 가능성이 있다는 것을 의미한다.

제17장 추론 능력 II (전제와 결론 추론하기)

1 정답 : ①

해설 : (a) "오히려 이것은 양식 혹은 이성(理性)이라 일컬어지는 것이 모든 사람에게 있어서 나면서부터 평등함을 보여 주는 것이다"의 의미와 동일하다.

(b) 양식은 평등하고, "우리들의 의견이 다양한 것은 우리가 살아가면서 경험하고 느끼는 것이 동일한 것이 아님을 보여주는 것이다." 고려하면 맞는 주장이다.

(c) "우리들의 의견이 다양한 것은 우리가 살아가면서 경험하고 느끼는 것이 동일한 것이 아님을 보여주는 것이다." 고려시 의견 차이는 후천적이다.

(d) "아주 느리게 걷는 사람들도 언제나 곧은길을 따라가기만 하면, 뛰어가되 곧은길에서 벗어나는 사람들보다 훨씬 더 많이 진전할 수 있다"는 가능성이다. 따라서 "진리 추구에서 신속함이 신중함보다 중요하다."고 주장할 수는 없다.

(e) "무릇 좋은 정신을 가지는 것으로는 충분하지 못하고, 그것을 잘 쓰는 것이 중요하다."는 내용 고려시 (e)의 주장은 반대의 내용이다.

2 정답 : ③

해설 : "바로 이 이유만으로도 이 문명은 우리가 조금만 현명하게 협력한다면 역사상 최초의, 진실로 인간적인 것이 될 것이다."의 의미는 제3물결에 따른 인류의 협력을 요구하고 있다.

3 정답 : ①

해설 : "국가의 전체 문화 동향이 서서히 바뀌어 가면서 기존 권력 구조에 변화를 가져다주었다."라는 주장은 본 지문의 내용과 달리 원인과 결과를 반대로 주장하고 있다.

4 정답 : ⑤

해설 : 물의 오염에 관한 문단 말미에 "이것은 인간에 의해 생태계의 평형이 파괴되는 또 하나의 예이다."라고 전제되고 있으며, 토양의 오염의 원인도 "농약 사용, 각종 생활쓰레기와 산업폐기물의 부적절한 매립 등은 토양을 심각하게 오염시키는 대표적인 예이다."라고 전제하고 있다. 따라서 필자는 인간에 의해 생태계의 평형이 파괴되고 있음을 주장하고 있다.

5 정답 : ④

해설 : 지식은 독서를 통해 얻을 수 있다.

6 정답 : ③

해설 : 국민 여러분, 여러분의 소중한 한 표가 우리의 미래를 결정합니다.

7 정답 : ④

해설 : 첫 번째 문단의 "인간의 호흡기관이 이렇게 불합리한 구조를 갖게 된 원인은 무엇일까?"라는 결과-원인관계이자 키워드는 '불합리한 구조'이다.

8 정답 : ③

해설 : 인간을 포함한 고등척추동물은 기도와 식도가 목구멍에서 교차하고 있어 질식사할 가능성을 가지고 있다.

9 정답 : ⑤

해설 : 조선시대 화폐가 유통되기 위한 여건, 서민들 사이에 삼베/무명 등 물품화폐 사용, 화폐사용은 국가적으로 추진, 화폐가 통용되면서 나타난 조선 후기 모습, 그러나 화폐를 어떤 과정으로 주조했는지는 알 수 없다.

10 정답 : ⑤, 대기업들이 가담하고 있다.

해설 : 대기업들이 감자 칩 시장에 뛰어들지 못해 안달하고, 일단 시장에 진입한 후에는 점유율을 높이기 위해 막대한 광고비를 쓰는 것도 이 때문이다.

제18장 추론 능력Ⅲ(주장과 논거에 대한 타당성 식별하기)

1 정답 : ①

해설 : 지문에서 "코페르니쿠스, 갈릴레오 등이 '지구는 우주의 중심이 아니다.'라는 과학적 명제를 밝혀냄으로써 사람들의 가치관은 들리기 시작했다."라는 의미는 "새롭게 밝혀지는 과학 지식으로 인해 사람들의 가치관이 변할 수 있다."음을 의미한다.

2 정답 : ③

해설 : 가성비 차원에서 구매한 사례

3 정답 : ②

해설 : 지문에서 "필요로 하는 정보를 다 제공하지는 못한다."는 점에서 인간과 동물에게 공통적으로 적용되지 못한다는 근거가 된다.

4 정답 : ④

해설 : 바이올린을 좋아한다(P), 플루트를 좋아한다(Q), 콘트라베이스를 좋아한다.(R), 전제 = ~P → ~Q 따라서 대우인 Q → P이다.(참), 따라서 결론 = R → P를 얻기 위해서는 R → Q 또는 ~Q → ~R이다.

5 정답 : ①

해설 : 위의 예문은 컴퓨터의 능력을 믿지 못하는데서 나온 진술이다. 따라서 이를 반박하고자 한다면 컴퓨터에 대한 신뢰감을 높이거나 컴퓨터가 아니면 할 수 없는 일을 제시하면 된다.

6 정답 : ③

7 정답 : ③

해설 : 수영: B〉C〉D, 달리기: D〉A〉B

8 정답 : ②

9 정답 : ②

10 정답 : ④

해설 : 진술된 내용으로는 철수와 민종이의 몸무게와 하늘이와 숙희의 몸무게를 비교하는 것은 불가능하다. 따라서 네 사람의 몸무게가 같은지 알 수 없다.

제19장 논리적 사고력

1 정답 : ④, 일반적 현상을 통해 특정현상을 규정하고 있음

해설 : ①과 ⑤는 구체적인 사실을 통한 일반화 ②와 ③은 특정사실을 통해 일반화하고 있다.

2 정답 : ③

해설 : ①은 연역 추론이다.(대전제: 공주가 푸른 장미꽃을 가져오는 청년과 결혼, 소전제: 푸른 장미꽃을 구해야겠어. 결론: 난 공주와 결혼할 수 있을 거야.) ② 연역 추론이다. '선생님에게 혼나면 화가 난다.'는 대전제가 숨어 있는 연역 추론이다. ③ 개, 늑대, 하마, 곰의 습성을 논거로 하여 '동물들은 수의 균형을 유지하기 위해 영역 수호의 본능을 지니고 있다.'는 주장하고 있음으로 귀납 추론이다. ④ 연역 추론이다.(대전제: 초능력으로 숟가락을 휘게 할 수 있다. 소전제: 내가 보은 앞에서 숟가락을 휘게 만들었다. 결론: 그 사람은 초능력자이다.) ⑤ 연역 추론이다.(대전제: 시험 잘 보면 대공원에 놀러 가기로 했다. 소전제: 시험을 잘 치르지 못했다. 주장: 놀러 가기로 한 약속은 틀린 것 같다.)

3 정답 : ③, 연역 추론. 필자의 주장은 "그러므로··· 민족정기와 사회정의가 구현될 수 있는 사회가 되어야 한다." 이다. 이를 위한 대전제가 "어휘는 당시의···문화수준을 반영한다."와 "사회가 바로 서지···아름답고 순수할 수는 없다."이다. 소전제는 "문화 수준이 낮고 시대가···어휘만이 우아하고 고상할 수는 없다."이다.

해설 : ① 여러 사람들의 견해를 일반화하여 삶의 궁극적인 목적은 행복을 추구하는 데에 있음을 주장하고 있으므로 귀납 추론이다. ② 소리 현상과 빛 현상의 공통을 근거로 '빛 현상도 파동의 속성을 가지고 있을 것'이라고 주장하는 유비 추론(귀납 추론)이다. ④ 한자어의 다양한 속성을 전제로 하고 있음으로 귀납 추론이다. ⑤ 무지개가 생기는 두 사례를 일반화하여 무지개가 생기는 원인을 주장하고 있으므로 귀납 추론이다.

4 정답 : ①, 지문은 연역 추론이다. 필자의 주장은 "진화론자들은 ··· 진화했다."이다. 이를 위한 대전제가 "진화론에서는 ···진화된 증거이다."이다. 소전제는 "예를 들어···모두 7개로 되어있다."이다.

해설 : ① 일반적인 사실을 근거로 '머지않아 눈이 내릴 것이다.' 라는 주장을 하고 있다. 연역 추론이다. ②, ③, ④ 선택지는 개별사실을 근거로 주장을 일반화 하고 있다.

5 정답 : ④, 지문은 유비 추론이다. 자연현상과 사회현상의 공통점을 비교하면서 '분화와 통합'을 주장함.

해설 : ① 대전제, 소전제, 결론의 형태인 연역 추론이다. ② 논거 1, 2, 3을 통해 녹황색 채소가 성인병을 예방한다고 주장하는 귀납 추론이다. ③ 대전제, 소전제, 결론의 형태인 연역 추론이다. ④ 악인과 좋지 않는 말의 공통점을 위해 '교정과 순화'를 주장하는 유비 추론이다.

6 정답 : ③, 잘못된 원인의 오류, 지문역시 '치즈'를 먹은 원인으로 직무수행능력평가를 잘 본 결과가 나온 것이라는 오류를 범하고 있다.

해설 : ① 사적관계에 호소하는 오류 ② 권위(공포/협박)에 호소하는 오류 ④ 피장파장의 오류 ⑤ 감정에 호소하는 오류

7 정답 : ②, 결합의 오류, 지문은 여러 개의 부분들의 속성을 합할 경우에도 개개의 속성과 동일할 것이라고 보는 결합의 오류이다.

해설 : ①은 인신공격의 오류이다. ② 맛있는 재료를 사용했으니 전체인 식도 맛이 있을 거라는 결함의 오류이다. ③ 잘못된 유비 추론의 오류이다. ④ 거짓원인의 오류이다. ⑤ 자가당착의 오류이다.

8 정답 : ⑤, 흑백논리의 오류이다. 지문은 '선과 악'이라는 흑백논리 오류이다.

해설 : ① 거짓원인의 오류이다. ② 원천봉쇄의 오류이다. ③ 잘못된 유비 추론의 오류이다. ④ 무지에 호소하는 오류이다.

9 정답 : ③, 순환논증의 오류이다. 지문의 마지막 문단에서 "남성과 여성이 왜 그런 차이가 나는지···문제를 제기하지 않고 있다"라고 제시하고 있는데 '차이가 나니까 차이를 인정하라'는 주장이므로 이는 순환논증의 오류이다.

해설 : ① 원천봉쇄의 오류, ② 논점 일탈의 오류, ④ 거짓원인의 오류, ⑤ 군중에 호소하는 오류

10 정답 : ③, 무지에 호소하는 오류, 지문은 '꿈이 미래를 예언한다는 과학적 근거가 없으므로 꿈이 미래를 예언한다고 할 수 없다고 주장'하는 무지에 호소하는 오류이다.

해설 : ① 의도확대의 오류(멜라민이 함유된 식품을 만드는 사람들이 살인의 의도를 가지고 있다.) ② 힘(공포/협박)에 호소하는 오류 ③ 대전제, 소전제, 연역 추론이다. ④ '선거 기간'을 강조해서 오류를 범한 강조의 오류 ⑤ 인과 혼동의 오류이다.

부 록

부록1	시험에 자주 출제되는 주요 어휘
부록2	핵심 속담 풀이
부록3	주요 관용어 모음
부록4	자주 출제되는 한자성어

【부록 1】

시험에 자주 출제되는 주요 어휘

- 동의어 -

◦ 각오(覺悟)	결심(決心), 결의(決意)	◦ 발췌(拔萃)	요약(要約), 발취(拔取)
◦ 강조(强調)	부각(浮刻), 역점(力點)	◦ 방법(方法)	방도(方道), 방식(方式)
◦ 개량(改良)	개선(改善), 개신(改新)	◦ 배타(排他)	배척(排斥), 배제(排除)
◦ 결정(決定)	결의(決議), 결단(決斷)	◦ 사려(思慮)	변별(辨別), 분별(分別)
◦ 결핍(缺乏)	결여(缺如), 부족(不足)	◦ 삭제(削除)	제거(除去), 말살(抹殺)
◦ 고무(鼓舞)	고취(鼓吹), 독려(督勵)	◦ 상황(狀況)	형편(形便), 처지(處地)
◦ 과오(過誤)	실수(失手), 과실(過失)	◦ 손해(損害)	타격(打擊), 손실(損失)
◦ 공헌(貢獻)	기여(寄與), 이바지	◦ 수리(修理)	수선(修繕), 수장(修粧)
◦ 구속(拘束)	속박(束縛), 억압(抑壓)	◦ 실망(失望)	실의(失意), 낙담(落膽)
◦ 구획(區劃)	경계(境界), 지구(地區)	◦ 실행(實行)	실천(實踐), 이행(履行)
◦ 규제(規制)	한정(規定), 한정(限定)	◦ 안전(安全)	안녕(安寧), 평안(平安)
◦ 귀감(龜鑑)	모범(模範), 교훈(教訓)	◦ 양성(養成)	육성(育成), 함양(涵養)
◦ 기아(飢餓)	기근(饑饉), 기황(饑荒)	◦ 오만(傲慢)	거만(倨慢), 교만(驕慢)
◦ 기초(基礎)	기저(基底), 기본(基本)	◦ 의견(意見)	의사(意思), 견해(見解)
◦ 나태(懶怠)	태만(怠慢), 나만(懶慢)	◦ 이용(利用)	활용(活用), 응용(應用)
◦ 달변(達辯)	웅변(雄辯), 능변(能辯)	◦ 재능(才能)	능력(能力), 기량(器量)
◦ 달성(達成)	성취(成就), 성공(成功)	◦ 절약(節約)	절감(節減), 절용(節用)
◦ 답습(踏襲)	모방(模倣), 인습(因襲)	◦ 진보(進步)	발전(發展), 향상(向上)

◦ 도야(陶冶)	수양(修養), 수련(修鍊)	◦ 진퇴(進退)	거동(擧動), 거취(去就)
◦ 동조(同調)	찬성(贊成), 찬동(贊同)	◦ 추측(推測)	추리(推理), 예측(豫測)
◦ 모순(矛盾)	상반(相反), 상충(相衝)	◦ 힐난(詰難)	힐책(詰責), 책망(責望)
◦ 모반(謀反)	반역(反逆), 반란(反亂)		

- 반의어 -

◦ 간헐(間歇) - 지속(持續)	◦ 막연(漠然) - 확연(確然)	◦ 이례(異例) - 통례(通例)
◦ 강건(剛健) - 유약(柔弱)	◦ 망각(忘却) - 기억(記憶)	◦ 인위(人爲) - 자연(自然)
◦ 강대(强大) - 약소(弱小)	◦ 명예(名譽) - 치욕(恥辱)	◦ 정숙(靜肅) - 소란(騷亂)
◦ 건조(乾燥) - 습윤(濕潤)	◦ 물질(物質) - 정신(精神)	◦ 정착(定着) - 표류(漂流)
◦ 검약(儉約) - 낭비(浪費)	◦ 밀집(密集) - 산재(散在)	◦ 조잡(粗雜) - 정밀(精密)
◦ 관철(貫徹) - 좌절(挫折)	◦ 배은(背恩) - 보은(報恩)	◦ 직계(直系) - 방계(傍系)
◦ 규정(規定) - 자유(自由)	◦ 부연(敷衍) - 생략(省略)	◦ 질서(秩序) - 혼돈(混沌)
◦ 귀납(歸納) - 연역(演繹)	◦ 부인(否認) - 시인(是認)	◦ 집중(集中) - 분산(分散)
◦ 기결(旣決) - 미결(未決)	◦ 수절(守節) - 훼절(毁節)	◦ 타당(妥當) - 부당(不當)
◦ 낙천(樂天) - 염세(厭世)	◦ 심야(深夜) - 백주(白晝)	◦ 퇴영(退嬰) - 진취(進取)
◦ 낭독(朗讀) - 묵독(默讀)	◦ 암시(暗示) - 명시(明示)	◦ 현상(現象) - 본질(本質)
◦ 내포(內包) - 외연(外延)	◦ 역경(逆境) - 순경(順境)	◦ 환희(歡喜) - 비애(悲哀)
◦ 눌변(訥辯) - 능변(能辯)	◦ 우량(優良) - 열악(劣惡)	◦ 희박(稀薄) - 농후(濃厚)
◦ 능멸(凌蔑) - 추앙(推仰)	◦ 우회(迂廻) - 첩경(捷徑)	◦ 희생(犧牲) - 이기(利己)
◦ 득의(得意) - 실의(失意)	◦ 의존(依存) - 자립(自立)	

- 속 담 -

◦ **가꿀 나무는 밑동을 높이 자른다** : 어떠한 일이나 장래의 안목을 생각해서 미리부터 준비를 철저하게 해 두어야 한다는 뜻

◦ **가는 날이 장날이다** : 생각하지 않은 일이 우연히 들어맞음을 이르는 말

◦ **가랑잎이 솔잎더러 바스락거린다고 한다** : 자기 허물이 더 큰 사람이 도리어 허물이 작은 사람을 나무라거나 흉을 본다는 뜻

◦ **급하다고 바늘 허리에 실 매어 쓰랴** : 급하다고 해서 순서를 건너뛸 수는 없다는 뜻

◦ **남이 장에 간다고 하니 거름지고 나선다** : 주관 없이 남의 행동을 따라 한다는 말

◦ **달걀에도 뼈가 있다** : 안심했던 일에서 오히려 실수하기 쉬우니 항상 신중을 기하라,
* 언중유골(言中有骨)은 예사로운 말 같으나 그 속에 단단한 속뜻이 들어 있다는 뜻

◦ **당장 먹기엔 곶감이 달다** : 당장에 좋은 것은 한순간뿐이고 참으로 좋고 이로운 것이 못 된다는 뜻.

◦ **도랑 치고 가재 잡는다** : 한 가지 일에 두 가지의 이득이 생겼다는 말

◦ **마파람에 게 눈 감추듯** : 음식을 어느 결에 먹었는지 모를 만큼 빨리 먹어 버린다는 말

- **무쇠도 갈면 바늘 된다** : 꾸준히 노력하면 아무리 어려운 일도 이룰 수 있다는 말
- **바늘구멍으로 하늘 보기** : 견문이 좁은 사람을 뜻하는 말
- **부뚜막의 소금도 집어넣어야 짜다** : 쉽고 좋은 기회나 형편도 이용하지 않으면 소용이 없다는 말
- **쌀독에서 인심 난다** : 사람살이가 넉넉해야만 비로소 남을 도와줄 수 있다는 말
- **서투른 무당 장구만 나무란다** : 능력이 부족한 것도 모르고 도구만 나쁘다고 탓함
- **아랫돌 빼어 윗돌 괴기** : 임시변통으로 한 곳에서 빼어 다른 곳을 막는다는 말
- **언 발에 오줌 누기** : 눈앞에 급한 일을 피하기 위해서 하는 임시변통이 결과적으로 더 나쁘게 되었을 때 하는 말
- **우물에서 숭늉 찾는다** : 성미가 아주 급하다는 뜻
- **절에 가면 중노릇하고 싶다** : 일정한 주견이 없이 덮어 놓고 남을 따르려 한다는 말
- **초록은 동색이다** : 끼리끼리 모인다는 뜻
- **토끼를 다 잡으면 사냥개를 삶는다** : 필요할 때는 소중히 여기다가도 필요 없게 되면 천대하고 없애 버림을 비유하는 말

- 사자성어 -

각골난망(刻骨難忘) 【刻 : 새길 각, 骨 : 뼈 골, 難 : 어려울 난忘 : 잊을 망】 은덕을 입은 고마움이 마음깊이 새겨져 잊히지 아니함	
각주구검(刻舟求劍) 【刻 : 새길 각, 舟 배 주, 求 구할 구, 劍 칼 검】 '배에 표시를 새겨 물속에 떨어트린 칼을 찾다.' 어리석음의 뜻.	
감탄고토(甘呑苦吐) 【刻 : 새길 각, 舟 배 주, 求 구할 구, 劍 칼 검】 비위에 맞으면 삼키고, 쓰면 토해 버린다는 뜻	
견강부회(牽强附會) 【牽 끌 견, 强 강할 강, 附 붙을 부, 會 모일 회】 억지로 말을 끌어 붙여 자기가 주장하는 조건에 맞도록 함	

결자해지(結者解之) 【結 맺을 결, 者 놈 자, 解 풀 해, 之 갈 지】 맺은 사람이 풀어야 한다는 뜻으로, 일을 벌여 놓은 사람이 끝을 맺어야 한다는 말	
권토중래(捲土重來) 【捲 거둘 권, 土 흙 토, 重 무거울 중, 來 올 래】 한번 실패했다가 세력을 회복하여 다시 일어남	
난형난제(難兄難弟) 【難 어려울 난, 兄 형 형, 難 어려울 난, 弟 아우 제】 누구를 형이라 하고 누구를 동생이라 할지 분간하기 어렵다, 우열을 가리기 어렵다(≒막상막하, 백중지세)	
낭중지추(囊中之錐) 【囊 주머니 낭, 中 가운데 중, 之 갈 지, 錐 송곳 추】 재능이 뛰어난 사람은 세상에서 피해 있어도 자연히 사람들에게 알려짐을 비유한 말	
마이동풍(馬耳東風) 【馬 말 마, 耳 귀 이, 東 동녘 동, 風 바람 풍】 남의 말을 귀담아 듣지 않고 흘려버리는 것을 말함	
막역지우(莫逆之友) 【莫 없을 막, 逆 거스릴 역, 之 갈 지, 友 벗 우】 참된 마음으로 서로 거역할 수 없이 매우 친한 벗을 말함 (≒문경지교, 금란지교, 단금지교, 수어지교, 지란지교)	
백골난망(白骨難忘) 【白 흰 백, 骨 뼈 골, 難 어려울 난, 忘 잊을 망】 죽어도 잊지 못할 큰 은혜를 입음	
부화뇌동(附和雷同) 【附 붙을 부, 和 화할 화, 雷 우레 뇌(뢰), 同 한가지 동】 아무런 주견 없이 남이 하는 대로 덩달아 행동함	

사면초가(四面楚歌) 【四 넉 사, 面 낯 면, 楚 초나라 초, 歌 노래 가】 한 사람도 도우려는 자가 없이 고립되어 곤경에 처해 있음	
사상누각(砂上樓閣) 【砂 모래 사, 上 윗 상, 樓 다락 루(누), 閣 집 각】 모래 위에 지은 누각이라는 뜻으로 어떤 사물의 기초가 견고하지 못하여 오래 견디지 못함	
사필귀정(事必歸正) 【事 일 사, 必 반드시 필, 歸 돌아갈 귀, 正 바를 정】 모든 일은 반드시 바른 데로 돌아감	
상전벽해(桑田碧海) 【桑 뽕나무 상, 田 밭 전, 碧 푸를 벽, 海 바다 해】 뽕밭이 푸른 바다가 된다는 말로, 세상의 변화가 매우 심한 것을 이름.	
새옹지마(塞翁之馬) 【塞 변방 새, 翁 늙은이 옹, 之 갈 지, 馬 말 마】 세상일은 복이 될지 화가될지 예측할 수 없다는 말	
설상가상(雪上加霜) 【雪 눈 설, 上 윗 상, 加 더할 가, 霜 서리 상】 눈 위에 또 서리가 덮인다는 뜻으로, 불행이 엎친 데 덮친 격으로 거듭 생김	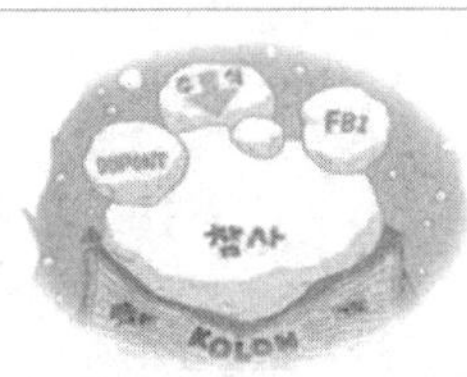
수구초심(首丘初心) 【首 머리 수, 丘 언덕 구, 初 처음 초, 心 마음 심】 여우도 죽을 때는 제가 살던 쪽으로 머리를 돌린다는 뜻으로, 근본을 잊지 않음을 가리키는 말.	
순망치한(脣亡齒寒) 【脣 입술 순, 亡 망할 망, 齒 이 치, 寒 찰 한】 입술이 없으면 이가 시린 것처럼 서로 돕던 이가 망하면 다른 한쪽도 위험하다는 뜻.	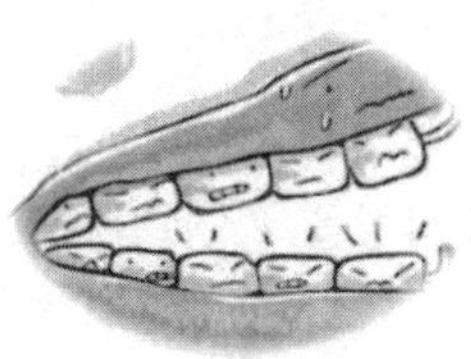

<table>
<tr><td>아전인수(我田引水)
【我 나 아, 田 밭 전, 引 끌 인, 水 물 수】
자기에게만 이롭게 하려는 것 = 제 논에 물대기</td><td></td></tr>
<tr><td>연목구어(緣木求魚)
【緣 인연 연, 木 나무 목, 求 구할 구, 魚 물고기 어】
불가능한 일을 하고자 할 때 비유하는 말</td><td>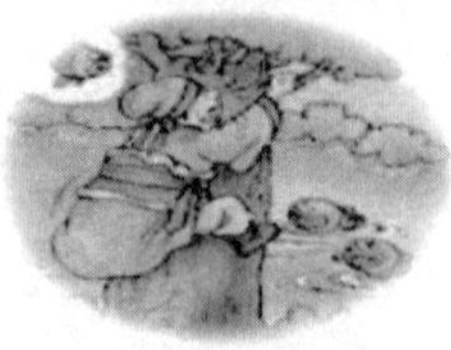</td></tr>
<tr><td>오비이락(烏飛梨落)
【烏 까마귀 오, 飛 날 비, 梨 배나무 리(이), 落 떨어질 락】
우연한 일치로 남의 의심을 받게 됨</td><td></td></tr>
<tr><td>와신상담(臥薪嘗膽)
【臥 누울 와, 薪 섶 신, 嘗 맛볼 상, 膽 쓸개 담】
원수를 갚고자 고생을 참고 견딤을 비유하는 말</td><td>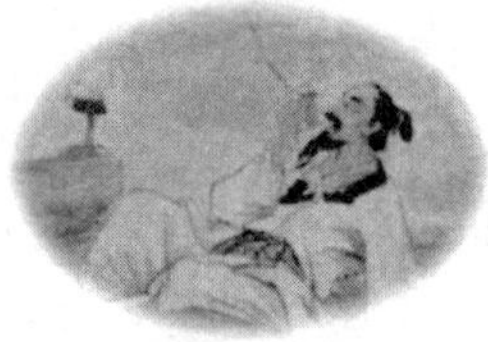</td></tr>
<tr><td>우공이산(愚公移山)
【愚 어리석을 우, 公 공평할 공, 移 옮길 이, 山 메 산】
어리석게 보이는 일도 꾸준하게 끝까지 한다면
아무리 큰일이라도 할 수 있다는 말.</td><td>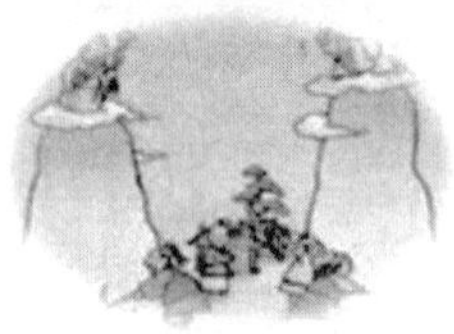</td></tr>
<tr><td>우이독경(牛耳讀經)
【馬 말 마, 耳 귀 이, 讀 읽을 독, 經 글 경】
쇠(소) 귀에 경 읽기(≒마이동풍)</td><td></td></tr>
<tr><td>조삼모사(朝三暮四)
【朝 아침 조, 三 석 삼, 暮 저물 모, 四 넉 사】
눈앞에 당장 나타나는 차별만을 알고 그 결과가 같음은 모르는 것을 비유하는 말</td><td></td></tr>
<tr><td>지록위마(指鹿爲馬)
【指 가리킬 지, 鹿 사슴 록, 爲 할 위, 馬 말 마】
윗사람을 속여 함부로 권세를 부림, 사실(事實)이 아닌 것을 사실(事實)로 만들어 강압(强壓)으로 인정(認定)하게 됨.</td><td></td></tr>
</table>

진퇴양난(進退兩難) 【進 나아갈 진, 退 물러날 퇴, 兩 두 양, 難 어려울 난】 이러지도 저러지도 못하는 어려움. 처지가 난감함(≒진퇴유곡)	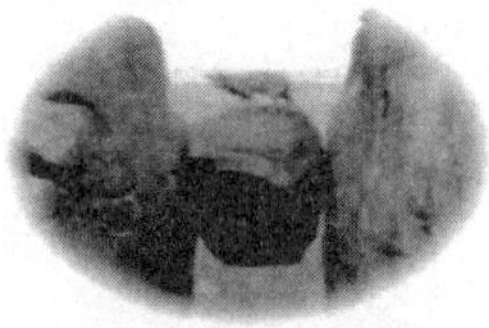
청출어람(靑出於藍) 【靑 푸를 청, 出 날 출, 於 어조사 어, 藍 쪽 람】 쪽에서 우러난 푸른빛이 쪽보다 낫다는 뜻. 흔히 제자가 스승보다 더 나아짐을 일컫는 뜻.	
침소봉대(針小棒大) 【針 바늘 침, 小 작을 소, 棒 막대 봉, 大 클 대】 바늘같이 작은 것을 곤봉같이 크게 말하다. 작은 것을 크게 과장해서 말함	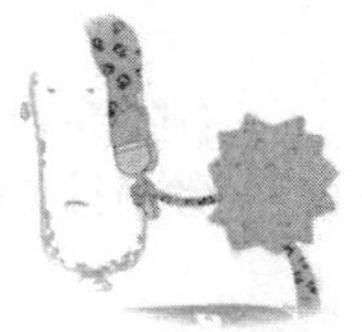
타산지석(他山之石) 【他 다를 타, 山 메 산, 之 갈 지, 石 돌 석】 다른 산에서 나는 나쁜 돌이라도 옥돌을 가는데 도움이 된다는 뜻으로, 하찮은 남의 언행일지라도 자신의 수양에 도움이 됨을 뜻함.	
토사구팽(兎死狗烹) 【兎 토끼 토, 死 죽을 사, 狗 개 구, 烹 삶을 팽】 토끼가 죽고 나면 토끼를 잡던 사냥개도 필요가 없게 되어 삶아 먹힌다는 뜻.	
풍수지탄(風樹之嘆) 【風 바람 풍, 樹 나무 수, 之 갈 지, 歎 탄식할 탄】 효도하고자 하나 이미 부모는 죽고 효행을 다하지 못하는 슬픔	
풍전등화(風前燈火) 【風 바람 풍, 前 앞 전, 燈 등 등, 火 불 화】 바람 앞의 등불처럼 매우 위급한 자리에 임(≒누란지위(累卵之危), 초미지급(焦眉之急))	
화룡점정(畵龍點睛) 【畵 그림 화,龍 용 룡, 點 점 점, 睛 눈동자 정】 가장 요긴한 곳에 손을 대어 작품을 완성시킴	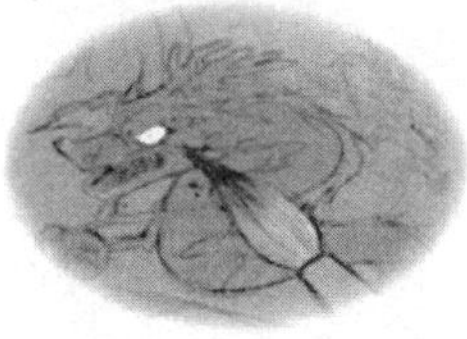

반포지효(反哺之孝) 【反 돌이킬 반, 哺 먹일 포, 之 갈 지, 孝 효도 효】 까마귀 새끼가 자란 뒤에 늙은 어미에게 먹이를 물어다 주는 효성	
맥수지탄(麥秀之嘆) 【麥 보리 맥, 秀 빼어날 수, 之 갈 지, 嘆 탄식할 탄】 나라가 망한 것을 한탄함(망국지탄(亡國之歎), 망국지한(亡國之恨))	
혼연일체(渾然一體) 【渾 뒤섞일 혼, 然 그럴 연, 一 한 일, 體 몸 체】 사람들의 행동(行動) · 의지(意志) 따위가 조금도 차이(差異)가 없이 한 덩어리가 됨	

【부록 2】

핵심 속담 풀이

1. **식은 죽 먹기다.** 아주 쉬움을 이름을 뜻하며, 땅 짚고 헤엄치기, 누운 소 타기, 누워 떡 먹기, 이여반장(易如反掌) 등과 같은 뜻이다.
2. **개구리도 움쳐야 뛴다.** 무슨 일이나 미리 준비함이 있어야 한다.
3. **네 발 짐승도 넘어질 때가 있다.** 아무리 능숙한 일도 실수할 때가 있다.
4. **눈 먼 말 타고 벼랑으로 간다.** 매우 위험한 짓을 한다.
5. **모로 가도 서울에만 가면 된다.** 무슨 방법으로라도 처음의 목적을 이루면 된다는 뜻(=모로 가나 기어가나 서울 남대문만 가면 그만이다)
6. **봉사가 개천을 나무란다.** 자기 잘못은 생각하지 않고 남을 원망한다는 뜻(=소경이 재천 그르다 하여 무얼 해, 소경이 넘어지면 막대 탓이라)
7. **잘 되면 제 탓, 못 되면 조상 탓.** 잘못된 것을 남의 탓으로 돌리다.
8. **부모가 온 효자 되어야 자식이 반 효자.** 윗사람의 행실이 깨끗해야 아랫사람의 행실도 거기에 따라 깨끗해진다는 말.
9. **고슴도치도 제 새끼는 함함하다고 한다.** '고슴도치도 제 새끼의 털은 부드럽다고 한다.'는 뜻으로,
   ① 자기 자식의 나쁜 점을 모르고 도리어 자랑삼는다는 말.
   ② 어버이의 눈에 제 자식은 다 잘나 보인다는 뜻.
10. **귀한 자식 매 한 대 더 때리고 미운 자식 떡 한 개 더 준다.** 자식을 잘 키우기 위해서는 매를 아껴서는 안 된다.
11. **쉰 길 나무도 토막 내면 끝이 있다.** 아무리 어려운 일도 꾸준히 실천(노력)하다 보면 좋은 결과가 있게 마련이다.
12. **물은 깊을수록 소리가 없다.** 많이 배운 사람일수록 겸손하다.
13. **돌쩌귀에 녹이 슬지 않는다.** 근면할 것을 강조하는 말
14. **오는 정이 있어야 가는 정이 있다.** 남이 저를 생각해 주어야 나도 남을 생각해 준다는 말.
15. **백지장도 맞들면 낫다.** 아무리 쉬운 일이라도 혼자 하는 것보다 협력하면 훨씬 효과적이라는 말.(十匙一飯)
16. **구정물에 주정한다.** 한 번 든 버릇은 자신도 모르게 행동화된다.
17. **팔은 안으로 굽는다.** 더 가까운 사람에게 정이 간다.

18. **바늘도둑이 소도둑 된다.** 좋지 못한 행실일수록 점점 더 크고 심하게 된다는 말.
19. **백정은 버들잎 물고 죽는다.** 죽을 때에도 자기의 근본을 잊지 않는다는 뜻.
20. **집에서 새는 바가지 밖에서도 샌다.** 본성(本性)이 나쁜 것은 어디를 가나 그 본색을 감출 수 없다는 말.(=집에서 새는 쪽박은 들에서도 샌다)
21. **봉충다리의 울력걸음.** 좀 부족한 사람도 여럿이 같이 할 때는 덩달아 할 수 있다.
22. **굳은 땅에 물 고인다.** 쓰지 않고 아끼는 사람이 재산을 모은다.
23. **얕은 내도 깊게 건너라.** 돌다리도 두들겨 보고 건너라, 잘 아는 일이라도 세심한 주의를 해야 한다는 말.(=아는 길도 물어 가라, 돌다리도 두들겨 보고 건너라, 식은 죽도 불어가며 먹는다)
24. **우물을 파도 한 우물을 파라.** 어떠한 일을 하든지 한 가지 일을 철저히 끝까지 해야 성공할 수 있다는 말.
25. **거미도 줄을 쳐야 벌레를 잡는다.** 무슨 일이나 준비가 갖추어져야 성과를 이룰 수 있다.
26. **친구 따라 장에 간다.** 줏대 없이 부화뇌동(附和雷同)*한다는 뜻.

   * 부화뇌동(부화뇌동)은 '우레 소리에 맞춰 함께한다.'는 뜻으로, 자신의 뚜렷한 소신 없이 그저 남이 하는 대로 따라가는 것을 의미함

27. **우물에 가서 숭늉 찾는다.** 성미가 너무 급하여 참고 기다리지 못함을 이르는 말. (=콩밭에 가서 두부 찾는다, 욕속부달(欲速不達*),

   * 빨리 하고자 하면 도달(到達)하지 못함, 어떤 일을 급(急)하게 하면 도리어 이루지 못함

28. **못된 송아지 엉덩이에 뿔난다.** 되지 못한 사람이 건방지고 좋지 못한 짓을 한다는 말.(=못된 벌레 장판방에서 모로 긴다)
29. **간에 붙었다 쓸개에 붙었다 한다.** 제게 조금이라도 이로운 일이라면 체면과 지조를 돌보지 않고 아무에게나 아첨한다는 말.
30. **낮말은 새가 듣고 밤 말은 쥐가 듣는다.** 말조심하라는 뜻.
31. **구슬이 서말이라도 꿰어야 보배다.** 아무리 훌륭하고 좋은 것이라고 매조지하여 완전히 끝을 내어야 귀하게 된다는 말.(=부뚜막의 소금도 집어넣어야 짜다)
32. **개꼬리 삼 년 묻어도 황모 못 된다.** 원래부터 기질(氣質)이 나쁜 것은 아무리 가도 그 본질(本質)을 바꾸지 못함을 이르는 말.(=개 꼬리 삼 년 두어도 황모 꼬리는 되지 않는다, 개 꼬리 삼 년 두어도 황모 못 된다)
33. **재주는 곰이 부리고 돈은 되놈*이 번다.** 정작 수고한 사람은 응당한 보수를 받지 못하고 엉뚱한 사람이 그 이익을 차지한다는 뜻.

   * 되놈-오랑캐[호인(胡人)]

34. **얌전한 고양이 부뚜막에 먼저 올라간다.** 얌전한 체하는 사람이 한 번 길을 잘못 들면 거기에 빠져 걷잡을 수 없게 된다.

35. **싸리 밭에 개팔자로군.** 당장 남부러울 것이 없는 편한 처지를 말함.
36. **산개가 죽은 정승보다야 낫다.** 고생스럽고 천하게 살더라도 죽는 것보다는 사는 것이 낫다는 뜻.(=거꾸로 매달아도 사는 세상이 낫다, 죽은 정승이 산개만 못하다, 개 똥 밭에 굴러도 이승이 낫다.)
37. **조약돌을 피하다가 수마석(水磨石) 만난 꼴이 되었군.** 시련을 피하다가 더 큰 시련을 만났다는 말.
38. **청승은 늘어가고 팔자는 오그라들겠군.** 노년의 외롭고 구차함을 나타냄
39. **쪽박 쓰고 벼락 피하려던 꼴이지.** 운명은 피할 수 없는데 구차하게 피하려 한다는 말
40. **개머루 먹듯 하는군.** 개가 머루를 먹기는 하나 겉만 핥는 것이라, 내용을 잘 모르고 건성으로 아는 체하거나, 일을 건성건성 날려서 함을 이르는 말.
41. **돈만 있으면 개도 멍첨지라더니.** 돈만 있으면 귀한 대접을 받는다는 말.
42. **염불보다 잿밥에 맘이 있는 꼴이군.** 해야 될 일엔 정성을 들이지 않고 제 차례에 올 이익에만 마음을 쏟는다는 말.
43. **남이 치는 장단에 엉덩이춤 춘다더니.** 줏대 없이 행동하거나 자신과는 관계없는 남의 일에 덩달아 행동하는 사람을 이르는 말.
44. **간에 가 붙고 쓸개에 가 붙는다.** 윗사람에게 지나치게 아부한다.
45. **우물가에서 숭늉 찾는다.** 사물의 절차를 깨닫지 못하고 당장 급한 생각만 하여 이치에 어긋나는 짓을 한다는 말.
46. **마파람에 게 눈 감추듯 한다.** 음식을 어느 결에 먹었는지 모를 만큼 빨리 먹어 버림을 이름.(=사냥개 언 똥 들어 먹듯)
47. **공든 탑이 무너지랴.** 정성을 다하여 한 일은 헛되지 않아 반드시 좋은 결과를 얻을 수 있다는 말.
48. **비 온 뒤에 땅이 굳어진다.** 어려움을 겪은 뒤에 사이가 더 가까워지거나 더 좋아진다.
49. **잘 되면 제 탓, 못 되면 조상 탓이로군.** 잘못된 것을 남의 탓으로 돌리다.
50. **제 털 뽑아 제 구멍에 박을 사람이로군.** 남의 것을 가져 오거나 제 것을 남 주거나 하는 융통성이 없이 제 것만 가지고 제가 쓰는 것을 이르는 말
51. **난 거지 든 부자라 하겠군.** 밖으로는 거지 꼴이로 되 안으로는 집안 살림이 포실한 사람을 일컫는 말
52. **제 눈에 안경이라더니 과연 그렇군.** 남이 보아서는 형편없는 것도 자기 마음에 들면 좋게 여겨진다는 뜻
53. **가랑비에 옷 젖는 줄 모르고 있군.** 조금씩 조금씩 없어지는 줄 모르게 재산 같은 것이 줄어든다는 뜻이다.

54. **남의 술로 제사 지내기.** 남의 염불로 극락 가기. 남의 불로 게 잡기. 남의 떡으로 설 쇠기. 자기는 힘들이지 않고 남의 덕으로 이익을 보는 것
55. **남의 제사에 절하기.** 소득 없는 일을 하다.
56. **미운 자식 밥 한 술 더 준다.** 겉으로만 귀여워함을 이르는 말.
57. **병 주고 약 준다.** 해를 입힌 자가 돌보아 주는 체하고 나섬을 이르는 말.
58. **우는 아이 젖 준다.** 보채고 조르고 해야 얻기가 쉬움을 이른다.
59. **가혹한 정치는 호랑이보다 무섭다.** 백성들에게 정치의 무서움을 나타내는 말이다.
60. **목마른 놈이 샘 판다.** 제가 급하여야 서둘러서 일을 시작한다는 말.(=갈이천정(渴而穿井), 임갈굴정(臨渴掘井), 갑갑한 놈이 송사(訟事)한다)
61. **이여반장(易如反掌).** 손바닥 뒤집기처럼 아주 쉬움(=누운 소타기)
62. **일석이조(一石二鳥).** 이중으로 이익이 있음을 이르는 말.
63. **시루에 물 붓기.** 공을 들이고 노력을 해도 효과가 없음(漢江投石)
64. **아랫돌 빼어 윗돌 괴기.** 일이 급할 때 임시변통으로 이리저리 둘러 맞추어 일하거나 행함을 이르는 말(= 하석상대(下石上臺))
65. **꿩 먹고 알 먹기.** 한꺼번에 두 가지 이득을 본다는 뜻(= 一石二鳥)

【부록 3】

주요 관용어 모음

- 가려운 데를 긁어 주다 : (꼭 필요한 것을 알아서) 원하는 것을 만족시켜 주다.
- 가슴(을) 불태우다 : 의욕이나 기세가 몹시 넘쳐 흐르다.
- 가슴(을) 치다 : (일이 생각대로 되지 않아서) 마음에 큰 충격을 받다.
- 가슴(이) 답답하다 : (일이 생각대로 되지 않아) 몹시 안타깝다.
- 가슴에 못을 박다 : 두고두고 잊을 수 없는 원통한 일을 겪다.
- 가슴이 찢어지다 : 슬픔이나 분함 따위로 가슴이 째지는 듯이 아프다.
- 가탈(을) 부리다 : (일이 잘 되지 않도록) 이런저런 트집을 잡아 까다롭게 굴다.
- 간덩이가 붓다 : 배짱이 두둑해지다.
- 간에 기별도 안 가다 : (먹은 것이 적어서) 먹으나마나 하다.
- 간이 붓다 : 겁 없이 무엇을 하다.
- 간이 콩알만 해지다 : 몹시 놀라거나 기를 펴지 못하다.
- 값이 눅다 : 물건 값이 싸다.
- 개밥의 도토리 : 축에 끼지 못하고 따돌림을 당하는 외로운 처지.
- 개평(을) 떼다 : 남이 가지게 된 것 중의 일부를 공짜로 얻어내다.
- 거드름을 피우다 : 거만스럽게 행동하다.
- 걸신(이) 들리다 : 배고파 먹는 것에 대한 욕심이 몹시 나다.
- 고기 값을 하다 : 어떤 값있는 행동을 하다. (속)덩치 값을 하다.
- 고배를 마시다(들다) : 실패해서 쓰라린 일을 당하다.
- 골머리를 앓다 : (어려운 일을 당해서) 매우 애를 먹다.
- 골수에 사무치다 : 원한이나 느낌이 잊을 수 없게 크다.
- 곰팡내(가) 나다 : 낡고 고리타분하여 시대에 뒤떨어지다.
- 구린내가 나다 : 수상쩍은 데가 있어 의심스러운 느낌이 들다.
- 국물도 없다 : 아무 이득이 없다.
- 국수를 먹다 : 결혼식을 하다.
- 궁둥이가 무겁다 : 움직임이 굼뜨고 오랫동안 앉아 있다.
- 궁둥이가 질기다 : (속)한 번 앉으면 일어날 줄 모르다.
- 귀가 밝다 : 정보에 빠르다. 남의 말을 잘 알아듣다.

- 귀가 번쩍 뜨이다 : 뜻밖에 반가운 소식을 듣다.
- 귀가 솔깃하다 : 듣기에 그럴 듯하여 마음이 쏠리다.
- 귀를 의심하다 : 잘못 들은 것이 아닌가 하여 믿지 못하다.
- 귀에 익다 : 여러 번 들어 익숙해져서 듣기만 해도 알다.
- 귀에 못이 박이다 : 같은 말을 여러 번 들어 귀찮고 싫은 느낌이 들다.
- 귀신이 곡하다 : (일이 묘하고 신통하여) 전혀 속사정을 알 수 없다.
- 그림자 하나 얼씬하지 않는다. : 한 사람도 가까이 나타나지 않는다.
- 김(이) 새다 : 하려던 의욕이 사라지다.
- 깨가 쏟아지다 : 아기자기하게 재미가 있다.
- 꼬리를 감추다 : 자취를 감추다.
- 나발(을) 불다 : 터무니없는 말을 떠벌리다.
- 날개(가) 돋치다 : 힘을 얻어 기세가 대단하다. 상품이 시세를 만나 빨리 팔리다.
- 낯가죽이 두껍다 : 부끄러운 것도 모르고 염치가 없다.
- 냄새를 맡다 : 눈치나 낌새를 알아채다.
- 눈감아 주다 : 알고도 모르는 체하다.
- 눈꼴사납다. : 태도가 아니꼬워 보기가 거슬리다. 모양이 사납다.
- 눈독을 들이다 : (차지하고 싶거나 알고 싶어서) 잔뜩 눈여겨보다.
- 눈에 쌍심지를 켜다 : 몹시 화가 나서 눈을 부릅뜨다.
- 눈에 흙이 들어가다 : 죽어 땅에 묻히다.
- 눈이 밝다 : (사람이 어떤 분야에) 대하여 잘 알고 있는 상태이다.
  (예) 그녀는 잇속에 눈이 밝다.
- 눈코 뜰 새(가) 없다 : 다른 데 신경 쓸 겨를이 없다.
- 다리를 놓다 : 상대방과 연계를 짓기 위해서 중간에 다른 사람을 넣다.
- 딴 주머니를 차다 : 다른 속셈을 갖다.
- 담을 쌓다 : 관계를 끊어 버리고 속마음을 터놓지 않다.
- 당나발을 불다 : 터무니없는 거짓말을 하다.
- 덜미를 잡히다 : 못된 일 따위를 꾸미거나 하다가 발각나다.
- 독 안에 몰아넣다 : 꼼짝 못하게 만들다.
- 두 다리(양다리)를 걸치다 : 양쪽에서 이익을 보기 위해서 두 군데에 다 관계를 가지다.
- 듣도 보도 못하다 : 전혀 모르다.
- 등골이 빠지다 : (일하는 데서) 견디기 어려울 정도로 몹시 힘들다.
- 등(을)쳐 먹다 : 교활하고 악독하게 다른 사람을 속여서 이익을 챙기다.

- 머리가 크다 : 나이가 들다. 어른이 되다.
- 머리를 깎다 : 중이 되다.
- 머리를 얹다 : 시집을 가다.
- 먹고 떨어지다 : 힘들이지 않고 이득이나 성과가 있다.
- 명함도 못 내밀다 : (수준 · 정도의 차이가 너무 커서) 감히 상대하여 나서지도 못하다.
- 몸이 달다 : (어떤 일이 마음대로 되지 않아서) 조바심이 나다.
- 물거품으로 돌아가다 : 힘들여 한 일이 보람도 없이 헛되다.
- 물망에 오르다 : (사람을 고를 때) 그 사람이면 적당하다고 대중의 여론에 오르다.
- 물 샐 틈이 없다 : 조금도 빈틈이 없다.
- 미역국을 먹다 : 시험이나 일자리 등에서 떨어지다. 실패하다.
- 바가지(를) 긁다 : (주로 아내가 남편에게) 불평과 잔소리를 하다.
- 바가지(를) 쓰다 : (어떤 일에 대해) 억울하게 손해를 보고나 책임을 지게 되다.
- 바닥을 보다 : (돈이나 물건을 다 써서) 끝장을 보다.
- 발목(을) 잡히다 : (다른 데 신경 쓸 틈이 없이) 일에 잡혀 벗어날 수가 없게 되다. 약점을 잡히다.
- 발뺌을 하다 : 책임에서 벗어나려고 애쓰다.
- 발을 끊다 : (아는 사이에서) 오고가는 것을 그만두다.
- 발이 넓다 : (아는 사람이 많아서) 사귀고 다니는 범위가 넓다.
- 배꼽을 쥐다 : 몹시 우스워서 배를 움켜쥐고 크게 웃다.
- 배(를) 앓다 : 남이 잘 되는 것을 보고 못마땅하고 심술이 나서 안달하다.
- 보따리(를) 싸다 : 관계하던 일을 그만두다.
- 불똥이 튀다 : 화가 미치다.
- 비린내(가) 나다 : 몹시 어리고 애티가 나다.
- 사돈의 팔촌 : 친척이라고 할 수 없을 정도로 매우 먼 사람.
- 삼십육계를 놓다 : 화를 피해 도망치거나 달아나다.
- 색안경을 쓰다 : 좋지 못한 선입견이나 감정을 갖고 대하다.
- 세상없어도 : 어떤 일이 있더라도 기어코.
- 속이 터지다 : 뜻대로 되지 않아서 몹시 화가 나다.
- 손톱을 튀기다 : 일을 하지 않고 놀고 지내다.
- 손끝(이) 맵다 : 몹시 아픔을 주다. 일하는 것이 야무지다.
- 손때(가) 묻다 : 많이 다루어서 길이 들다.
- 손에 땀을 쥐다 : 마음이 조마조마하여 긴장되다.

- 시치미(를)떼다 : 자기가 하고도 안한 체하거나 알고도 모르는 체하다.
- 신물(이) 나다 : (고생스럽고 역겨워서) 생각만 해도 진절머리가 나다.
- 신바람(이) 나다 : 어떤 일을 하는 데서 기분이 좋고 기운이 솟다.
- 쌍수(雙手)를 들다 : 기쁜 마음으로 지지하거나 환영하다.
- 쓴맛 단맛 다 보다 : 고생이나 시련을 겪으면서 많은 경험을 갖다.
- 쓴 잔을 들다 : 실패하거나 패배하는 쓰라림을 당하다.
- 쓸개가 빠지다 : 하는 행동이 속이 없고 온당하지 못하다.
- 아우(를) 타다 : (어머니가 아이를 가졌거나 낳은 뒤에) 젖이 줄어 젖먹이가 여위어지다.
- 암탉이 울다 : 아내가 남편을 무시하고 자기 생각을 내세우다.
- 어깨가 가볍다 : (책임이나 의무를 다하여) 마음이 가볍다.
- 어깨를 겨누다 : 어떤 일에 서로 경쟁하다.
- 어깨를 나란히 하다 : 서로 같은 수준에 있다.
- 엉덩이에 뿔이 나다 : 어린 사람이 올바르게 행동하지 못하고 비뚤게 나가다.
- 엎친 데 덮치다 : 좋지 않거나 어려운 일이 겹쳐 닥치다.
- 열에 아홉 : 거의 대부분.
- 오금이 쑤시다 : 하고 싶은 마음이 많아서 가만있지 못하다.
- 오지랖이 넓다 : 필요 없는 일에 쓸데없이 참견하다.
- 올가미를 쓰다 : 남의 꾀에 걸려들다.
- 이골이 나다 : (어떤 일에) 익숙해지다.
- 이를 악물다 : 어려움을 극복하기 위해서 비상한 노력을 하다.
- 자리못이 되다 : (기세가 죽어) 쏙 움츠러들다.
- 잔뼈가 굵다 : 어리거나 경험이 부족하던 사람이 오랜 세월이 흘러 어른이 되거나 능숙한 사람이 되다.
- 재갈을 물리다 : 말의 입에 재갈을 끼우다. 참다운 자유와 권리를 빼앗고 멋대로 부리며 꼼짝 못하게 통제하다.
- 전철을 밟다 : 앞서 다른 사람이 실패한 것을 그래도 다시 되풀이하다.
- 좀이 쑤시다 : 잠시도 가만히 있지 못하고 들썩거리다.
- 주머니가 가볍다 : 가지고 있는 돈이 많지 않다.
- 죽도 밥도 아니다 : 이것도 저것도 아니어서 쓸모가 없다.
- 죽(을) 쑤다 : 일을 그르쳐 망치다.
- 쥐구멍을 찾다 : 몹시 급하게 몸을 숨기려고 애쓰다.
- 쥐도 새도 모르게 : 그 누구도 전혀 모르게.

- 찬물(을) 끼얹다 : 잘 진행되는 일에 뛰어들어 못 하도록 방해하다.
- 코가 납작해지다 : 위신이나 기세가 뚝 떨어지다.
- 털끝도 건드리지 못하다 : 조금도 손을 대지 못하다.
- 파김치가 되다 : 몸이 지쳐서 축 늘어지다.
- 피가 되고 살이 되다 : 지식 등이 완전히 자기 것으로 되다.
- 하늘이 무너지더라도 : 어떤 어려움이 있어도.
- 한몫을 잡다: 단단히 이익을 보다.
- 호박씨를 까다 : 겉으로는 얌전한 체하면서 속으로는 제 할 일을 다하다.
- 호흡을 같이 하다 : 생각을 맞추어 함께 하다.
- 홍당무가 되다 : 술에 취하거나 부끄러워 얼굴이 붉어지다.

【부록 4】

자주 출제되는 한자성어

◦ 刻舟求劍(각주구검) : 판단력이 둔하여 시대나 상황의 변화를 모르는 어리석음 뜻함.
  [유] 守株待兎(수주대토), 固執不通(고집불통), 膠柱鼓瑟(교주고슬)

◦ 甘呑苦吐(감탄고토) : 사리의 옳고 그름에 관계없이 제 비위에 맞으면 좋아하고 안 맞으면 싫어한다는 말 *呑 : 삼킬 탄

◦ 甲男乙女(갑남을녀) : 보통의 평범한 남녀
  [유] 匹夫匹婦(필부필부), 張三李四(장삼이사), 樵童汲婦(초동급부), 愚夫愚婦(우부우부)

◦ 牽强附會(견강부회) : 말을 억지로 끌어다가 이치에 맞추려 함
  [유] 我田引水(아전인수), 自己合理化(자기합리화)

◦ 傾國之色(경국지색) : 나라를 위태롭게 할 만한 여성의 미모
  [유] 絶世佳人(절세가인), 絶代佳人(절대가인), 絶世美人(절세미인),

◦ 姑息之計(고식지계) : 임시변통이나 한 때의 미봉으로 일시적인 안정을 얻기 위한 계책을 의미
  [유] 彌縫策(미봉책, *彌:오랠 미, 여기서는 기울 미), 凍足放尿(동족방뇨)

◦ 管鮑之交(관포지교) : 관중과 포숙아의 우정으로서, 서로에 대한 믿음과 의리가 두터운 사람 *鮑 : 절인 물고기 포
  [유] 金蘭之交(금란지교), 刎頸之交(문경지교), 金石之交(금석지교), 芝蘭之交(지란지교), 水魚之交(수어지교), 膠漆之交(교칠지교), 莫逆之友(막역지우)
  [반] 市道之交(시도지교) : 이익을 얻기 위해서만 사귐

◦ 巧言令色(교언영색) : 남의 환심을 사기 위해 말을 교모하게 하고 표정을 좋게 꾸밈
  [유]甘言利說(감언이설)
  [반] 剛毅木訥(강의목눌), 誠心誠意(성심성의)

- 難兄難弟(난형난제) : 두 사람의 능력이 서로 엇비슷하여 그 우열을 가릴 수 없음
  유 莫上莫下(막상막하), 伯仲之勢(백중지세), 伯仲之間(백중지간)

- 南柯一夢(남가일몽) : 꿈과 같이 헛된 한때의 부귀영화(富貴榮華)
  유 邯鄲之夢(한단지몽), 南柯之夢(남가지몽), 南柯夢(남가몽), 槐夢(괴몽), 一場春夢(일장춘몽), 一炊之夢(일취지몽),

- 塗炭之苦(도탄지고) : 진흙구덩이나 숯불 속에 떨어진 것 같은 괴로움을 나타내는 뜻으로, 생활이 몹시 곤란함
  유 苛斂誅求(가렴주구), 苛政猛於虎(가정맹어호)

- 莫上莫下(막상막하) : 서로 우열을 가릴 수 없음
  유 難兄難弟(난형난제), 伯仲之勢(백중지세), 伯仲之間(백중지간)

- 命在頃刻(명재경각) : 목숨이 곧 끊어질 것 같은 위태로운 상황
  유 累卵之危(누란지위), 風前燈火(풍전등화), 危如累卵(위여누란), 一觸卽發(일촉즉발), 百尺竿頭(백척간두), 累卵之勢(누란지세), 焦眉之急(초미지급), 危機一髮(위기일발)

- 矛盾(모순) : 창과 방패하는 뜻으로, 말이나 행동의 앞뒤가 서로 맞지 않음
  유 自家撞着(자가당착), 矛盾撞着(모순당착)

- 塞翁之馬(새옹지마) : 인생의 길흉화복(吉凶禍福)은 일정하지 않아 예측할 수 없으니 재앙도 슬퍼할 게 못되고 복도 기뻐할 게 없음

- 愚公移山(우공이산) : 어떤 일이라도 끊임없이 노력하면 반드시 이루어짐
  유 磨斧作針(마부작침), 水滴穿石(수적천석), 積土成山(적토성산), 積小成大(적소성대), 積土成丘(적토성구)

- 井中之蛙(정중지와) : 우물 안의 개구리, 식견이 좁은 사람 * 蛙 : 개구리 와
  유 坐井觀天(좌정관천), 井底之蛙(정저지와)

- 朝三暮四(조삼모사) : 간사한 잔꾀로 남을 속이거나 눈앞에 보이는 차이만 알고 결과가 같음을 모르는 어리석음을 뜻함.